Heinrich Bergstresser

Ghana –
Die IV. Republik
zwischen Vorbild und Mythos (1993–2018)

Ghana, the Black Star, gehört zu den ersten unabhängigen Staaten Afrikas. Im Kontext einer neuen Weltordnung zu Beginn der 1990er Jahre transformierte sich Ghana unter exotisch erscheinenden Bedingungen früher als andere diktatorisch und repressiv regierte Länder des Kontinents in einen demokratisch legitimierten Staat und setzte damit Maßstäbe. Die faszinierende Figur J.J. Rawlings, der eine Metamorphose vom Putschisten, Enfant terrible und Diktator hin zum gewählten Präsidenten und Elder Statesman durchlief, steht stellvertretend für eine Entwicklung, die nach vielen schmerzhaften Windungen und Wendungen in ein System mündete, das international Bewunderung hervorruft und gern als Blaupause für eine erfolgreiche Transformation dient. Der Autor schaut auf und hinter das demokratische System der IV. Republik, zeigt seine Stärken und Schwächen auf und arbeitet das politökonomische Innenleben Ghanas und sein dialektisches Verhältnis zur internationalen Gemeinschaft heraus.

Heinrich Bergstresser, geb. 1949, Studium der Politikwissenschaft und Afrikanistik in Hamburg, langjähriger Redakteur bei der Deutschen Welle in Köln und Bonn. Viele Berichte, Reportagen und Features über Nigeria und andere afrikanische Staaten sowie über die Medienentwicklung in Afrika. Freier wissenschaftlicher Mitarbeiter beim GIGA und Trainer bei der AIZ (GIZ), Bonn-Röttgen. Arbeitet als freier wissenschaftlicher Autor und Journalist. Im Brandes & Apsel Verlag bisher erschienen: *Nigeria – Macht und Ohnmacht am Golf von Guinea (2010)*, *Nigeria – Die IV. Republik zwischen Demokratisierung, Terror und Staatsversagen (1999–2017)* (2018).

Heinrich Bergstresser

GHANA –

Die IV. Republik
zwischen Vorbild und Mythos (1993–2018)

Brandes & Apsel

1. Auflage 2019
© Brandes & Apsel Verlag GmbH, Frankfurt a. M.
Alle Rechte vorbehalten, insbesondere das Recht der Vervielfältigung und Verbreitung sowie der Übersetzung, Mikroverfilmung, Einspeicherung und Verarbeitung in elektronischen oder optischen Systemen, der öffentlichen Wiedergabe durch Hörfunk-, Fernsehsendungen und Multimedia sowie der Bereithaltung in einer Online-Datenbank oder im Internet zur Nutzung durch Dritte.
Lektorat: Hannah Bayer
Umschlag und DTP: Brandes & Apsel Verlag, Frankfurt a. M.
Umschlagabbildung: Ablade Glover, *Market Corridor*, 2004, mit freundlicher Genehmigung des Künstlers
Druck: Stega Tisak d.o.o., Printed in Croatia
Gedruckt auf einem nach den Richtlinien des Forest Stewardship Council (FSC) zertifizierten, säurefreien, alterungsbeständigen und chlorfrei gebleichten Papier.

Bibliografische Information der Deutschen Nationalbibliothek:
Die Deutsche Nationalbibliothek verzeichnet diese Publikation in der Deutschen Nationalbibliografie; detaillierte bibliografische Daten sind im Internet über http://dnb.ddb.de abrufbar

ISBN 978-3-95558-252-4

Inhalt

Kapitel IV
Ghana im internationalen System

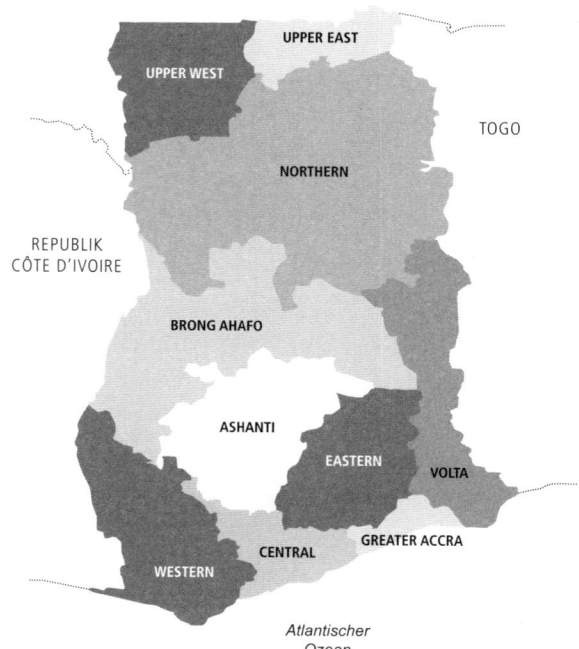

BURKINA FASO

UPPER EAST

UPPER WEST

TOGO

NORTHERN

REPUBLIK
CÔTE D'IVOIRE

BRONG AHAFO

ASHANTI

EASTERN

VOLTA

GREATER ACCRA

CENTRAL

WESTERN

Atlantischer
Ozean

Verwaltungsstruktur Ende 2018 mit 10 Regionen
© H. Bergstresser & D. Lis-Fokken

Vorwort

Seit mehr als 40 Jahren beobachte ich die politische und sozioökonomische Entwicklung Ghanas, wobei sich je nach Großwetterlage in Westafrika intensive und weniger intensive Phasen abwechselten. Der erste Aufenthalt Ende 1976 während der Militärjunta unter General Ignatius Acheampong gab den Blick frei auf ein desolates Land, das nichts mehr von dem verkörperte, für das es einst bewundert wurde. Bis zum nächsten Aufenthalt vergingen dann viele Jahre. Erst im Rahmen meiner Tätigkeit als Repräsentant der damaligen Friedrich-Naumann-Stiftung in Nigeria in den frühen 1990er Jahren ergaben sich wieder intensive Anknüpfungspunkte zu Ghana. Denn nach mehreren Besuchen zu Beginn der IV. Republik betreute ich die Projektarbeit der Stiftung in Ghana mit und steuerte von Accra aus über längere Zeit die Stiftungsarbeit in Nigeria.

In dieser Phase erkannte ich Ghana kaum wieder. Das enorme internationale Engagement und die Rückkehr eines Teils der Eliten, die während der Rawlings-Ära das Land verlassen hatten, hatten in enger Allianz mit der internationalen Gebergemeinschaft eine beachtliche Entwicklungsdynamik erzeugt. Von dieser anhaltenden politischen und wirtschaftlichen Dynamik konnte ich mich während mehrerer Dienstreisen als Redakteur der Deutschen Welle überzeugen. Die Tage am Ende der Rawlings-Ära und des bevorstehenden Machtwechsels im Dezember 2000 zählten sicherlich zu meinen persönlichen und beruflichen Höhepunkten in der Berichterstattung zu Afrika. Denn in der Euphorie der anstehenden Veränderungen war es relativ einfach, am Wahltag spontan und ohne protokollarische Hürden hochrangige Personen wie den Vorsitzenden der Wahlkommission Afari-Gyan und den auf der Siegerstraße befindlichen späteren Präsidenten Kufuor aufzusuchen.

Gegen Ende der Kufuor-Ära verlor ich Ghana ein wenig aus dem Blickfeld, da die Demokratisierung in Nigeria und der Komplex Boko Haram das Geschehen in Westafrika wesentlich mitbestimmten und meine ganze Aufmerksamkeit auf sich zogen. So dauerte es erneut etliche Jahre, bevor ich Ghana wieder fest im Blick hatte. Der vermutete, von einigen sogar erwartete Machtwechsel nach den Wahlen im Dezember 2016 war ein guter Anlass, mir im Vorfeld der Wahlen wieder einmal einen eigenen Eindruck über die aktuellen Verhältnisse in Ghana zu verschaffen. Zu meiner Überraschung hatte sich seit meinem letzten

Aufenthalt weniger verändert als erwartet, was sofort die Frage nach den Gründen aufwarf.

Das war zugleich der Moment, in dem die Idee entstand, nochmals genauer hinzuschauen und zu analysieren, was sich in einem Vierteljahrhundert Demokratisierung in Ghana tatsächlich abgespielt hat, wie das enorm positive Image des Landes letztlich zustande kam und ob dieses Image sachlich gerechtfertigt ist. Die Diskussionen in der Akademie für Internationale Zusammenarbeit in Bad Honnef und Bonn-Röttgen, mit den zahlreichen Teilnehmern der Landesanalyse zu Ghana, bestärkten mich dabei, die ursprüngliche Idee in Buchform umzusetzen. Viele ihrer Diskussionsbeiträge sind mittelbar in diesen komprimierten Text eingeflossen. Mein besonderer Dank gilt jedoch Werner Kahl, der mir tiefe Einblicke in das pentekostale Milieu Ghanas vermittelte, und Carola Lentz, die mir die Relevanz und Dimension der Kulturpolitik vor Augen führte. Des Weiteren richtet sich mein Dank an Nana King, die mir bei meinem letzten Besuch wertvolle Hinweise lieferte und interessante Gesprächspartner vermittelte, und an Ken Ofori-Atta, der sich trotz des turbulenten Wahlkampfs Zeit nahm, ausführlich über die Wahlen und die Implikationen eines Machtwechsels zu sprechen.

Doch verdankt dieses erste Ghanabuch seine Entstehung letztlich der kritischen Unterstützung und Geduld meiner Frau Sibylle Pohly-Bergstresser, die mich auch auf der letzten Ghanareise begleitete und mir mit zahlreichen kritischen und konstruktiven Anmerkungen und Anregungen zur Seite stand. Es versteht sich von selbst, dass Auslassungen, Unzulänglichkeiten und Schlussfolgerungen allein auf mein Konto gehen.

Heinrich Bergstresser, Köln, Dezember 2018

Einleitung

Wenn bei Politikern und Experten in der Entwicklungszusammenarbeit sowie Kulturinteressierten der Name Ghana fällt, leuchten die Augen, oder es huscht zumindest ein wohlwollendes Lächeln über das Gesicht. Ein Blick auf die Landkarte Westafrikas genügt, um festzustellen, dass Ghana von instabilen, konfliktbeladenen Ländern umgeben ist. In diesen Ländern sind die Wirkungen und Nachwirkungen von Bürgerkriegen, Dürre, Klimawandel, Bevölkerungsexplosion und islamistischem Terror fast mit Händen zu greifen, nur Ghana war bislang nicht davon betroffen. Vielmehr scheint das Land wie ein Fels in der Brandung den Widrigkeiten seines Umfeldes zu trotzen, sodass es immer wieder gern mit dem Etikett »Insel der Seligen« versehen wird. Folgerichtig scheint Ghana in Westafrika am ehesten den weitverbreiteten Vorstellungen von Frieden und Entwicklung zu entsprechen.

Tatsächlich besticht Ghana − mit fast 240.000 km² und annähernd 30 Millionen Einwohnern ein vergleichsweise kleines Land − im Hinblick auf längerfristige politische, sozioökonomische und kulturpolitische Entwicklungen und trotz seiner geringen Größe seit der Kolonialzeit und der Unabhängigkeit durch Beständigkeit. Ghanas Schicksal hatte immer Bedeutung über die Grenzen hinaus, Entwicklungen und Fehlentwicklungen zeichneten sich dort früher und nachhaltiger ab als in anderen Ländern. Darauf wies bereits Thomas Siebold in seiner brillanten Arbeit Ende der 1980er Jahre hin.[1] An seinem Befund hat sich augenscheinlich auch in den nachfolgenden Jahrzehnten nichts geändert. Ghana spielte eine Vorreiterrolle bei der Demokratisierung, der Zivilisierung politischer Auseinandersetzungen und der Digitalisierung und setzt seit mehr als 30 Jahren radikal ein vom IWF und den westlichen Geberinstitutionen aufoktroyiertes und teilfinanziertes marktliberales Konzept um.[2]

Dieses Buch widmet sich diesem sehr widersprüchlichen Prozess − veranschaulicht durch den Titel − und legt die tragenden und nachhaltigen Strukturen offen, die Ghana zu dem machten, was es heute ist. Dabei wird herausgearbeitet, wie demokratische und traditionelle Herrschaftsstrukturen entwickelt und weiterentwickelt worden sind, um die

---

1   Siebold, Thomas: *Ghana 1957−1987, Entwicklung und Rückentwicklung, Verschuldung und IMF-Intervention*, 1988, S. 1.

2   Im Jahr 2016 betrug die *Official Development Assistance* (ODA) etwa 1,3 Milliarden US-Dollar.

jeweilige politische Führung mit einer ungeheuren Machtfülle auszustatten, die bis auf die *grassroot*-Ebene reicht und geeignet ist, mit aller
Kraft den marktliberalen Ansatz auf allen Gesellschafts- und Verwaltungsebenen durchzusetzen.

Dies ist weitgehend das Verdienst von Jerry John Rawlings, dem »leitenden Architekten« der IV. Republik, der wie kein anderer vor ihm das
Ghana von heute prägt. Die Figur Rawlings, zusammen mit der besonderen Rolle der Ashanti, dem geistigen Erbe Kwame Nkrumahs und der
Dominanz des IWF, zieht sich wie ein roter Faden durch die Geschichte
des politischen Systems der IV. Republik. Dabei war es unumgänglich,
einige kurze historische Diskurse zu Politik, Religion und traditioneller
Herrschaft einzubauen, um dem heutigen Ghana gerecht zu werden. Es
ist nicht alles Gold, was in der ehemaligen Goldküste glänzt. Vieles ist
grau, manches auch schwarz. Dies in einer der Fairness verpflichteten
Darstellung und Analyse aufzuzeigen, ist das Anliegen dieses Buches.

Historischer Abriss

Von Kwame Nkrumah und der Unabhängigkeit im Jahr 1957 bis zur Machtübernahme durch Jerry John Rawlings im Jahr 1979

Der 6. März 1957 markierte den Beginn einer Dekolonisierungswelle, die in den darauffolgenden Jahren ganz Afrika erfasste.[3] In der Gold Coast Colony wurde der *Union Jack* der britischen Kolonialmacht eingeholt und die rot-gold-grüne Flagge mit dem schwarzen Stern – dem *Black Star* – des in Ghana umbenannten Landes gehisst. Mit dem Flaggenzeremoniell ging an diesem Tag auch der wechselvolle, zehn Jahre andauernde Kampf um die Unabhängigkeit zu Ende. Der charismatische Kwame Nkrumah war am Ziel seiner Träume, er hatte sowohl den Widerstand der britischen Kolonialmacht gebrochen als auch seine innerghanaischen Gegenspieler, wie Joseph Boakye Danquah und dessen zwei Jahre zuvor gegründete Partei *National Liberation Movement* (NLM), in den letzten Wahlen vor der Unabhängigkeit im Jahr 1956 in die Schranken gewiesen.[4] Der Wahlsieg Nkrumahs bestätigte die Ergebnisse früherer Wahlgänge und die seit Jahren bestehende Dominanz der *Convention People's Party* (CPP), die sich auch bei dieser Wahl die absolute Mehrheit im Parlament sicherte. Als Premierminister führte Nkrumah das Land in die Unabhängigkeit, die britische Königin Elizabeth II blieb nominelles Staatsoberhaupt, vertreten durch einen Generalgouverneur, und Ghana Teil des *Commonwealth.*

Nkrumahs politische Karriere hatte zehn Jahre zuvor begonnen, als er zum Generalsekretär der gerade von Danquah gegründeten *United Gold Coast Convention* (UGCC) aufgestiegen war und das Fernziel Unabhängigkeit mit ausformuliert hatte. Zusammen mit den übrigen Mitgliedern der sogenannten *Big Six* ging er schon bald in die ghanaischen Geschichtsbücher ein.[5] Nur zwei Jahre später kam es zum Bruch und

---

3   Der Sudan war bereits im Jahr zuvor unabhängig geworden, Liberia erhielt als Sonderfall bereits 1847 seine Unabhängigkeit.

4   Dabei war es Danquah gewesen, der vorgeschlagen hatte, das Land in Ghana umzubenennen. Er bezog sich dabei auf das mittelalterliche Reich Ghana auf dem Gebiet der heutigen Staaten Mali und Mauretanien, um zu unterstreichen, dass auch Afrika eine Geschichte hat.

5   Nkrumah weilte zur Zeit der Berufung in Großbritannien. Die übrigen Mitglieder waren Boakye Danquah, Emmanuel Obetsebi Lamptey, Ebenezer Ako-Adjei, William

zur Spaltung der UGCC, die insbesondere das Ashanti-Establishment repräsentierte. Nkrumah, unterstützt von breiten und weniger gebildeten Bevölkerungskreisen, gründete 1949 die Partei CPP. Dabei stand die radikale Forderung der CPP nach sofortiger Selbstbestimmung – vor allem im Lichte der gerade gegründeten UNO und der verabschiedeten allgemeinen Erklärung der Menschenrechte – im krassen Gegensatz zu der eher vagen Formulierung der UGCC, dieses Ziel »so bald wie möglich« zu erreichen. Nkrumahs Grundhaltung hatte sich unter anderem während seiner Studienjahre in den USA entwickelt, in denen er sich mit sozialistischen, kommunistischen und panafrikanistischen Schriften auseinandergesetzt hatte.

Die von Mahatma Gandhi adaptierten politischen Waffen der *positive action* und des gewaltfreien Widerstandes, unterfüttert mit teils scharfer politischer Agitation, sicherten der kleinbürgerlichen CPP weiteren Zulauf aus den unteren und mittleren Schichten. Anfang 1950 kam nach der Ausrufung eines Generalstreiks das soziale und wirtschaftliche Leben zum Erliegen. Nkrumah wurde wegen aufrührerischen Verhaltens und Volksverhetzung verhaftet und zu einer mehrjährigen Gefängnisstrafe verurteilt, was wesentlich zur Mythenbildung um den Staatsgründer beitrug.[6] Weiter verstärkt wurde der Mythos durch die Wahlen von 1951, bei denen Nkrumah als Gefängnisinsasse seinen Wahlkreis gewann, daraufhin vorzeitig das Gefängnis verlassen durfte und unter der britischen Kolonialherrschaft zum »Geschäftsführer« der Regierung aufstieg.

Spätestens 1954 zeichnete sich ein völlig neues Machtgefüge in der Gold Coast Colony ab. Wieder gewann die CPP mit großer Mehrheit eine von den Briten angesetzte Wahl, und Nkrumah wurde Premierminister. Weder die ethnisch definierte Ashanti-Partei *National Liberation Movement* (NLM), noch die religiös und regional ausgerichteten Parteien *Muslim Association Party* (MAP), *Northern People's Party* (NPP) und *Togoland Congress* besaßen genügend Anhänger, um eine Gegenmacht zur CPP und ihrer Galionsfigur Nkrumah aufzubauen. Noch zögerten die Briten, dem Land die Unabhängigkeit zu gewähren. Insbesondere in Ashanti nahmen Gewalt und Gesetzlosigkeit zu, im Wesentlichen getragen vom NLM. Die Partei wollte mit allen Mitteln den Status der

---

Ofori Atta und Edward Akufo-Addo. Nkrumah hatte nach dem Ende des Zweiten Weltkrieges die USA verlassen, wo er seit Mitte der 1930er Jahre gelebt und sein Studium mit einem Bachelor und Master abgeschlossen hatte, und sich in Großbritannien niedergelassen. Sein Postgraduiertenstudium beendete er allerdings nicht.

6 Bereits 1948 wurde Nkrumah im Zusammenhang mit den *Accra Riots* verhaftet, als ghanaische Veteranen des Zweiten Weltkrieges wegen ausstehender Pensionszahlungen protestierten. Mehrere Demonstranten kamen dabei ums Leben.

Ashanti als Staatsvolk festschreiben – ein Anspruch, den sie historisch aus dem im Jahr 1900 untergegangenen Ashanti-Reich ableitete – und noch vor der Unabhängigkeit eine föderative Lösung zugunsten der Ashanti-Region durchsetzen.

Die Briten versuchten, die Befürworter einer sofortigen Unabhängigkeit auszubremsen und ihnen neue Steine in den Weg zu legen. So legte die Kolonialregierung schließlich einen weiteren Wahlgang für 1956 fest, um zu prüfen, ob die Bevölkerung hinter der Forderung eines unabhängigen Staates stand. Wieder ging die CPP als klare Siegerin aus dieser Wahl hervor. Danach legten die CPP und die britische Regierung die Schritte zur Unabhängigkeit, die künftige Verfassungsordnung und das Regierungssystem fest, die sich beide am *Westminster model* orientierten. Darüber hinaus stimmte die Bevölkerung im britischen Togo-Treuhandgebiet für den Anschluss an die Goldküste und eine große Mehrheit im Parlament für die Unabhängigkeit der Goldküste, ein Votum, das die Kolonialmacht nicht länger ignorieren konnte.

Kurz nach der Unabhängigkeit verabschiedete das Parlament ein Gesetz, das ethnische, religiöse und regionale Parteien verbot. Darunter fiel auch die Ashanti-Partei NLM, woraufhin Kofi Busia die *United Party* gründete, in der sich die Mitglieder und Anhänger der verbotenen Gruppierungen sammelten.

Schon wenige Jahre später, am 1. Juli 1960, entschieden sich die Ghanaer für die Umwandlung ihres Landes in eine Präsidialrepublik, und Nkrumah wurde Staatspräsident. Ghana blieb jedoch weiterhin Mitglied im *Commonwealth*.

Statt ausländischer Investitionen und wirtschaftlicher Fortschritte prägten Kapitalabfluss, Stagnation und Entwicklung hin zu einer Willkürherrschaft die ersten Jahre der Unabhängigkeit. Die Gewerkschaften und der Verband der Kakaobauern wurden gleichgeschaltet, Oppositionelle mithilfe scharfer Sicherheitsgesetze ins Gefängnis gebracht, wo Nkrumahs wichtigster politischer Gegenspieler und einstiger Weggefährte Danquah 1965 verstarb. Das gleiche Schicksal hatte Danquahs Mitstreiter Emmanuel Obetsebi Lamptey schon 1962 erlitten. Er war nach einem Bombenanschlag auf die Nkrumah-Statue 1961 inhaftiert worden.

Das 1964 plebiszitär abgesicherte CPP-Einparteiensystem verlieh Nkrumah, der sich zum »*Osagyefo*« (»Erlöser«) aufgeschwungen hatte, diktatorische Vollmachten. Unter diesen Vorzeichen konnte Ghana weder eine akkumulationsfähige Bourgeoisie noch einen produktiven staatssozialistischen Sektor entwickeln. Zusätzlich verfielen die Weltmarktpreise für den Hauptdevisenbringer Kakao, und Ghana finanzierte seinen Staatssektor nun durch Lieferkredite und Rückgriff auf die Reserven.

Die ruinöse Politik mündete schon bald in eine schwere Wirtschafts- und Verschuldungskrise, die schließlich Anfang 1966 zum unblutigen Putsch der Militärs führte, als sich Nkrumah auf einer Auslandsreise nach China und Vietnam befand. Auf Jahre hinaus waren nun der Name Nkrumah tabu und seine Partei CPP verboten. Erst im Jahr 2000 durfte die CPP wieder an Wahlen teilnehmen. Nkrumah selbst fand schließlich in Guinea Asyl, verstarb aber nach einem Krebsleiden 1972 in Bukarest. Seine sterblichen Überreste wurden erst unter dem Militärregime Acheampong von Guinea nach Ghana überführt, womit auch der Name des Staatsgründers rehabilitiert wurde.

Den Initiatoren des Staatsstreichs vom Februar 1966 ging es vor allem um die Wahrung ihrer Interessen als Offiziere. Die achtköpfige Junta des *National Liberation Council* (NLC) unter General Joseph Ankrah – später abgelöst von Akwasi Afrifa – musste jedoch schon bald erkennen, dass sie auch außerhalb des Militärs und der Polizei politischen Rückhalt brauchte, um ihre Machtübernahme legitimieren zu können. So umgab sich die Junta folgerichtig mit jenen gesellschaftlichen Gruppen, die Nkrumah und seine CPP vernachlässigt oder diskriminiert hatten. Dazu zählten vor allem die Beamtenschaft, die aus dem Kolonialismus hervorgegangene Bildungs- und Verwaltungselite, die *Chiefs*, Freiberufler, Händler und Unternehmer, jedoch nicht die Kakaobauern. Damit erhielt die Junta die notwendige Unterstützung derjenigen Kräfte, die in den 1950er Jahren gegen Nkrumah agiert hatten. Trotz dieser Konstellation waren die »Technokraten« nicht imstande, eine Verhandlungsmacht gegen die gewieften Verhandlungsführer der internationalen Finanzinstitutionen, wie etwa des IWF, und gegen die staatlichen und privaten Gläubiger aufzubauen, die die Ursachen der Krise hätte finden und Lösungsansätze zugunsten Ghanas hätte durchsetzen können. Es fehlte der ghanaischen Seite schlicht an Wirtschaftskompetenz, Erfahrung und Verhandlungsgeschick. Angesichts der verordneten Strukturanpassungen nahmen die sozialen Spannungen zu, die Arbeitslosigkeit stieg dramatisch an, und das Pro-Kopf-Einkommen und die Realeinkommen sanken. Die Legitimationsgrundlage der Junta war nach gut drei Jahren verbraucht.

Ein von der Junta abgesegnetes parlamentarisches Mehrparteiensystem brachte Kofi Busia, einen der ärgsten Widersacher Nkrumahs, und seine *Progressive Party* (PP) im Oktober 1969 an die Macht. Ein Wahlmännergremium wählte im darauffolgenden Jahr Edward Akufo-Addo zum Präsidenten ohne Machtbefugnisse. Der Versuch der gewählten

Regierung Busia, mit einer gezielten Wachstumspolitik die hohen Erwartungen der Bevölkerung zu erfüllen, scheiterte bereits im Ansatz. Eine Ende Dezember 1971 vom IWF verordnete massive Abwertung des ghanaischen Cedi diskreditierte die inzwischen bei allen gesellschaftlichen Gruppen in Ungnade gefallene Regierung vollends. Die Militärs nutzten im Januar 1972 diese Situation und übernahmen erneut die Macht, als sich Regierungschef Busia im Ausland aufhielt.

Das Militärregime unter Ignatius Acheampong, das anfangs als *National Redemption Council* und zwei Jahre später als *Supreme Military Council* firmierte, verwandelte Ghana binnen weniger Jahre in eine institutionalisierte Kleptokratie. Eine kleine Clique hoher Militärs und ein Teil der Händlerkaste beuteten das Land auf Kosten aller anderen Gesellschaftsschichten hemmungslos aus und führten es schließlich in den Ruin.

Nach der Palastrevolte im Juli 1978 übernahm General Frederick Akuffo, ein Komplize des gestürzten Acheampong, die Macht. Vergeblich versuchte Akuffo, im Parforceritt den wirtschaftlichen Niedergang mit einem harten IWF-Strukturanpassungsprogramm aufzuhalten und zugleich die Rückkehr zu einer gewählten Zivilregierung einzuleiten, auch, um einem Putsch junger Offiziere zuvorzukommen. Die Lebensbedingungen verschlechterten sich weiter, und die Junta sah sich mit einem in der ghanaischen Geschichte beispiellosen Proteststurm konfrontiert. Sie verhängte den Ausnahmezustand und konnte nur mühsam die Kontrolle über das Land zurückgewinnen und Wahlen und ein Referendum für einen erneuten Demokratisierungsversuch vorbereiten. Die Ereignisse des 4. Juni 1979 machten das anstehende Stabilisierungsprogramm jedoch obsolet.

Bereits am 15. Mai hatte Fliegerhauptmann Jerry John Rawlings vergeblich versucht, das Regime gewaltsam zu stürzen. Er wurde verhaftet und vor Gericht gestellt. Ihm drohte die Todesstrafe, doch am 4. Juni wurde er von Gesinnungsgenossen befreit. Dieser 4. Juni markierte den Aufstand insbesondere der Mannschaften und der unteren und mittleren Offiziere gegen die Kleptokraten aus dem höheren Offizierskorps und der Generalität. Die Entscheidung Akuffos, den verhassten Acheampong lediglich an seinen Heimatort zu verbannen statt ihn vor Gericht zu stellen, steigerte den Unmut der Aufständischen schließlich zur Wut und diente ihnen als zusätzliche Rechtfertigung für einen Umsturzversuch.

Kapitel I

Das politische System

Jerry John Rawlings – Metamorphose eines Putschisten und Enfant terrible zum leitenden Architekten der IV. Republik (1979–1987)

Kaum jemand in Ghana kannte den Fliegerhauptmann Jerry John Rawlings, als er am 28. Mai 1979 verhaftet und vor ein Militärgericht gestellt wurde.[7] Angeklagt wegen eines Putschversuches zwei Wochen zuvor, am 15. Mai, drohte ihm und seinen Mitangeklagten die Todesstrafe. Entgegen der sonstigen Gepflogenheiten übertrugen die staatlich kontrollierten Medien den Prozess, gedacht als unmissverständliche Warnung an all jene, die sich möglichweise mit dem Gedanken an weitere Umsturzversuche trugen.

Während der Verhandlung ergriff Rawlings spontan ein Mikrofon und veränderte mit wenigen Sätzen die moderne ghanaische Geschichte. Der Hauptangeklagte forderte, seine Mitstreiter außen vor zu lassen, und brachte dann ein in Ghana unvergessenes Statement über die Lippen:

> *I am not an expert in economics,*
> *and I am not an expert in law.*
> *But I am an expert in working on*
> *an empty stomach while wondering*
> *where the next meal will come from.*
> *I know what it feels like going to bed*
> *with a headache for want of food in the stomach.*

Dieses Statement wirkte wie ein Fanal und setzte eine zuvor undenkbare politische Kettenreaktion in Gang, traf sie doch den Nerv großer Teile der Gesellschaft und der unteren und mittleren Militärränge. Sie waren die Hauptleidtragenden zutiefst korrupter Militärregierungen, die seit der Machtübernahme durch Oberst Ignatius Acheampong im Jahr 1972 und der Palastrevolte durch General Fred Akuffo im Juli 1978 das Land in eine Kleptokratie verwandelt und wie eine Zitrone ausgepresst hatten.

---

7   Thomas Siebolds herausragende Beschreibung und Analyse des Putschisten und Juntachefs Jerry Rawlings steht nach wie vor für sich. Siehe dazu: Siebold, Thomas: *Ghana 1957–1987, Entwicklung und Rückentwicklung, Verschuldung und IMF-Intervention*, 1988, insbesondere S. 180–183 und S. 201–272.

Auch das Versprechen des neuen Militärmachthabers Akuffo, innerhalb eines Jahres zu demokratischen Verhältnissen zurückzukehren, änderte nur wenig an der zutiefst pessimistischen Grundstimmung in der Bevölkerung, blieb doch die wirtschaftliche Lage desolat. Wenige Tage später, am 4. Juni 1979, befreiten untere Ränge Rawlings gewaltsam aus dem Gefängnis. An diesem Tag wurde der Mythos einer Revolution geboren.[8]

Jerry John Rawlings, geboren am 22. Juni 1947 in Accra als Sohn des Schotten James Ramsey John und der Ghanaerin Victoria Agbotui aus der Ethnie der Ewe, besuchte die prestigeträchtige *Achimota School*. Dort lernte er als Jugendlicher auch seine spätere Ehefrau Nana Konadu Agyeman kennen.[9] Gegen den Willen seiner Mutter, die ihren intelligenten Sohn auf der Universität sehen wollte, meldete sich Rawlings 1967 zum Militär und strebte eine Karriere als Luftwaffenoffizier an. Schon als Kind war sein Traumberuf Pilot gewesen, und Anfang 1969, noch während der ersten Militärdiktatur, bestand er die Prüfung, gewann als Jahrgangsbester der Luftwaffe die begehrte *Speed Bird Trophy* und wurde schließlich zum Offizier befördert. Diese Flugschau war ein öffentliches Ereignis, nur die enttäuschte Mutter zeigte trotz dieses großen Erfolges kein Interesse an der Karriere ihres Sohnes als Offizier und Luftwaffenpilot. Wenige Wochen vor dem gescheiterten Putsch im Mai 1979 stieg Rawlings zum *Flight Lieutenant* auf. Diesen Dienstgrad behielt er zeitlebens bei.

Der Revolutionsmythos des 4. Juni 1979 wurde durch drakonische Maßnahmen der sich als *Armed Forces Revolutionary Council* (AFRC) präsentierenden Junta und die zeitige Machtübergabe an eine demokratisch gewählte Regierung befeuert. Die Schnellgerichtsverfahren hinter verschlossenen Türen und die sich unmittelbar anschließende Hinrichtung mehrerer hoher Militärs, darunter dreier ehemaliger Juntachefs – Akwasi Afrifa, Ignatius Acheampong und Fred Akuffo – ließen keine Zweifel an der Mission der Putschisten aufkommen. Fünf weitere hochrangige Militärs[10] erlitten das gleiche Schicksal, und Dutzende Offiziere unterschiedlichster Dienstgrade wurden misshandelt und ins Gefängnis geworfen. Das sogenannte *house cleaning* diente dabei als Richtschnur und Legitimation, um das wuchernde Krebsgeschwür der Korruption – auch als *kalabule* bezeichnet – mit Todesurteilen und anderen harten Strafen auszumerzen. Diese Säuberungsaktionen, denen auch Händler

---

8   Okeke, Barbara E.: 4 June: *A Revolution Betrayed*, 1982.

9   Sie heirateten 1977, und Nana Rawlings brachte innerhalb weniger Jahre drei Töchter und einen Sohn zur Welt.

10 Joy Amedume, Georg Boakye, Roger Felli, Robert Kotei und Edward Utuka.

und Marktfrauen zum Opfer fielen, die Waren gehortet und über Preis vermarktet hatten, stießen in der Bevölkerung auf breite Zustimmung.[11] Zudem setzte die Junta mit aller gebotenen Härte Preiskontrollen durch, sodass sich die verarmten unteren Schichten zu erschwinglichen Preisen mit Gütern des täglichen Bedarfs eindecken konnten.

All diese Maßnahmen spiegelten ein im damaligen Ghana weit verbreitetes Politikverständnis wider, das in mangelnder Moral und Rechtschaffenheit das für den politischen und wirtschaftlichen Niedergang verantwortliche Grundübel sah. Angesichts dieses Grundverständnisses erschien der junge, asketische *Flight Lieutenant* den Massen wie eine Lichtgestalt, die gekommen war, um das darniederliegende Land zu retten. Als Volkstribun verkörperte Rawlings dabei eine Mischung aus Robin Hood, der seine Soldaten beauftragte, gehortete Waren aufzuspüren und zu festgelegten Preisen an die Bedürftigen zu verkaufen, und Girolamo Savonarola, dem italienischen Priester der Renaissancezeit. Die Massen hingen an seinen Lippen, wenn er von der verlorenen Würde der Ghanaer sprach, die unter Aufbietung aller Kräfte zurückerobert werden müsse. Aber seine Naivität erinnerte auch an Don Quijote, und es war herzerweichend und zugleich traurig mitanzusehen, wie Rawlings mit drakonischen Strafen und moralisierenden Statements sozioökonomische Wirkungsketten außer Kraft zu setzen versuchte. Die Verweildauer des AFRC war zu kurz, um die Sinnlosigkeit dieser Maßnahmen erkennen zu können, die schon bald wie ein Mühlstein am Hals der gewählten Regierung hängen sollten.

Trotz der Säuberungsaktionen und der schlechten Wirtschafts- und Versorgungslage gelang es der AFRC-Junta, den von General Akuffo nur zögerlich begonnenen Transformations- und Demokratisierungsprozess zu Ende zu führen. Am Vorabend der III. Republik, konzipiert als präsidentielles System, gewann Hilla Limann gegen seinen stärksten Konkurrenten Victor Owusu die Stichwahl um die Präsidentschaft, nachdem er schon beim ersten Wahlgang vorn gelegen, aber die absolute Mehrheit deutlich verfehlt hatte. Seine Partei *People's National Party* (PNP) hatte bereits die Parlamentswahlen gewonnen und sich knapp die absolute Mehrheit gesichert.

Am 24. September 1979 war Rawlings' von Idealismus getragenes Interregnum beendet. Der Held der Massen übergab in einer feierlichen Zeremonie die Macht an den gewählten Präsidenten Limann und kehrte anschließend in die Kaserne zurück. Von nun an aber stand der Putschist

---

11 Als die Marktfrauen des berühmten *Makola Market* in Accra den Anordnungen der Revolutionäre nicht nachkamen, ließ die Junta den Markt dem Erdboden gleichmachen.

unter verschärfter Beobachtung der neuen Staatsführung, die ihn zum Jahresende zwangspensionierte.

Schon am Silvesterabend 1981 besiegelte Rawlings' Wiederkehr das Ende der III. Republik. Sein unblutiger Staatsstreich bedeutete dabei eine Zäsur, die tiefe Spuren im politischen System hinterlassen sollte. Der zweite Auftritt kam nicht überraschend, verfügte doch die Limann-Administration weder über die politische noch die sozioökonomische Kompetenz, um dem heruntergewirtschafteten Land positive Impulse zu verleihen. Auch vermochte sie es nicht, sich die nötige Unterstützung internationaler Geberorganisationen zu sichern. Statt wirtschaftlichem Wiederaufbau hatten sich wieder Chaos, Korruption, gestiegener Kakaoschmuggel und *kalabule* breitgemacht. Obwohl ein Putschversuch abzusehen war, wirkten Präsident und Regierung wie paralysiert und sahen tatenlos zu, wie sich Wirtschafts- und Finanzstrukturen aufzulösen begannen.

Die Erwartungen der Bevölkerung an ihren Helden Rawlings waren hoch und angesichts des politischen und wirtschaftlichen Erbes sogar weit überzogen. Dennoch konnte er das Land davon überzeugen, dass nur eine Revolution von unten Ghanas Wirtschafts- und Sozialsystem in ordentliche Bahnen lenken würde und dass das *house cleaning* von 1979 nicht durchschlagend genug gewesen war, um die Grundübel Korruption und Misswirtschaft dauerhaft zu beseitigen. Rawlings glaubte an sozialistische Elemente wie Partizipation und direkte Teilhabe an der politischen Willensbildung und an Entscheidungsprozessen.

Innerhalb weniger Monate entstanden landesweit basisdemokratische Zellen, die die gesellschaftliche Machtverteilung zugunsten der Unterprivilegierten organisieren sollten. Zu ihnen gehörten die *People's Defence Committees* (PDCs), die *Workers Defence Committees* (WDCs), das *June Fourth Movement* (JFM), das *New Democratic Movement* (NDM), das *31ˢᵗ December Women's Movement*, das *Citizen Vetting Committee* und das *Interim National Coordinating Committee* (INCC), das die Aufgaben und Aktionen der PDCs und WDCs koordinieren sollte. Wenige Monate später wurde das INCC umbenannt in *National Defence Committee* (NDC). Als oberstes politisches Organ konstituierte sich der *Provisional National Defence Council* (PNDC), dessen kleine Kerngruppe aus Aktivisten, Militärs und einem Geistlichen bestand.[12] Den Vorsitz übernahm Jerry Rawlings, und Ähnlichkeiten mit der libyschen Revolution unter Oberst Gaddafi waren unverkennbar.[13]

---

12 *Reverend* Kwabena Domuah kehrte aber schon bald dem PNDC den Rücken.

13 Hilla Limann hatte die diplomatischen Beziehungen zu Libyen abgebrochen, die von Rawlings jedoch unmittelbar nach der Machtübernahme wieder aufgenommen wurden. In dieser kritischen Phase versorgte Libyen Ghana mit Nahrungsmitteln und Erdöl.

All diese Gruppierungen wurden von den gleichen Kräften getragen wie die Basis des AFRC: mittlere und untere Offiziersränge, Mannschaftsdienstgrade, Studenten, Gewerkschafter, Akademiker, Intellektuelle und die überschaubare Zahl von städtischen Industriearbeitern. Politisch stand ihnen das ghanaische Establishment gegenüber, bestehend aus Vertretern der freien Berufe, Anwälten, leitenden Angestellten, hohen Beamten, einem Teil der Bauernschaft und wohlhabenden Händlern.

Die antiwestliche und antiimperialistische Rhetorik im Jahr eins der von der PNDC induzierten Revolution bei gleichzeitig steigender wirtschaftlicher Not erzeugte erste Friktionen innerhalb der Führungsspitze und der Komitees. Eine Fraktion erkor im Geiste einer sich weltweit ausbreitenden Forderung nach einer neuen Weltwirtschaftsordnung den Schlüsselbegriff *self-reliance* zum Kerngedanken der Krisenlösung und rechnete mit der Unterstützung der sozialistischen Länder. Eine andere Fraktion sah in einer eigenständigen Anpassungspolitik im Sinne eines IWF-Programms den einzigen Ausweg aus der Krise. Dagegen hielt eine dritte Gruppe ein IWF-Abkommen für unausweichlich, um die schwere Wirtschaftskrise überhaupt überwinden zu können. Dabei wussten die Befürworter um das Dilemma, die hehren revolutionären Ziele mit den üblicherweise harschen Bedingungen des imperialistisch-kapitalistischen Finanzpolizisten aus Washington in Übereinstimmung zu bringen.

Schließlich sollte es Kwesi Botchwey richten, ein marxistisch orientierter Wirtschaftswissenschaftler und Mitglied im *Economic Review Committee*, den der PNDC wenige Monate nach der Machtübernahme zum Wirtschafts- und Finanzminister berief. Er knüpfte in enger Abstimmung mit Rawlings geheime Kontakte zum IWF und zur Weltbank, und im Herbst 1982 gab es erste offizielle Gespräche, die aber zunächst im Sande verliefen. Zu unterschiedlich waren die Standpunkte. Angesichts der desolaten Gesamtsituation war Botchwey nicht in der Lage, ein Konzept, geschweige denn eine Strategie vorzulegen, und das PNDC-Regime machte ideologisch korrekt das ungerechte Weltwirtschaftssystem und das private Unternehmertum für die missliche Lage verantwortlich. Zugleich ließ der PNDC die revolutionären Zellen gewähren, die die drakonischen Maßnahmen des Interregnums von 1979 wieder aufgriffen und, beseelt vom revolutionären Geist, überall im Land Selbsthilfeprojekte zu organisieren versuchten.

In diesem Kontext wurden Mitte 1982 drei Richter und ein Major a. D. ermordet. Ein Gründungsmitglied des PNDC-Regimes, Amartey Quaye[14], wurde als vermeintlicher Drahtzieher identifiziert und zusammen

---

14 In manchen Quellen findet sich auch die Schreibweise »Kwei«.

mit vier Mittätern 1983 zum Tode verurteilt und hingerichtet. Dieses Verbrechen beschädigte schon in diesem frühen Stadium das Image des PNDC schwer, wurden die Tatverdächtigen doch erst mit erheblicher zeitlicher Verzögerung zur Rechenschaft gezogen.

Trotz revolutionären Elans, insbesondere unter der Studentenschaft, und dem medial wirkungsvoll verbreiteten persönlichen Arbeitseinsatz von Rawlings verschärfte sich die Versorgungslage, und der Zusammenhalt der Führungskader zeigte schon bald tiefe Risse, wie zwei gescheiterte Umsturzversuche zeigten. Auch die treuesten Anhänger aus den studentischen und intellektuellen Milieus wandten sich nach und nach vom PNDC ab. Dennoch obsiegten schließlich Rawlings und die Befürworter einer IWF-kompatiblen Strategie in diesen internen Machtkämpfen um den richtigen Weg, während die ultralinken Kräfte ihre Führungskader verloren. Dieser harten internen Auseinandersetzung war der vergebliche Versuch vorausgegangen, in der Sowjetunion und den sozialistischen Bruderstaaten die für den Wiederaufbau Ghanas benötigen Mittel zu mobilisieren.[15] Auch Libyen winkte angesichts der Höhe der erhofften finanziellen Unterstützung ab und beließ es bei Erdöllieferungen.[16]

Das Jahr 1983 markierte eine Zeitenwende in der ghanaischen Innen- und Außenpolitik. So verkündete Finanzminister Botchwey im Februar 1983 eine grundsätzliche Einigung mit dem IWF. Im Grunde kam dies einem Eingeständnis des PNDC und seines Vorsitzenden Jerry Rawlings gleich, angesichts der ausweglosen Lage nur mit Unterstützung des IWF politisch und physisch überleben zu können. Von der ursprünglichen Kerntruppe des PNDC waren inzwischen nur noch Fliegerhauptmann a. D. Jerry Rawlings und *Warrent Officer* Adjei Buadi im Amt. Ein weiterer Putschversuch Mitte 1983 unterstrich, wie fragil Rawlings' Herrschaftsbasis geworden war.

Darüber hinaus verschärften die hohe Zahl zurückkehrender Ghanaer, die Anfang 1983 aus Nigeria ausgewiesen wurden, die anhaltende Dürrekatastrophe im Sahel und das weiterhin hohe Bevölkerungswachstum die bereits bestehende prekäre Versorgungslage. So nahm die Bevölkerung innerhalb der Rawlings-Ära von 1979 bis 2001 – das Intermezzo III. Republik eingeschlossen – um mehr als 60 Prozent zu und stieg von etwa 10,5 Millionen auf rund 18 Millionen Menschen an, eine Steigerung, die dem geschundenen Land eine zusätzliche Last aufbürdete.

---

15 Die Sowjetunion verwies auf ihr Engagement in Kuba, Vietnam und Afghanistan.

16 Libyen war zudem massiv in den kostspieligen Tschadkonflikt involviert, um sich den Aouzou-Streifen im Grenzgebiet zum Tschad einzuverleiben.

Das Experiment, das der Welt beweisen sollte, dass unter bestimmten politischen, sozioökonomischen und soziokulturellen Bedingungen die Rezeptur IWF die einzige Medizin für einen schwerkranken Patienten wie Ghana war, konnte beginnen. Dabei spielten die überschaubaren Kosten dieses Experiments eine nicht unerhebliche Rolle bei der Entscheidung, das Wagnis einzugehen. In den ersten beiden Jahren flossen etwa eine Milliarde US-Dollar ins Land, in den Folgejahren pendelte sich die jährliche Summe bei etwa 800 Millionen Dollar ein.[17] Schnell war allen Beteiligten klar, dass das Wiederaufbauprogramm allenfalls mittelfristig, höchstwahrscheinlich aber erst langfristig erfolgreich sein würde.

Im Unterschied zu früheren IWF-Anpassungsprogrammen übernahm nun die Weltbank als Co-Akteur bei allen administrativen und planerischen Aufgaben und Umsetzungen eine zentrale Rolle, um ein Reformprogramm durchzusetzen, das in seiner Radikalität bis dahin in der Entwicklungszusammenarbeit seinesgleichen suchte. Dabei hätte der Gegensatz der Hauptakteure nicht größer sein können: Ein sozialistisch und antiimperialistisch aufgestelltes Regime exekutierte ohne Wenn und Aber ein über das Normale weit hinausgehendes IWF-Programm.

Diese exotisch anmutende Konstellation steigerte sowohl in den westlichen Industriestaaten als auch in den Schwellen- und Krisenländern das Interesse am Laborversuch Ghana, diente doch dieses Projekt als mögliche Blaupause für weitere Krisenländer der Peripherie. Im Zentrum standen eine effizientere staatliche Verwaltung, die Wiederherstellung staatlicher Dienstleistungen und die Revitalisierung und Förderung des privaten Sektors. Dabei wurde schnell deutlich, dass die politischen und wirtschaftlichen Folgen eines IWF-Weltbank-Programms auf jene zielten, in deren Namen die Revolution stattgefunden hatte, jene also, die mittels dezentraler und demokratischer Wirtschaftsstrukturen eine Umverteilung zugunsten der Unterprivilegierten und unteren Schichten sicherstellen wollten. Dieses Gesellschaftssegment – Arbeiter, untere Lohnabhängige, Marginalisierte – war auserkoren, die Hauptlasten zu tragen, und Teile der Studentenschaft, deren revolutionärer Elan angesichts der völlig veränderten Lage verpufft war, wechselten die Seiten und unterstützten das oppositionelle ghanaische Establishment.

Rawlings und seinem PNDC blieb nichts anderes übrig, als de facto eine radikale Kehrtwende zu vollziehen, wollten sie überleben. Der Richtungswechsel zahlte sich aus, das alte Establishment und die ghanaische Mittelklasse besetzten nach und nach Schlüsselpositionen, während die

---

17 Bis zum Jahr 2015 hatte sich die jährliche ODA mehr als verdoppelt und betrug in jenem Jahr 1,7 Milliarden US-Dollar. 2016 betrug sie 1,3 Milliarden US-Dollar.

Revolutionskader der ersten Stunde unbedeutende Ämter erhielten, beispielhaft illustriert durch die Berufung des ehemaligen Richters Daniel Francis Annan. Er avancierte zum Vorsitzenden der einflussreichen *National Economic Commission* und der *National Commission for Democracy*. Im Kontext dieses Umbaus im Laufe des Jahres 1984 verloren auch basisdemokratisch konzipierte Komitees wie die PDCs und WDCs ihre Eigenständigkeit, wurden in *Committees for the Defence of the Revolution* (CDRs) umbenannt und in die hierarchische Staatsstruktur hineingezwungen. Ihre zentrale Aufgabe war nun einzig und allein die Produktivitätssteigerung und die Bekämpfung der Korruption.

Nach einem fast zweijährigen Anpassungsprogramm der Washingtoner Zwillinge IWF und Weltbank waren Rawlings und der PNDC kaum wiederzuerkennen. Technokraten des Establishments saßen nun im Zentrum der Macht, die revolutionären Komitees waren entmachtet und gleichgeschaltet, die hehren Versprechungen zugunsten der Massen im Lichte der bitteren Medizin aus Washington vergessen. Dennoch blieb Rawlings seiner sozialistischen und antiimperialistischen Rhetorik treu, und man ließ ihn gewähren, wohl wissend, dass sich nur mit seinem Charisma, politischen Instinkt, Überlebenswillen und Durchsetzungsvermögen die schmerzhafte Therapie fortführen ließ. Die Massen wurden mit Zuckerbrot und Peitsche in Schach gehalten, und gegen Gewerkschafter und Kader, die einst zur Avantgarde der beiden Regime AFRC und PNDC gezählt und in den verschiedensten Unterstützergruppen die ursprüngliche Revolution mitgestaltet hatten, wurde gegebenenfalls auch gewaltsam vorgegangen. Zu diesen Gruppen gehörten unter anderem die *Kwame Nkrumah Revolutionary Guards*, das *New Democratic Movement*, der *African Youth Command* und die *African Youth Bridge*. Ohne Repression und Gewaltanwendung war ab 1985/86 der Kurs der Bretton-Woods-Zwillinge nicht mehr zu halten. Aber auf Dauer hatte auch dieser Ansatz wenig Aussicht auf Erfolg. Der Ruf nach demokratischen Strukturen, der überall in Afrika erschallte, bot einen Ausweg aus diesem Dilemma, denn dieser Ruf wurde nun auch in Ghana neu bewertet.

Für das geschundene Ghana hatte es unter gesamtwirtschaftlicher Betrachtung keine überzeugende Alternative zu IWF und Weltbank gegeben. Für beide Seiten, für das sich sozialistisch gebende PNDC-Regime unter Rawlings und für die beiden Organisationen aus Washington, war die Kooperation ein Glücksfall. IWF und Weltbank hatten erstmals einen sozialen Träger gefunden, der ihrer Medikation buchstabengetreu folgte. Die beiden Geberorganisationen wiederum sicherten dem PNDC und Rawlings ihr politisches und sehr wahrscheinlich auch ihr physisches Überleben. Es war diese Dialektik und Exotik, die Ghana für

Geber, andere notleidende Länder und Theoretiker der Entwicklungspolitik so interessant machte, weil sie zuvor nicht denkbar gewesen war.
Im Jahr 1987 deutete sich eine weitere Wendung an, ohne dass Ghana
seine strukturelle Unter- und Rückentwicklung zu diesem Zeitpunkt
wirklich überwunden hatte. Im zurückliegenden halben Jahrzehnt war
lediglich die Plünderung des Staates unterbunden und den Kleptokraten
der Boden entzogen worden.

Der steinige Weg von der Diktatur zum demokratischen Aufbruch (1987–1993)

Ein wechselvolles Ringen um den rechten Weg zu einem neuen politischen System, geprägt von Protesten, Repression, Gewalt und Dialog,
bestimmte die nun folgenden sechs Jahre bis zur Geburt der IV. Republik im Jahr 1993. Es war ein hartes Ringen zwischen jenen Kräften,
die für räterepublikanische Strukturen kämpften, und jenen, die traditionelle westliche Demokratiemodelle befürworteten. Wieder waren es
Studenten und Intellektuelle aus dem linken Spektrum, die die Richtung
vorgaben, diesmal aber nicht auf der Seite des PNDC-Regimes. Die von
den Bretton-Woods-Zwillingen durchgesetzte Austeritäts- und Anpassungspolitik traf auch die Hochschulen, die die Studiengebühren erhöh-
ten und die Mensasubventionen senkten. An den Universitäten in Accra,
Cape Coast und Kumasi kam es im April und Mai 1987 zu Demonstrationen, woraufhin die Hochschulen in den beiden größten Städten Accra
und Kumasi mehrere Monate lang den Lehrbetrieb einstellten.

Die Nervosität innerhalb der Staatsführung war unübersehbar, griffen
doch die staatlich kontrollierten Medien, allen voran der *Daily Graphic*,
einstige Unterstützergruppen frontal an und bezichtigten sie, Drahtzieher der Proteste zu sein. Insbesondere die *Kwame Nkrumah Revolutionary Guards* und das *New Democratic Movement*, in denen sich zahlreiche
Linksintellektuelle gesammelt hatten, dienten als Zielscheibe, forderten
sie doch das Regime auf, sich freien und demokratischen Wahlen zu stellen. Etliche Mitglieder wurden verhaftet, darunter auch Personen, die
in der Frühphase des PNDC Führungsfunktionen innegehabt hatten.
Auch der Gewerkschaftsverband *Trade Union Congress* (TUC) geriet zunehmend unter Druck, und die Polizei ging bei Protestveranstaltungen
auch mit Gewalt gegen Gewerkschafter vor.

Das Regime musste jedoch erkennen, dass mit Gewalt allein nichts zu
erreichen war, zeigte ansatzweise Dialogbereitschaft und legte eine Grob-
struktur für die geplanten *District Assemblies* (Bezirksversammlungen)

und die damit verbundenen Wahlen vor. Dabei war vorgesehen, die *District Assemblies* mit eigenen Budgets und Entwicklungsprogrammen auszustatten, was den Vorstellungen des räterepublikanischen Lagers entgegenkam. Zwei Drittel der Mitglieder sollten aus Wahlen hervorgehen und ein Drittel von traditionellen Herrschern und gesellschaftlich relevanten Organisationen bestimmt werden. Die Resonanz in der Bevölkerung war für das Regime ernüchternd, nur eine geringe Zahl Wahlberechtigter ließ sich bis November 1987 registrieren.

Die oppositionellen Kräfte im Land begannen, sich breiter zu organisieren. Der Geschichtsprofessor Adu Boahen hielt im März 1988 einen Vortrag zur jüngeren ghanaischen Geschichte und forderte in diesem Kontext eine Übergangsregierung innerhalb eines Jahres. Das Regime betrachtete schon die Ankündigung dieser Veranstaltung als Affront und wies die Staatsmedien an, das Ereignis totzuschweigen. Diese Maßnahme sicherte dem Inhalt der Rede ungeplante Aufmerksamkeit, zirkulierte doch kurz darauf das Redemanuskript im Untergrund.

Die Gewerkschaften unter dem Dach des TUC mobilisierten weiter ihre Mitglieder und Sympathisanten und forderten nicht weniger als eine Versammlung, die innerhalb von zwei Jahren eine Verfassung ausarbeiten und ein Verfassungsreferendum vorbereiten sollte. Zugleich lehnten sie das für ihre Mitglieder schmerzhafte, von IWF und Weltbank oktroyierte Wiederaufbauprogramm ab, verlangten stattdessen einen höheren Mindestlohn und die Wiedereinführung der Subventionen für Grundnahrungsmittel.

Die Fronten begannen sich wieder zu verhärten, was die Gewerkschaften bewog, zu diesem Zeitpunkt eine offene Konfrontation mit dem Regime zu vermeiden. Diese Entscheidung ging auf den als gemäßigt geltenden Generalsekretär Yankey zurück, der sich bei seiner Wiederwahl gegen radikale Gegenkandidaten durchgesetzt hatte. Als Gegenleistung entließ das Regime etliche politische Gefangene, die nach den Protesten im Vorjahr Opfer der Staatsgewalt geworden waren. Andere wiederum, wie der internierte leitende Gewerkschaftsfunktionär Kwasi Adu Amankwah[18], blieben im Gefängnis, eingekerkert nach dem Vorbeugehaftgesetz.

Auch die Studenten schlossen sich der Forderung an, alle politischen Gefangenen freizulassen und ein Mehrparteiensystem vorzubereiten. Zugleich prangerten sie die desolaten Bildungseinrichtungen an, forderten eine Rücknahme der Studiengebühren und höhere Mensazuschüsse.

---

18 In der Nach-Rawlings-Ära stieg er zum Vorsitzenden des TUC auf und übte das Amt von 2000 bis 2007 aus.

Die Verhandlungen zogen sich ohne erkennbare Fortschritte hin, und die Studenten reagierten mit einem Examensboykott. Mitte des Jahres 1988 schloss die Regierung die drei großen Universitäten in Accra, Cape Coast und Kumasi und öffneten sie erst Monate später wieder, um die Prüfungen nachholen zu lassen.

Die Gegner der Wahlen zu den *District Assemblies*, die räterepublikanische Strukturen ablehnten, konnten die Wahlgänge nicht verhindern, wenngleich das PNDC-Regime gezwungen war, die im Vorjahr 1987 abgeschlossene Registrierung der Wahlberechtigten zu aktualisieren. Schließlich umfasste das Wahlregister 5,9 Millionen Menschen, was 89 Prozent aller Wahlberechtigten entsprach. Ghana wurde in 110 Bezirke und 4.804 Wahlkreise unterteilt. Das Regime mobilisierte große Finanzmittel und setzte den gesamten Staatsapparat ein, um seine Wahlvorstellungen zu verbreiten. Die Wahlen fanden in einem ersten Schritt im Dezember 1988 in den Regionen Ashanti, Central, Eastern und Western statt. Die Wahlgänge in den übrigen Regionen folgten einige Wochen später im Januar/Februar 1989. 3,4 Millionen Wahlberechtigte (etwa 59 Prozent) gaben ihre Stimme ab, was das Regime als Erfolg verbuchte. Bei den zurückliegenden Wahlen im Jahr 1979 hatte die Wahlbeteiligung bei mageren 35 Prozent gelegen.

Die Wahlen hatten die angeschlagene Legitimationslage des PNDC merklich verbessert. Dabei blieb der Öffentlichkeit jedoch weitgehend verborgen, dass die Exekutivgewalt der *District Assemblies* für die festgelegten Sektoren nur eine Scheinautonomie war. Der PNDC konnte innerhalb von drei Wochen alle Entscheidungen der lokalen Institutionen aufheben. Schon bald nach der Konstituierung der Bezirksversammlungen wurde deutlich, dass es hauptsächlich um Steuererhebung und Steuereintreibung ging, was bei der lokalen Bevölkerung wenig überraschend auf Missfallen stieß.

Dennoch setzte das PNDC-Regime seine Befriedungsstrategie fort, erfüllte einige Forderungen der Gewerkschaften, wie die Erhöhung des Mindestlohns, und ließ ohne großes Aufheben mehrere politische Gefangene frei, unter ihnen Kwasi Adu Amankwah. Zugleich band das Regime den Gewerkschaftsverband stärker in die Herrschaftsstruktur ein. So berief es Generalsekretär Yankey in die *National Commission for Democracy* und ernannte weitere Funktionäre zu Mitgliedern der Bezirksversammlungen.

Diese Einhegungsstrategie verhinderte jedoch nicht anderweitige Konfrontationen. So legten Konflikte im Kontext verschärfter Kontrollmechanismen gegenüber privaten Printmedien und Glaubensgemeinschaften das begrenzte Machtpotenzial des PNDC-Regimes offen. Im

März 1989 setzte das Regime eine modifizierte Lizenzvergabe in Kraft, die Zeitungen und Magazine nun zwang, jährlich eine neue Zulassung zu beantragen. Die Glaubensgemeinschaften mobilisierten massiven Widerstand gegen den Registrierungszwang, der unter anderem Nachweise ihrer Aktivitäten sowie die Offenlegung von Steuererklärungen und Finanzierungsquellen vorsah. Die Mainstream-Kirchen weigerten sich und veröffentlichten am Jahresende 1989 einen gemeinsamen Hirtenbrief, in dem sie das Gesetz als völker- und menschenrechtswidrig verurteilten. Das Regime stand diesem Widerstand ziemlich hilflos gegenüber und willigte schließlich ein, das Gesetz zu überarbeiten. Davon unbenommen blieb das Verbot der Mormonen und Zeugen Jehovas bestehen.[19]

Auch in studentischen Kreisen regte sich erneuter Unmut. Die *National Union of Ghanaian Students* (NUGS) ging gegen die Novellierung der Darlehensförderung auf die Straße. Im Kern richtete sich die Kritik gegen das Erziehungsreformprogramm, das erhebliche Einsparungen vorsah und somit ärmeren Schichten, insbesondere im Norden, den Zugang zu den Hochschulen erschwerte. Das Regime beantwortete die Proteste mit Polizeigewalt, wobei die Polizei auch Schusswaffen einsetzte, kam aber Ende 1989 angesichts des Ausmaßes der Gewalt nicht umhin, eine Überarbeitung der Darlehensregelung anzukündigen.

Der Widerstand seitens der Anwaltsvereinigung *Ghana Bar Association* (GBA) war ebenso wirksam, offenbarte sie doch die fragile Machtposition des PNDC. Eine geplante Tagung zum Gedenken an die drei 1982 ermordeten Richter war für die Sicherheitsbehörden Grund genug, den Vorsitzenden Adjetey zu verhaften. Die für September 1989 angesetzte Menschenrechtstagung der *African Bar Association* (ABA) sagte das Regime wenige Tage vor Beginn kurzerhand ab. Zusätzlich initiierte das mediale Sprachrohr *Daily Graphic* eine Kampagne und beschuldigte Adjetey, die Afrika-Konferenz in enger Zusammenarbeit mit *Amnesty International* als Forum zur Planung eines Umsturzes nutzen zu wollen.

Die Entlassung des kommandierenden Generals Arnold Quainoo und die Verhaftung von Rawlings' einzigem engen Weggefährten Major Courage Emmanuel Quashigah[20] im September 1989 schienen Vermutungen zu bestätigen, dass das PNDC-Regime die politische Entwicklung nur noch in Teilen kontrollierte. Quashigah wurde vorgeworfen, dass er Rawlings, der sich nach Quainoos Entlassung selbst an die Spitze

---

19 In der Kufuor-Ära erhielten die Mormonen von der Regierung ein wertvolles Grundstück an der Independence Avenue im Zentrum Accras, wo sie ihren Tempel errichteten. Über die Höhe des Kaufpreises drang nichts nach außen.

20 Quashigah machte unter der NPP-geführten Regierung von Präsident Kufuor politische Karriere und wurde Minister. Er verstarb 2010.

der Streitkräfte gesetzt hatte, zusammen mit vier weiteren Militärs entmachten wollte. Am Jahresende 1989 nahm der Juntachef eine umfangreiche Kabinettsumbildung vor, um Handlungsfähigkeit zu demonstrieren und das Machtgefüge innerhalb des PNDC neu auszutarieren.

Der Ruf nach einer verfassungsmäßigen Ordnung und demokratischen Verhältnissen verstummte nicht, sodass Rawlings zu Beginn des Jahres 1990 einen Dialog über die politische Zukunft des Landes zusagte. Dazu zählte auch, das Verhältnis zu den Glaubensgemeinschaften und den Studenten und damit das innenpolitische Klima zu verbessern. So delegierte er das umstrittene Registrierungsvorhaben der Glaubensgemeinschaften an eine eigens dafür eingerichtete Arbeitsgruppe, die das Vorhaben mit den Kirchen diskutieren sollte, und nahm kosmetische Korrekturen an den Darlehensregelungen für Studenten vor.

Die breite Plattform, die sich gegen das PNDC-Regime gebildet hatte, verhielt sich merklich zurückhaltend, hielt aber an den zentralen Forderungen der zurückliegenden Jahre fest: Referendum über das zu wählende politische System, Pressefreiheit, Freilassung aller politischen Gefangenen, Abschaffung aller repressiven Gesetze. Schließlich willigten sowohl die Anwaltsvereinigung als auch die katholische Kirche und die Gewerkschaften in einen Dialog mit dem Regime ein.

Im Juli 1990 eröffnete Rawlings die Seminarreihe zur angekündigten nationalen Diskussion über die politische Zukunft Ghanas. Sie zog sich über mehrere Monate hin und stand unter dem Titel »Bezirksversammlungen und der politische Prozess«, was darauf hindeutete, dass der PNDC seine Vorstellungen eines Rätesystems ohne Parteien durchsetzen wollte. Dieser Ansatz fand innerhalb des Rawlings-Lagers breite Unterstützung, der sich auch etliche *Chiefs* und *Paramount Chiefs* anschlossen, was wiederum oppositionelle Gruppierungen wie die *Kwame Nkrumah Revolutionary Guards* und das neugegründete *Movement for Freedom and Justice* (MFJ) unter der Leitung von Adu Boahen auf den Plan rief. In diesen Gruppen sammelte sich ein breites politisches Spektrum, einschließlich weiterer linker Gruppierungen. Wieder erklang der Ruf nach Aufhebung des Parteienverbots, Wiederherstellung einer Mehrparteiendemokratie, Einberufung einer gesetzgebenden Versammlung zur Ausarbeitung einer Verfassung und Durchführung eines Verfassungsreferendums. Das auf Bezirksversammlungen basierende angestrebte politische System hingegen wurde in Bausch und Bogen verworfen.

Das PNDC-Regime geriet in der zweiten Jahreshälfte 1990 angesichts der Wucht der breit aufgestellten Protestbewegung in Zugzwang und versuchte, mit Zuckerbrot und Peitsche die Strahlkraft der MFJ-Bewegung zu schwächen. Drohungen und Einschüchterungen bewirkten jedoch das Gegenteil. Die Bewegung wurde stärker, erhielt ständig Zulauf neuer Gruppierungen wie der *Front for Unity, Democracy and Development* (FUDD), und auch die Studenten der NUGS und die Gewerkschaftsführung stimmten in den Ruf zur Rückkehr zu einer verfassungsmäßigen Ordnung ein. Es folgten schon bald die Anwaltsvereinigung und Kirchenvertreter, die eigene Veranstaltungen zum Thema durchführten. Ein ehemaliger Richter am *Supreme Court* bekannte offen, dass ein demokratisches Regierungssystem ohne Parteien ein Ding der Unmöglichkeit sei.

Der Druck der Opposition zeigte Wirkung, und zum Jahresende griff Rawlings einige Forderungen auf. Er beauftragte die *National Commission for Democracy*, zeitnah Handlungsoptionen für die Ausarbeitung einer neuen Verfassung zu erarbeiten. Trotz dieser Zugeständnisse reagierte das Regime auf Kritik weiterhin erratisch und versuchte, ein Gesetz aus der Nkrumah-Zeit zu reaktivieren, das es den lokalen Medien verbot, ohne Genehmigung staatlicher Stellen Kontakte zu ausländischen Diplomaten zu pflegen. Auch Festnahmen unliebsamer Oppositioneller blieben fester Bestandteil der Politik des Regimes, es verzichtete im Unterschied zu früher jedoch auf Gerichtsprozesse. Für die seit geraumer Zeit einsitzenden politischen Gefangenen blieb die Situation prekär.

Rawlings blieb seiner Linie treu und erachtete ein Mehrparteiensystem als koloniales Vermächtnis, das nicht wiederbelebt werden dürfe. Er hob die besondere Rolle des Militärs innerhalb der ghanaischen Gesellschaft hervor. Die MFJ-Bewegung und die Anwaltsvereinigung erneuerten ihre bekannten Forderungen, kritisierten aber zusätzlich den vage gehaltenen Zeitplan und hielten damit den Druck auf das Regime aufrecht. Die Dachorganisation der protestantischen Kirchen, das *Christian Council of Ghana*, verlangte darüber hinaus die Freilassung der politischen Gefangenen und eine Amnestie.

Wie zugesagt legte die *National Commission for Democracy* bis Ende März 1991 ihren Bericht vor, blieb aber hinsichtlich der Ausgestaltung des politischen Systems jenseits eines Mehrparteiensystems nebulös. Der PNDC nahm wenige Wochen später die Empfehlungen für ein Mehrparteiensystem an und delegierte die weiteren Schritte an eine neugeschaffene Expertenrunde zur Ausarbeitung einer Vorlage für die *Consultative Assembly*. Diese Maßnahmen fielen mit einem Treffen der wichtigsten Geberländer in Paris zusammen, und die Oppositionsbewegungen, wie das lose Bündnis *Coordination Committee of Democratic Forces* (CCDF), signalisierten, dass sie einen Konflikt mit dem Regime über die politische Zukunft Ghanas nicht scheuten. Trotz der Zugeständnisse setzte das Regime Veranstaltungsverbote durch und verhaftete regelmäßig Mitglieder der Protestbewegungen.

Im Juni 1991 nahm die *Consultative Assembly* ihre Arbeit auf. Anwaltsvereinigung und Studentenverband boykottierten die Versammlung, hatte sich der PNDC doch zuvor eine große Mehrheit in diesem Beratungsgremium gesichert. Zwei Monate später lag ein Verfassungsvorschlag vor, der sich eng am französischen Regierungsmodell orientierte, also mit einem vom Volk gewählten Präsidenten und einem von ihm vorgeschlagenen und vom Parlament bestätigten Premierminister. Kurz darauf, Ende August 1991, legte Rawlings überraschend einen detaillierten Zeitplan für den Transformationsprozess vor: bis Jahresende Verfassungsvorschlag, im Februar 1992 Referendum und anschließend Zulassung von Parteien, im letzten Quartal 1992 Wahlen.

Der PNDC bewies, dass er trotz der Zugeständnisse das weitere Verfahren diktierte. Er zeigte sich aber bereit, einige vertrauensbildende Maßnahmen zu ergreifen. Dazu zählten die Generalamnestie im Juli, die es den exilierten Ghanaern erlaubte, ohne Sanktionen nach Ghana zurückzukehren, und die baldige Rücknahme mehrerer harscher Gesetze. Zum Jahresende 1991 wurde die *Interim Electoral Commission* gegründet, die auch das wenige Monate zuvor eingerichtete Wählerregister verwaltete.

Der Zeitplan mobilisierte die unterschiedlichsten Strömungen, Parteistrukturen zu entwerfen. Als besonders aktiv erwiesen sich die alten Seilschaften des *Busia-Danquah Clubs* und der *Progress Party Society* um Adu Boahen und John Agyekum Kufuor, die das politische Erbe der beiden Politiker der kolonialen und postkolonialen Ära pflegten. Ihnen gegenüber standen die organisatorisch stark zersplitterten Nkrumahisten. Noch am Jahresende 1991 war unklar, wie und wohin sich der PNDC orientieren würde. Angesichts des recht engen Zeitfensters mobilisierten aber schon im Vorfeld die ihn stützenden CDRs ihre Anhänger und setzten zielgerichtet Kampagnen in Gang. Dabei gaben sie sich einen weniger radikalen Anstrich und integrierten etliche liberale Führungskräfte, die das negative Image der CDRs und des PNDC aufpolieren sollten. Klar war zu diesem Zeitpunkt lediglich, dass Rawlings – zumindest öffentlich – keinerlei politische Ambitionen im neuen politischen System hegte.

Zum zehnten Jahrestag der Machtübernahme amnestierte das Regime 1.000 Gefängnisinsassen, die mehr als die Hälfte ihrer Haftstrafe verbüßt hatten.[21] Kurz nachdem Rawlings und sein PNDC Anfang

---

21 Häftlinge, die wegen Drogen- und Gewaltkonflikten einsaßen, fielen nicht unter die Amnestie.

März 1992 den genauen Zeitplan für den Übergang zu einer gewählten Zivilregierung angekündigt hatten, kamen mehr als ein Dutzend politische Gefangene frei, unter ihnen Major Quashigah. Zuvor hatte das PNDC-Regime bekannt gegeben, dass seit der im Vorjahr verkündeten Amnestie ehemaliger Politiker bereits 120 Exilanten nach Ghana zurückgekehrt waren.

Ende März 1992 verabschiedete die *Consultative Assembly* den Verfassungsentwurf, der sich am System der USA und Großbritanniens orientierte. Im Gegensatz zu etlichen anderen Staaten Afrikas, in denen sich ebenfalls zögerlich demokratische Strukturen herauszubilden begannen, war das PNDC-Regime in Ghana bereit, den Verfassungsentwurf durch ein Referendum bestätigen zu lassen. Die Administration legte das Referendum für Ende April fest und kündigte zugleich die Zulassung politischer Parteien für den Folgemonat Mai an. Dabei schloss sie parteipolitisches Engagement bei Wahlen auf Bezirksebene zu den *District Assemblies* und eine gerichtliche Überprüfung aller Handlungen des PNDC-Regimes und aller vorherigen Militärregierungen aus.[22] Schließlich wurden die Präsidentschaftswahl auf November und die Parlamentswahlen auf Dezember festgelegt und der Amtsantritt des Präsidenten und der Beginn der Legislaturperiode auf den 7. Januar 1993 terminiert.

Noch hielt sich Rawlings mit Aussagen zu seiner Zukunft und etwaigen politischen Ambitionen in einem demokratischen System demonstrativ zurück, sodass das Referendum Ende April 1992 bei einer Wahlbeteiligung von gut 43 Prozent mit 92 Prozent Ja-Stimmen als klares Votum für einen Neubeginn betrachtet werden konnte. Letztlich war jedoch nicht ganz klar, worüber eigentlich abgestimmt wurde, ob sich eine Nein-Stimme gegen den Verfassungsentwurf, das Übergangsprogramm oder sogar gegen das PNDC-Regime richtete.

Das eindeutige Ergebnis beendete jegliche Kritik an dem Referendum, öffnete jedoch den Blick für Ungereintheiten und erhebliche Mängel bei der Wählerregistrierung und beim Wahlregister. Viele vermeintlich registrierte Wahlberechtigte tauchten später im Register nicht mehr auf. Stattdessen nahm die Zahl der Doppelregistrierungen überproportional zu, und nach Schätzungen internationaler Wahlbeobachter lag die Zahl der Wahlberechtigten mindestens eine Million über der tatsächlichen Zahl der Wähler. Die *Interim National Electoral Commission* unter Leitung des Richters Josiah Ofori-Boateng willigte angesichts der Kritik

---

22 Siehe zur Haftungsfreistellung die Verfassung von 1992: First Schedule, Transitional Provisions, Part IV –Miscellaneous, Article 34.

schließlich ein, einige Zugeständnisse zu machen, lehnte aber eine Neu-registrierung ab. Sie war lediglich bereit, das Register zu überarbeiten, was aber die Zahl der Wahlberechtigten für die anstehende Präsident-schaftswahl nur um 170.000 auf 8,2 Millionen gegenüber den 8,4 Milli-onen reduzierte, die für das Referendum registriert worden waren.

Verfassungsrahmen und demokratische Institutionen

Wieder hatte sich Ghana für ein präsidentielles Regierungssystem entschieden, das die direkt gewählte Exekutive mit einer enormen Machtfülle ausstattet, zugleich aber auch Parteienpluralismus, Gewal-tenteilung und Menschenrechte garantiert. Das Staatsoberhaupt ist zugleich Regierungschef, Oberbefehlshaber der Streitkräfte und der Polizei und Vorsitzender des mächtigen *National Security Council*. Um diese Machtfülle einzuhegen, schränkt die Verfassung die Amtsdauer ei-nes Staatsoberhauptes auf maximal zwei Wahlperioden ein, wobei eine Wahlperiode der Legislaturperiode von vier Jahren entspricht. Ein Prä-sidentschaftskandidat benennt vor der Wahl einen Vizepräsidentschafts-kandidaten und benötigt zum Wahlsieg 50 Prozent plus eine Stimme. Erreicht keiner der Kandidaten im ersten Wahlgang die absolute Mehr-heit, treten die beiden Kandidaten mit den meisten Stimmen innerhalb von 21 Tagen zu einer Stichwahl an, die dann in jedem Fall eine Ent-scheidung herbeiführt. Seit Beginn der IV. Republik am 7. Januar 1993 ist sichergestellt, dass die Amtseinführung an einem 7. Januar erfolgt und an diesem Datum auch die vierjährige Legislaturperiode beginnt. Der Vizepräsident besitzt keinerlei Machtbefugnisse und tritt nur in Einzelfällen in Erscheinung, so bei Auslandsbesuchen oder bei Krank-heit oder Tod des Amtsinhabers.

Der Präsident beruft und entlässt die Mitglieder des Kabinetts, die sich vor ihrer Berufung einer Anhörung im Parlament stellen und von den Mandatsträgern bestätigt werden müssen. In einzelnen Fällen sind Personalvorschläge abgelehnt worden. Zudem ernennt der Präsident elf Mitglieder des 25-köpfigen Staatsrates (*Council of State*), der bei der Gesetzgebung und bei wichtigen Personalentscheidungen eine beraten-de Funktion innehat. Die übrigen Mitglieder dieses Gremiums, das im Diskussions- und Entscheidungsprozess zur Gründung neuer Regionen eine wichtige Rolle gespielt hat, sind ein ehemaliger *Chief Justice*, ein ehemaliger Generalinspekteur der Streitkräfte und der Polizei, der Vor-sitzende des *National House of Chiefs* und ein gewählter Repräsentant aus jeder Region.

Der Regierungsapparat umfasst neben dem Präsidialamt 36 Ministerien, deren Minister und Stellvertreter dem Kabinett angehören (Stand April 2018). Jenseits der in Ghana üblichen großen Zahl von Portfolios hat die Gründung des Ministeriums *Inner City and Zongo Development* den Sicherheitsaspekt angesichts des wachsenden islamistischen Terrors in den Nachbarstaaten besonders betont. In den letzten Jahrzehnten haben sich aufgrund einer anhaltenden Nord-Süd-Migration insbesondere in den Großstädten der Ballungszentren in den zentralen und südlichen Regionen unkoordinierte, wild wachsende, intransparente und schwer kontrollierbare Stadtviertel entwickelt, die als *zongos* bezeichnet werden.[23] Dabei sind die große Mehrzahl der auf dichtestem Raum lebenden Bewohner Muslime aus Nordghana und dem Sahel. In diesem Kontext und aufgrund der sich verschlechternden Sicherheitslage hat sich der Aufbau staatlich alimentierter und von der Polizei in Kurzlehrgängen trainierter Bürgerwehren ausgeweitet, die als *Community Protection Personnel* zur Sicherheit auf lokaler Ebene beitragen sollen. Dabei zielt die Regierung besonders auf die junge, zumeist prekär beschäftigte Generation und bietet zumindest einigen jungen Menschen Arbeitsmöglichkeiten. Im Mai 2018 belief sich die Zahl der Kurzausgebildeten auf 15.000 Personen. Die Polizei verfügte dagegen lediglich über 33.000 Mitarbeiter. Zu diesem Zeitpunkt gab es etwa 400 registrierte private Sicherheitsfirmen mit einem Personalbestand von 450.000. Darunter befanden sich weltweit agierende wie unter anderem die in London ansässige G4S. Die Zahl der illegalen Sicherheitsdienste war noch wesentlich höher. Zu ihnen zählten unter anderem auch parteinahe Milizen wie Delta Force, Azoka Boys, Bolga Bull Dogs, Invincible Forces, Bamba Boys, Hawks, Dragons oder Kandahar Boys. Sie wendeten geplant Gewalt gegen Andersdenkende an und setzten je nach Auftragslage – zum Beispiel Schutz oder Besetzung von Immobilien und Grund und Boden - ihr Drohpotential ein.

Die Machtfülle des Präsidenten und die Machtkonzentration im Präsidialamt spiegeln sich darüber hinaus in der Bestallung der zehn Regionalminister und ihrer Stellvertreter wider, die auch den regionalen *Security Councils* angehören. Neben dem jeweiligen Koordinator finden sich dort die Vorsitzenden der regionalen *District Assemblies* und Vertreter der staatlichen Sicherheitsorgane. Zudem schlägt der Präsident die als *District Chief Executives* (DCE) firmierenden Vorsitzenden der Bezirksräte vor, die von der Versammlung mit Zweidrittelmehrheit

---

23 Der Begriff *zongo* entstammt der in Westafrika weitverbreiteten Sprache Hausa und bezeichnete ursprünglich einen Rastplatz oder eine Karawanserei.

bestätigt werden müssen. Fällt ein Kandidat sowohl im ersten als auch im zweiten Wahlgang durch, muss das Staatsoberhaupt einen neuen Kandidaten vorschlagen. Außerdem kann der Präsident jederzeit den DCE abberufen.

Darüber hinaus verfügt der Staatschef über weitreichende Kompetenzen zur Besetzung der zahlreichen nachgeordneten Behörden, wie der *National Communication Authority* (NCA) und der *National Media Commission* (NMC), oder staatlicher Unternehmen wie der *Ghana National Petroleum Corporation* (GNPC). Während die NCA für die Lizenz- und Frequenzvergabe an Radio- und TV-Stationen zuständig ist, hat die NMC die Aufgabe, die Einhaltung journalistischer Mindeststandards sicherzustellen.[24]

Die Legislative besteht aus einem Einkammerparlament, und die Parlamentswahlen finden gemeinsam mit dem ersten Präsidentschaftswahlgang in den 275 Wahlkreisen des Landes statt.[25] Es gilt das Mehrheitswahlrecht, das heißt der Wahlkreiskandidat mit den meisten Stimmen gewinnt das Mandat. Eine Wiederwahl ist unbeschränkt möglich, und die Amtszeit der Parlamentarier deckt sich mit der Amtszeit des Staatsoberhauptes. Im Gegensatz dazu finden die Wahlen zu den *District Assemblies* zeitlich versetzt alle vier Jahre als reine Persönlichkeitswahlen unter Ausschluss der Parteien statt.[26] Sie besitzen auf der lokalen Verwaltungsebene im Namen der Zentralregierung legislative und exekutive Macht und verfügen über eigene Budgets, die im *District Assemblies Common Fund* verwaltet werden.

Seit den Wahlen von 2016 dominieren die beiden großen Parteien NPP und NDC allein die politische Landschaft, nachdem erstmals weder eine der kleinen Parteien noch unabhängige Kandidaten ein Mandat gewinnen konnten. Somit hat sich die IV. Republik innerhalb von sechs Legislaturperioden zu einem Zweiparteiensystem entwickelt, und es gibt keinerlei Anzeichen dafür, dass sich an dieser Konstellation im Laufe der siebten Legislaturperiode (2017–2021) grundsätzlich etwas ändern wird.

Noch am Vorabend des demokratischen Neuanfangs zeichnete sich ein Parteienpluralismus ab, beantragten doch elf Organisationen bei der

---

24 Ghana zählt zu den wenigen Ländern in Afrika, in denen eine Fachbehörde und nicht der Präsident über die Vergabe von Lizenzen und Frequenzen entscheidet.

25 Von dieser Regel wurde nur bei den Wahlen 1992 am Vorabend der IV. Republik abgewichen. Ausführlich dazu das Kapitel »Wahlen im Kontext von Aufbruch und Machtwechsel«.

26 Ein DCE kann nur für maximal zwei aufeinanderfolgende Amtszeiten von jeweils vier Jahren im Amt verbleiben.

Interim National Electoral Commission den Status als Partei. Schließlich ließ die provisorische Wahlkommission acht Parteien zu, darunter die NPP und den NDC, die seitdem wechselweise die Regierung stellen.[27] Zu den Grundbedingungen für die Zulassung einer Partei zählte im Wesentlichen ihre physische Präsenz in allen Regionen und in mindestens zwei Dritteln der Distrikte einer jeden Region. Zudem dürfen Parteien keinerlei ethnische, religiöse oder regionale Symbole verwenden und müssen zweifelsfrei einen gesamtghanaischen Ansatz verkörpern.

Es gibt keine staatliche Parteienfinanzierung und damit auch keine Wahlkampfkostenerstattung. In einigen Fällen gewährte die Wahlkommission den Parteien jedoch materielle Unterstützung in Form von Fahrzeugen oder Computern. Präsidentschafts- und Wahlkreiskandidaten müssen bei der Wahlkommission eine Kaution hinterlegen, die sie nur bei einem relativ hohen Stimmenanteil zurückerstattet bekommen. So muss ein Präsidentschaftskandidat mindestens 25 Prozent und ein Parlamentskandidat zumindest 12,5 Prozent der Stimmen gewinnen, um die Kaution zurückzuerhalten. Die Kandidatenkür der Bewerber für ein Abgeordnetenmandat ist recht intransparent. So gab es immer wieder Ansätze, das Bewerbungsprozedere im Sinne eines fairen und transparenten Verfahrens zu systematisieren. Dennoch sind üppige finanzielle Ressourcen und informelle Netzwerke die wichtigsten Parameter, um in einem Wahlkreis aufgestellt zu werden.

Diesen normativen Vorgaben entsprechend schälten sich zwei große ideologische Lager heraus, die sich zum einen auf das politisch-geistige Erbe des Staatsgründers Nkrumah und zum anderen auf die Danquah-Busia-Tradition gründen. So sehen sich der NDC und die kleinen Parteien dem Vermächtnis Nkrumahs verpflichtet. Dagegen sieht sich die NPP als einzige Partei in der Tradition liberaldemokratischen Denkens und identifiziert sich zudem dezidiert mit der UGCC, der ersten Avantgarde im Kampf um die Unabhängigkeit, und mit Danquahs NLM und Busias PP.

Trotz der normativen Vorgaben spielten ethnische Aspekte, insbesondere im Verhältnis der beiden großen Parteien, lange Zeit eine erhebliche Rolle im Ringen um Macht und Einfluss. So besitzt der NDC seine Hochburg bis in die Jetztzeit in der Ewe-dominierten Volta Region, die NPP ihrerseits gilt tendenziell noch immer als Ashanti-Partei, die die Ashanti Region, das Herz des untergegangenen Ashanti Empire,

---

27 Die anderen sechs Parteien waren: *National Convention Party* (NCP), *People's Heritage Party* (PHP), *National Independence Party* (NIP), *Every Ghanaian Living Everywhere* (EGLE) *Party; Democratic People's Party* (DPP), *Ghana Democratic Republic Party* (GDRP).

beherrscht. Angesichts mehrmaliger Machtwechsel haben sich die ideologischen Gegensätze der beiden Parteien, die in der ersten Dekade stark antagonistische bis feindselige Züge trugen, jedoch abgeschliffen. In einer vielbeachteten Geste reichte Präsident Akufo-Addo in seiner Antrittsrede Anfang 2017 dem politischen Gegner NDC die Hand und würdigte sowohl seinen abgewählten Vorgänger Mahama als auch Staatsgründer Nkrumah und den Architekten der IV. Republik, Jerry Rawlings.

Eine zentrale Säule der IV. Republik ist die *Electoral Commission* (EC), die das PNDC-Regime 1991, gegen Ende der Übergangsphase zu demokratischen Verhältnissen, als Provisorium INEC gegründet hatte, um im selben Jahr das Verfassungsreferendum und die Präsidentschafts- und Parlamentswahlen durchzuführen.[28] Erst zu Beginn der ersten Legislaturperiode, im Juli 1993, stellte die gewählte Regierung unter Präsident Rawlings die Wahlkommission auf eine gesetzliche und verfassungsrechtliche Grundlage. Demnach besteht die Kommission aus einem siebenköpfigen Führungsgremium, einschließlich des Vorsitzenden und zweier Stellvertreter. Der Präsident benennt auf Empfehlung des *Council of State* das Führungspersonal. Der erste Vorsitzende der EC, der Sozialwissenschaftler Kwadwo Afari-Gyan, leitete die Wahlkommission 22 Jahre lang, was erheblich zur Stabilität des politischen Systems beitrug. Schon in der INEC hatte Afari-Gyan, der seine wissenschaftliche Ausbildung in den USA abgeschlossen hatte, als Stellvertreter gedient, und er war zudem Mitglied der *Consultative Assembly* gewesen, die den Verfassungsentwurf erarbeitet hatte. Erst im Alter von 70 Jahren trat Afari-Gyan 2015 in den Ruhestand.

Das Thema Menschenrechte erhielt in Afrika ab Ende der 1980er Jahre zunehmend den verdienten Stellenwert. An dieser Entwicklung kam auch das Demokratisierungsprogramm des PNDC-Regimes nicht vorbei, sodass Rawlings gezwungen war, Menschenrechtsfragen verfassungsrechtlich festzuschreiben zu lassen und das Parlament mit der zeitnahen Umsetzung zu beauftragen. Im Juli 1993 trat das Gesetz in Kraft, das die *Commission on Human Rights and Administrative Justice* (CHRAJ) begründete. Erster Vorsitzender wurde der Jurist Emile Francis Short, der dieses Amt bis zu seiner Pensionierung im Jahr 2010 innehatte. Dabei gelang es der Kommission unter seiner Führung, ein Korrektiv zur

---

28 Die Friedrich-Ebert-Stiftung spielt seit Gründung der Wahlkommission bei der Organisation, Aus- und Fortbildung sowie Dokumentation eine ganz wichtige Rolle. Des Weiteren erhält die EC großzügige finanzielle Unterstützung auch von anderen internationalen NROs und staatlichen EZ-Institutionen wie z.B. DFID und USAID sowie von Gebern wie der EU.

autoritären Amtsführung des gewählten Präsidenten Rawlings zu bilden und in den ersten Jahren der IV. Republik zumindest partiell das Fehlen einer parlamentarischen Opposition auszugleichen, das auf den Wahlboykott der NPP zurückzuführen war. Die CHRAJ fungiert auch als Antikorruptionsbehörde, vereint die Funktion des Ombudsmanns mit einer Wächterfunktion über die Einhaltung der Menschenrechte und ist beim Dachverband der *National Human Rights Institutions* (NHRI) mit A-Status akkreditiert.

Shorts Nachfolgerin Lauretta Vivian Lamptey erreichte zu keinem Zeitpunkt das Niveau und die Popularität ihres Vorgängers und musste sich mehreren Korruptionsvorwürfen stellen, was das Image der Institution erheblich beschädigte. Ihre Amtszeit endete bereits 2015, als Präsident Mahama sie wegen des begründeten Verdachts der Untreue entließ. Nach einer längeren Interimslösung berief Präsident Akufo-Addo im Jahr 2017 den stellvertretenden Vorsitzenden Joseph Akanjoluer Whittal zum neuen Leiter der Kommission.

Die Gewaltenteilung ist im präsidentiellen System der IV. Republik gewährleistet und funktioniert in zufriedenstellendem Maße, wobei es nach wie vor erhebliche Defizite hinsichtlich Kompetenz und Ausstattung der verschiedenen unteren Gerichtsinstanzen gibt. Somit stehen die beiden oberen Instanzen *Court of Appeal* und *Supreme Court* – letzterer ist auch für die Interpretation der Verfassung zuständig – in der besonderen Pflicht, Vertrauen in die Gerichtsbarkeit und Rechtsprechung herzustellen, wobei auch diese Instanzen bereits etliche umstrittene, zumeist politisch brisante Urteile gefällt haben.

Ghana verfügt über eine stattliche Anzahl agiler zivilgesellschaftlicher Organisationen. Diese haben die Geschichte und Ausgestaltung der IV. Republik mitgeprägt, wobei sich die Aktivitäten insbesondere auf demokratische Wahlen, Sozialpolitik und die Durchsetzung bürgerlicher Rechte, einschließlich Frauen- und Menschenrechte, richten. Zudem füllen pentekostale und charismatische ghanaische Kirchen zunehmend den öffentlichen Raum, und »traditionelle Herrschaft« ist kodifiziert und somit fest in das politische System eingebettet.

Die Medienlandschaft ist vielfältig und kann ohne staatliche Gängelung agieren. Für die Printmedien bedarf es im Gegensatz zu den elektronischen Medien keiner staatlichen Genehmigung oder gar Lizensierung. Es besteht lediglich die Pflicht zur Registrierung, was bislang jedoch keinerlei Einschränkungen der Medien- und Meinungsfreiheit nach sich gezogen hat. Für Websites, Blogs oder vergleichbare digitale Plattformen entfällt selbst die Registrierungspflicht. So gab es zum Zeitpunkt der Machtübernahme durch Akufo-Addo im Jahre 2017 unter anderem:

Daily Graphic, The Ghanaian Times, The Mirror, Weekly Spectator, The States-man, The Ghanian Chronicle, Goldstreet Business, The Ghanaian Observer, B&FT Business Times, Economy Times, The Finder, Daily Heritage, The Independent, The Informer, The Publisher, Today. Für die Mehrheit der Bevölkerung sind Printmedien indes meist unerschwinglich. In 90 Prozent der Haushalte ist deshalb das Radio das nach wie vor wichtigste Informationsmedium. Da sich etliche Radiostationen regelmäßig bei Zeitungen bedienen, gelangen deren Inhalte über diesen Umweg dann doch an eine breitere Öffentlichkeit. So gibt es fast täglich ausführliche Presseschauen, die wiederum Teil von Diskussionsveranstaltungen sind und zugleich kostengünstig Sendezeiten füllen. Wichtiger noch: Die digitale Revolution und ihre vielfältigen technischen Möglichkeiten haben auch Ghana erfasst. Meinungsfreiheit und Boulevardisierung sind kein Widerspruch und, wie in den Printmedien, auch in den elektronischen Medien struktur- und stilbildend. Dazu zählen auch regelmäßig Grenzüberschreitungen der im Verhaltenskodex des ghanaischen Journalistenverbandes aufgeführten ethischen Prinzipien. Es bestehen rechtliche Grauzonen, da es weder ein »Rundfunkgesetz« gibt noch die seit Jahren überfällige *Right of Information Bill* verabschiedet worden ist. In diesem Kontext erlangt der Paragraph 208 des Strafrechts erhebliche Bedeutung. Er kann bei Berichten herangezogen werden, die möglicherweise auf »Gerüchten« beruhen oder »unrichtige Aussagen« beinhalten und somit die »öffentliche Ordnung« stören könnten. Die Professionalität in der Berichterstattung lässt häufig zu wünschen übrig, was auch mit schlechter Bezahlung, mangelnder Fortbildung und dem sog. »Brown Envelop Journalism« zu tun hat. Hinzu kommt, dass betuchte wie einflussreiche Akteure zunehmend ins kostenträchtige Mediengeschäft eingestiegen sind, um die öffentliche Meinung interessengeleitet zu beeinflussen.

Die *Ghana Broadcasting Corporation* (GBC), die sich an öffentlichrechtlichen Prinzipien orientiert, verfügte im Jahre 2018 landesweit über 31 Radiostationen. Diesen standen 340 kommerziell geführte Privatsender sowie 95 *Community*- und *Campus*-Radiostationen gegenüber. Für den TV-Bereich vergab die Regulierungsbehörde 129 Lizenzen. BBC (Accra, Sekondi/Takoradi), RFI (Accra, Kumasi) und VoA (Accra) sendeten auf eigenen FM-Frequenzen. Die Deutsche Welle verfolgte die Strategie des *Re-Broadcasting* und arbeitete in Accra u.a. mit der *Multi TV Group* (Radio und TV) und *Choice FM* sowie in Kumasi unter anderem mit *Kapital Radio* zusammen.[29]

---

29 https://www.nca.org.gh/industry-data-2/licenses-and-authorisations/ (zuletzt aufgerufen am 22. Dezember 2018).

Der Gewerkschaftsverband TUC vereint 19 Einzelgewerkschaften. Er verhandelt mit der Regierung und den Arbeitgeberverbänden den nationalen Mindestlohn. Gleichwohl sind die Mitgliederzahlen beim TUC gesunken, denn der formale Arbeitsmarkt ist bei gleichzeitiger Zunahme nichtorganisierter Beschäftigung geschrumpft, sodass sich im Laufe der Jahre der gesellschaftspolitische Einfluss des TUC merklich verringert hat.

Verwaltungsstruktur und Demografie

Die Verwaltungsstruktur im heutigen Ghana – Stand Februar 2018 – ist das vorläufige Ergebnis einer Entwicklung, die bis in die Zeit der endgültigen Eroberung der Goldküste durch die Briten zurückreicht. Erst im Jahr 1900, nach der Niederschlagung der letzten Widerstandsnester im untergegangenen Ashanti-Reich, gelang es den Kolonialherren, das Protektorat Ashanti und die Northern Territories an die bereits seit 1874 bestehende Gold Coast Colony anzugliedern. Zu dieser Zeit lag die Bevölkerungszahl bei geschätzten 1,5 Millionen Menschen, ein durchaus plausibler Wert, der durch die erste systematische Erhebung von 1921 gestützt wird. Als Folge des Ersten Weltkrieges wurde zu jener Zeit ein Teil des einstigen deutschen Kolonialgebietes Togo der Gold Coast Colony als Treuhandmandat übertragen. Der Zensus von 1921 ergab eine Bevölkerung von 2,3 Millionen Menschen, eine Zahl, die sich innerhalb einer Generation auf mehr als vier Millionen verdoppelte.[30] Der Zensus von 1948 ergab jedoch eine zu niedrige Zahl und spiegelte somit nicht den tatsächlichen Bevölkerungsumfang wider.

Wenige Monate vor der Unabhängigkeit der Gold Coast Colony stimmten die Bewohner im Togo-Treuhandgebiet für den Verbleib in diesem Staatsgebiet, das sich mit der Unabhängigkeit am 6. März 1957 in Ghana umbenannte. Zugleich änderte sich auch die Verwaltungsstruktur: Ashanti Protectorate wurde in Ashanti Region mit Kumasi als Regionalhauptstadt umbenannt, die Gold Coast Colony wurde zweigeteilt in die Eastern Region (Regionalhauptstadt Koforidua), einschließlich der Hauptstadt Accra, und die Western Region mit der Regionalhauptstadt Cape Coast. Die Northern Territories und die nördlichen Teile des vormaligen Togo-Treuhandgebietes wurden zur Northern Region mit der Regionalhauptstadt Tamale zusammengefasst, und die

---

30 www.statsghana.gov.gh/nada/index.php/catalog/3/download/39 (zuletzt aufgerufen am 22. Dezember 2018).

übrigen Teile des Treuhandgebietes und zwei Bezirke der Gold Coast Colony wurden zur Volta Region mit Ho als Hauptstadt verschmolzen.[31]

Schon bald kam es zur weiteren Ausdifferenzierung, wobei die erste Entscheidung noch innerhalb des parlamentarischen Systems gegen die stärkste Opposition in Ashanti gerichtet war. Die Regierung unter Premierminister Kwame Nkrumah trennte Brong Ahafo aus der Ashanti Region heraus, womit das Kernland des untergegangenen Ashanti Empire um mehr als 60 Prozent auf nunmehr nur 24.000 km² verkleinert wurde.

Die Transformation des Westminister-Modells in ein präsidentielles Regierungssystem im Jahr 1960 wirkte sich auch auf die Verwaltungsstruktur aus, die nach der Abtrennung der Upper Region aus der Northern Region nun aus sieben Regionen bestand. Schon zu diesem Zeitpunkt hatte auch die Bevölkerung enorm zugenommen und betrug bei einem jährlichen Wachstum von etwa drei Prozent 6,7 Millionen Einwohner. Nur zehn Jahre später, als die Regierung der II. Republik unter Premierminister Kofi Busia nach der dreijährigen Militärherrschaft einen demokratischen Neubeginn versuchte, war die Bevölkerungszahl bereits auf 8,6 Millionen gestiegen. In jenem Jahr trennte die Regierung die Central Region (Cape Coast) aus der Western Region (Sekondi) heraus und fusionierte 1971 die beiden Städte Sekondi und Takoradi zur Regionalhauptstadt Sekondi-Takoradi.

In der Frühphase des PNDC-Regimes kam es zu weiteren nachhaltigen Veränderungen der Verwaltungsstruktur. Im ersten Amtsjahr 1982 ging aus dem Accra Capital District und dem Bezirk Ada Council Area, beides Teile der Eastern Region, die Greater Accra Region hervor. Ein Jahr später, 1983, teilte das Regime die Upper Region in die Upper East (Bolgatanga) und Upper West Region (Wa) auf und errichtete damit die bis heute – Anfang 2018 – gültige Verwaltungsstruktur von zehn Regionen.

Zusätzlich initiierte das PNDC-Regime bereits Ende der 1980er Jahre eine Strukturreform auf lokaler Ebene, um seine Machtbasis weiter auszubauen. Diese Reform fand schließlich auch Eingang in die Verfassung von 1992 und sicherte den gewählten Regierungen weitreichende direkte Eingriffsmöglichkeiten in die Lokalpolitik.[32] Teilte das Regime zu Beginn die zehn Regionen in 110 *District Assemblies* ein, von denen drei als *Metropolitan* und vier als *Municipal Assemblies* definiert wurden, entwickelten die demokratisch legitimierten Regierungen der IV. Republik das als politisches Kernstück gepriesene Programm der Dezent-

---

31 Bei den beiden Bezirken handelte es sich um die *local council areas* Anlo und Tongu.

32 Siehe dazu die ausführlichen Vorgaben der Verfassung von 1992: Chapter Twenty, Decentralization and Local Government.

ralisierung weiter. Bei der Zuweisung galt die numerische Größenordnung als Gradmesser, und demnach gilt für eine *Metropolitan Assembly* eine Mindestgröße von 250.000 Einwohnern. Eine *Municipal Assembly* muss über mindestens 95.000 und eine *District Assembly* über mindestens 75.000 Einwohner verfügen.

Nach drei Erweiterungsschritten sowohl unter der NPP- als auch unter der NDC-geführten Regierung stieg bis Ende 2012 die Anzahl der Bezirke auf insgesamt 216 an, wobei sich die Zahl der *Metropolitan Assemblies* auf sechs, die der *Municipal Assemblies* auf 49 und die der *Ordinary Districts* auf 161 belief. Noch kurz nach ihrer Abwahl novellierte die Mahama-Administration am Jahresende 2016 das Gesetz zur Stärkung der Lokalverwaltungen.[33] Die neue Regierung Akufo-Addo führte eine weitere Strukturreform durch, die die Zahl der Bezirke zunächst auf 254 und dann im November 2018 um weitere fünf auf nunmehr 259 erhöhte. Sie war jedoch ausschließlich für die Anzahl der *Municipal* und *District Assemblies* von Bedeutung.[34]

Die 2017 an die Macht gelangte Regierung unter Präsident Akufo-Addo hatte schon im Wahlkampf das Thema der Regionenerweiterung aufgegriffen und war fest entschlossen, sie trotz des komplizierten Verfahrens innerhalb der laufenden Legislaturperiode (2017–2021) umzusetzen. Es lagen sechs Teilungsanträge für vier Regionen vor: Brong Ahafo (2), Northern (2), Volta (1) und Western (1). Nachdem der *Council of State* grünes Licht zur Einleitung des Verfahrens gegeben hatte, setzte der Präsident Anfang 2018 eine Kommission unter dem Vorsitz eines ehemaligen Richters am Obersten Gerichtshof ein, um erste öffentliche Anhörungen in den betroffenen Regionen durchzuführen. Beides entsprach den verfassungsrechtlichen Vorgaben. Schon im Juni 2018 kam die Kommission zu der Auffassung, dass neue Regionen entstehen sollen.[35] Es oblag nun dem Präsidenten, die Wahlkommission mit der Durchführung der Referenden in den Gebieten der betroffenen Regionen zu beauftragen. Dabei liegen die Hürden für ein positives Votum sehr hoch, denn das Quorum bei der Stimmabgabe beträgt mindestens 50 Prozent der jeweiligen Wahlberechtigten. Von diesem Quorum müssen mindestens 80 Prozent der Stimmen die Gründung einer neuen Region

---

33 Am 20. Dezember 2016 trat der Local *Governance Act 2016* in Kraft.

34 https://www.ghanaweb.com/GhanaHomePage/NewsArchive/List-of-new-dis tricts-and-municipalities-created-by-Government-601562 (gesehen am 27. Februar 2018).

35 Der umfangreiche Bericht wurde erst nach öffentlichem Druck danach publiziert. http://myjoyonline.com/docs/30404commission_final_report_new_regions.pdf (gesehen am 25. Dezember 2018).

befürworten.[36] Nachdem der *Supreme Court* Ende November 2018 mit Verweis auf die eindeutige Verfassungsregelung einstimmig eine Klage gegen die Erweiterung abgewiesen hatte, konnte die Wahlkommission die Vorbereitungen für die auf Ende Dezember terminierten Referenden fortsetzen. Die überwältigende Mehrheit der Wahlberechtigten in den betroffenen Gebieten votierte für die Gründung neuer Regionen. Die extrem hohe Zustimmungsrate und etliche Fälle von Ungereimtheiten ließen Spekulationen über Manipulationen aufkommen. Dennoch deutete alles darauf hin, dass die Regierung die Ergebnisse akzeptiert und es sechs weitere Regionen geben wird; North East, Savannah, Bono East, Ahafo, Western North und Oti.[37]

Schon der Zensus von 1984 bestätigte angesichts einer Einwohnerzahl von 12,3 Millionen Menschen einen anhaltenden Bevölkerungsschub. Gut drei Jahrzehnte später, im Jahr 2017, war die ghanaische Bevölkerung auf etwa 28 Millionen Menschen angewachsen, das ist mehr als eine Verdoppelung innerhalb eines überschaubaren Zeitfensters von etwas mehr als einer Generation. Dabei pendelte sich das Bevölkerungswachstum pro Jahr ab der Jahrtausendwende geschätzt knapp oberhalb der Zweiprozentmarke ein.

Ghanas Bevölkerung ist extrem ungleich verteilt. Fast die Hälfte der Menschen drängt sich in den drei Ballungsräumen Ashanti, Greater Accra und Eastern Region, die auch die wirtschaftlich dominanten Landesteile repräsentieren. Greater Accra, flächenmäßig die mit Abstand kleinste Region, weist mit mehr als vier Millionen Einwohnern eine Bevölkerungsdichte von über 1.200 Bewohnern pro km² auf. Die Anzahl der Menschen in dieser Region hat sich seit ihrer Gründung in etwa verdreifacht. Die bevölkerungsreichste Region Ashanti, wo etwa fünf Millionen Menschen leben, weist dagegen nur eine Dichte von 200 Einwohnern pro km² auf.

Wenngleich fünf weitere Regionen vergleichbare Einwohnerzahlen von mehr als zwei Millionen Menschen haben, weicht die Bevölkerungsdichte stark voneinander ab. So liegt sie in der Northern Region lediglich bei etwa 40 Bewohnern pro km², während in der Central Region weit über 200 Personen pro km² leben.

---

36 Im Falle einer Zusammenlegung von zwei oder mehr Regionen bedarf es lediglich der Zustimmung von 60 Prozent aller Wahlberechtigten. Siehe zum Gesamtkomplex der Gründung und Fusionierung von Regionen: The Constitution of the Republic of Ghana, 1992, Chapter Two, Territories of Ghana, 5. Creation, Alteration or Merger of Regions.

37 https://www.graphic.com.gh/news/politics/confirmed-results-of-the-2018-referendum-on-new-regions.html (gesehen am 29. Dezember 2018).

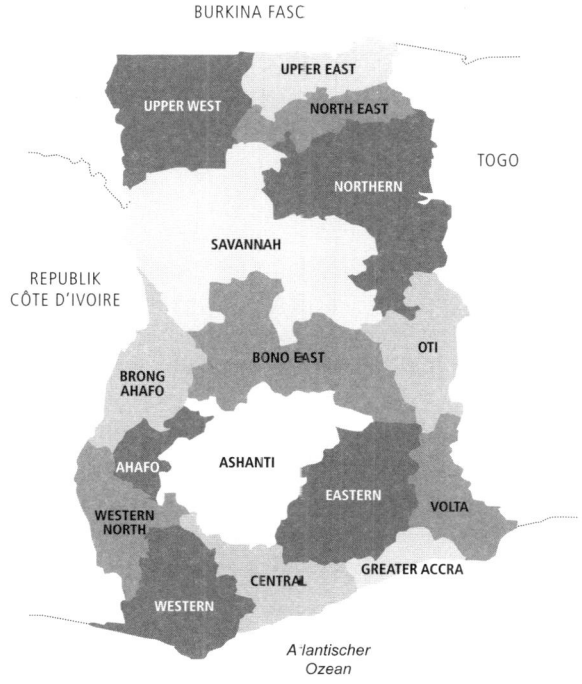

BURKINA FASC

UPPER EAST

UPPER WEST

NORTH EAST

TOGO

NORTHERN

SAVANNAH

REPUBLIK
CÔTE D'IVOIRE

BONO EAST

OTI

BRONG
AHAFO

AHAFO

ASHANTI

EASTERN

VOLTA

WESTERN
NORTH

GREATER ACCRA

CENTRAL

WESTERN

*Atlantischer
Ozean*

**Angestrebte Verwaltungsstruktur nach Referenden vom 27. Dezember 2018
mit 16 Regionen © H. Bergstresser & D. Lis-Fokken**

Die Bevölkerungszahl von zusammen etwa zwei Millionen Menschen in den beiden nördlichsten Regionen Upper West und Upper East unterscheidet sich erheblich vom Rest des Landes. In diesen Landesteilen ist die Bevölkerung seit der Jahrtausendwende lediglich um 13 bis 22 Prozent gewachsen, in den Ballungsräumen in den südlichen Regionen dagegen um etwa 40 Prozent. Zudem ist die ghanaische Bevölkerung wie überall in Afrika jung, und der Anteil der unter 25-Jährigen beträgt fast 60 Prozent.

Tabelle 1: Zahlenangaben zu Verwaltungsstrukturen und Demographie

Region	Bevölkerung in Mio.	Fläche in km²	Districts	Municipal Districts	Metropolitan Districts	Wahlkreise
Ashanti	5,406	24.389	25	17	Kumasi	47
Greater Accra	4,613	3.245	4	22	Accra Tema	34
Eastern	3,028	19.323	20	13	0	33
Western	2,887	23.921	11	11	Sekondi/ Takoradi	26
Northern	2,858	70.384	20	8	Tamale	31
Brong Ahafo	2,660	39.557	12	17	0	29
Central	2,437	9.826	15	6	Cape Coast	23
Volta	2,434	20.570	18	8	0	26
Upper East	1,188	8.842	12	3	0	15
Upper West	0,792	18.476	7	4	0	11
Gesamt	28,308*	238.537[38]	144	109	6	275**

* Bevölkerungszahlen hochgerechnet für 2010–2016.[39]
  Anfang 2018 lag die geschätzte Bevölkerung bei 29,2 Millionen.[40]
** Stand März 2018.

---

38 Die Angaben der UN (http://data.un.org/CountryProfile.aspx?crName=ghana, gesehen am 26. Februar 2018) und des ghanaischen Statistikbüros (http://www. statsghana.gov.gh/docfiles/2010phc/2010_POPULATION_AND_HOUSING_ CENSUS_FINAL_RESULTS.pdf, gesehen am 26. Februar 2018) zum Zensus 2010 weichen geringfügig voneinander ab. So gibt der Zensus 2010 eine Fläche von 238.533 km² an

39 Ghana Statistical Service, 16. September 2016; http://www.statsghana.gov.gh/ docfiles/2010phc/Projected%20population%20by%20sex%202010%20-%202016. pdf (gesehen am 27. Februar 2018).

40 http://worldpopulationreview.com/countries/ghana-population/ (gesehen am 27. Februar 2018).

Chieftaincy – traditionelle Herrschaft im Kontext
von nationaler Kulturpolitik und Konfliktmanagement

Die moderne Geschichte der Goldküste ist auf das Engste mit dem Neben-, Mit- und Gegeneinander traditioneller und politischer, sozioökonomischer und soziokultureller sowie säkularer Strukturen verknüpft. Die enorme Resilienz traditioneller, neopatrimonialer Herrschaft, die die überschaubare und zugleich enorm fragmentierte Führungskaste der *Paramount* und *Divisional Chiefs* und die zahllosen *Chiefs* auf Bezirks- und Dorfebene sowie die *Queen Mothers* in den matrilinearen Ethnien umfasst, sicherte der gesellschaftlich tief verankerten *Chieftaincy* die kodifizierte Teilhabe an der Macht im modernen Ghana. Dabei instrumentalisierten je nach politischer Großwetterlage der Staat und die traditionellen Herrscher der vielzähligen Ethnien, wie der Akanvölker, der Ewe, Gonja, Nanumba, Konkomba, Dagomba und Ga, die jeweils andere Seite. Dadurch entwickelte sich im Laufe der Zeit eine komplexe Gemengelage, die das politische System in Ghana strukturiert und immer wieder neu formt.

Das System der traditionellen Herrschaft spiegelt den Großteil der Konflikte im Land wider: konfliktbeladene Auseinandersetzungen um Thronfolge, Ethnizität, das ambivalente Verhältnis zum säkularen Staat oder auch Landfragen. So bestehen im Rahmen des *Chieftaincy*-Systems komplizierte, schwer durchschaubare Eigentumsverhältnisse, Nutzungsrechte, Nutzungsbedingungen und zeitgebundene Überlassungsrechte. Geschätzte 80 Prozent des Grundeigentums befinden sich unter Kontrolle von Königtümern, traditionellen Priestern, *Chiefs*, Ethnien, Clans, Familien und, in Einzelfällen, im Besitz von Individuen. Dabei handelt es sich in der Regel um Gruppen von Eigentümern mit strittigen, widersprüchlichen Eigentumsvorbehalten, die sich aus historischen, räumlichen und inhaltlichen Ansprüchen speisen. Als entsprechend problematisch erweist sich die Kommerzialisierung von Grund und Boden und die Verwandlung desselben in Kapital, unterliegt der Landbesitz doch häufig, wenn nicht sogar durchweg, einem Rechtsvorbehalt. Nur etwa 20 Prozent des Grundeigentums sind in staatlichem Besitz.

Das ambivalente Verhältnis zwischen traditionellen und säkularen Strukturen trat bereits im Dekolonisierungsprozess deutlich hervor, unterschieden sich doch die politischen Zukunftsvorstellungen der zumeist illiteraten *Paramount Chiefs* und der neuen, westlich gebildeten Eliten um den späteren Staatsgründer Nkrumah beträchtlich voneinander. Die einen lehnten die baldige politische Unabhängigkeit ab, denn sie befürchteten im Vergleich zur Kolonialzeit einen massiven Machtverlust an die sich abzeichnende neue Machtelite, die den »Wind des Wandels«

erkannt und erfolgreich für ihre Ziele eingesetzt hatte. Folglich gingen insbesondere im Königreich Ashanti hochrangige *Chiefs* eine Allianz mit den lokalen modernen Eliten ein, bei denen es sich überwiegend um reiche Kakaobauern, Kaufleute, Juristen, hohe Beamte, Professoren und Landbesitzer handelte, um in der Partei NLM ihre Interessen gegenüber Nkrumah und seiner Partei CPP zu wahren. In der CPP wiederum hatten sich fern jeglicher königlicher Familien Kleinbauern, Arbeiter, untere und mittlere Angestellte, Lehrer, Arbeitslose und politische Aktivisten, die im ghanaischen Kontext bis heute unter *youth* firmieren, zusammengefunden und Nkrumah zur Macht verholfen.

Schon in den Jahren vor der Unabhängigkeit hatte Nkrumah als geschäftsführender Ministerpräsident mithilfe von Verwaltungsreformen die *native authority* aufgelöst, was die Macht der *Traditional Councils* merklich reduzierte. Es gab Restriktionen bei Übertragungen von Grund und Boden, sogenanntem *stool land*, und das Gebot politischer Zurückhaltung, was den Einfluss der traditionellen Herrscher weiter einschränkte. Zugleich intrigierte die CPP bei Neubesetzungen von verwaisten *Chief*-Posten, die von je her selten konfliktfrei abliefen, und versuchte recht erfolgreich, die sich streitenden traditionellen Autoritäten zu diskreditieren. Vor einer Abschaffung der *Chieftaincy* schreckte Nkrumah jedoch zurück. Er war vielmehr überzeugt, dieses gesellschaftlich-historische Erbe für sich und seine Partei CPP gewinnbringend einsetzen zu können. Somit blieb auch die zunächst angestrebte großflächige Verstaatlichung von Land im Ansatz stecken.

Der Widerstand gegen Nkrumah war angesichts der übermächtigen Anhängerschaft des Staatsgründers schnell gebrochen. Damit war auch der Traum von einer Konföderation ausgeträumt, in der die Ashanti ihren Anspruch als Staatsvolk hätten aufrechterhalten können. Zwar vermied Nkrumah es, gegen den höchsten Würdenträger, den *Asantehene*, direkt vorzugehen, er bestrafte ihn jedoch indirekt durch die Aufteilung des Ashantilandes in mehrere Verwaltungseinheiten, was relativ reibungslos vonstattenging. Viele *Chiefs* in der neugeschaffenen Region Brong Ahafo fühlten sich nun unabhängig vom dominanten *Asantehene* und seinen Vasallen.

Nkrumah setzte den *Okyenhene* von Akyem Abuakwa, einen der bedeutendsten Würdenträger in Ashanti, und einige andere *Paramount Chiefs* wenige Monate nach der Unabhängigkeit ab und berief einen neuen, politisch genehmen *Okyenhene* und weitere *Paramount Chiefs*. Damit hatte die Staatsführung die Weichen für das künftige Verhältnis des Staates zu den traditionellen Herrschern gestellt, die Hierarchie zwischen *Paramount Chief* und *Divisional Chief* aufgehoben und weitreichende Regelungen erlassen, die es dem Staat erlaubten, nach Gutdünken oder politischer Opportunität traditionelle Herrscher ein- und abzusetzen.

Diese schweren staatlichen Eingriffe in die Autorität dieser Institution waren als Warnschuss gedacht, der seine Wirkung nicht verfehlte. Ein Großteil der traditionellen Führungsriege verhielt sich nun opportunistisch und wandte sich, in der berechtigten Erwartung von Transferzahlungen und Entwicklungsprojekten für die eigene Region, der CPP zu. Das Kernland Ashantis mit der Metropole Kumasi blieb jedoch ein Hort des unterschwelligen Widerstands.

Die Kulturpolitik[41] bot Nkrumah einen Ansatzpunkt, seiner autoritären Herrschaft gegenüber den *Chiefs* einen versöhnlichen Anstrich zu geben, zielte aber letztlich darauf, eine nationale Kultur zu kreieren, die ethnische Gegensätze und Spaltungen überwinden sollte. Er gestattete den *Paramount Chiefs* im Süden ihre seit Generationen zelebrierten Feste wie das *Homowo*- oder *Odwira*-Festival, die nicht nur den Göttern gewidmet waren, sondern bei denen auch die Treuepflicht gegenüber den *Chiefs* beschworen wurde. In den nördlichen Regionen beließ er die von den Briten aus Indien übernommenen *Durbar* und reicherte sie mit seinen Vorstellungen und Visionen von Einheit in der Vielfalt an.[42] Zugleich nutzte Nkrumah bei seinen Auftritten königliche Herrschaftssymbole und deren protokollarische Vorschriften, um säkulare und traditionelle Strukturen in seiner Person zu vereinen, was ihm wiederum eine besondere Aura verlieh.

Der Sturz Nkrumahs im Jahr 1966 kehrte die Verhältnisse um, und die nun regierende Junta nutzte ihre Macht, um die von Nkrumah inthronisierten *Chiefs* ab- und die von ihm abgesetzten wieder einzusetzen und die Nkrumah-treuen *Chiefs* mit weiteren Strafmaßnahmen zu sanktionieren. Damit setzte sich die von Nkrumah eingeführte Staatsintervention in die Belange der traditionellen Herrscher ungebrochen fort, womit sich auch die strukturelle Ambivalenz zwischen Staat und traditioneller Herrschaft verstetigte. Dessen ungeachtet erkannten sowohl die Junta als auch die gewählte Nachfolgeregierung, die im Wesentlichen eine Inkarnation der NLM war, die *Chieftaincy* und ihre Institutionen wie die *Traditional Councils* als Bestandteil des politischen Systems in Ghana an, verzichteten aber weitgehend auf eine staatliche Kulturpolitik.

---

41 Die Darstellungen zur Kulturpolitik basieren auf den beiden akribischen Studien von Lentz, Carola/Wiggins, Trevor: *»Kakube has come to stay«: the making of a cultural festival in Northern Ghana*, 1989–2015, und Lentz, Carola: *Ghanaian »Monument Wars«, The Contested History of the Nkrumah Statues.*

42 Anders als im Süden hatten Festivals im Norden in vorkolonialen Zeiten keine Tradition.

Die Regierung der kurzlebigen II. Republik schuf mit dem *Chieftaincy Act 1971 (Act 370)* einen Ordnungsrahmen für den Komplex *Chieftaincy*, der eine rechtliche Grundlage für das *National House of Chiefs* und die *Regional Houses of Chiefs* bildete und den traditionellen Herrschern ein gewisses Maß an Autonomie für ihre internen Angelegenheiten gewährte. Dennoch behielten sich alle Regierungen, einschließlich der Militärjuntas, bis zur ersten Machtübernahme von Jerry Rawlings im Jahr 1979 das Recht vor, in *Chieftaincy*-Angelegenheiten einzugreifen und je nach politischer Lage und Opportunität *Chiefs* ein- und abzusetzen.

Dennoch wuchs der Einfluss der traditionellen Herrscher, galten sie doch während des langen politischen und wirtschaftlichen Niedergangs für weite Teile der darbenden Gesellschaft als letzter Orientierungsanker. Darüber hinaus blieb die materielle Reproduktionsgrundlage der *Chiefs* bestehen, und zugleich revitalisierte die Militärjunta unter General Acheampong die Kulturpolitik und legte fest, dass traditionelle Feste und staatlich organisierte Feierlichkeiten gleichberechtigt koexistieren sollten. Dabei diente die Gründung des *National Festival of Arts and Culture* (NAFAC) als Plattform einer noch in den Kinderschuhen steckenden nationalen Kulturpolitik, die ungeachtet des noch auf Jahre hinaus existierenden prekären Umfelds die politische und sozioökonomische Positionierung der *Chiefs* stabilisierte. Nach etlichen Anlaufschwierigkeiten hielten alle Regierungen am NAFAC-Festival fest. Es findet in einem zweijährigen Rhythmus wechselweise in jeweils einer anderen Region statt, um die nationale Einheit zu fördern und gleichzeitig die ethnische und religiöse Vielfalt als Wert an sich hochzuhalten.

Unter Rawlings, der ähnlich wie Nkrumah der *Chieftaincy* skeptisch bis abweisend gegenüberstand, erhielten die *Chiefs* zunächst das Recht zurück, im Rahmen der institutionalisierten *Chieftaincy* und innerhalb der *Houses of Chiefs* ihre Angelegenheiten selbst zu regeln. Dieses Recht wurde von Rawlings und seinem PNDC, der eigens ein Sekretariat für *Chieftaincy*-Angelegenheiten eingerichtet hatte, jedoch 1985 widerrufen. Stattdessen wurde die *Chieftaincy* in das ideologische Gerüst eines angestrebten egalitären politischen Systems eingegliedert, das ein neues Verständnis staatlich propagierter Zusammengehörigkeit versprach. Dies wiederum galt nach Rawlings' Lesart als wesentliche Bedingung für eine eigenständige, erfolgreiche Entwicklung.

Die *Chiefs* wurden der Kontrolle der lokalen Verwaltungen und der revolutionären Zellen der CDRs unterworfen. Damit sicherte sich das PNDC-Regime auch das Zugriffsrecht, um nach seinen Vorstellungen traditionelle Positionen zu besetzen und gegebenenfalls auch neue *Paramount Chiefs* zu kreieren. So wurde zum Beispiel das von Nkrumah eingeführte System wieder aufgegriffen, die Ernennung, Einsetzung und Absetzung von *Chiefs* im Gesetzblatt zu veröffentlichen.

Zusätzlich entstand eine neue Bürokratie, die Anträge über die Planung und Durchführung von Festivals bearbeitete, bewilligte, bezuschusste oder verwarf. Dabei säkularisierten sich die Feste, die nicht notwendigerweise auf lang bestehenden Traditionen fußen mussten, was bei den *Chiefs* auf Kritik stieß. Für das Regime war nur wichtig, dass die Festivals der Einheit des Landes dienten und diese festigten. Dazu wurde im Jahr 1989 ein Eckpunktepapier zur Kulturpolitik verfasst, das kurz darauf zur Gründung der *National Commission of Culture* führte und darauf abzielte, sowohl die *Chiefs* als auch alle anderen Institutionen hervorzuheben, die sich dem Erhalt, der Förderung, der Präsentation und der Entwicklung der Kultur verschrieben hatten. In diesem Kontext etablierte das Regime auf der Ebene der Regionen und Bezirke eine Kulturbürokratie, was nicht zuletzt Rawlings' Ansehen förderte.

Aber auch die *Chiefs* wussten sich geschickt zu positionieren und brachten Mitglieder der royalen Familien bei etlichen CDRs unter. Damit besaßen sie hinreichend Einfluss, den Übergang zur IV. Republik zu ihren Gunsten mitzugestalten.

Am Vorabend der IV. Republik stand schließlich fest, dass die Institution der traditionellen Herrschaft, obwohl ohne jegliche demokratische Legitimität, im neuen politischen System eine gewichtige Rolle spielen würde. Nach den vielen Irrungen und Wirrungen in der ghanaischen Geschichte erhielt die *Chieftaincy* eine in der Verfassung niedergelegte bemerkenswerte Autonomie, wobei dem Staat das Gebot der Nichteinmischung in die Belange der *Chiefs* auferlegt wurde.[43] Dieser eklatante Widerspruch ist Bestandteil der Verfassung und spiegelt ein politisches System wider, in dem ein demokratisch legitimiertes und ein nichtdemokratisches System eine paradoxe Kohabitation eingegangen sind, von der die *Chieftaincy* überproportional profitiert. So sicherten sich zum Beispiel die etwa 200 *Paramount Chiefs* mittels der *Houses of Chiefs* die alleinige Zuständigkeit für die Bestallung zusätzlicher *Paramount Chiefs*.[44] Des Weiteren finanziert der Staat den Verwaltungsapparat der *Paramount Chiefs*, den der übrigen hochrangigen *Chiefs* und der *Queen Mothers* der matrilinearen Ethnien, zahlt ihnen Sitzungsgelder und beruft sie in einflussreiche Kommissionen, in denen sie Entscheidungen mitgestalten

---

43 Eine von Rawlings' letzten Amtshandlungen in *Chieftaincy*-Angelegenheiten war die Ernennung eines *Paramount Chiefs* für die Mo in Brong Ahafo.

44 Dieser Fall ist bislang – Stand Ende 2018 – jedoch noch nicht eingetreten, und es gibt keinerlei Anzeichen dafür, dass sich auf absehbare Zeit am Status quo etwas ändern wird.

und daraus auch persönliche Vorteile ziehen. Viele haben sich im Kontext neoliberaler Wirtschaftspolitik zunehmend professionalisiert und konnten aus einer guten strategischen Position heraus erfolgreich als Geschäftsleute agieren.

Die *Commission of Culture* ging in dem 1993 geschaffenen *Ministry of Culture and Chieftaincy*[45] auf, das sich langsam von der ursprünglichen Vorstellung einer in den Panafrikanismus eingebetteten, dezidiert nationalen Kultur verabschiedete. Dies steht im Widerspruch zur Verehrung und Heroisierung des Staatsgründers Nkrumah, dessen sterbliche Überreste Ende 1992 unter Protesten der Opposition in einem eigens für ihn erbauten Mausoleum an historischer Stätte in Accra ein zweites Mal bestattet wurden. Das Mausoleum und die überdimensionierte Bronzestatue sah Rawlings wohl eher als Hinweis auf seine eigene politische Zukunft als gewählter Präsident.

Die von der internationalen Gebergemeinschaft erzwungenen Deregulierungsprogramme betrafen auch die Kulturpolitik, die zunehmend kommerzielle Kriterien erfüllen musste. Damit konnten die *Chiefs* sich als die eigentlichen Bewahrer der Kultur und des kulturellen Erbes gerieren. Gleichzeitig stellten sie sich ins Zentrum der Kommerzialisierung traditioneller Festivals, in der zunehmend große Konzerne als Sponsoren auftraten, die die Festivals zu Marketingzwecken nutzten.[46]

Das 2006 in *Ministry for Chieftaincy and Traditional Affairs* und später in *Chieftaincy and Religious Affairs* umbenannte Ministerium verfügte 2017 über ein Budget von 34 Millionen Cedi. Das Ministerium wie auch der novellierte *Chieftaincy Act 2008* weisen vordergründig auf eine stärkere staatliche Regulierung traditioneller Herrschaft hin. Bei näherer Betrachtung aber spiegeln sie die Fortsetzung einer Kulturpolitik wider, die die NPP-geführte Regierung unter Präsident Kufuor im Jahr 2004 formulierte und die den *Chiefs* eine herausragende gesellschaftlich-kulturelle Stellung zuwies. Demnach sind die traditionellen Würdenträger die Hauptträger und leibhaftigen Bewahrer der Kultur im Allgemeinen und der Festivals, Sprache, Kunst und Literatur im Besonderen. Dabei obliegt es dem Staat, die notwendigen Rahmenbedingungen zu schaffen, um das vielfältige kulturelle Erbe zu erhalten, das die vielen unterschiedlichen Ethnien in Gestalt der *Chiefs* verkörpern.

Diese klare staatliche Positionierung vergrößerte nochmals die sozioökonomischen Spielräume der *Chiefs* und weitete ihre mittelbaren poli-

---

45 Später umbenannt in *Ministry for Chieftaincy and Culture*.
46 Einen guten Einblick gibt eine Studie von Laura Adrover zu einem Festival in Cape Coast unter dem Titel »The Currency of Chieftaincy«.

tischen Einflussmöglichkeiten aus. Die Kommerzialisierung des ghanaischen Kulturbetriebes und die damit verbundene staatliche Zuweisung von Kompetenzen für das Kulturmanagement führten zu einer bis dahin nicht vorstellbaren Privatisierung von Kultur, die von den Regierungen und den Geberinstitutionen wohlwollend gestützt wurde.

In diesem Zusammenhang versuchte die Regierung Kufuor mit einem eigenen historisch-kulturpolitischen Ansatz Rawlings' Kulturpolitik zu konterkarieren und seinem Narrativ ein eigenes entgegenzusetzen. Dabei zielte Kufuor insbesondere auf die von Rawlings inszenierte Verklärung und Verehrung von Nkrumah, verkörpert durch das Mausoleum und die dazugehörende Statue des Staatsgründers. Nun ließen Kufuor und die NPP in Accra Denkmäler zu Ehren ihrer eigenen Heroen, wie Danquah und der *Big Six* errichten.[47] Außerdem beerdigten sie Nkrumahs 2007 in Kairo verstorbene Witwe, die gebürtige Ägypterin Fathia Nkrumah, ihrem Wunsch folgend im Mausoleum an der Seite ihres Ehemannes. Zudem ließ die Regierung die während des Umsturzes von 1966 beschädigte Originalstatue hinter dem Denkmal platzieren. Diese Handlungen betrachteten der NDC und die übrigen Nkrumahisten als Provokation und zutiefst verwerflichen Akt, der einer Entweihung dieser nationalen Gedenkstätte gleichkam.

Die Regierungswechsel 2009 und 2017, die die NDC-Politiker John Evans Atta Mills, John Dramani Mahama und den NPP-Kandidaten Nana Addo Dankwa Akufo-Addo an die Macht brachten, setzten diesen subtilen »Kulturkampf« fort. So weihte Präsident Mahama gegen Ende seiner Amtszeit an einem Verkehrsknotenpunkt im Zentrum Accras eine illuminierte und von Wasserfontänen umgebene Nkrumah-Statue ein. Wenige Wochen nach dem Regierungswechsel ließ die NPP-Regierung die Energie- und Wasserversorgung abstellen und das Denkmal hinter einem Verschlag verschwinden, was eine weitere Runde der Rekontextualisierung historischer und kulturhistorischer Narrative einläutete. So weihte der Präsident im November 2018 das Danquah Memorial Centre in Kyebi in der Eastern Region ein.

Trotz der verfassungsrechtlich kodifizierten Autonomie ließ sich die *Chieftaincy* unter formal demokratischen Bedingungen zu keinem Zeitpunkt von den politischen Diskursen und Auseinandersetzungen, insbesondere zwischen den beiden dominanten Parteien NPP und NDC, trennen. Vielmehr deutet vieles darauf hin, dass das System traditioneller Herrschaft aufgrund komplexer tradierter Regeln und Mängel,

---

47 Es war nicht zu vermeiden, dass Nkrumah beim Denkmal der *Big Six* mit eingeschlossen war, was aber als kleiner Kollateralschaden hingenommen wurde.

aber auch extremer und weitverbreiteter persönlicher Eitelkeiten, der Gier nach Glamour und dem Buhlen um öffentliche Anerkennung, das politische System im Allgemeinen und die gewählten Regierungen im Besonderen immer wieder vor Herausforderungen stellte, denen diese nur bedingt gewachsen waren. Dabei hat der Staat wesentlich zur Schaffung der nichtdemokratischen »Parallelwelt« der *Chiefs* beigetragen, zu der er enge Beziehungen unterhält.

So treten regelmäßig die tradierten Mängel zutage: unter anderem unklare Nachfolgeregelungen, das schwierige und zum Teil konfliktträchtige Verhältnis zwischen Ethnien mit einem *Paramount Chief* zu Ethnien ohne diese Institution. Hinzu kommen häufig komplizierte und strittige Eigentumsverhältnisse und Nutzungsbedingungen von Grund und Boden. Dabei überlappen und durchdringen sich diese strukturellen Mängel, was im Konfliktfall zumeist zu einer Verschärfung der Auseinandersetzungen führt. So waren zum Beispiel allein im Jahr 2013 mehr als 60 der über 260 Sitze in den *Regional Houses of Chiefs* vakant,[48] weil umstritten und vor den 275 *Traditional Councils* und den säkularen Gerichten heiß umkämpft. Darüber hinaus befanden sich nach der Jahrtausendwende Dutzende von *Chieftaincy*-Verfahren vor dem *National House of Chiefs* und Hunderte Verfahren vor den regionalen *Houses of Chiefs*, die öffentlich bekannt wurden und sich zumeist über viele Jahre hinzogen, ohne dass es zu endgültigen Lösungen kam. Bei der Präsentation des *Chieftaincy*-Haushalts 2017 gab der zuständige Minister bekannt, 800 *Chiefs* in das Register aufnehmen und an die 100 laufende Gerichts- und Schiedsgerichtsverfahren abschließen zu wollen.[49]

Die drei interethnischen Großkonflikte Konkomba/Nanumba, Gonja/Nawuri (1990er Jahre) und Mamprusi/Kusasi (2000er Jahre) und der schwere intraethnische Konflikt der Dagomba (2000er Jahre) mündeten in den nördlichen Regionen Ghanas in einen »kalten Frieden«. Dagegen zwangen andere seit Jahren und Jahrzehnten anhaltende inter- und intraethnische Konflikte, wie der Alavanyo/Nkonya-Landkonflikt in der Volta Region, die Regierung immer wieder, mit Polizei und Militär einzuschreiten, um die Auseinandersetzungen zumindest einzudämmen.

Der Konkomba/Nanumba- wie auch der Gonja/Nawuri-Konflikt trugen bürgerkriegsähnliche Züge. In beiden Fällen prallten die sogenannten *majorities* Nanumba und Gonja, die über die Institution eines *Paramount Chief* verfügen, auf die sogenannten *minorities* Konkomba

48 Owusu-Mensah, Isaac: Politik, Chieftaincy und Gewohnheitsrecht in Ghana, in: *KAS Auslandsinformation* 9/2013, S. 49.

49 https://www.mofep.gov.gh/sites/default/files/pbb-estimates/2017/2017-PBB-MoCRA.pdf (gesehen am 1. Juli 2018).

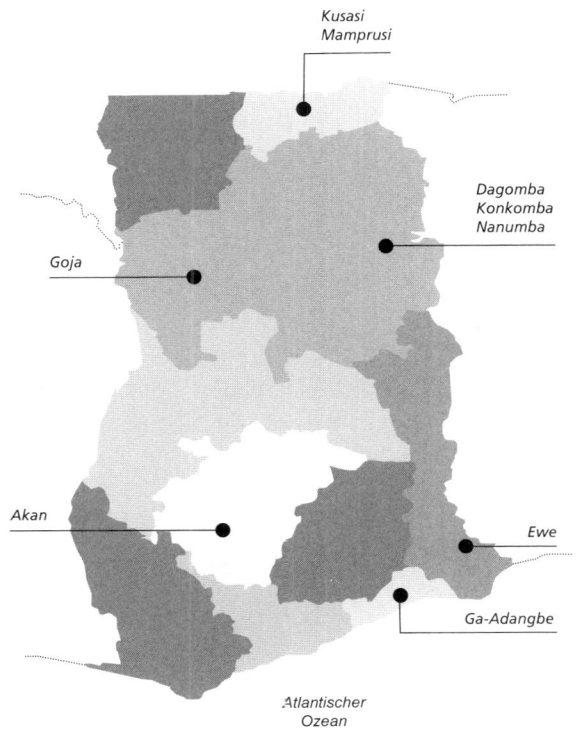

Kusasi
Mamprusi

Dagomba
Konkomba
Nanumba

Goja

Akan

Ewe

Ga-Adangbe

Atlantischer
Ozean

Ausgewählte Ethnien
© H. Bergstresser & D. Lis-Fokken

und Nawuri, die keine vergleichbare *Chief*-Institution besitzen. Dabei betrachteten die *majorities* die *minorities* als dem Lehnsherrn gegenüber lehnspflichtige Untertanen. Diese Konstellation geht im Wesentlichen auf die britische Kolonialpolitik zurück, die trotz nur rudimentärer Kenntnisse lokaler Herrschaftsstrukturen nach ihren Vorstellungen neue Hierarchien zur effektiveren Herrschaftsausübung schuf, damit Ethnizität beförderte und neue Konfliktfelder eröffnete. Spätestens nach der Unabhängigkeit traten diese Konfliktfelder offen zutage, und es kam vermehrt zu Streitigkeiten um Überlassungsrechte, Nutzungsrechte und Nutzungsbedingungen von Land. In beiden Konfliktfällen führten kleinere Streitereien zwischen Angehörigen der verschiedenen Ethnien zunächst zu Scharmützeln, die dann eskalierten und schließlich in eine flächendeckende Gewaltorgie mündeten.

Demgegenüber stand der schwelende Konflikt in der Bawku East Municipality in der Upper East Region im Zeichen der Einsetzung des lokalen *Paramount Chief.* Sowohl die Mamprusi als auch die Kusasi, die mit Abstand größten Ethnien im Raum Bawku, meldeten Ansprüche auf den Thron an, der zusätzlich die Kontrolle über das *stool land* sichert. Auch dieser Konflikt geht auf die Briten zurück, die die zentral organisierten Mamprusi als Hierarchen gegenüber den Kusasi beriefen. Am Vorabend der Unabhängigkeit bot sich den Kusasi nach dem Tod des Mamprusi *Paramount Chief* erstmals die Möglichkeit, selbst den Thron zu besteigen. Mit Nkrumahs Unterstützung nutzten sie diese Chance, wobei auch die Mamprusi einen der ihren zum neuen *Paramount Chief* erhoben. Jedoch führte der Sturz des Staatsgründers auch zum Sturz des Kusasi *Paramount Chief,* eine Entscheidung, die Rawlings wieder zurücknahm, indem er erneut einen Kusasi auf den Thron berief. Der Grad der Politisierung der *Chieftaincy* in Bawku seit Nkrumahs Zeiten erklärt die enorme Militanz in den Auseinandersetzungen, denen insbesondere in Wahlzeiten Anhänger beider Parteien zum Opfer fielen. So findet sich die Anhängerschaft des NDC unter den Kusasi und die der NPP unter den Mamprusi. Der NDC gewann 2016 das Parlamentsmandat in Bawku Central und lag bei der Präsidentschaftswahl klar vor der NPP.

In Dagbon geriet durch die Ermordung des Königs im Jahr 2002 das Mit- und Nebeneinander der beiden royalen Dagomba *gates*, Andani und Abudu, die nach dem Rotationsprinzip wechselweise den König stellten, aus den Fugen. Der Mord löste einen Gewaltexzess aus, bei dem mehrere Tausend Menschen ihr Leben und zahllose weitere ihr Hab und Gut verloren.

Der Alavanyo/Nkonya-Konflikt um die Eigentumsverhältnisse eines etwa 26 km² großen fruchtbaren Gebietes, das auch über einen großen Waldbestand und Rohstoffe wie Tonerde verfügt, reicht bis in die 1920er Jahre zurück. Dieser Konflikt war immer wieder begleitet von Gewalttätigkeiten zwischen ethnischen Ewe in Alavanjo, die zumeist das Land bewirtschaften, und ethnischen Guan in Nkonya, die das Gebiet für sich beanspruchen. Da in dem umstrittenen Gebiet inzwischen Goldvorkommen vermutet werden, stellt die Regierung erste Überlegungen an, das Land zu verstaatlichen und auf diesem Weg den Konflikt zu entschärfen.

Die zumeist gewalttägigen Auseinandersetzungen in den nördlichen Landesteilen überdecken dabei die Tatsache, dass Ethnizität und die überwiegende Zahl der intraethnischen Konflikte besonders den Süden Ghanas betreffen, wenngleich bei diesen Auseinandersetzungen die Anwendung von physischer Gewalt eher die Ausnahme ist. Ungeachtet dessen nehmen die Machtkämpfe um freigewordene Throne zu, wobei die Streitparteien Medien, Gerichte, Parteien und die klassischen Institutionen nutzen. Angesichts der großen Zahl traditioneller Herrscher und ihrer Privilegien streben zunehmend gut betuchte Geschäftsleute und Akademiker diese Positionen an.

Der Kampf um die Nachfolge des 1999 verstorbenen *Paramount Chief* der Nanumba, des *Bimbilla Naa* Naa Abarika, zeigt exemplarisch fast alle Facetten der Auseinandersetzungen, in die die traditionellen Institutionen, die Regierung, die Gerichtsbarkeit, der Sicherheitsapparat, die Zivilgesellschaft, respektierte auswärtige *Chiefs* und Persönlichkeiten der Öffentlichkeit involviert waren und in denen sie gegeneinander ausgespielt wurden. Es geht dabei um sehr viel, denn »*the winner takes it all*«; er sichert seinem Clan, seiner Familie samt Anverwandten und seiner Klientel bis zum Tode üppige Zuwendungen und Anerkennung. Wenige Jahre nach dem Tod von Naa Abarika eskalierte in der Bezirkshauptstadt Bimbilla im Osten der Northern Region innerhalb einer der beiden königlichen Familien der Streit um die Nachfolge. Der Verstorbene gehörte dem Bangyili *gate*[50] an und wurde den traditionellen Riten entsprechend erst 2003 beerdigt.

Nach dem Rotationsprinzip besaß nun das Gbugmayili *gate*[51] das Recht, den Thron zu besetzen. Die überlieferten Regeln besagten, dass nur Söhne und Enkel eines Königs das Amt bekleiden dürfen. Diese Bedingung erfüllte Andani Dasana Abdulai. Dennoch erhob Nakpa Naa Salifu Dawuni, Urenkel eines Königs und Mitglied einer konkurrierenden Familie innerhalb des Gbugmayili *gate*, ebenso Anspruch auf den Thron, da seiner Überzeugung nach jene Regel der Tradition und Geschichte des Königreichs Nanung widersprach. So kam es im neunköpfigen königlichen Wahlgremium unmittelbar nach der Bestattung zu einer Kampfabstimmung, in der das Gremium mit Zweidrittelmehrheit Andani Dasana Abdulai zum *Bimbilla Naa* wählte. Aber auch der Gegenkandidat, unterstützt von einer Minderheitsfraktion der Königsmacher und seiner eigenen Familie, präsentierte sich als gewählter *Bimbilla Naa*, womit die paradoxe Situation entstand, dass zwei Könige Anspruch auf den Thron erhoben. Dabei entspann sich zwischen zwei traditionellen Würdenträgern ein zusätzlicher grundlegender Disput über die Frage, wer letztlich die Autorität besitzt, einen gewählten König ins Amt einzuführen, also ihn zu *enskinnen*.[52]

Schließlich intervenierte der Staat mit seinen lokalen und regionalen Sicherheitsräten und Polizeikräften, und der Sicherheitsrat der Northern

---

50 »*Gate*« bedeutet in diesem Kontext »Clan«.

51 Verschiedene Quellen benutzen auch die Schreibweise »Gbomayili«. Siehe dazu: http://ghanaconflictmap.explainerdcghana.com/Home/Northern/Bimbilla-Ethnic.

52 Im Fall von Bimbilla nahmen dies für sich der *Kpatihi Naa* und der *Juo Naa* in Anspruch.

Region erzwang die Zusage der Königsmacher, bis zu einer endgültigen Entscheidung der höheren Instanzen jegliche finale Einsetzung eines Thronnachfolgers zu unterlassen. Dessen ungeachtet betonte die Regierung immer wieder, sich nicht in die Entscheidungsprozesse einmischen zu wollen. Trotz dieser explosiven Situation zeigte sich das Wahlgremium unwillig, die Möglichkeit eines Kompromisskandidaten überhaupt in Betracht zu ziehen.

So verhielten sich beide Thronaspiranten wie Amtsinhaber. Schließlich kam im Jahr 2005 die Mehrheitsfraktion im Wahlgremium der Königsmacher einem vermuteten oder unterstellten Präventivschlag des Konkurrenten zuvor. Entgegen der Anordnung der staatlichen Sicherheitskräfte und den traditionellen Riten entsprechend führte sie Andani Dasana Abdulai ins Amt ein. Damit schuf sie vollendete Tatsachen, denn nach überlieferter Vorstellung konnte ein legitimierter, *enskinned* König nicht *deskinned* werden.[53]

Die Protagonisten der Aktion wurden kurzfristig inhaftiert, ohne weitere Konsequenzen fürchten zu müssen. Dennoch löste ihre Handlung eine von Gewalt geprägte Wirkungskette aus, die bis ins Jahr 2018 hinein in Bimbilla und Umgebung etliche Tote und Verletzte forderte, zahlreiche Menschen traumatisierte und schwere Sachschäden anrichtete. Immer wieder kam es zu temporären Ausgangssperren.

Derweil versuchte Abdulais Konkurrent Salifu Dawuni, seine Ansprüche auf den Thron auf dem Klageweg vor den traditionellen Institutionen und säkularen Gerichten durchzusetzen. Er erhoffte sich auch Unterstützung von der Politik, die in anderen Konflikten wie in Dagbon oder Ga Mashie für die jeweils eine oder andere Seite Partei ergriffen hatte. So dominierte in Bimbilla bis 2004 der NDC, seitdem hat die NPP den Wahlkreis gewonnen.

Während der langen Phase ständiger Ausschreitungen in Bimbilla und seines Weges durch die Gerichtsinstanzen verstarb der klagende Salifu Dawuni im März 2014, und sein Gegenspieler weigerte sich, den Verstorbenen in der nahegelegenen Stadt Yendi im königlichen Mausoleum zur letzten Ruhe zu betten. Dies wäre nach Lesart des Amtsinhabers Andani Dasana Abdulai einem Eingeständnis gleichgekommen, dass der Kläger ein *Bimbilla Naa* gewesen war. Wenige Monate später, im Juni 2014, fiel dann Andani Dasana Abdulai einem Mordkomplott zum Opfer, und er wurde kurz darauf nach althergebrachter Sitte und unter großen staatlichen Sicherheitsvorkehrungen im königlichen Mausoleum

---

53 Im ghanaischen Kontext spricht man von *enskin* oder *enstool*. Analog dazu *deskin* oder *destool*.

zu Grabe getragen. Damit erkannte auch die staatliche Seite den Thron-inhaber als rechtmäßigen König an, was weitere Proteste und Gewalttä-tigkeiten nach sich zog.

Die Klage des verstorbenen Salifu Dawuni hatte noch vor seinem Tod den *Supreme Court* erreicht, war jedoch in allen vorangegangenen Ins-tanzen erfolglos geblieben. Sie scheiterte auch vor dieser Instanz, die im Mai 2018 posthum den vier Jahre zuvor ermordeten Andani Dasana Abdulai einstimmig zum rechtmäßig eingesetzten *Bimbilla Naa* erklärte und damit auch alle vorherigen Urteile der traditionellen und säkularen Institutionen im Kern bestätigte. Zur Überraschung der meisten An-hänger der Klägerseite zeigte sich dessen Familie anfangs bereit, das Urteil, wenn auch unter Schmerzen, anzuerkennen und sich auf einen Versöhnungsprozess einzulassen. Damit schien nach anderthalb Jahr-zehnten schwerer intraethnischer Auseinandersetzungen ein typischer Nachfolgekonflikt gelöst, was eher die Ausnahme als die Regel ist. Da-mit war auch der Weg für den Sohn des Ermordeten, Nyelinboligu-Naa Yakubu Andani Dasana, frei, die Regentschaft anzutreten. Erst im Okto-ber 2017 wurde Nakpa Naa Salifu Dawuni schließlich in einer Grabstätte auf seinem Anwesen in Bimbilla beerdigt. Im November 2018 flammte im Rahmen eines Disputs über die Teilnahme an einem bedeutenden traditionellen Fest der Streit erneut auf, wenn auch nur verbal, wobei sich die unterlegene Streitpartei vom Urteil des Obersten Gerichtshofs distanzierte und es als nicht bindend betrachtete.

Die Auseinandersetzungen in der Greater Accra Region um die Nach-folge des Ende 2004 verstorbenen *Ga Mantse* Nii Amugi Soosi II, *Para-mount Chief* von Ga Mashie, zogen sich bis April 2018 hin, und auch in diesen langwierigen Konflikt regierten und intrigierten die Zentralre-gierungen mal offen, mal verdeckt hinein.

Ga Mashie ist eines von sieben traditionellen Herrschaftsgebieten des sogenannten Ga-Staats innerhalb der Greater Accra Region, wenngleich es wegen seiner zentralen Lage eine Sonderrolle einnimmt. Darüber hi-naus hatte sich der Verstorbene während seiner mehr als 40 Jahre auf dem Thron besondere Anerkennung und Respekt erworben, hatte Nii Amugi Soosi II doch seit Kwame Nkrumahs autoritärer Herrschaft auch unter schwierigsten politischen Bedingungen sein Amt mit Klugheit und Geschick geführt. Daraus hatte sich gegenüber seinen Amtskolle-gen eine leicht herausgehobene Stellung als Primus inter Pares entwi-ckelt, eine Position, die ihm den Titel »König« eingebracht hatte.

Im traditionellen Herrschaftssystem der Ga besitzen vier königli-che Familien das Recht, den *Ga Mantse* zu stellen: Teiko Tsuru We, Amugi We, Abola Piam We und Tackie Kommey We. In einem langen

Diskussionsprozess, an dem sich auch die wichtigsten *Divisional Chiefs* und *Subchiefs* beteiligen, wird versucht, sich zunächst auf die Familie zu einigen, aus deren Mitte der *Ga Mantse* stammen soll, um dann aus der zumeist großen Anzahl der Bewerber einen oder mehrere Kandidaten auszuwählen. Schließlich müssen der oder die Kandidaten auch vor den Augen der für die Krönung maßgebenden *Paramount Chiefs* und des obersten Ga-Priesters bestehen.

Entgegen der ungeschriebenen Regel, dass ein neuer *Ga Mantse* erst nach der Beisetzung des verstorbenen Vorgängers bestallt werden darf – Nii Amugi Soosi II wurde erst 2007 beerdigt –, präsentierte das Oberhaupt des Hauses Teiko Tsuru We mit Zustimmung der obersten spirituellen Instanz der Ga im Juni 2006 einen der ihren als neuen *Ga Mantse King* Tackie Tawiah III.[54]

Von Beginn an stand seine Regentschaft unter keinem guten Stern. Die drei anderen royalen Familien lehnten die Bestallung als unvereinbar mit den Sitten, Traditionen und Gebräuchen der Ga ab und widersprachen der Behauptung, sie hätten der Kandidatur zugestimmt. Auch im eigenen Haus äußerten mehrere einflussreiche Familienmitglieder scharfe Kritik am Prozedere. Präsident Kufuor lehnte die Einladung zu den Krönungsfeierlichkeiten ab und riet den Streitparteien, den Fall unter sich zu lösen. Dies hielt jedoch andere Regierungsmitglieder und hohe NPP-Funktionäre nicht davon ab, den Feierlichkeiten beizuwohnen. Damit hielt die NPP-geführte Regierung an ihrer indifferenten Haltung in strittigen und gewalttätigen Nachfolgekonflikten fest. Im Fall des *Ga Mantse* verstärkte sich in der Öffentlichkeit sogar der Eindruck, dass Kufuors Regierung Partei ergriffen hatte. So konnte der König alle staatlichen Privilegien, die den höchsten traditionellen Würdenträgern zustanden, voll umfänglich genießen. Spezielle Sicherheitskräfte schützten das in der Ga-Kultur so wichtige *Homowo*-Festival, eine Art Erntedankfest, und verbannten bei vergleichbaren Anlässen die Kritiker des Königs aus dem öffentlichen Raum, um mögliche Gewaltexzesse zwischen Anhängern der Streitparteien zu verhindern. Dennoch lagen dem *Regional House of Chiefs* und den Gerichten schon bald etliche Klagen über die nach Auffassung der Kläger rechtswidrige Berufung des *Ga Mantse* vor.

Trotz dieser rechtlich und traditionell umstrittenen Krönung des neuen Königs erkannte das *Ga Traditional Council* wenige Wochen später *King* Tackie Tawiah III als rechtmäßigen *Ga Mantse* an und stimmte seiner Bestallung zu, wobei offensichtlich das notwendige Zweidrittel-

---

54 Mit bürgerlichem Namen hieß er Joe Blankson. Er war Jurist und Finanzexperte und zeitweise in der Behörde für nationale Entwicklungsplanung beschäftigt.

quorum nicht eingehalten wurde. Dieses Gremium vereint die führenden *Chiefs* aller sieben Herrschaftsgebiete und ist somit die wichtigste Instanz für die Belange der Ga in ihrem »Staat«. Dies war ein herber Rückschlag für die Kläger und ein Etappensieg für den Beklagten, der vor einem säkularen Gericht, das ihn an die höheren traditionellen Institutionen verwies, vergebens Widerklage eingereicht hatte.

Ab Anfang 2007 begann sich angesichts des bevorstehenden Wahljahres 2008, das ein Kopf-an-Kopf-Rennen erwarten ließ, die Eskalationsspirale weiter zu drehen. Einige der Altvorderen des Hauses Teiko Tsuru We, die das Prozedere der Wahl des *Ga Mantse* abgelehnt hatten, erkoren im Januar ein anderes Mitglied des Hauses als Kelvin Nii Tackie zum *Ga Mantse*. Kurz darauf, im April, sorgte die royale Familie Abola Piam We für Schlagzeilen, als sie der Öffentlichkeit ihren Kandidaten als *Ga Mantse* Nii Tackie Obli II präsentierte. *King* Tackie Tawiah III und seine Anhänger schienen von dieser Entwicklung wenig beeindruckt zu sein, genoss doch der König nach wie vor die Anerkennung und volle Unterstützung der NPP-Regierung.

Die Wahlniederlage der NPP Ende 2008 und der damit verbundene Machtwechsel beeinflussten auch direkt die Auseinandersetzungen um die Legitimität des *Ga Mantse* Tackie Tawiah III. Die NDC-geführte Regierung unter Präsident Atta Mills hob alle Privilegien auf, stellte den König öffentlichkeitswirksam bloß, indem sie alle offiziellen Auftritte des Monarchen unterband, und schnitt ihn von staatlichen Zuwendungen und Entwicklungsprojekten ab. Sie griff dabei eine formale Richtlinie im *Chieftaincy Act 2008* (*Act 759*) auf, die unter anderem besagte, dass das *National House of Chiefs* ein *National Register of Chiefs* führen muss, das die Legitimität eines *Chiefs* belegt.[55] Der in Ungnade gefallene *Ga Mantse* befand sich nicht in dem Verzeichnis, was der neuen Regierung als Argument diente, den Würdenträger bis auf Weiteres nicht anzuerkennen. Dieses Vorgehen widersprach jedoch dem Beschluss eines säkularen Gerichts, der Tackie Tawiah III als den rechtmäßig gewählten *Ga Mantse* bestätigte. Wenngleich die Vorgängerregierung unter Kufuor dieses Gesetz verabschiedet hatte, zeigte sie kein sonderliches Interesse, es auch umzusetzen. Auch die NDC-Regierungen unter Atta Mills und Mahama handhaben das Gesetz bei anderen konfliktreichen Nachfolgeprozessen willkürlich und nach politischer Opportunität.

Der politische Druck der NDC-Regierung auf Tackie Tawiah III nahm beständig zu und gipfelte im Jahr 2011 in der Ernennung eines

---

55 Insbesondere Artikel 59; http://extwprlegs1.fao.org/docs/pdf/gha83760.pdf (gesehen am 23. Oktober 2018).

dritten *Ga Mantse*, diesmal vom Haus Abola Piam We, der unter dem Namen Boni Nii Tackie Adama Latse II[56] die angeschlagene Autorität von Tackie Tawiah III weiter schwächte. Diesem Akt vorausgegangen war eine zentrale Personalentscheidung für den enorm einflussreichen Posten des *Gbese Mantse*, der für die Organisation des so wichtigen *Homowo*-Festivals zuständig ist. Dieses Fest markiert das Ende einer mehrwöchigen Phase der Stille, während der die Gottheiten angefleht werden, für eine gute Ernte, gesunde Nachkommenschaft und Wohlstand zu sorgen.[57] Die Personalentscheidung, die letztlich vom *Supreme Court* getroffen wurde, fiel zugunsten eines Intimfeindes von Tackie Tawiah III aus. Der angeschlagene *Ga Mantse*, der vergeblich versuchte, seine Auffassungen vor säkularen Gerichten durchzusetzen, ergriff schließlich die Flucht nach vorn und warf Präsident Atta Mills in scharfen verbalen Attacken vor, himmelschreiendes Unrecht am »Staat« der Ga zu begehen.

Daraufhin drangen mit Macheten und Messern bewaffnete Männer in den Palast ein und plünderten und verwüsteten das Innere des Anwesens, ohne dass die Polizei eingriff. Dieser Vorfall besiegelte das Schicksal von Tackie Tawiah III, der, isoliert und entmutigt, schließlich 2013 verstarb.[58] Dabei blieb die Frage nach der Rechtmäßigkeit seiner Bestallung als *Ga Mantse* auch nach seinem Tod unbeantwortet, da sich auch eine eigens eingesetzte Kommission des *House of Chiefs* außerstande sah, ein Urteil zu fällen.

Die Affäre um den oder die *Ga Mantse* war mit dem Ableben von Tackie Tawiah III keineswegs beendet, sondern setzte sich vor den traditionellen Institutionen und den Gerichten fort, erhoben doch noch immer zwei *Ga Mantse* den Anspruch auf den Thron in Ga Mashie. Der erneute Regierungswechsel Anfang 2017, der die NPP zurück an die Macht brachte, heizte die Affäre zusätzlich an. Der *Ga Traditional Council* hatte sich geweigert, den vom NDC gestützten *Ga Mantse* Boni Nii Tackie Adama Latse II aus dem Haus Abola Piam We in das *National House of Chiefs* zu entsenden, woraufhin der Fall binnen kurzer Zeit dem *Court of Appeal*, der zweithöchsten Gerichtsinstanz, zur Entscheidung vorgelegt wurde.

Vor der Urteilsverkündung endete die 14 Jahre andauernde *Ga-Mantse*-Saga jedoch abrupt – zumindest vorläufig. Im April 2018 bestä-

---

56 Sein bürgerlicher Name ist George Tackie Abia.

57 *Homowo* heißt wörtlich »den Hunger niederbrüllen«.

58 Die beiden Hauptprotagonisten, der Oberpriester Nai Wulormo und das Oberhaupt des Hauses Teiko Tsuru We, Nii Akropong III, die ihn ins Amt gebracht hatten, waren ebenfalls verstorben.

tigte das *National House of Chiefs*, dass Boni Nii Tackie Adama Latse II der wahre *Ga Mantse* sei, die oberste Instanz der traditionellen Herrscher ihn auch als solchen anerkenne und er damit von Amts wegen auch Vorsitzender des *Ga Traditional Council* sei.[59] In diesem Zusammenhang hob das *National House of Chiefs* hervor, dass der geschäftsführende Präsident des Gremiums die Belange dieser Institution nicht länger vertrete. Um diese Entscheidung politisch und gesellschaftlich abzusichern, erhielten alle wichtigen staatlichen Institutionen eine Kopie des Schreibens. Trotz dieses Beschlusses des *House of Chiefs* ließ der neue oberste Priester der Ga kurz darauf verlauten, dass wegen weiterhin umstrittener Ansprüche der Thron in Ga Mashie bis auf Weiteres vakant bleibe.

Wahlen im Kontext von Aufbruch und Machtwechsel

Die Wahlen 1992 am Vorabend der IV. Republik – Diktator Jerry John Rawlings und seine Partei NDC sichern den Machterhalt

Kurz nachdem die Administration das Parteienverbot im Mai 1992 aufgehoben hatte, gab es erste juristische Gefechte um das Parteiengesetz, das das Verbot, Namen und Symbole früherer Parteien zu nutzen, aufrechterhielt und zugleich die Parteienfinanzierung einschränkte. Das Unterfangen der klagenden Oppositionsgruppen war jedoch von Beginn an zum Scheitern verurteilt. Der NDC, der sich wenig überraschend weitgehend als Inkarnation des PNDC entpuppte, gründete sich im Juni in Accra, präsentierte aber erst auf dem Parteikongress in Cape Coast im September Jerry John Rawlings als seine Galionsfigur im Präsidentschaftswahlkampf.

Ende August begann die NPP in Kumasi, der Regionalhauptstadt ihrer Hochburg Ashanti, ihre Kampagne unter der Führung ihres Spitzenkandidaten Albert Kwadwo Adu Boahen, einem bekannten Politiker und Historiker. Schon hier deutete sich an, dass sich die NPP neben dem NDC zur wichtigsten politischen Kraft entwickeln sollte.

Kleinere Parteien, allesamt dem geistigen Erbe Nkrumahs verpflichtet und vertreten durch bekannte Persönlichkeiten wie Ex-Präsident Hilla Limann und General a. D. Emmanuel Erskine, glaubten mit ihren Zugpferden bei den bevorstehenden Wahlen ein gewichtiges Wort mitreden zu können. Der NDC seinerseits, noch unsicher, ob er sich gegen

---

59 Boni Nii Tackie Adama Latse II war seit dem 24. April 2015 im *National Chief Register* verzeichnet.

die stärksten Oppositionsgruppen im Umfeld der NPP würde behaupten können, erweiterte seine Basis und ging mit zwei kleinen, ebenfalls in der nkrumahistischen Tradition stehenden Parteien, der *National Convention Party* (NCP) und der Partei *Every Ghanaian Living Everywhere* (EGLE), ein Wahlbündnis unter dem Label *Progressive Alliance* ein. Letztere war aus dem *EGLE Club* hervorgegangen, in dem sich seit Jahren politisch interessierte und engagierte Militärs sammelten.

Der Wahlkampf war zeitweise überschattet von gewalttätigen Auseinandersetzungen zwischen Anhängern des NDC und der NPP und dem verzweifelten Versuch einiger NDC- und Rawlings-Gegner, dem Diktator mithilfe der Justiz wegen seines schottischen Vaters das passive Wahlrecht abzuerkennen. Dieser Versuch scheiterte, doch glätteten sich die Wogen ein wenig, als das PNDC-Regime das Gesetz zur Registrierung von Tageszeitungen durch eine Medienkommission unter Beteiligung verschiedener gesellschaftlicher Gruppen ersetzte. Des Weiteren entschärfte das Regime das Gesetz zur willkürlichen Verhaftung, Vorbeugehaft und unbefristeten Inhaftierung unliebsamer politischer Gegner, hielt aber noch in abgemilderter Form am Recht zur Verhaftung missliebiger Kritiker ohne Gerichtsbeschluss fest.

Das klare Wahlergebnis am 3. November 1992 zugunsten von Rawlings war für die übrigen Kandidaten mehr als ernüchternd, wurden doch 2,3 Millionen (58,4 Prozent) der knapp vier Millionen gültigen Stimmen für den Diktator abgegeben. In seiner Hochburg Volta Region erzielte Rawlings mit mehr als 90 Prozent der Stimmen ein Traumergebnis, und selbst in Ashanti, der Hochburg seines schärfsten Konkurrenten Boahen, stimmte fast ein Drittel der Wähler für ihn. In allen anderen Regionen gewann Rawlings absolute Mehrheiten, die sich in einer Bandbreite von 51 bis 66 Prozent bewegten.

Die Wähler hatten sich für den charismatischen Rawlings entschieden und wussten sehr wohl zwischen der Person, die in weiten Teilen der Gesellschaft hohen Respekt genoss, und dem mäßigen, teils schlechten Image des PNDC zu unterscheiden. Die spürbar verbesserten Lebensverhältnisse der ländlichen Bevölkerung, aber auch der noch immer große Zuspruch innerhalb der städtischen Bevölkerung sicherten den überragenden Wahlsieg. Boahen kam lediglich auf 30,4 Prozent und reüssierte nur in seiner Hochburg Ashanti, wo er einen Stimmenanteil von 60,5 Prozent erzielte, während die übrigen Kandidaten weit abgeschlagen nur niedrige einstellige Ergebnisse einfuhren. Die Wahlbeteiligung lag bei zufriedenstellenden 50,2 Prozent.

Tabelle 2: Präsidentschaftswahl 1992[60]

	Gesamt	Boahen (NPP)	Limann (PNC)	Darko (NIP)	Rawlings (NDC)	Erskine (PHP)
in Mio.	3,9*	1,2	0,266	0,113	2,3	0,069
in %	50,2**	30,3	6,7	2,9	58,4	1,8

* gültige Stimmen
** Wahlbeteiligung

Kaum stand das Wahlergebnis fest, sprachen die deutlich unterlegenen Oppositionsparteien von großangelegtem Wahlbetrug. Dem standen die Bewertungen der Beobachtergruppen der OAU und des *Commonwealth Centre* gegenüber, die die Wahl insgesamt als »*free and fair*« betrachteten, wenngleich auch sie Unregelmäßigkeiten feststellen mussten. Auch kanadische Wahlbeobachter und Mitarbeiter des *Carter Center*, das eng mit der *Emory University* zusammenarbeitete, wiesen den Manipulationsvorwurf zurück, kritisierten aber etliche Unstimmigkeiten, insbesondere im Zusammenhang mit dem umstrittenen Wahlregister. Auf einer kurz nach der Wahl anberaumten Pressekonferenz legten die unterlegenen Präsidentschaftskandidaten Manipulationsbelege vor und kündigten eine baldige umfassende Dokumentation an. Angesichts mangelnden Zeugenschutzes verzichteten sie jedoch auf juristische Schritte zur Anfechtung des Wahlausgangs. Aus Protest gegen die ihrer Meinung nach nicht gegebene Chancengleichheit kündigten sie stattdessen den Boykott der bevorstehenden Parlamentswahlen an. Sie hielten auch Wochen später an dieser Linie fest, was in der Öffentlichkeit auf breites Unverständnis stieß und als schwerer strategischer Fehler eingestuft wurde, fiel doch bei diesem Wahlgang der »Rawlings-Faktor« weitgehend weg. Insbesondere die NPP sollte sich auf Jahre hinaus nicht von dieser Fehlentscheidung erholen.

Die Boykottankündigung, gepaart mit Gewalttätigkeiten – insbesondere in der zweitgrößten Stadt Kumasi, wo nach tätlichen Auseinandersetzungen am 5. November eine mehrtägige nächtliche Ausgangssperre verhängt wurde, Bombenanschlägen in Accra und Tema, einem Mordanschlag auf einen NDC-Funktionär in Takoradi wenige Tage später und gewaltsamen Zusammenstößen von NDC- und NPP-Anhängern in der Nordmetropole Tamale – nährte erste Zweifel an der demokratischen Transformation des politischen Systems.

---

60 Larvie, John/Afriyie Badu, Kwasi: *Elections in Ghana 1996*, Part I, S. 13ff.

Der Wahlboykott brachte den Zeitplan durcheinander. Schließlich setzte eine Allianz religiöser Gruppierungen beider großer Religionen und hoher traditioneller Würdenträger einen Dialog zwischen Regierung und Opposition in Gang, um das Wahlprozedere zu einem legitimen Ende zu führen. Die Wahlkommission fand sich schließlich bereit, den ursprünglich auf den 8. Dezember terminierten Wahltermin zweimal zu verschieben, um die Neuaufstellung von Kandidaten zu ermöglichen. Schließlich fand der Wahlgang am 29. Dezember statt. Es nahmen nur 2,1 Millionen Wähler (29 Prozent der Wahlberechtigten) daran teil, dies war die geringste Wahlbeteiligung in der Geschichte des unabhängigen Ghana. Sie war in den Regionen Greater Accra und Ashanti mit 18 bzw. knapp 20 Prozent am niedrigsten und mit mehr als 51 Prozent in der Region Volta am höchsten.

Der NDC gewann 189 der 200 Parlamentssitze, die NCP acht und EGLE einen Sitz. Zwei Mandate gingen an unabhängige Kandidaten. Damit verfügte der NDC über eine verfassungsändernde Mehrheit, die er durch die *Progressive Alliance* mit der NCP und EGLE auf fast 100 Prozent erweiterte.

Tabelle 3: Parlamentswahlen 1992[61]

Partei	Stimmen .000	%	Mandate
NDC	1.521	77,5	189
NCP	377	19,2	8
Unabhängige	53	2,7	2
EGLE	10	0,5	1
Gesamt	1.962	100,0	200

Um jegliche Störungen beim Übergang zur Demokratie zu verhindern, nutzte die ausgehende PNDC-Administration wenige Tage vor dem Inkrafttreten der Verfassung ihre Macht, um zu ihren Gunsten Fakten zu schaffen. Dazu zählte in erster Linie ein Immunitätsgesetz, das es den Strafverfolgungsbehörden untersagte, gegen Akteure der beiden Militärregierungen, die seit dem Staatsstreich im Juni 1979 die Geschicke des Landes gelenkt hatten, gerichtlich vorzugehen. Des Weiteren verabschiedete sie noch vor der Parlamentseröffnung den Etat für das laufende Haushaltsjahr 1993 und degradierte damit die Mandatsträger, die eigentlich über die Budgethoheit verfügten, für das erste Amtsjahr zu

---

61 Ebd.

Befehlsempfängern. Die neue Regierung wollte auch unter demokratischen Vorzeichen auf eine zentrale Säule ihrer Macht nicht verzichten und behielt paramilitärische bewaffnete Organisationen aus der PNDC-Ära, wie die gefürchteten *Committees for the Defence of the Revolution*, bei, die den NDC strukturierten und lenkten.

Am 7. Januar 1993 wurde Jerry John Rawlings zum ersten demokratisch gewählten Präsidenten der IV. Republik vereidigt, und Ekow Nkensen Arkaah von der NCP übernahm das Amt des Vizepräsidenten.

Die Wahlen 1996 – Rawlings' Wiederwahl
und erste Anzeichen einer politischen Wiederkehr der NPP

Bereits Mitte 1996 zeigte sich Rawlings bereit, noch einmal für das höchste Staatsamt anzutreten, und wenige Monate später kürten ihn die Delegierten erneut zum Präsidentschaftskandidaten. Das Zerwürfnis mit seinem Vizepräsidenten Arkaah, das zugleich das Ende der Zusammenarbeit mit der NCP bedeutete, gab John Evans Atta Mills die Chance, als möglicher Vizepräsident seine politische Zukunft im Windschatten von Rawlings vorzubereiten. In der Öffentlichkeit galt er als Nkrumahist, da er in den frühen 1960er Jahren in der I. Republik unter Präsident Kwame Nkrumah das *Nkrumah Ideological Institute* besucht hatte. Mit diesem Schachzug glaubte der Amtsinhaber, etliche Stimmen von Anhängern der kleinen nkrumahistischen Parteien gewinnen zu können. Wieder sahen sich Rawlings und sein NDC trotz ihrer scheinbaren Dominanz genötigt, Koalitionen ins Boot zu holen. Die NCP fiel nach dem absehbaren Amtsverlust ihres Vertreters Arkaah aus, sodass neben der EGLE eine andere kleine Partei, die *Democratic People's Party* (DPP), die entstandene Lücke füllte.

Diese Strategie sollte sich als äußerst nützlich erweisen, konnten sich doch die oppositionellen nkrumahistischen Parteien nicht zu einem breiten Bündnis durchringen. Der in Ungnade gefallene Arkaah, der dennoch bis zum Ende der Amtszeit an seinem Posten festhalten konnte, verließ die NCP, die damit in der Bedeutungslosigkeit versank, und stellte sich an die Spitze der *People's Convention Party* (PCP), der sich die *Popular Party for Democracy and Development* (PPDD) anschloss. Das Chaos innerhalb des politischen Spektrums setzte sich fort, als sich die *People's National Convention* (PNC) des von Rawlings weggeputschten Präsidenten der III. Republik, Hilla Limann, weigerte, ein strategisches Bündnis mit der PCP einzugehen. Stattdessen kürte die PNC den Mediziner Edward Mahama zum Präsidentschaftskandidaten.

Die NPP litt noch immer unter dem Wahlboykott von 1992, begann sich aber langsam von diesem schweren strategischen Fehler zu erholen. Wenngleich nicht im Parlament vertreten, stellte sie de facto die stärkste oppositionelle Kraft und wollte angesichts der Mehrheitsverhältnisse und der politischen Stimmung im Land die Dominanz des NDC brechen. Schon zu Jahresbeginn 1996 entfalteten verschiedene Strömungen in der NPP eine innerparteiliche Dynamik, ausgelöst durch den charismatischen Kwame Pianim, den wirtschaftspolitischen Sprecher und Schatzmeister der Partei. Seine Vita und seine frühzeitig angekündigte Kandidatur für das Präsidentenamt erzeugten im Vorfeld der anstehenden Wahlen großes öffentliches Interesse, war er doch 1983 wegen eines im Vorjahr versuchten Staatsstreichs gegen das PNDC-Regime zu zehn Jahren Haft verurteilt und 1992 vorzeitig entlassen worden. Seit diesem Zeitpunkt hatte er systematisch seine Rückkehr in die politische Arena vorbereitet.

Parteiintern stieß dieser Alleingang auf beträchtliche Kritik. Etliche Parteigranden fühlten sich überrollt und wollten nicht wahrhaben, dass ein Kandidat Pianim gute Aussichten besaß, ein für die NPP achtbares Ergebnis einzufahren. Somit inszenierten innerparteiliche Gegner eine Intrige gegen den eloquenten und durchsetzungsfähigen Pianim, die schließlich vor Gericht ausgetragen wurde. Am Ende stand eine Grundsatzentscheidung zur Rechtmäßigkeit von Gerichtsurteilen, die während des Interregnums des AFRC und der PNDC-Diktatur gefällt worden waren.

NPP-Mitglied Rosemary Ekwam übernahm die Wortführerschaft und begründete ihre Kampagne und die Klage gegen Pianims Bewerbung mit dessen Vorstrafe wegen Hochverrats, die es ihm nicht erlaube, für ein öffentliches Amt zu kandidieren. Der für Anfang März 1996 anberaumte Sonderparteitag, auf dem der Präsidentschaftskandidat gekürt werden sollte, musste auf unbestimmte Zeit verschoben werden, da die Auseinandersetzung inzwischen den *Supreme Court* erreicht hatte. Dort fiel die Entscheidung, Pianim von der Kandidatur auszuschließen, mit drei zu zwei Richterstimmen denkbar knapp aus. Die Revision gegen das Urteil wies ein erweitertes Richtergremium unter Leitung von *Chief Justice* Issac Kobina Abban wenige Monate später mit fünf zu zwei Stimmen zurück. Dabei ging die Kammer noch über die Bestätigung des Urteils hinaus und untersagte dem Unterlegenen, überhaupt ein öffentliches Amt zu bekleiden, was für ihn gleichbedeutend mit dem Verlust des passiven Wahlrechts war.

Die Gerichtsentscheidungen ließen erhebliche Zweifel an der Unabhängigkeit des Obersten Gerichtshofs aufkommen, entsprachen die Urteile doch ganz und gar den Interessen des amtierenden Präsidenten

Rawlings, da sie einen gefährlichen Konkurrenten aus dem Verkehr zogen. Der Amtsinhaber wirkte verunsichert und sah in Kwame Pianim einen durchaus ernstzunehmenden Gegner, der seine lange Haft, die er Rawlings zu verdanken hatte, im Wahlkampf einsetzen und eine am »Mandela-Hype« orientierte Kampagne entfachen könnte. Wenngleich bis zu jenem Zeitpunkt – Mitte 1996 – keine Wechselstimmung erkennbar war, trauten Rawlings und sein NDC dem charismatischen Pianim zu, einen solchen Stimmungsumschwung herbeizuführen.[62]

Das frühzeitige Urteil bot der NPP die Möglichkeit, rechtzeitig vor den Wahlen im Dezember 1996 ihre Führungsstruktur auf einem Sonderparteitag im April neu zu ordnen. In einer Kampfabstimmung setzte sich John Agyekum Kufuor als Parteichef gegen Adu Boahen durch, der Rawlings bei der Präsidentschaftswahl 1992 deutlich unterlegen gewesen war. Kufuor war in der Partei kein unbeschriebenes Blatt, hatte er doch bereits in der Regierung der kurzlebigen II. Republik unter Busia (1969–1972) und kurzzeitig im PNDC-Regime gedient.

Innerhalb der NPP, die als einzige Partei einer liberalkapitalistischen Grundorientierung verpflichtet war, bestanden erhebliche Meinungsunterschiede über die Notwendigkeit, bei den Wahlen ein Bündnis mit einer nkrumahistischen Partei einzugehen, um die Wahlchancen nachhaltig zu verbessern. Der Druck der privaten Medien, die dem NDC und Rawlings weitgehend kritisch bis ablehnend gegenüberstanden, und die scheinbare Stärke der PCP und ihres Mentors und Noch-Vizepräsidenten Arkaah führten schließlich zum Wahlbündnis *Great Alliance*, in dem beide Parteien im August Kufuor zum Präsidentschaftskandidaten und Arkaah zum Kandidaten für das Amt des Vizepräsidenten bestimmten.

Wie vier Jahre zuvor gab es beträchtliche Verstimmungen hinsichtlich des Wählerverzeichnisses. Die Wahlkommission entschied, die 1995 aktualisierten Daten unverändert auch für die Wahlen Ende 1996 zu übernehmen. Es bestand lediglich die Möglichkeit, die Wählerlisten innerhalb eines kleinen Zeitfensters in den 20.000 Registrierungsstellen, die auch als Wahllokale vorgesehen waren, einzusehen. Als sich mehrere Tausend Wahlberechtigte, die im Vorjahr ohne eigenes Verschulden nicht in das Verzeichnis aufgenommen worden waren, nachträglich registrieren lassen wollten, lenkte die Wahlkommission ein. Sie musste sich auch der Anordnung des *Supreme Court* beugen, dass sich alle Personen, die während der Registrierungsphase außer Landes gewesen

---

[62] Pianim wurde von Rawlings kurz vor dem Ende seiner zweiten Amtszeit begnadigt, womit er wieder über das passive Wahlrecht verfügte. Der erneute Versuch, politisch Karriere zu machen, scheiterte aber schon bald, und er widmete sich danach ausschließlich der Geschäftswelt.

waren oder zwischenzeitlich die Wahlberechtigung erlangt hatten, in die Wählerlisten eintragen konnten. Etwa 25.000 Menschen machten von diesem Recht Gebrauch, sodass das Wählerverzeichnis schließlich 9,3 Millionen Wahlberechtigte umfasste. Darüber hinaus verfügte das Gericht, dass jedes Wahllokal für die beiden Wahlgänge Präsidentschafts- und Parlamentswahl mit jeweils zwei gläsernen Wahlurnen auszustatten sei. Diese Entscheidungen des Obersten Gerichtshofs beendeten die lautstark geäußerte Kritik der Oppositionsparteien, die massive Manipulationen zugunsten von Rawlings und dem NDC befürchteten.

Erstmals spielten die Medien im Wahlkampf eine herausragende Rolle, denn sie trugen zu einer starken Polarisierung bei. Rawlings und seine *Progressive Alliance* aus NDC, DPP und EGLE nutzten die staatlichen elektronischen Medien zu ihren Gunsten voll aus, verwandelten die Hauptnachrichten in Regierungspropaganda und vermittelten ein negatives Bild der übrigen Parteien. In gleichem Maße ergriffen die meisten privaten Printmedien offen Partei für die Opposition, und auch Teile des privaten Rundfunks neigten zunehmend der Opposition zu, vornehmlich der NPP. In diesem aufgeheizten Klima versuchte das 1994 gegründete *Inter-Party Advisory Committee* (IPAC), in dem sich regelmäßig die Vertreter der Wahlkommission und der Parteien trafen, aufkeimende Spannungen abzubauen. Zwar waren die Entscheidungsprozesse dieser Institution für die Wahlkommission nicht bindend, sie konnten aber auch nicht ignoriert werden, hatten sich doch alle Akteure verpflichtet, von der Kommission verkündete Wahlergebnisse zu akzeptieren.

Der Wahlkampf wurde in allen Landesteilen mit harten Bandagen geführt und trotz des IPAC von etlichen schweren Zwischenfällen überschattet. So kam es zum Beispiel in der nördlichen Metropole Tamale im Oktober zu gewalttätigen Ausschreitungen zwischen Anhängern der beiden großen Parteien. Wenige Tage vor den Wahlen verloren mehrere Menschen ihr Leben, als ein NDC-Sympathisant während einer NPP-Kundgebung in Kumasi mit einem Lkw in die Menge fuhr. Der Täter wurde gelyncht. Etwa zur gleichen Zeit randalierten NPP-Anhänger in Accra, verletzten mehrere Passanten und beschädigten etliche geparkte Fahrzeuge.

Am Vorabend der Wahl heizte Präsident Rawlings die Lage noch weiter an, indem er als einziger Kandidat im Fernsehen auftrat. Zugleich musste die *Great Coalition* aus NPP und PCP Gerüchten entgegentreten, dass sie den Wahltag stören und Gewalt anwenden wollte, sollte das Wahlergebnis ihren Erwartungen nicht entsprechen.

Die Wahlen am 7. Dezember, bei denen bemerkenswerte 78,2 Prozent der Wahlberechtigten ihre Stimme abgaben, verliefen dann jedoch weitaus besser als angesichts der vielen kleineren und größeren Scharmützel im Vorfeld zu erwarten gewesen war. Bei den Wahlen vier Jahre zuvor hatte die Wahlbeteiligung bei lediglich 50,2 Prozent gelegen, ein überzeugender Indikator, dass die Ghanaer innerhalb der ersten Legislaturperiode das Demokratisierungsprojekt IV. Republik in Gänze angenommen hatten und wachsendes Vertrauen in das Projekt setzten. 100.000 gut geschulte Wahlhelfer, zahlreiche Wahlbeobachter aus dem In- und Ausland, die gut organisierte Wahlkommission und nicht zuletzt die Sicherheitskräfte stützten dieses Vertrauen und garantierten friedliche, freie und faire Wahlen.

Schließlich waren von der Wahlkommission drei Kandidaten zugelassen worden. Jerry Rawlings gewann mit überzeugenden 57,4 Prozent und verwies John Kufuor, der nur Ashanti gewann, mit 39,7 Prozent auf den zweiten Platz. Der dritte im Bunde, der PNC-Kandidat Edward Mahama, war mit drei Prozent lediglich ein Zählkandidat, der nur in den nördlichen Regionen Achtungserfolge erzielte. Der Amtsinhaber gewann mit Ausnahme Ashantis in allen Regionen absolute Mehrheiten und erreichte sogar in der Hochburg seines schärfsten Gegners beachtliche 33 Prozent.

Tabelle 4: Präsidentschaftswahl 1996[63]

	Gesamt	Rawlings	Kufuor	Mahama
in Mio.	7,1*	4,099	2,834	0,211
in %	78,2**	57,4	39,7	3,0

* gültige Stimmen
** Wahlbeteiligung

Die Ergebnisse der Parlamentswahl entsprachen im Wesentlichen dem Präsidentschaftswahlergebnis. Der NDC sicherte sich 133 Mandate und verfehlte die verfassungsändernde Mehrheit nur hauchdünn um eine Stimme. Allerdings war erst in 199 der 200 Wahlkreise gewählt worden, und somit bestand theoretisch noch die Möglichkeit, eine Mehrheit zu gewinnen.

Für die *Great Alliance* war das Wahlergebnis enttäuschend, wobei die NPP immerhin 60 Mandate gewann. Nach dem Sieg bei der Nachwahl im Wahlkreis Afigya-Sekyere East verfügte sie über 61 Mandate, sodass die NPP nun dezidiert Oppositionspolitik betreiben konnte. Die PCP

---

63 Larvie, John/Afriyie Badu, Kwasi: *Elections in Ghana 1996*, Part II, S. 30ff.

sicherte sich fünf Parlamentssitze, verhinderte damit aber nicht das Ende des Bündnisses mit der NPP, das zum Jahresende zerbrach, als sich Personaldebatten und grundsätzliche Meinungsunterschiede über die politische Programmatik nicht mehr kaschieren ließen. Die PNC zog mit einem Abgeordneten ins Parlament ein. Für die beiden NDC-Koalitionspartner EGLE und DPP war die Wahl ebenso ein Debakel wie für die übrigen kleinen Parteien, sie erreichten zusammen nicht einmal ein Prozent der Stimmen und schafften es somit nicht ins Parlament. Auch konnte sich im Gegensatz zur Wahl von 1992 keiner der mehr als 50 unabhängigen Kandidaten durchsetzen, obwohl diese insgesamt mehr als 200.000 Stimmen (etwa drei Prozent) erhielten.

Tabelle 5: Parlamentswahlen 1996[64]

Partei	Stimmen .000	%	Sitze
NDC	3.680	53,0	133
NPP	2.346	33,8	60*
PCP	420	6,0	5
PNC	222	3,3	1
Gesamt**	6.608	96,1	199

* Bei der Nachwahl 1997 gewann die NPP nach Beendigung des Rechtsstreits zwischen der Wahlkommission und mehreren Kandidatenaspiranten den Wahlkreis Afigya-Sekyere East.
** Insgesamt gaben 6,947 Millionen Wähler ihre Stimme ab.

Die Wahlen 2000 – Das Ende der Rawlings-Ära und der Aufstieg von John Agyekum Kufuor und der NPP

Das sich abzeichnende Ende der Rawlings-Ära prägte das Wahljahr 2000, denn der Präsident durfte sich nach zwei Amtszeiten verfassungsgemäß nicht mehr um das höchste Staatsamt bewerben. Die Nachfolgedebatte innerhalb des NDC hatte schon im Vorjahr innerparteiliche Friktionen erzeugt, und die Personalentscheidung wurde immer wieder aufgeschoben. Erst Ende April wählten die NDC-Parteidelegierten Rawlings' Vizepräsidenten John Evans Atta Mills zum Präsidentschaftskandidaten.

Die NPP hatte die Führungsfrage schon Ende 1998 geklärt und erneut John Agyekum Kufuor zum Spitzenkandidaten gewählt, wenngleich seine deutliche Niederlage gegen Rawlings noch nachhallte.

---

64 Ebd.

Die Delegierten räumten ihm bei der bevorstehenden Wahl ohne Rawlings größere Siegchancen ein als seinem innerparteilichen Widersacher
Nana Addo Dankwa Akufo-Addo. Kufuor nutzte die frühzeitige Personalentscheidung und begann umgehend damit, in seiner Langzeitkam-
pagne neue Akzente zu setzen. Vieles deutete auf ein Kopf-an-Kopf-
Rennen hin, sodass Kufuor sein Augenmerk auf die fünf Nordregionen
richtete, wo er bei der vorangegangenen Wahl schlecht abgeschnitten
hatte. Seine Strategie bestand darin, so oft wie möglich den Norden zu
bereisen und an möglichst vielen Beerdigungen teilzunehmen, um sein
schwaches Image in den dortigen NDC-dominierten Regionen zu verbessern. Angesichts der spirituellen und kulturellen Bedeutung von Be-
gräbnissen in der ghanaischen Gesellschaft brachte ihm dieser geschickte Schachzug Sympathien und letztlich auch viele Stimmen ein. In den
Südregionen konnte er sich der Mehrheit der Wähler relativ sicher sein.

Jenseits der beiden großen Parteien NDC und NPP veränderte sich
das Spektrum der kleinen Parteien, wobei die nkrumahistische Grundströmung des Parteienspektrums erhalten blieb. So durfte die CPP, die
Partei des Staatsgründers Kwame Nkrumah, die seit dem Militärputsch
von 1966 verboten gewesen war, nach einem mehrjährigen Rechtsstreit
mit der Wahlkommission um den Parteinamen erstmals wieder an Wahlen teilnehmen. Auf ihrem Parteitag im Juni setzte sich der Parteive-
teran und Universitätsprofessor George Panyin Hagan, der schon zu
Nkrumahs Zeiten als junger Parteigänger der CPP angehört hatte, als
Präsidentschaftskandidat durch.

Kurz darauf wählte die neugegründete *National Reform Party* (NRP)
Augustus Obuadum »Goosie« Tanoh, einstiges Gründungsmitglied
des NDC, zu ihrem Spitzenkandidaten. Er hatte im Vorjahr mit anderen hochrangigen NDC-Mitgliedern die Regierungspartei verlassen, als
parteiintern keine Einigung über die künftige Führungsstruktur erzielt
werden konnte.

Der NPP-Abtrünnige Charles Wereko-Brobby sicherte sich im Sep-
tember, kurz vor Meldeschluss, die Präsidentschaftskandidatur im von
ihm gegründeten *United Ghana Movement* (UGM), und die etablierten
Parteien *Great Consolidated Popular Party* (GCPP) und *People's National
Convention* (PNC) schickten Daniel Augustus Lartey und erneut den
Mediziner Edward Mahama ins Rennen um die Präsidentschaft.

Wie schon bei den vorangegangenen Wahlen war das Wahlregister ein zentraler Streitpunkt zwischen Wahlkommission, Parteien und
Bürgerrechtsgruppen. Es verzeichnete 10,6 Millionen Einträge und
damit nach weitverbreiteter Einschätzung zehn bis 20 Prozent mehr
Namen als tatsächlich Wahlberechtigte. Bei einer damals ermittelten

Bevölkerungszahl von 18,4 Millionen Einwohnern entsprach das einem Anteil von 54 Prozent Wahlberechtigten an der Gesamtbevölkerung, angesichts der demographischen Struktur ein unrealistischer Wert.

Dennoch lehnte die Wahlkommission aus logistischen und rechtlichen Gründen eine vollständige Überarbeitung des Registers ab, hätte sie doch für jede Namensstreichung einen eigenen Gerichtsbeschluss erwirken müssen. Immerhin räumte die Kommission bislang nicht registrierten Wahlberechtigten die Möglichkeit ein, sich innerhalb zweier kleiner Zeitfenster ins Wählerverzeichnis eintragen zu lassen, wovon mehr als 100.000 Personen Gebrauch machten.

Auch der Identitätsnachweis bei der Stimmabgabe bewegte die Öffentlichkeit. Reichte bei zurückliegenden Wahlen der Daumenabdruck als Signatur aus, hatte die Wahlkommission diesmal, logistisch und finanziell großzügig unterstützt von westlichen Gebern, mit Lichtbildern versehene Wahlberechtigungsausweise ausgegeben. Dieses Dokument hätte das inflationäre Wahlregister auf praktische Weise korrigieren und Manipulationen unterbinden können. Aus logistischen Gründen konnten jedoch nicht alle Regionen erfasst werden. Aus Nordghana und der Volta Region kamen zahlreiche Hinweise, dass der NDC massive Stimmenzuwächse durch nicht wahlberechtigte Wähler, die einen Ausweis vorwiesen, verzeichnen konnte. Der *Supreme Court* kippte daher wenige Tage vor der Wahl die Neuregelung und erklärte die alten Ausweise bis auf Weiteres auch für die anstehenden Wahlgänge für gültig.

Wenige Wochen vor dem Wahltag am 7. Dezember nahm der Wahlkampf angesichts einer latent spürbaren Wechselstimmung an Schärfe zu. Darüber hinaus hatte der NDC inzwischen sein absolutes Medienmonopol verloren, denn die *National Media Commission* hatte ein Projekt zur Medienbeobachtung eingerichtet. Damit konnte sie sicherstellen, dass Darstellung und Selbstdarstellung aller Parteien und Kandidaten einigermaßen ausgewogen waren und journalistischen Mindeststandards entsprachen. Noch beherrschten die staatlichen Medien den Markt zu 80 Prozent. Aber die für die Lizenzvergabe zuständige *National Communication Authority* hatte inzwischen ein Dutzend private Radiostationen zugelassen und der britischen *BBC* und dem französischen Sender *RFI* FM-Frequenzen im Großraum Accra eingeräumt. Diese Maßnahmen wirbelten den Medienmarkt durcheinander und leisteten einen nicht unwesentlichen Beitrag zur Wahlkampfberichterstattung zugunsten der NPP. Zugleich läuteten sie einen rasanten Ausbau der privaten Rundfunk- und TV-Landschaft sowie des Internets ein.

Kufuors langer Wahlkampf, in dem er sich und seine NPP als glaubwürdige Alternative zur Rawlings-Regierung anbot, schien sich auszuzahlen. Der farblos wirkende Atta Mills benötigte den noch immer charismatisch und aggressiv auftretenden Rawlings, um überhaupt wahrgenommen zu werden. In keiner Phase konnte er aus dem Schatten des noch amtierenden Präsidenten heraustreten und überzeugend darlegen, dass die Wähler für ihn und den NDC stimmen sollten.

Die Erhöhung des Mindestlohns um 50 Prozent war der verzweifelte Versuch, die Wechselstimmung zu torpedieren. Rawlings seinerseits, bekannt für seine häufigen Grenzüberschreitungen, diffamierte bei jeder sich bietenden Gelegenheit den politischen Gegner und drohte mit »geeigneten Maßnahmen«, sollte nach dem Ende seiner Amtszeit juristisch gegen ihn vorgegangen werden. Am Abend vor der Wahl vollzog Rawlings jedoch eine politisch kluge Kehrtwende. In einer staatsmännisch vorgetragenen Rede wandte er sich an das Volk und versicherte, dass er die Macht fristgerecht an den gewählten Präsidenten übergeben werde, der dann wiederum von allen Ghanaern akzeptiert werden sollte.

Die Wahlbeteiligung war mit gut 60 Prozent signifikant niedriger als bei den Wahlen vier Jahre zuvor, was schließlich der NPP zugutekam. Schon am Tag nach der Wahl zeichneten sich der Machtwechsel und ein Erdrutschsieg der NPP ab. Zwar verfehlte Kufuor im ersten Wahlgang mit 48,2 Prozent die absolute Mehrheit – Atta Mills kam auf 44,5 Prozent –, doch setzte sich der NPP-Kandidat in der Stichwahl der beiden Präsidentschaftskandidaten am 28. Dezember 2000 mit 56,9 Prozent überraschend deutlich gegen seinen Konkurrenten durch. Die Wahlergebnisse der Vertreter der übrigen Parteien lagen in der ersten Runde zwischen 0,3 und 2,5 Prozent.[65]

Kufuors konzentrierte Kampagne in den Nordregionen hatte sich voll ausgezahlt. Nachdem er dort schon im ersten Wahlgang vergleichsweise gut abgeschnitten hatte, legte er in der Stichwahl nochmals zu, da die unterlegenen Kandidaten der kleinen Parteien ihre Anhänger aufgerufen hatten, für Kufuor zu stimmen. Er konnte in Brong Ahafo sogar die 50-Prozent-Marke überspringen und verfehlte diese Marge in der Northern Region nur knapp. In den beiden anderen kleinen Regionen im Norden erzielte er gute bis zufriedenstellende Ergebnisse. Lediglich die Region Volta, die Hochburg des NDC, blieb eine Domäne des NDC-Kandidaten Atta Mills, der dort fast 90 Prozent der Stimmen erhielt.

Wegen eines Zwischenfalls im Wahlkreis Ableokuma North in Accra konnte die Stimmabgabe erst mit mehrstündiger Verspätung beginnen.

---

65 Edward Mahama (PNC) 2,5%, George Hagan (CPP) 1,8%, Augustus Tanoh (NRP) 1,8%, Daniel Lartey (GCPP) 1,0%, Charles Wereko-Brobby (UGM) 0,3%.

Dort hatten bewaffnete, uniformierte Männer in den frühen Morgen-
stunden mehrere Wahllokale gestürmt, Schüsse abgegeben und Wähler
zusammengeschlagen. Mehrere Personen erlitten Verletzungen, doch
blieb der Hintergrund dieser Aktion im Dunkeln.

Angesichts des klaren Ergebnisses akzeptierte Atta Mills den Wahlausgang, und anlässlich der am Silvesterabend stattfindenden Parade
zum Jahrestag des Putsches von 1981 gratulierte auch Rawlings seinem
Amtsnachfolger Kufuor zum Wahlsieg. Damit setzte der scheidende
Präsident seine klug eingefädelte politische Charmeoffensive vom Vorabend des Wahltages fort.

Tabelle 6: Erster Wahlgang der Präsidentschaftswahl 2000 und Ergebnisse der
beiden Kandidaten mit den meisten Stimmen[66]

	Gesamt	Kufuor	Atta Mills
in Mio.	6,5*	3,1	2,9
in %	61,7**	48,2	44,5

* gültige Stimmen
** Wahlbeteiligung
***ungültige Stimmen: 104.000

Tabelle 7: Stichwahl um die Präsidentschaft 2000

	Gesamt	Kufuor	Atta Mills
in Mio.	6,4*	3,6	2,8
in %	60,4**	56,9	43,1

* gültige Stimmen
** Wahlbeteiligung
***ungültige Stimmen: 77.000

Das überragende Ergebnis des NPP-Kandidaten Kufuor setzte sich tendenziell auch bei den Parlamentswahlen fort, bei denen die NPP etwa
45 Prozent der Stimmen auf sich vereinte. Sie gewann 100 Mandate und
verfehlte damit nur äußerst knapp die absolute Mehrheit. Der NDC kam
auf 92 Sitze bei einem Stimmenanteil von etwa 41 Prozent, ein Verlust

---

66 http://africanelections.tripod.com/gh.html#1996_Presidential_Election (gesehen
    am 13. Februar 2018); siehe auch Bergstresser, Heinrich: Wahlen in Ghana: Ver-
    gleich der Ergebnisse der Präsidentschafts- und Parlamentswahlen von 1996 und
    2000, in: *Afrika Spectrum* 35/2 (2000), S. 211–216.

von 41 Sitzen. Die übrigen acht Sitze verteilten sich auf die PNC, die sich in den Nordregionen drei Mandate sicherte, auf die CPP, die einen Sitz in der Western Region gewann, und auf vier unabhängige Kandidaten, die in zwei Nordregionen und in der Volta Region erfolgreich waren. Zusammen gaben ihnen etwa elf Prozent der Wähler ihre Stimme. Obwohl sie die Mehrheit der Sitze gewonnen hatte und trotz des Sieges ihres Präsidentschaftskandidaten Kufuor musste die NPP bei den Parlamentswahlen erneut zur Kenntnis nehmen, dass sie in den drei nördlichsten Regionen und in Volta, wo sie nur fünf der 62 Mandate erringen konnte, noch immer keinen oder kaum politischen Widerhall fand.

Überschattet wurden die Wahlen von einem schweren Zwischenfall in der Stadt Bawku in der Upper East Region, wo die NPP einen ihrer beiden Sitze gewann.[67] Die NPP-Kandidatin Hawa Yakubu hatte dem NDC den Wahlkreis Bawku Central abgenommen, und zwischen Anhängern beider Parteien entzündete sich ein Streit an der angeblich fehlerhaften Auszählung. Es kam zu einem Handgemenge und zu gewaltsamen Ausschreitungen im gesamten Stadtgebiet. Etwa 30 Menschen starben, und mehrere Häuser wurden in Brand gesetzt. Die Regierung verhängte eine unbefristete nächtliche Ausgangssperre, die jedoch für die Stichwahl um das Präsidentenamt und das Fest zum Ende des Ramadan ausgesetzt wurde.

Tabelle 8: Sitzverteilung nach den Parlamentswahlen 2000[68]

NPP	NDC	PNC	CPP	Unabhängige	Gesamt
100	92	3	1	4	200

John Agyekum Kufuor legte am 7. Januar 2001 mit seinem Vizepräsidenten John Aliu Mahama seinen Amtseid ab und krönte damit seine lange politische Karriere.[69] Kufuor war 1938 in die königliche Oyoko *lineage* in Kumasi, dem historischen geistigen und wirtschaftlichen Zentrum der Ashanti, hineingeboren worden. Nach seinem Schulabschluss besuchte er als einer der besten Schüler das dortige *Prempeh College*, das

---

67 Das zweite Mandat gewann die NPP in Navrongo Central.

68 Siehe Fußnote 20.

69 Der Autor lernte Kufuor am Abend des ersten Wahlgangs in dessen Haus persönlich kennen. Kufuor war sich seines Sieges spätestens bei der Stichwahl sicher, betonte aber bei dem ungeplanten, spontanen Gespräch, dass er aufgrund der inoffiziellen und unvollständigen Ergebnisse keinerlei Statement zum vermeintlichen Sieg im ersten Wahlgang abgeben werde. Dies stand im Gegensatz zu starken Bestrebungen innerhalb der NPP, die schon am Abend den Sieg ihres Kandidaten verkünden wollte.

er 1959 erfolgreich abschloss. Seine überdurchschnittlichen Leistungen qualifizierten ihn für ein Jurastudium am *Lincoln Inn* in London und später in Oxford, doch schon bald wandte er sich der Philosophie, Politik und Wirtschaft zu. In Oxford lernte er auch seine spätere Ehefrau Theresa Mensah kennen, die dort eine Ausbildung zur Krankenschwester absolvierte. Er schloss das Studium 1964 mit dem Master ab.

1967, während der ersten Militärdiktatur (1966–69), kehrte er nach Ghana zurück, wurde Justitiar der Stadtverwaltung seiner Heimatstadt und stieg nach dem Rückzug der Generäle im Jahr 1969 innerhalb der gewählten Regierung unter Ministerpräsident Kofi Busia zum Parlamentsabgeordneten der Regierungspartei PP und zum Vizeaußenminister der II. Republik auf. Der Staatsstreich von 1972 unter der Führung von Oberst Ignatius Acheampong beendete vorerst seine steile Karriere, und Kufuor wandte sich der Privatwirtschaft zu. Das Interregnum von Rawlings im Jahr 1979 und der Übergang zur nun präsidentiell gestalteten III. Republik ebneten ihm den Weg zurück in die politische Arena, in der er als Mitglied der verfassunggebenden Versammlung am Verfassungsentwurf mitschrieb. Wieder wurde er ins Parlament gewählt, wo er das Amt des *Deputy Minority Leaders* ausübte.

Der Staatsstreich am Silvesterabend 1981 beendete zwar zunächst seine parlamentarische Karriere, doch diente er in der Anfangsphase des PNDC-Regimes Rawlings als Sekretär für Bezirksangelegenheiten. Noch vor Ablauf eines Jahres gab er, enttäuscht vom Regime, sein Amt auf. Zehn Jahre später, am Vorabend der IV. Republik, zählte er zu den Mitbegründern der NPP, stand aber lange im Schatten von Adu Boahen, den er erst 1996 nach innerparteilichen Querelen und nach etlichen strategischen Fehlentscheidungen als Parteivorsitzender ablöste. Trotz seiner Wahlniederlage im Jahr 1996 verteidigte er seine Position in der NPP gegen starke parteiinterne Gegner und führte sie als siegreicher Präsidentschaftskandidat im Jahr 2000 an die Macht.

Sein politisches Vermächtnis ist der *National Reconciliation Commission Act 2002*, der die gesetzliche Grundlage für die Versöhnungskommission lieferte, die, angelehnt an die südafrikanische Wahrheits- und Versöhnungskommission, die politische Kultur verändern und einen beträchtlichen Teil zur Stabilität des Landes beigetragen sollte.[70] Darüber hinaus vollendete er die von Rawlings begonnene Aussöhnung mit dem Nachbarland Togo. Wenige Jahre nach dem Ende seiner Präsidentschaft gründete Kufuor 2011 seine Stiftung *John Agyekum Kufuor Foundation* (JAKF),

---

70 Die *National Reconciliation Commission* (NRC) tagte vom 14. Januar 2003 bis 14.Oktober 2004. In Südafrika tagte die *Reconciliation and Truth Commission* sieben Jahre lang, von 1995 bis 2002.

die sich der Ausbildung von Führungskräften und der Förderung von guter Regierungsführung und nachhaltiger sozioökonomischer Entwicklung widmet.[71]

Zur allgemeinen Überraschung lud er staatstragend Jerry Rawlings zur Inauguration der Stiftung ein, und Rawlings nahm die Einladung auch an. Auch bei der Amtseinführung des gewählten Präsidenten John Dramani Mahama vom NDC im Januar 2013 zeigte sich Kufuor staatsmännisch und nahm an den Feierlichkeiten teil. Dabei hatten NPP-Anhänger versucht, ihn daran zu hindern.

Die Wahlen 2004 – erneuter Wahlsieg für Kufuor und die NPP

Schon bei den vorausgegangenen Wahlen hatte sich ein erhebliches Missverhältnis bezüglich der Wahlkreisgrößen gezeigt, im Wesentlichen hervorgerufen durch massive und anhaltende demographische Verschiebungen insbesondere im Nord-Süd-Verhältnis. Angesichts weiter zunehmender Binnenmigration in Richtung zentraler und südlicher Regionen hatten die Regierung und die Wahlkommission unter dem seit 1993 amtierenden Vorsitzenden Kwado Afari-Gyan schon im Vorjahr angekündigt, die Anzahl der Wahlbezirke von 200 auf 230 aufzustocken, um die bestehenden Asymmetrien zu verringern. Innerhalb der Oppositionsparteien wurde die Wahlkreisreform anfangs noch mit großer Skepsis betrachtet und als politischer Coup der NPP zur Erweiterung ihrer Machtbasis bewertet. Der *Supreme Court* segnete sie im März 2004 jedoch ab, eine Grundsatzentscheidung, die schließlich auch breite Zustimmung in fast allen politischen Lagern fand.

Schon bald zeichnete sich ab, dass auch diese Wahl zwischen Amtsinhaber Kufuor und seinem zuvor unterlegenen Herausforderer Atta Mills entschieden werden würde. Kufuors Wahlkampf stützte sich auf seine erfolgreiche Wirtschaftspolitik und vorzeigbare Ergebnisse im Kampf gegen die sich wieder ausbreitende Korruption. Zugleich wies der Präsident ständig darauf hin, dass es Atta Mills auch nach mehr als drei Jahren nicht gelungen war, aus Rawlings langem Schatten herauszutreten und dass sein Amtsvorgänger noch immer der heimliche Regent des NDC war. Rawlings' häufige Wahlkampfauftritte schienen diese These zu stützen, und in der öffentlichen Wahrnehmung begann sich langsam die scheinbare Juniorrolle des Herausforderers zum Nachteil des NDC festzusetzen.

Der NDC versuchte seinerseits, das mangelhafte Krisenmanagement der Regierung in Dagbon in der Northern Region auszuschlachten und

---

71 http://kufuorfoundation.org/ (gesehen am 27. Mai 2018).

der NPP zu unterstellen, den *Asantehene* zum König von Ghana krönen zu wollen, um in nicht-Ashanti-affinen Kreisen Stimmung gegen die NPP zu machen. In dieser Gemengelage berief Atta Mills einen Dagomba aus Dagbon, Muhammed Mumuni, zu seinem Mitstreiter, um in den traditionell starken NDC-Regionen im Norden entscheidende Stimmen gewinnen zu können.

Wie schon zuvor waren die kleineren Parteien in sich zu zerstritten für ein breites Bündnis. Der einstige Präsidentschaftskandidat der CPP, George Hagan, musste einem Konkurrenten weichen und rief daraufhin zur Stimmabgabe für Kufuor auf. Der mehrmalige PNC-Kandidat Edward Mahama dagegen versuchte, eine Koalition mit der GCPP und der EGLE zu schmieden. Doch auch dieser Versuch misslang, nachdem er den EGLE-Vertreter zu seinem Vizepräsidentschaftskandidaten gekürt hatte, was Daniel Lartey und seine GCPP bewog, die angestrebte gemeinsame Plattform zu verlassen. Somit blieb es den beiden Parteien CPP und PNC, die sich als die eigentlichen politisch-geistigen Erben und Verwalter der sozialistischen Ideen des Staatsgründers betrachteten, vorbehalten, die ihrer Meinung nach gegen die Armen im Land gerichtete Wirtschaftspolitik der NPP massiv anzugreifen. Mangels finanzieller und logistischer Ressourcen drangen ihre Botschaften jedoch kaum durch, und weder die zahlreichen Printmedien noch die elektronischen Medien zeigten Interesse, über ihren Wahlkampf und ihre Inhalte zu berichten.

Endlich verständigten sich Wahlkommission und Parteien auf ein neues Wählerregister und Mechanismen, die Manipulationen weitgehend ausschlossen. So wurden die Antragsteller zweimal fotografiert, ein Foto wurde dem Ausweis angehängt und das zweite Foto dem Namen im Register zugeordnet. Bald stellte sich jedoch heraus, dass das Zeitfenster im März nicht ausreichte, um diese logistisch anspruchsvolle Aufgabe zu meistern, sodass ein zweites Zeitfenster im September angesetzt wurde, in dem die Registrierung beendet werden konnte. Schließlich umfasste das Wahlregister 10,3 Millionen Wahlberechtigte.

Trotz einiger Gewaltexzesse in der Northern Region, in Brong Ahafo und in der Volta Region verliefen die Wahlen insgesamt einigermaßen zufriedenstellend, wobei die bislang nie erreichte Wahlbeteiligung von 85 Prozent positiv herausragte.[72] Wie allgemein erwartet, sicherte Präsident Kufuor schon im ersten Wahlgang am 7. Dezember seine Wiederwahl, und die NPP verteidigte ihre absolute Parlamentsmehrheit. Der

---

72 Einen guten Überblick über Gewalt bei den Wahlen von 2004 bis 2012 gibt Amankwaah, Clementina: *Election Related Violence: The Case of Ghana*, Nordiska Afrikainstitutet, 2013.

Amtsinhaber setzte sich mit 52,5 Prozent – dies entsprach 4,5 Millionen Wählerstimmen – relativ deutlich durch, wenngleich Analysten in den Wochen vor der Abstimmung einen noch klareren Wahlsieg prognostiziert hatten. Sein Widersacher Atta Mills kam auf 3,8 Millionen Stimmen und damit einen Anteil von 44,8 Prozent, er konnte nur in den drei nördlichen Regionen und in Volta reüssieren. Edward Mahama von der PNC erzielte 1,9 Prozent und der CPP-Kandidat George Aggudey 1,0 Prozent.

Tabelle 9: Präsidentschaftswahl 2004 und Ergebnisse der beiden Kandidaten mit den meisten Stimmen

	Gesamt	Kufuor	Atta Mills
in Mio.	8,6*	4,5	3,8
in %	85,1**	52,5	44,8

* gültige Stimmen
** Wahlbeteiligung
***ungültige Stimmen: 188.000

Die numerische Erweiterung der Wahlkreise auf 230 nutzte in erster Linie der NPP, die insgesamt 128 Mandate erringen konnte und damit im Gegensatz zur vorangegangenen Wahl über eine klare absolute Mehrheit verfügte. Dennoch deutete sich bereits an, dass die Zahl der Wechselwähler in den urbanen Zentren zunahm, obwohl sie bei dieser Wahl noch nicht das Zünglein an der Waage waren. Der NDC bestätigte mit 94 Parlamentssitzen weitgehend seine Position, und sowohl PNC wie auch CPP zogen mit vier bzw. drei Vertretern ins Parlament ein. Auch diesmal schaffte es ein unabhängiger Kandidat, einen Wahlkreis zu erobern. Fünf der acht Mandatsträger gewannen in den nördlichen Regionen. Nur die CPP durchbrach die Phalanx der beiden großen Parteien und gewann einen Sitz in der Central und zwei in der Western Region.

Tabelle 10: Sitzverteilung nach den Parlamentswahlen 2004

NPP	NDC	PNC	CPP	Unabhängige	Gesamt
128	94	4	3	1	230

Am 7. Januar 2005 wurden Kufuor und sein Vizepräsident John Aliu Mahama, der erneut das Amt des Stellvertreters besetzte, eingeschworen.

Die Wahlen 2008 – Machtwechsel hin zum NDC
und seinem Präsidentschaftskandidaten John Evans Atta Mills

Das Jahr 2008 stand ganz im Zeichen der Wahlen zum Jahresende. Amtsinhaber John Agyekum Kufuor durfte nach zwei Amtszeiten verfassungsgemäß nicht mehr antreten. Innerparteiliche Auseinandersetzungen in der NPP um die Nachfolgekandidatur nahmen nach dem Parteikongress im Dezember 2007 zu, wenngleich die Führungsfrage zugunsten von Nana Addo Dankwa Akufo-Addo geklärt schien. Er hatte dort unter großem persönlichen und finanziellen Einsatz fast 48 Prozent der Delegierten für sich gewinnen und sich somit klar gegen Alan Kyerematen, Diplomat und Minister unter Kufuor, durchsetzen können. Sein ärgster Gegenspieler konnte immerhin knapp ein Drittel der Delegierten hinter sich versammeln. Die mit viel Geld geführten Machtkämpfe und Intrigen auf dem Delegiertenkongress hinterließen einen tiefen Riss in der Partei, der aber erst im Wahljahr sichtbar wurde, als Kyerematen zurücktrat und der Präsident mehrere kritische Stimmen im Kabinett entfernte und durch konformistische ersetzte.

Der NDC hatte bereits 2006 erneut den zweimal unterlegenen Herausforderer Atta Mills zum Präsidentschaftskandidaten bestimmt. Die NPP-Propaganda beschrieb Mills Gesundheitszustand als schlecht, weshalb er nicht geeignet sei, das Land zu führen. Tatsächlich befand sich Mills im Februar zur medizinischen Behandlung in Südafrika, lancierte Hinweise auf eine ernste Erkrankung wies er jedoch in scharfer Form zurück. Auch der NDC beteiligte sich an dieser politischen Schlammschlacht und prangerte Akufo-Addo als Drogenabhängigen an. Dadurch sah sich der Angegriffene zu der öffentlichen Beteuerung genötigt, dass er nie etwas mit Drogen zu tun gehabt habe und auch nie ins Visier der US-Drogenbehörde geraten sei.

Wieder einmal sorgte das Wählerverzeichnis für kontroverse Debatten, bestanden doch erhebliche Zweifel an der aufgeführten Zahl der Wahlberechtigten und der Verdacht, dass in etlichen Wahlkreisen wie in der Ashanti Region die Zahlen massiv überhöht waren. Im März begann die Wahlkommission, verlorengegangene Wählerausweise zu ersetzen, und Anfang August wurden diejenigen Wähler registriert, die nach Vollendung des 18. Lebensjahres das Wahlrecht erlangt hatten. Technische und logistische Mängel stellten kurzzeitig die Kompetenz der Wahlkommission infrage. Als im September durchsickerte, dass statt der erwarteten Zunahme um eine Million mit zwei Millionen zusätzlichen Wahlberechtigten zu rechnen sei, stand plötzlich auch die Glaubwürdigkeit der Kommission und ihres bereits seit 1993 amtierenden Vorsitzenden Kwadwo Afari-Gyan auf dem Spiel.

Erst die für wenige Tage im Oktober eingeräumte Möglichkeit, das Verzeichnis einzusehen, beruhigte die Gemüter ein wenig. Die Wahlkommission korrigierte fehlerhafte und doppelte Registrierungen im Umfang von einer halben Million Namen. Schließlich umfasste das Wahlregister 12,5 Millionen Wahlberechtigte, und kaum jemand nahm noch Anstoß an dieser Zahl oder kritisierte die Kommission, die schon frühzeitig einen weiteren Streitpunkt ausgeräumt hatte: Sie verzichtete darauf, für die anstehenden Wahlen ein Gesetz umzusetzen, das in der Diaspora lebenden Wahlberechtigten die rechtliche Möglichkeit gab, an der Wahl teilzunehmen. Dies entsprach voll und ganz den Vorstellungen des NDC, der zu Recht befürchtete, dass diese Stimmen der NPP zugutekämen, die das Gesetz verabschiedet hatte.

Wenngleich sich neun Parteien schon im Mai gemeinsam verpflichteten, freie und faire Wahlen zu garantieren, überschatteten in der zweiten Jahreshälfte 2008 etliche schwere Zwischenfälle den Wahlkampf. Zumeist provozierten Anhänger der beiden großen Parteien NPP und NDC diese Zwischenfälle, wobei sich die Kandidaten mit unrealistischen Versprechen gegenseitig zu übertrumpfen suchten.[73] Wieder waren die Regionen im Norden am stärksten betroffen, wobei der lokale Konfliktherd Bawku in der Upper East Region besonders auffiel, denn dort verschärften ethnische Aspekte zwischen den Mamprusi und den Kusasi die politischen Auseinandersetzungen. Tote, Verletzte und Ausgangssperren prägten das ganze Jahr über das Bild in dieser mittelgroßen Stadt an der nördlichen Staatsgrenze zu Burkina Faso. Präsident Kufuor setzte in seinem letzten Amtsjahr seine Autorität nicht für eine Lösung der dortigen Krise ein.

Am 7. Dezember lag der NPP-Kandidat Akufo-Addo zwar vorn, verfehlte aber mit 49,3 Prozent der Stimmen knapp die absolute Mehrheit. Sein Gegenspieler Atta Mills vom NDC kam mit 47,8 Prozent ins Ziel. Der Abstand betrug etwa 100.000 Wählerstimmen. Die sechs Kandidaten der kleinen Parteien gewannen zusammen enttäuschende drei Prozent und erhielten zum wiederholten Mal die politische Quittung für ihre strukturelle Unfähigkeit, eine gemeinsame Plattform einzurichten.

Die Stichwahl um das Präsidentenamt am 28. Dezember 2008 kehrte das Wahlergebnis des ersten Wahlgangs um, eine indirekte Folge der beträchtlichen Verluste der NPP bei der Parlamentswahl. Mit einem denkbar knappen Vorsprung von etwa 40.000 Stimmen setzte sich nach zwei vergeblichen Versuchen der NDC-Präsidentschaftskandidat

---

73 Dazu zählten ein Entwicklungsfonds über eine Milliarde Dollar für den unterentwickelten Norden, eine Pensionskasse für die Kakaobauern, zusätzliche Ausgaben für Gesundheit und Bildung, eine Universität für jede Region und die Schaffung von Arbeitsplätzen in allen Landesteilen.

Atta Mills mit 50,2 Prozent durch. Akufo-Addo kam auf 49,8 Prozent und lag nur in Ashanti und in der Eastern Region vor seinem Konkurrenten. Zum Wahlsieg trug auch die gestiegene Wahlbeteiligung bei. Neun Millionen Wähler gaben in 22.000 Wahllokalen ihre Stimmen ab. Dies entsprach einer Beteiligung von nun 72,9 Prozent gegenüber 69,5 Prozent im ersten Wahlgang, ein Zuwachs von 400.000 Wählern.

Tabelle 11: Erster Wahlgang der Präsidentschaftswahl 2008
und Ergebnisse der beiden Kandidaten mit den meisten Stimmen

	Gesamt	Akufo-Addo	Atta Mills
in Mio.	8,5*	4,2	4,1
in %	69,5**	49,3	47,8

* gültige Stimmen
** Wahlbeteiligung
***ungültige Stimmen: 205.000

Tabelle 12: Stichwahl um die Präsidentschaft 2008

	Gesamt	Akufo-Addo	Atta Mills
in Mio.	9,0*	3,6	4,5
in %	72,9**	49,8	50,2

* gültige Stimmen
** Wahlbeteiligung
***ungültige Stimmen: 92.000

Die deutliche Niederlage der NPP bei den Parlamentswahlen am 7. Dezember, gleichbedeutend mit dem Verlust der absoluten Mehrheit, war die Antwort auf die mangelnde Geschlossenheit und innere Zerrissenheit der Partei am Ende der Ära Kufuor. Der Verlust an Redlichkeit und Glaubwürdigkeit in der NPP hatte angesichts der unverhohlenen Renaissance von Klientelismus und Korruption im Laufe der zweiten Amtsperiode ihres Präsidenten eine nur unterschwellig wahrnehmbare Wechselstimmung erzeugt.

Das Ergebnis war mehr als ernüchternd, gewann doch der NDC 114 Sitze, während die Regierungspartei lediglich 107 Mandate erringen konnte.[74] Die PNC erhielt zwei Parlamentssitze, die CPP, vertreten durch

---

74 Nach zwei Wahlanfechtungsklagen wurde dem NDC und der NPP jeweils ein weiteres Mandat zugeteilt.

Samia Nkrumah, Tochter des Staatsgründers, einen Sitz, vier Mandate gingen an unabhängige Kandidaten.

Tabelle 13: Sitzverteilung nach den Parlamentswahlen 2008[75]

NPP	NDC	PNC	CPP	Unabhängige	Gesamt
108	115	2	1	4	230

Im dritten Anlauf war John Evans Atta Mills endlich am Ziel. Am 7. Januar 2009 legte er zusammen mit seinem Vizepräsidenten John Dramani Mahama den Eid auf die Verfassung ab. Geboren 1944 in Tarkwa, im Goldfördergebiet in der heutigen Western Region, besuchte er die prestigeträchtigste schulische Einrichtung im britischen Kolonialgebiet Gold Coast und im unabhängigen Ghana, die nördlich der Hauptstadt Accra gelegene *Achimota School*. Zu den Schülern dieser Kaderschmiede gehörten unter anderem der Staatsgründer Kwame Nkrumah, Jerry Rawlings und spätere afrikanische Präsidenten wie Robert Mugabe und Dawda Jawara. Nach dem Schulabschluss studierte Atta Mills ab 1963 an der *University of Ghana* in Legon vor den Toren der Hauptstadt und ging dann 1968, in der Zeit des ersten Militärregimes, zum weiteren Studium nach London. Dort promovierte er 1971 an der *School of Oriental and African Studies* und erhielt daraufhin ein Fulbright Stipendium für die *Stanford Law School* in den USA.

Schon bald kehrte er nach Ghana zurück und lehrte mehr als 20 Jahre lang an der juristischen Fakultät seiner ehemaligen Universität in Legon, nur unterbrochen von mehreren Lehraufträgen in den USA und in den Niederlanden. Parallel zu seiner Lehrtätigkeit diente er dem PNDC-Regime von 1986–1996 in der staatlichen Finanzverwaltung, dem *Internal Revenue Service*.

Atta Mills politische Karriere war auf das Engste mit Jerry Rawlings verbunden, der ihn 1996 für seine zweite Amtszeit zum Vizepräsidenten berief. Er brauchte einige Zeit, um aus Rawlings' Schatten herauszutreten, wobei es ihm die Schwäche der NPP während der zweiten Amtszeit von John Kufuor erleichterte, sich und seinen NDC als glaubhafte Alternative anzubieten.

Atta Mills verstarb 2012, wenige Monate vor dem Ende seiner ersten Amtszeit. Wie in der Verfassung vorgesehen, übernahm sein Stellvertreter Mahama die Amtsgeschäfte. Kurz darauf entschied er sich, bei den anstehenden Wahlen im Dezember selbst für das Präsidentenamt zu kandidieren.

---

75 Siehe vorherige Anmerkung.

Die Wahlen 2012 – Machterhalt des NDC
und Wahl des Präsidentschaftskandidaten John Dramani Mahama

Der plötzliche Tod des amtierenden Präsidenten Atta Mills Mitte 2012 traf den NDC wie ein Schlag. Zwar konnte eine Staatskrise vermieden werden, da Vizepräsident John Dramani Mahama verfassungsrechtlich korrekt als neues Staatsoberhaupt die Führung des Landes übernahm, aber dennoch herrschte kurzzeitig eine gewisse Unsicherheit. Würden die demokratischen Institutionen dieses Novum angemessen verarbeiten und würde der als politisches Leichtgewicht angesehene John Mahama, der lediglich in akademischen Kreisen als Verfasser sozialwissenschaftlicher Studien bekannt war, die Aufgabe bewältigen können?

Schon frühzeitig zeichnete sich zwischen den beiden großen Parteien NDC und NPP ein beachtliches Konfliktpotential ab, angeheizt durch feindselige grenzüberschreitende Verleumdungen und persönliche Angriffe. Auch die Wahlkommission stand im Kreuzfeuer der Kritik, verlief doch die biometrische Registrierung der etwa 14 Millionen Wahlberechtigten, die bereits im März 2012 begonnen hatte, nicht so reibungslos wie versprochen. Schon zu Beginn verursachte die digitale Technik erhebliche Probleme, und zur Jahresmitte ermittelte die Wahlkommission im Verzeichnis um die 15.000 Dubletten. Kurz vor den Wahlen stellte sich heraus, dass insbesondere in den jeweiligen Hochburgen von NDC und NPP – in Volta und Ashanti – Minderjährige ins Wahlregister aufgenommen worden waren.

Die im Juni 2012 angekündigte Erweiterung der Wahlkreise auf nunmehr 275 war äußerst umstritten. Die Rechtmäßigkeit dieser Regierungsentscheidung und die Neutralität der Wahlkommission wurden angezweifelt, hatte doch schon die Regierung Kufuor die Anzahl der Wahlkreise auf 230 erhöht. Auch das positive Votum des *Supreme Court* im Oktober räumte die verbreiteten Zweifel nicht aus. Nachdem zwei hochrangige Mitarbeiter der Kommission wegen möglicher Bestechung verhaftet und ein angebliches Komplott aufgedeckt worden war – illegale Wahlurnen und Wahlunterlagen sollten in abgelegene Landstriche gebracht worden sein –, standen Manipulationsvorwürfe im Raum. Darüber hinaus gab die Wahlkommission erst Mitte November das Wählerverzeichnis zur Einsicht frei.

Erst das Engagement zivilgesellschaftlicher Gruppen und traditioneller Autoritäten wie des *Asantehene* beruhigte die aufgeheizte Lage ein wenig, und es fanden etliche Veranstaltungen zur Konfliktvermeidung statt. Schließlich moderierte das *National Peace Council* wenige Tage vor den Wahlen ein Treffen aller Präsidentschaftskandidaten, um ein öffentlichkeitswirksames Bekenntnis zu Gewaltlosigkeit und *fair play* zu erreichen.

Innerparteiliche Querelen in allen Parteien nahmen im Wahljahr zu. Spektakulär jedoch war die Gründung einer neuen Partei, der *National Democratic Party* (NDP), durch Nana Konadu Agyeman-Rawlings, Ehefrau des ersten Präsidenten der IV. Republik, einflussreiche Parteiaktivistin und führende Persönlichkeit des unter dem PNDC-Regime gegründeten *31st December Women's Movement*. Sie war im Vorjahr dem inzwischen verstorbenen Atta Mills bei der Kandidatenkür deutlich unterlegen gewesen und hatte sich schließlich im Oktober 2012 entschieden, den NDC zu verlassen und die Führung einer neuen Partei zu übernehmen. Allerdings wurde sie aus formalen Gründen nicht zur Wahl zugelassen.

Schon zuvor hatte sich abgezeichnet, dass ihre Zeit beim NDC ablief. Ende August hatten die Delegierten John Mahama, das vermeintliche politische Leichtgewicht, mit überwältigender Mehrheit zum Spitzenkandidaten für die Präsidentschaftswahl nominiert. Kurz darauf berief er den einstigen Zentralbankchef Paa Kwesi Amissah Arthur Bekoe zum Kandidaten für das Amt des Vizepräsidenten.

Die NPP hatte schon zwei Jahre zuvor, im August 2010, frühzeitig die Kandidatenfrage beantwortet und sich erneut für Akufo-Addo entschieden. Der NPP-Kandidat hielt an seinem Mitstreiter für das Amt des Vizepräsidenten, Mahamadu Bawumia, fest, was innerhalb der Partei auf wenig Gegenliebe stieß, hatten sich doch einige bekannte Persönlichkeiten wie der einstige Chef des Fußballverbandes, Mohammed Nuru-Deen Jawula, gute Chancen auf eine Berufung ausgerechnet.

Erneut kam es auch in den kleinen Parteien zu Auseinandersetzungen um die Führungspositionen, sodass kein Gedanke an eine gemeinsame Strategie oder gar ein Bündnis aufkam. Das politische Schwergewicht in der Central Region, Paa Kwesi Nduom, der der Schicht der Superreichen in Ghana angehörte, hatte der CPP schon im Vorjahr den Rücken gekehrt und Anfang 2012 die *Progressive People's Party* (PPP) gegründet.

Schließlich ließ die Wahlkommission nur acht Präsidentschaftskandidaten für den Wahlgang am 7. Dezember zu, darunter einen Unabhängigen. Aufgrund der vielen schweren Zwischenfälle im Laufe des Jahres postierte die Regierung 20.000 Polizisten und etwa 5.000 Soldaten im direkten Umfeld der Wahllokale und an anderen als neuralgisch erachteten Punkten. Mehrere Tausend lokale Wahlbeobachter vervollständigten das Bild, das einen wenig schmeichelhaften Blick auf die Verfasstheit der jungen Republik warf.

Wegen technischer Probleme musste der Wahlvorgang auf zwei Tage ausgedehnt werden. Erneut hatten die NPP und ihr Kandidat Akufo-

Addo das Nachsehen. Amtsinhaber John Mahama erhielt schon im ersten Wahlgang mit 50,7 Prozent die absolute Mehrheit. Sein Herausforderer kam deutlich abgeschlagen auf 47,7 Prozent und konnte wie schon vier Jahre zuvor nur Ashanti und die Eastern Region für sich entscheiden. Die übrigen Konkurrenten spielten überhaupt keine Rolle, was im Fall von Paa Kwesi Nduom, der nur ein halbes Prozent bekam, allgemein überraschte. Die NPP zeigte sich als schlechter Verlierer, und ohne das offizielle Wahlergebnis des Kommissionsvorsitzenden Afari-Gyan abzuwarten, erklärte sie am folgenden Tag ihren Kandidaten Akufo-Addo zum Sieger.

Nur 24 Stunden später gab die Kommission Mahamas Wahlsieg bekannt. Die NPP ihrerseits legte wegen Wahlfälschung fristgerecht Widerspruch gegen das Wahlergebnis beim *Supreme Court* ein.

Tabelle 14: Präsidentschaftswahl 2012 und Ergebnisse der beiden Kandidaten mit den meisten Stimmen

	Gesamt	Akufo-Addo	Mahama
in Mio.	10,9*	5,3	5,6
in %	79,4**	47,7	50,7

* gültige Stimmen
** Wahlbeteiligung
***ungültige Stimmen: 251.000

Für die NPP waren die erneute Niederlage Akufo-Addos und die Ergebnisse der Parlamentswahl ein herber Rückschlag. Der NDC sicherte sich mit 148 Sitzen die absolute Mehrheit. Die NPP folgte mit beträchtlichem Abstand und gewann 123 Wahlkreise. Die PNC gewann einen Sitz in der Upper East Region, und unabhängige Kandidaten setzten sich in drei Wahlkreisen in den beiden nördlichsten Regionen Upper East und Upper West sowie Volta durch. Die CPP-Abgeordnete Samia Nkrumah verlor ihren Wahlkreis Jomoro in der Western Region an den NDC-Kandidaten, machte dafür aber angereiste Schlägertrupps verantwortlich, die ihre Anhänger eingeschüchtert hätten.

Tabelle 15: Sitzverteilung nach den Parlamentswahlen 2012

NDC	NPP	PNC	CPP	Unabhängige	Gesamt
148	123	2	1	4	230

Trotz des anhängigen Verfahrens vor dem Obersten Gerichtshof legten Amtsinhaber John Dramani Mahama und sein Vizepräsident Paa Kwesi Amissah Arthur Bekoe am 7. Januar 2013 den Amtseid ab. Geboren 1958 in Damongo in der Northern Region und aufgewachsen in einer christlich-muslimischen Familie, kam Mahama schon früh in Kontakt mit ghanaischer Politik. Sein Vater war Parlamentsabgeordneter in der I. Republik und der erste Verwaltungschef der Region. Seine Grundschuljahre verbrachte Mahama an der berühmten *Achimota School* vor den Toren Accras, setzte aber seine Schulausbildung in Tamale, der Hauptstadt seiner Heimatregion, fort. Zum Studium kehrte er nach Accra zurück, wo er Geschichte an der *University of Ghana* in Legon belegte und später Kommunikationswissenschaften studierte. Zwischenzeitlich unterrichtete Mahama als Geschichtslehrer an einer weiterführenden Schule in Tamale. Nach dem Abschluss 1986 begann er in Moskau ein Auslandsstudium in Sozialpsychologie und arbeitete dann in der ersten Hälfte der 1990er Jahre längere Zeit in der Japanischen Botschaft in Accra in der Kultur- und Informationsabteilung.

Mahamas politische Karriere begann in der zweiten Legislaturperiode der IV. Republik, als er 1996 mit überwältigender Mehrheit für den NDC den damaligen Wahlkreis Bole gewann und ins Parlament einzog. In seinem ersten Amtsjahr stieg er zum stellvertretenden Minister für Kommunikation auf und wurde Vorsitzender der für die Vergabe von Rundfunk- und TV-Lizenzen zuständigen NCA. Er verteidigte seinen Parlamentssitz bei den Wahlen 2000 und 2004, vertrat seine Partei im Bereich Medien und avancierte später zum außenpolitischen Sprecher des NDC.

Der Machtwechsel nach der Wahl 2008 gab den Startschuss für Mahamas weiteren politischen Aufstieg. Als Vizepräsident unter Atta Mills übernahm er nach dem Tod des Amtsinhabers 2012 das höchste Staatsamt und gewann wenige Monate später die Präsidentschaftswahl, obwohl er allgemein als politisches Leichtgewicht angesehen wurde. Seine Kritiker fühlten sich schon bald bestätigt, denn seine Durchsetzungsfähigkeit und wirtschaftspolitische Kompetenz ließen sehr zu wünschen übrig. Entsprechend war seine Bilanz als Präsident allenfalls durchwachsen, und in seinem letzten Amtsjahr 2016 konnte Mahama seine Schwächen nicht mehr verbergen, wenngleich es der NDC nicht wagte, ihm im Vorfeld der Präsidentschaftswahlen die Gefolgschaft zu verweigern. Wenig überraschend scheiterte er und wurde als erster amtierender Präsident Ghanas abgewählt.

Die Wahlen 2016 – erneuter Machtwechsel:
NPP-Kandidat Nana Addo Dankwa Akufo-Addo und seine Partei endlich am Ziel

Die zweite aufeinanderfolgende Legislaturperiode unter NDC-Führung neigte sich dem Ende zu. Das Image der Rawlings-Partei NDC als Machtfaktor und Reformkraft war wegen eines schwach wirkenden Präsidenten inmitten einer mittelschweren Wirtschaftskrise mit galoppierenden Preisen und ständigen Stromausfällen angeschlagen.

Die NPP ihrerseits versuchte Einigkeit zu demonstrieren und sich als glaubwürdige Alternative zu präsentieren. Während Mahama und sein NDC erst in der Schlussphase des Wahlkampfes mit einigen fertiggestellten Infrastruktur- und Entwicklungsprojekten zu punkten wussten und sich plötzlich kritisch zum Thema IWF-Kredite äußerten, aktualisierten und erweiterten Akufo-Addo und die NPP ihre Wahlkampagne von 2008. Schon damals hatten sie die Gründung einer Fabrik in jedem Bezirk und die Schaffung Tausender Arbeitsplätze sowie einen Entwicklungsfonds für den unterentwickelten Norden versprochen. Diese beiden Kernthemen hob der Herausforderer besonders hervor, wobei der Entwicklungsfonds nun allen 275 Wahlkreisen zugutekommen sollte.

Die inzwischen ritualisierte Wahldebatte der Präsidentschaftskandidaten, organisiert vom *Institute of Economic Affairs* (IEA), einem bekannten privaten ghanaischen Thinktank, platzte, als Akufo-Addo sich kurzfristig entschied, die Veranstaltung zu boykottieren. Er war sicherlich gut beraten, den beiden für November anberaumten Debatten fernzubleiben, hatten doch viele Ghanaer seine schwache Vorstellung in der Debatte vor den Wahlen 2012 noch gut in Erinnerung. Zwei umfangreiche NPP-interne, vertrauliche Meinungsumfragen sagten zudem einen klaren Sieg für Akufo-Addo und die NPP voraus, und niemand wollte diese positive Prognose gefährden.[76]

Wieder einmal wurde die Wahlkommission im Vorfeld der Wahlen besonders scharf kritisiert, diesmal traf es im Wesentlichen die neue Vorsitzende Charlotte Osei. Sie hatte ein Jahr zuvor den langjährigen Vorsitzenden Kwadwo Afari-Gyan abgelöst, der mit 70 Jahren aus Altersgründen aus dem Amt geschieden war, und galt insbesondere in oppositionellen Kreisen als voreingenommen und parteiisch zugunsten des NDC. Dieser Eindruck schien sich zu verfestigen, als sich die Wahlkommission weigerte, Forderungen nach einer Neuregistrierung der Wahlberechtigten nachzukommen. Dahinter stand der nicht ganz unberech-

---

76 Der Autor erhielt Ende Oktober 2016 von einem leitenden NPP-Kampagnenmanager eine Kopie der Umfragen. Die Prognosen entsprachen weitgehend den Wahlergebnissen.

tigte Verdacht, dass Stimmen von Minderjährigen und Verstorbenen rechtswidrig eingesetzt werden könnten.

Erst eine Entscheidung des *Supreme Court* zwang die Vorsitzende, die bisherige Handhabung des Wahlregisters zu korrigieren. Im Zentrum des Konflikts stand die Registrierung von 56.000 Personen, deren Namen nur aufgrund ihrer Mitgliedschaft im nationalen Gesundheitsprogramm *National Health Insurance Scheme* ins Register aufgenommen worden waren. Diese Mitgliedschaft war jedoch nicht an die ghanaische Staatsbürgerschaft gebunden. Die Namen wurden gestrichen, und die betroffenen Wahlberechtigten konnten sich zu zwei festgelegten Terminen ins Wahlregister eintragen lassen.

Mit dieser Affäre sank das Vertrauen in die Wahlkommission und ihre Vorsitzende. Es erodierte weiter, als sie im Oktober 2016 aus formalrechtlichen Gründen 13 Präsidentschaftskandidaten kleiner Parteien von der Wahl ausschloss. Deren Klagen vor dem Obersten Gerichtshof waren erfolgreich, sah doch das Gericht in mehreren Fällen die Begründungen für den Ausschluss als nicht hinreichend an. Das Gericht wies die Kommission an, den Antragstellern bei den notwendigen Formalitäten behilflich zu sein. So musste die Kommission ihre Entscheidungen revidieren und vier der 13 zurückgewiesenen Kandidaten zur Wahl zulassen.

Das Gesetzesvorhaben zur Vorverlegung der Wahlen um einen Monat auf den 7. November, das einer Verfassungsänderung bedurfte, endete für Regierung und Präsident im Fiasko und strahlte auch auf die Wahlkommission ab, die dieses Vorhaben vorgeschlagen hatte und umsetzen sollte. Das wohlgemeinte Unterfangen, das der Kommission bei Stichwahlen und Wahlanfechtungsklagen einen größeren zeitlichen Spielraum verleihen sollte, fand im Parlament nicht die erforderliche Zweidrittelmehrheit.[77] Die NPP, die zunächst Zustimmung signalisiert hatte, befürchtete, dass die am gleichen Tag stattfindenden US-Präsidentschaftswahlen alle Aufmerksamkeit von Ghana abziehen und etwaige Manipulationen des NDC daher unbemerkt bleiben würden. Regierung, Präsident und NDC setzten wider besseres Wissen die Abstimmung dennoch an, was in der breiten Öffentlichkeit Spott und Häme hervorrief. Auch die Wahlkommission blieb davon nicht verschont, denn es gelang ihr nicht, ihren für Vorbereitungen und Durchführung der Wahlen errechneten Finanzbedarf öffentlichkeitswirksam zu kommunizieren. So fielen die Zuweisungen des Parlaments um ein Drittel geringer aus als veranschlagt, was der Kommission und ihrer neuen Führung erneut als Schwäche ausgelegt wurde.

---

77 Die Regierungspartei erhielt nicht einmal eine absolute Mehrheit der Stimmen, da etliche NDC-Mitglieder der Abstimmung ferngeblieben waren.

Die üblicherweise auf den 1. Dezember vorgezogene Stimmabgabe jener Wähler, die am Wahltag selbst im Einsatz sind, wie Mitarbeiter der Wahlkommission, Sicherheitspersonal, Medienvertreter und Notfalldienste, verlief chaotisch, denn im dafür eigens erstellten, gesonderten Wahlregister fehlten Tausende von Namen. Die Kommission besserte das Register zwar innerhalb von zwei Tagen nach und setzte für den 4. Dezember einen zweiten Wahltag an, an dem die Stimmabgabe der zuvor Abgewiesenen dann störungsfrei ablief, aber dennoch war die Wirkung dieses Fehlers verheerend und schien den Kritikern Recht zu geben, die der Wahlkommission die Fähigkeit absprachen, freie, faire und ordnungsmäßige Wahlen organisieren zu können. Immerhin konnte die Wahlkommission zuvor einen Rechtsstreit für sich entscheiden, als der *Supreme Court* im November festlegte, dass die Stimmen der für den Wahltag eingesetzten Personen erst am eigentlichen Wahltag ausgezählt werden dürfen.

Die Sicherheitskräfte bereiteten sich schon seit Jahresbeginn auf Gewaltszenarien vor, denn sie erwarteten vor und während der Wahlen Ausschreitungen, provoziert von Anhängern und bezahlten Claqueuren und den sogenannten *machomen* der beiden großen Parteien. Polizei, Wahlkommission und zivilgesellschaftliche Gruppen hatten mindestens 15 Milizengruppen identifiziert, von denen etliche den beiden großen Parteien zugeordnet werden konnten, und etwa 5.000 mögliche Brennpunkte ausgemacht.[78] Weiterhin planten sie in einem Drittel der Wahlkreise zusätzliches Sicherheitspersonal ein. Regelmäßig geschaltete Kampagnen zu Gewaltfreiheit verfehlten ihre Wirkung zwar nicht, aber dennoch blieben Gewalttätigkeiten, sowohl in den nördlichen Landesteilen als auch im Süden, nicht ganz aus. So schlugen noch am Vorabend der Wahlen in Chereponi in der Northern Region NDC- und NPP-Anhänger aufeinander ein, mehr als ein Dutzend Menschen erlitten Verletzungen, und eine Person kam ums Leben.

Zur Überraschung aller verliefen die Wahlen am 7. Dezember ruhig und störungsfrei. Akufo-Addo siegte mit großem Abstand vor Amtsinhaber Mahama und sicherte sich im dritten Anlauf die Präsidentschaft. Angesichts des Ergebnisses von 53,9 Prozent zugunsten des Herausforderers gestand Mahama, der nur auf 44,4 Prozent kam, die Niederlage ein. Die übrigen fünf Kandidaten erreichten zusammengenommen weniger als zwei Prozent der Stimmen.

---

78 Zu den Milizengruppen zählen u.a. *Azoka Boys, Bolga Bull Dogs, Invincible Forces, Bamba Boys, Kandahar Boys.*

John Mahama konnte seine Anhänger nur noch in vier Regionen –
Northern, Upper East, Upper West und Volta – mobilisieren und dort
absolute Mehrheiten erzielen. Dagegen schnitt er in den übrigen sechs
Regionen mäßig bis schlecht ab.

Tabelle 16: Präsidentschaftswahl 2016
und Ergebnisse der beiden Kandidaten mit den meisten Stimmen[79]

	Gesamt	Akufo-Addo	Mahama
in Mio.	10,7*	5,6	4,5
in %	69,2**	53,7	44,5

* gültige Stimmen
** Wahlbeteiligung
***ungültige Stimmen: 167.000

Die Ergebnisse der Parlamentswahlen entsprachen Akufo-Addos Erdrutschsieg, und die NPP erzielte mit 169 Sitzen eine klare absolute
Mehrheit. Der NDC kam dagegen lediglich auf 106 Mandate und gewann nur noch in den vier Regionen, in denen ihr Kandidat und Amtsinhaber John Mahama seine Wähler hinter sich wusste. In den übrigen
sechs Regionen schnitt der NDC schlecht ab, und selbst Außenministe-
rin Hanna Serwaa Tetteh hatte in ihrem Wahlkreis Awutu Senya West
in der Central Region das Nachsehen.

Erstmals in der IV. Republik sicherten sich die beiden großen Partei-
en alle Wahlkreise. Es mehrten sich die Anzeichen dafür, dass das seit
Beginn der Demokratisierung de facto bestehende Zweiparteiensystem
sich in ein De-jure-Zweiparteiensystem verwandelt hat. Für die oft ge-
scholtene Wahlkommission und ihre Vorsitzende waren die Wahlen ein
voller Erfolg. Sie verschafften ihnen Anerkennung und eine schöpferi-
sche Atempause, um die überfälligen Strukturreformen innerhalb der
siebten Legislaturperiode klug und rechtskonform durchzuführen.

Tabelle 16: Sitzverteilung nach den Parlamentswahlen 2016

NPP	NDC	Gesamt
169	106	275

---

79 http://www.ec.gov.gh/.

Am 7. Januar 2017 erreichte Nana Addo Dankwa Akufo-Addo sein lang ersehntes Ziel, als er gemeinsam mit Mahamudu Bawumia den Amtseid ablegte. Geboren 1944 in Accra und aufgewachsen in einer berühmten und wohlhabenden Familie, schien die politische Karriere Akufo-Addo schon in die Wiege gelegt. Sein Vater Edward Akufo-Addo gehörte als Gründungsmitglied der UGCC zu den *Big Six* der Unabhängigkeitsbewegung. Er stieg nach dem ersten Militärputsch zum *Chief Justice* und Vorsitzenden der Verfassungskommission auf, um dann in der II. Republik das repräsentative Amt des Staatsoberhauptes zu übernehmen. Mit zwei weiteren Mitgliedern der *Big Six*, Ofori-Atta und Danquah, ist der siegreiche fünfte Präsident der IV. Republik verwandt.

Seine Grundschulzeit verbrachte Akufo-Addo in Accra und besuchte dann die weiterführende Schule in Großbritannien, wo er auch ein Studium der Philosophie, Politik- und Wirtschaftswissenschaften aufnahm, ohne einen formalen Abschluss zu machen. Er kehrte 1962 nach Ghana zurück, unterrichtete an einer weiterführenden Schule und belegte dann an der *University of Ghana* in Legon das Fach Ökonomie, das er in der Anfangsphase des Militärregimes im Jahr 1967 mit dem Bachelor abschloss. Kurz darauf ging Akufo-Addo wieder nach Großbritannien, um Jura zu studieren, und wurde dort 1971 als Anwalt zugelassen. Er setzte seine berufliche Karriere in Frankreich fort, wo er mehrere Jahre in einer Anwaltskanzlei arbeitete. Schließlich erhielt er auch in Ghana seine Zulassung, gründete Ende der 1970er Jahre die Kanzlei *Akufo-Addo, Prempeh & Co* und wurde ein erfolgreicher Geschäftsmann.

Zu dieser Zeit engagierte er sich politisch in der gegen das Militärregime Acheampong gerichteten Bewegung *People's Movement for Freedom and Justice* (PMFJ), in der Politiker wie Adu Boahen ihre künftige politische Karriere planten. Gegen Ende des PNDC-Regimes war er Vorsitzender des Organisationskomitees des *Danquah-Busia Memorial Club*, der sich kurz darauf in die Partei NPP verwandelte. Er wurde Cheforganisator der Partei und leitete 1992 die Kampagne des Präsidentschaftskandidaten Adu Boahen. Im selben Jahr gründete er mit der Tageszeitung *The Statesman* das inoffizielle mediale Flaggschiff der NPP und stellte sich Mitte der 1990er Jahre an die Spitze der Protestbewegung *Alliance for Change* (AFC), einem parteiübergreifenden Zusammenschluss zivilgesellschaftlicher Gruppen, die mit dem Slogan »*Kume Preko*« – »Bring mich doch gleich um« gegen die harten IWF-Auflagen aufbegehrten.

Seit den Parlamentswahlen 1996 gewann er regelmäßig seinen Wahlkreis Abuakwa South in der Eastern Region, unterlag aber bei der Kandidatenkür für die Präsidentschaftswahl 2000 gegen John Agyekum Kufuor. In dessen Amtszeit stieg Akufo-Addo erst zum Justiz- und dann zum Außenminister auf, bevor er sich dreimal hintereinander als Präsidentschaftskandidat der NPP durchsetzte, aber erst im dritten Anlauf sein Ziel erreichte.

Sein politisches Vermächtnis als Minister war die Novellierung des Strafrechts zugunsten der Medien- und Meinungsfreiheit und die Durchführung des Gipfels der Afrikanischen Union (AU) in Ghana anlässlich der 50-Jahrfeier der Unabhängigkeit im Jahr 2007. In einem weitsichtigen und klugen Schritt warf Akufo-Addo in seiner Antrittsrede als Präsident am 7. Januar 2017 tradierte Ressentiments gegenüber Jerry Rawlings, dem NDC und dem Staatsgründer Kwame Nkrumah über Bord und reichte ihnen in einer bemerkenswerten Rede die Hand, um die seit den 1950er Jahren bestehenden strukturellen und ideologischen Gegensätze zwischen den Anhängern des Danquah-Busia-Lagers und dem amorphen Lager der Nkrumahisten endlich zu überbrücken.

Kapitel II

Wirtschaft und Politik
im Zeichen des »*Second Wind of Change*«

Die Ära Rawlings (1993–2001):
Wirtschaftsaufschwung, Repression, Meinungsfreiheit
und Ethnizität

Um jegliche Störungen der neuen politischen Landschaft bereits im Anfangsstadium im Keim zu ersticken, nutzte das scheidende PNDC-Regime wenige Tage vor Inkrafttreten der Verfassung noch einmal die letzte Möglichkeit, seine Macht voll auszuspielen und zu seinen Gunsten Fakten zu schaffen. Dazu zählte in erster Linie ein Immunitätsgesetz, das es den Strafverfolgungsbehörden untersagte, gegen Akteure der beiden Militärregierungen, die seit dem Staatsstreich im Juni 1979 die Geschicke des Landes gelenkt hatten, gerichtlich vorzugehen. Des Weiteren verabschiedete es den Etat für das laufende Haushaltsjahr 1993 noch vor der Parlamentseröffnung und degradierte damit die Mandatsträger, die eigentlich über die Budgethoheit verfügten, für das erste Amtsjahr zu Befehlsempfängern. Zudem wollte die neue Regierung auch unter demokratischen Vorzeichen nicht auf eine zentrale Säule ihrer Macht verzichten und hielt an einigen paramilitärischen, bewaffneten Organisationen aus der PNDC-Ära fest. Dazu zählten unter anderem die gefürchteten CDRs, die den NDC strukturierten und lenkten.

Schnell stellte sich heraus, dass auch die neue Regierung auf diese Präventionsmaßnahmen angewiesen war, um ihr Sanierungsprogramm durchsetzen zu können. Die massive Erhöhung der Steuern auf Benzin, Diesel und Kerosin, die zu einer Preissteigerung von 60 Prozent führten, einschneidende Stellenkürzungen im öffentlichen Dienst und Entlassungen gaben die wirtschaftspolitische Richtung vor. Besonders hart traf es Mitarbeiter von Staatsbetrieben, die zur Privatisierung anstanden. Mit diesen Einsparungen finanzierte die Regierung jedoch das aufgeblasene Kabinett, das mehr als 80 Minister umfasste, und die im Wahlkampf zugesagten üppigen Gehaltserhöhungen für die verbliebenen Staatsbediensteten.

Angesichts der gestiegenen Lebenshaltungskosten kam es schon bald zu ersten Protesten und Streikaktionen an den Hochschulen, bei den Taxifahrern, im Gesundheitswesen, bei der bekannten *Akosombo*-Textilfabrik und der *Achimota*-Brauerei. Eine ernste Gefahr ging jedoch von den Mitarbeitern des *Ghana Cocoa Board* (COCOBOD) aus, deren mehrwöchiger Ausstand in der zweiten Jahreshälfte 1993 den lebenswichtigen Export der Devisen bringenden Kakaoernte bedrohte. All diese Streikaktionen wurden vom Gewerkschaftsdachverband TUC unterstützt, und die gereizte Stimmung schien sich sogar zu einem Generalstreik aufzuschaukeln. In dieser misslichen Lage ging die Regierung schließlich auf einige Forderungen der Streikenden ein, zahlte Abfindungen für entlassene Arbeiter und Angestellte und löste die Führungsspitze des COCOBOD ab.

Angesichts des holprigen Starts in die IV. Republik, den die nun selbstbewusster auftretende private Presse genüsslich anprangerte, und der NPP-Dokumentation »The Stolen Verdict« zu den angeblich manipulierten und gefälschten Präsidentschaftswahlen heizte sich das politische Klima bedenklich auf, wenngleich sowohl die NPP als auch die kleinen nkrumahistischen Parteien auf eine Wahlanfechtung verzichteten. Zudem griff die Regierung mithilfe staatlicher Medien und Verleumdungsklagen die private Presse an, Journalisten und Verleger wurden polizeidienstlich behandelt, Anfeindungen und gezielte Vorwürfe nahmen beständig zu. Im weiteren Verlauf der verbalen Auseinandersetzungen und Streiks zeigte sich, dass die private Presse zunehmend in die Rolle der Opposition hineinrutschte, während die nicht im Parlament vertretenen Parteien, allen voran die NPP, ihren Aufgaben als Oppositionsparteien nur sehr eingeschränkt nachkommen konnten. In dieser politisch schwierigen Gemengelage fanden die Oppositionskräfte im Jahr eins der IV. Republik unerwartete Unterstützung beim Obersten Gerichtshof, der die politischen Auseinandersetzungen nutzte, seine Unabhängigkeit im neuen politischen System festigte und zugleich zur politischen Stabilität beitrug.

Nach nur wenigen Monaten im Amt erlitt die Regierung erste schmerzhafte Niederlagen vor dem *Supreme Court*, als das Gericht zugunsten der NPP urteilte und drei Gesetze für verfassungswidrig erklärte. Diese Urteile betrafen das Mediengesetz, das den Zugang der Parteien zu den staatlichen elektronischen Medien regelte, dabei aber die Oppositionsparteien diskriminierte, und das Gesetz, das Demonstrationen nur mit Polizeigenehmigung erlaubte. Das Gericht bezog sich dabei auf die widerrechtliche Verhaftung von Oppositionellen, die im Februar 1993 gegen den Sparhaushalt der Regierung demonstriert hatten, und auf Polizeiübergriffe bei den Studentenprotesten in Accra im März.[80] Auch das Wahlgesetz zu den *District Assemblies*, bei denen

---

80 Einer der misshandelten Studenten war der Sohn des damaligen Obersten Richters Philip Archer.

Einheitslisten vorlagen und die Wähler nur mit Ja oder Nein stimmen konnten, hielt einer juristischen Überprüfung nicht stand, und der Oberste Gerichtshof erklärte die Wahlen vom August 1993 für ungültig.

Der juristische und verfassungsrechtliche Hebel der außerparlamentarischen Opposition erwies sich als stark genug, die selbstverschuldeten Defizite ein wenig auszugleichen. Zudem herrschte über alle Lager hinweg Einigkeit, dass das Demokratisierungsprojekt unter keinen Umständen scheitern durfte. In diesem Kontext stellten Rawlings und seine Regierung in einem schwierigen Umfeld ihre Lernfähigkeit unter Beweis, nahmen den außerparlamentarischen Druck ernst und richteten verschiedene Kommunikationskanäle, insbesondere zur NPP, ein. Allen Beteiligten war klar, dass die Demokratisierung ohne weitreichende politische und sozioökonomische Reformen scheitern würde. An diesem Befund hatten auch die externen Zuwendungen der westlichen Gebergemeinschaft, allen voran des IWF, von mehr als acht Milliarden Dollar für das Strukturanpassungsprogramm und die Streichung von etwa 130.000 Stellen im öffentlichen Dienst in der zurückliegenden Dekade nichts Grundsätzliches geändert. Eine Ausgabenpolitik wie 1992, als die Hälfte der Staatseinnahmen für die Beschäftigten im öffentlichen Dienst aufgewendet wurde, und auch das beträchtliche Haushaltsdefizit von 1993 sollten der Vergangenheit angehören.

Der seit Jahren systematisch betriebene Ausbau der Goldförderung und der Anstieg des Goldpreises veränderte die Exportstruktur. 1993 löste der Goldexport erstmals Kakao als wichtigstes Exportgut ab. Die Vernachlässigung der Kakaowirtschaft, ausgelöst durch niedrige Weltmarktpreise, hohe Produktionskosten und reduzierte Subventionen führte zu beträchtlichen Produktionsrückgängen und merklichen Qualitätsverlusten. Davon profitierte insbesondere der benachbarte Weltmarktführer Côte d'Ivoire, der eine wesentlich bessere Qualität und höhere Erträge erzielte.

Der zögerliche Dialog baute die teils feindselige Grundhaltung der beiden Lager im Laufe des Jahres 1994 nur langsam ab. Innerhalb der NPP gab es zwei widerstreitende Fraktionen, die versuchten, die strategische Fehlentscheidung des Wahlboykotts zu korrigieren und auch die Führungsfrage zu lösen. So plädierte die Fraktion um den Parteivorsitzenden Bernard Joao da Rocha für einen Dialog mit der Rawlings-Administration, während der unterlegene Präsidentschaftskandidat Albert Adu Boahen eine kompromisslose Opposition einforderte. Neben den innerparteilichen Auseinandersetzungen in der NPP gab es Parteineugründungen und Zusammenschlüsse oppositioneller Splittergruppen. Die öffentliche Aufmerksamkeit konzentrierte sich so sehr auf die Dynamiken der Parteienlandschaft, dass ihr die sich bereits seit dem Vorjahr abzeichnenden ethnischen Unruhen in Nordghana weitgehend entgingen.

Die NPP blieb ihrer bereits zuvor erfolgreich angewandten mehrgleisigen Taktik treu, die Regierung mit Verfassungsklagen zu überziehen und verfahrensrechtliche Fragen zu den Wahlen von 1996 öffentlichkeitswirksam zu lancieren, um Wahlmanipulationen in Zukunft zu verhindern. Dazu zählten die Überprüfung des Wählerverzeichnisses, die Einführung fälschungssicherer Ausweise und die Stärkung der Wahlkommission als unabhängige Institution. Zugleich klagte sie auf Abschaffung des Feiertags am 31. Dezember, dem Tag, an dem der PNDC die Macht übernommen hatte. Die pompösen Feierlichkeiten, finanziert aus dem Staatshaushalt, waren seit Jahren ein ständiger Dorn im Auge der Oppositionsgruppen, und der *Supreme Court* gab der Klage schließlich statt. Angesichts einer weiteren bemerkenswerten juristischen Niederlage vor dem Obersten Gerichtshof wirkten Präsident Rawlings, seine Führungsriege und seine Partei NDC sichtlich verunsichert. Widerwillig akzeptierten sie aber auch dieses Urteil, vermieden damit eine schwer kalkulierbare Zuspitzung im Umgang mit der außerparlamentarischen Opposition und passten ihre Strategie gegenüber der Opposition der veränderten Lage an.

So griff die Regierung selbst verstärkt zu propagandistischen Mitteln, um brisante Informationen der privaten Medien und zunehmende Schmutzkampagnen der zumeist unprofessionellen Journalisten zu konterkarieren. Insbesondere die schweren Anschuldigungen gegen Hauptmann a.D. Kodjo Tsikata, dem einstigen Chef des Inlandsgeheimdienstes *Bureau of National Investigation* (BNI) und Mitglied im engsten Beraterkreis des Präsidenten, waren regelmäßige Aufmacher in den privaten Medien zu mutmaßlichen Korruptionsaffären innerhalb der Führungsspitze. Es wurden Pläne einer angeblich bevorstehenden Wahlfälschung kolportiert und scharfe Kritik an den Lasten des Strukturanpassungsprogramms geübt, das als kollektiver Suizid gebrandmarkt wurde. All das setzte die Regierung stark unter Druck.

Wenngleich die scharfen verbalen Angriffe offiziell auf Kodjo Tsikata zielten, der mit einem Mordkomplott an drei Richtern in Verbindung gebracht wurde, galten sie doch der Regierung. Diese reagierte mit Gegenattacken. Sie versuchte, die Opposition in die Nähe eines für April 1994 geplanten, aber vereitelten Staatsstreichs zu rücken, ohne allerdings Belege für diese Behauptungen zu liefern. Sie finanzierte sogar eine eigene Boulevardpresse, die sich auf die Opposition einschoss, überzog die Kritiker mit Gerichtsverfahren und organisierte eine nationale und internationale Imagekampagne. Dabei erregte die Klage Tsikatas gegen den britischen *Independent* Aufsehen, erklärte doch das Gericht in Großbritannien im Oktober 1994 den Bericht über die Verstrickung des Klägers in die Richtermorde als fundiert recherchiert und wies die Verleumdungsklage ab.[81] Erfolgreicher war die Regierung allerdings im eigenen Land, als die CHRAJ eine Untersuchung politischer Morde während der PNDC-Diktatur mit dem Hinweis ablehnte, dass der zeitliche Abstand zu groß für objektive Nachforschungen sei.

Die politisch missliche Stimmung im Land ließ den zu Jahresanfang begonnenen Gesprächsfaden zwischen Regierung und Opposition abreißen, und auch das *Pan African Arts Festival* (PANAFEST) am Jahresende 1994, das größte afrikanische Kulturereignis seit FESTAC 1977 in Nigeria, vermochte das Misstrauen zwischen Regierung und Opposition nur mäßig zu kaschieren. Unter Lehrern und Dozenten, die die Misere im Bildungssektor anprangerten und wegen der Verluste ihrer Pensionsprivilegien zeitweise ihre Lehrtätigkeit einstellten, nahm die Unzufriedenheit zu. Auch die hohe Inflationsrate von 25 Prozent, die erneute Anhebung der Benzinsteuer und der ausgetrocknete Devisenmarkt trugen zur schlechten Stimmung bei, kauften doch eingereiste Nigerianer im großen Umfang Dollar auf, nachdem die Militärregierung Nigerias zur Devisenbewirtschaftung zurückgekehrt war. Dennoch lief das noch ungelenke Privatisierungs- und Deregulierungsprogramm weiter. Die Regierung trennte sich von Beteiligungen an Finanz-, Brauerei- und Tabakunternehmen, und es gelang ihr, Anteile der *Ashanti Goldfields Corporation* (AGC) im Wert von 400 Millionen US-Dollar am Markt zu platzieren. Die AGC war das Vorzeigeprojekt und Herzstück der ghanaischen Wirtschaft, ihre Förderquote machte 75 Prozent der nationalen Goldförderung aus.

Im Januar 1994 waren zwischen verschiedenen Ethnien in Nordghana die blutigsten Auseinandersetzungen in der Geschichte des unabhängigen Ghana ausgebrochen. Sie hielten mehrere Monate lang an und forderten wahrscheinlich 20.000 Todesopfer. Mehr als 100.000 Menschen verloren ihr Hab und Gut und wurden obdachlos. Dieser schwere

---

81 *The Independent* korrigierte seinen Bericht im Jahr 1998, woraufhin Tsikata auf weitere rechtliche Schritte verzichtete; https://www.independent.co.uk/news/correc tion-captain-kojo-tsikata-1201233.html.
1996 beschuldigte ihn das in London erscheinende Magazin *New African* des Drogen- und Waffenhandels. Ein Jahr später (am 21. April 1997) setzte sich Tsikata mit seiner Unterlassungsklage gegen das Magazin durch.

Konflikt, der Formen eines Bürgerkrieges annahm, war der vorläufige Höhepunkt einer Kette ähnlicher Auseinandersetzungen, die seit 1981 die Northern Region erschüttert hatten und an denen zumeist Akteure aus den Ethnien der Dagomba, Nanumba, Gonja, Mamprusi, Konkomba und Nawuri beteiligt waren.[82]

Die beiden letztgenannten Ethnien, Konkomba und Nawuri, haben keinen *Paramount Chief,* womit sie als *minority* gelten, und im Gegensatz zu den Ethnien mit *Paramount Chiefs,* denen der *majority status* zusteht, haben sie keine eigenen Befugnisse über Land und Landnutzung. Dabei spielen bei der Definition von *majority* und *minority* tatsächliche Zahlen keine Rolle, wie das Beispiel der Konkomba zeigt, deren Bevölkerung deutlich größer ist als die der Dagomba. In diesem Kontext kommt es immer wieder zu Streitigkeiten und kleinen Scharmützeln über die rechtmäßige oder widerrechtliche Nutzung von Ackerland, über angestammte Rechte der mutmaßlichen Einheimischen und angeblich Zugewanderten, die sich bei nichtigen Anlässen im Extremfall zu einem Flächenbrand ausweiten können. Dabei bewegen sich die historischen Narrative über Einheimische und Zugewanderte in einem Graubereich, verändern sich je nach politischer Großwetterlage und erzeugen zugleich immer wieder neuartige Konfliktmuster.

Die Konkomba, die im Gegensatz zu den muslimischen Dagomba und Nanumba überwiegend der christlichen Religion angehören, forderten seit vielen Jahren einen eigenen *Paramount Chief.* Im Vorfeld der Wahlen von 1992 sagte ihnen Rawlings im Falle eines NDC-Wahlsieges eine wohlwollende Prüfung zu. Dabei blieb es, und die erste Regierung der IV. Republik nahm sich dieses Themas nicht mehr an, da die neue Verfassung direkte staatliche Eingriffe in *Chieftaincy affairs* untersagte.

Schon im Laufe des Jahres 1993 kursierten Gerüchte über erneut bevorstehende Gewalttätigkeiten. In der Regionalhauptstadt Tamale, der größten Stadt Nordghanas, tauchten Flugblätter auf, in denen die in Dorfgemeinschaften lebenden Konkomba heftig angegriffen wurden. Die Konkomba, die immerhin etwa 20 Prozent der Yamsproduktion anbauten, wurden als Feinde der *majority*-Ethnien tituliert, die den Dagomba, Nanumba, Gonja und Mamprusi ihre Herrschaftsgebiete streitig machten. In diesem Krieg der Worte, der alle Stereotypen und Bösartigkeiten über die Konkomba bediente, forderten führende Köpfe der Konkomba den *Paramount status* für ihren *Chief* in der Kleinstadt Saboba an der Grenze zu Togo, was der *Ya Naa,* der König des Dagbon Empire mit

---

82 Die folgende Darstellung bezieht sich explizit auf die Abhandlung von Bogner, Artur: Der Bürgerkrieg in Nordghana 1994. Die Genese und Eskalation eines »tribalistischen« Konflikts, in: *Afrika Spectrum* Bd. 31 (1996)2, S. 161–183.

Sitz in Yendi, als Affront und Angriff auf seine Autorität und seinen Besitz an Grund und Boden betrachtete.

Diesmal entluden sich die seit Jahrzehnten latent bestehenden Spannungen auf einem Markt in der Umgebung der Stadt Bimbilla im Siedlungsgebiet der Nanumba[83], als sich ein Nanumba und ein Konkomba über den Verkauf eines Perlhuhns stritten und gewalttätig wurden. Dieser Zwischenfall zog am nachfolgenden Tag weitere Gewaltaktionen nach sich, bei dem ein erstes Todesopfer zu beklagen war. Innerhalb von 48 Stunden waren auch Ortschaften der benachbarten Dagomba betroffen, und im 170 km entfernten Tamale schürten die urbanen Dagomba erste Unruhen, die insbesondere auf Konkomba zielten. Zugleich gab es gewalttätige Übergriffe von Konkomba auf ein Dagomba-Dorf bei Yendi und organisierte Gewalt der Dagomba in Yendi gegen die dort lebenden Konkomba. Die Bewaffnung der verfeindeten Parteien bestand im Wesentlichen aus Macheten, Pfeil und Bogen, und nur vereinzelt kamen auch moderne Schusswaffen zum Einsatz, die bei Überfällen auf Polizeistationen erbeutet worden waren.

Die Regionalpolitiker wie auch die Polizei unterschätzten den Ernst der Lage und hielten sogar eine herbeigerufene Militärtruppe davon ab, die Ordnung wiederherzustellen. Die Regierung in Accra fühlte sich nicht zuständig. Präsident Rawlings hielt sich Anfang Februar 1994 zu den Begräbnisfeierlichkeiten für den verstorbenen ivorischen Staatsgründer Houphouet-Boigny in Yamoussoukro auf. Erst nach seiner Rückkehr erhielt das Militär den Auftrag, das Krisengebiet zu befrieden, geriet aber zu Beginn selbst in Bedrängnis und musste sich zeitweise auf strategische Positionen zurückziehen. Zugleich stimmte das Parlament in sieben Bezirken einem dreimonatigen Ausnahmezustand zu, der schließlich mehrmals verlängert und erst im August 1994 aufgehoben wurde.

Die innenpolitische Entwicklung stand 1995 bereits im Schatten der für Ende 1996 anberaumten Präsidentschafts- und Parlamentswahlen. Dabei gelang es der außerparlamentarischen Opposition, allen voran der NPP, Massendemonstrationen zu organisieren und die Regierung unter Druck zu setzen, womit sie sich langsam vom Image einer Boykott-Partei befreien konnte. Im Mai versammelten sich in Accra mehrere Zehntausend Menschen, um gegen die harschen Auswirkungen der Wirtschaftspolitik zu protestieren. Im Fokus der Kritik stand die Anfang März eingeführte Mehrwertsteuer von 17,5 Prozent, die die bis dahin

---

83 Ethnisch und sprachlich sind Nanumba und Dagomba relativ nah miteinander verwandt.

gültige Umsatzsteuer von 15 Prozent ersetzen sollte. Außerdem hatte die Regierung zu Jahresbeginn erneut die Benzinsteuer angehoben.

Es war die bis dahin größte Demonstration in der Ära Rawlings, und sie mündete in der Nähe des bekannten *Makola Market* in gewalttätige Auseinandersetzungen zwischen Demonstranten und Mitgliedern der CDRs, die als fünfte Kolonne der Rawlings-Administration agierten. Mehrere Menschen kamen bei den Protesten ums Leben, und das Ausmaß der Gewalt löste eine mehrmonatige Protestwelle aus, die unter dem Slogan »*Kume Preko*« (»Bring mich doch gleich um«) alle größeren Städte erfasste. Es gelang den Oppositionsgruppen, das lose Bündnis *Alliance for Change* (AFC) zum Sammelbecken verschiedener Strömungen umzufunktionieren. Angeführt wurde es von Nana Addo Dankwa Akufo-Addo und Teilen seiner NPP, die dieses Bündnis auch für ihre eigene Agenda einsetzten, um den glücklosen Francis Adu Boahen zu entmachten, der sich von der AFC distanziert hatte.

Der Widerstand der Straße zwang die Regierung, die Einführung der unpopulären Mehrwertsteuer, die de facto einer leicht verschleierten Steuererhöhung gleichkam, schon im Juni zurückzunehmen und zur 15-prozentigen Umsatzsteuer zurückzukehren. Diese Affäre kostete Finanzminister Kwesi Botchwey wenige Wochen später das Amt. Als Architekt der Strukturanpassungsprogramme war er auch für die Durchführung der Programme zuständig, und dann hatte er das Vertrauen des Präsidenten in seine finanzwirtschaftliche Handlungs- und Durchsetzungskompetenz verloren.

Diese politische Niederlage der Rawlings-Administration schmerzte, und auch der Versuch, die rasch expandierende nationale und internationale NRO-Szene zu regulieren, die in den Augen der Regierung die Oppositionsgruppen unterstützte, scheiterte kläglich. So sah der Gesetzentwurf vor, die NROs zu zwingen, alle Aktivitäten und Finanzen offenzulegen. Doch die Regierung ruderte zurück, nachdem eine eng miteinander abgestimmte konzertierte Aktion der NROs und der westlichen Geberländer das Gesetzesvorhaben in scharfer Form missbilligt und zugleich für mehrere Jahre Transferleistungen im Umfang von jährlich 800 Millionen Dollar zugesagt hatte.

Auch der IWF blieb seiner Linie treu, gewährte Ghana trotz stockender Reformen einen Dreijahreskredit von mehr als 250 Millionen Dollar und machte damit zugleich deutlich, dass die Rawlings-Administration vollständig auf die internationale Gebergemeinschaft angewiesen war, wenn sie an der Macht bleiben wollte.

Auch der neue Finanzminister Richard Kwame Peprah konnte das Wachstum nicht ankurbeln und den weiteren Verfall des Cedi nicht aufhalten. Bescheidene zwei Prozent verzeichneten die Statistiker für das Jahr 1995, die Inflationsrate lag bei 50 statt der anvisierten 18 Prozent, und die Kreditzinsen waren exorbitant. Zum Jahresende war die ghanaische Währung um 40 Prozent auf 1.500 Cedi zum Dollar gefallen, und Investitionen waren nicht in Sicht. Zugleich hielt die Regierung an exzessiven Staatsausgaben fest, genehmigte dem öffentlichen Dienst 35 Prozent mehr Gehalt und zögerte bei der Privatisierung strategisch wichtiger Staatsbetriebe, wie der *Ghana Telecom* und der *Ghana Oil Company.*

Zur gleichen Zeit stellte das damalige *Ghana Frequency Registration and Control Board* (GFRB) die Weichen für eine pluralistische elektronische Medienlandschaft. Mehr als 100 Bewerbungen gingen ein, doch wurden nur 36 der begehrten Lizenzen erteilt: 21 für TV-Anbieter und 15 für Radiostationen.

Positive Entwicklungen zeichneten sich lediglich bei der privatisierten, Gold fördernden AGC und in der Tourismusbranche ab, besuchten doch immer mehr Afro-Amerikaner auf der Suche nach ihren Wurzeln die ehemalige Gold Coast Colony. Dies wiederum förderte die Sanierung und Restauration der historischen Sehenswürdigkeiten, der kolonialen Forts und Festungsanlagen an der Küste und den Bau von Resorts und Hotels auch jenseits der Hauptstadt Accra, um den 300.000 zumeist aus Übersee stammenden Besuchern adäquate Unterkünfte bieten zu können.

In der zweiten Jahreshälfte 1995 geriet die Regierung erneut unter Beschuss durch die private Presse, die sich aufgrund der Boykotthaltung mehrerer Parteien, allen voran der NPP, als zweite Säule der außerparlamentarischen Opposition sah und jede sich bietende Angriffsfläche der Regierung ausnutzte. Dabei verstanden sich viele Journalisten und Redakteure zuallererst als politische Akteure und nicht als Berichterstatter. Sprachliche Entgleisungen und Grenzüberschreitungen waren an der Tagesordnung, was einiges über das journalistische Niveau und Handwerk aussagte.[84] Diese Grundproblematik ist nach wie vor konstitutiv und hat sich angesichts der expandierenden sozialen Medien noch einmal verschärft. So mehrten sich aus Reihen der Journalisten schwere Korruptionsvorwürfe gegen hochrangige enge Mitarbeiter des Präsidenten.

---

84 Siehe dazu: Bergstresser, Heinrich: Strukturelle Probleme der Medien und des Journalismus in Afrika, in: Zöllner, Oliver (Hrsg.): *Der Blick der Anderen. Europa in der Wahrnehmung von Medien Afrikas, Asiens und Lateinamerikas*, 2006, S. 21–33.
Ders.: Afrikas Medien: Im Spannungsfeld von Meinungsfreiheit, Boulevardisierung und Repression, 2009; https://www.giga-hamburg.de/de/publication/afrikas-medien -im-spannungsfeld-von-meinungsfreiheit-boulevardisierung-und-repression (zuletzt aufgerufen am 23. Dezember 2018).

Die CHRAJ nahm sich der Vorwürfe an und ermittelte auch gegen den Innenminister und seine Rolle bei der Großdemonstration im Mai, bei der mehrere Opfer zu beklagen gewesen waren. Damit förderte die Kommission den öffentlichen Diskurs zu Korruption und Gewalt, woraufhin sich die Regierung schließlich bereit erklärte, den Hinterbliebenen der Opfer und den Demonstranten, die Verletzungen erlitten hatten, Entschädigungen zu zahlen.[85] Dies kam aber auch der Kommission selbst zugute, die ihren Ruf als unabhängige Institution stärken und somit auch ihre Glaubwürdigkeit steigern konnte.

Das Desaster in Nordghana wiederholte sich schon im März 1995. Wieder gerieten im Nanumba District Angehörige der Nanumba und Konkomba in einen Streit, der mindestens 100 Todesopfer forderte.[86] Verteidigungsminister Mahama Iddrisu machte sich kurz darauf selbst ein Bild von der Lage in der Northern Region, aber auch er konnte einen weiteren schweren Zwischenfall im überwiegend von Dagomba bewohnten Kpatinga, nördlich von Yendi, nicht verhindern. Die dortigen Bewohner wurden Ende April von Konkomba niedergemetzelt, ihre Häuser abgebrannt.

Im Wahljahr 1996 machte sich vorsichtiger Optimismus breit, bestanden doch berechtigte Aussichten, dass erstmals in der wechselvollen Geschichte Ghanas eine Legislaturperiode durch demokratische Wahlen beendet und die nächste begonnen werden konnte. Diese positive Grundstimmung wurde weder durch schwere Ausschreitungen zwischen Studenten und staatlichen Sicherheitskräften im Januar, noch durch ethnisch geprägte Gewalt bei der Stadt Techiman in Brong Ahafo um die Berufung neuer *Paramount Chiefs* im Februar gefährdet. Diese Entscheidung wurde kurz darauf zurückgenommen. Selbst die scharfen Auseinandersetzungen zwischen privaten Printmedien und der Regierung und Gewalttätigkeiten zwischen illegalen Goldschürfern – den sogenannten *galamsey*[87] – und der Polizei in Obuasi, dem Zentrum der Goldförderung, hatten keine erkennbaren negativen Auswirkungen.

Mehrere Journalisten der *Free Press* und des *Chronicle* wurden verhaftet und wegen Verunglimpfung des Staates angeklagt, nachdem sie Verbindungen zwischen der Regierung und dem internationalen

---

85 Die Hinterbliebenen erhielten zehn Millionen Cedi (ca. 10.000 Dollar) und die übrigen Betroffenen zwischen 300.000 und 1,8 Millionen Cedi (300 bis 1.800 Dollar).

86 Siehe z. B. den offiziellen Bericht der Regierung: https://www.justice.gov/sites/default/files/eoir/legacy/2014/09/25/Konkomba-Nanumba%20conflict.pdf (zuletzt aufgerufen am 23. Dezember 2018).

87 *Galamsey* steht für »*gather them and sell*«.

Drogenhandel postuliert hatten, ohne dafür eindeutige Beweise vorlegen zu können.[88] Die beklagten Journalisten konnten nach zehn Tagen Untersuchungshaft ihre Zellen gegen Zahlung einer Kaution verlassen, und der Prozess wurde auf unbestimmte Zeit vertagt.

Die schon 1995 begonnenen Untersuchungen der CHRAJ zu Korruptionsvorwürfen gegen hochrangige Regierungsmitglieder zeigten im Wahljahr Wirkung, wenngleich keiner der Beschuldigten rechtskräftig verurteilt wurde. Sie erhielten lediglich Rügen und verloren ihre Ämter, was Präsident Rawlings zu einer Kabinettsumbildung nutzte, durch die er sich als Amtsinhaber von den Angeschuldigten distanzieren konnte. Zu den prominentesten Opfern zählten Innenminister Osei-Owusu, der Berater für den Kakaosektor, Adjei-Maafo, der einflussreiche Wirtschafts- und Finanzberater Obeng und der Industrie- und Handelsminister Adam.

Diese Personalentscheidungen sowie Um- und Neubesetzungen im Militär- und Polizeiapparat sicherten Rawlings erneut breite Anerkennung als entscheidungsfreudige und durchsetzungsstarke Führungspersönlichkeit. Eine zweite Amtszeit wurde allgemein befürwortet, um den eingeschlagenen Demokratisierungskurs halten und weitere tiefgreifende Wirtschaftsreformen vorantreiben zu können. Aber auch die CHRAJ profitierte von ihrer Untersuchungsarbeit und trug dazu bei, Vertrauen in staatliche Institutionen zu stärken. In diesem Umfeld hielten sich kritische Stimmen auffallend zurück, und die schleppenden Strukturreformen, eine überbordende Inflation von 70 Prozent, die hohe Verschuldung, die Verteuerung des Lebensunterhaltes und die noch immer vorherrschende konsumtive Grundhaltung wurden kritiklos hingenommen.

Das wirtschaftliche Flaggschiff AGC blieb jedoch auf Erfolgskurs. Auch die gute Lage auf dem internationalen Kakaomarkt und der Verkauf der Mehrheitsanteile der staatlichen *Ghana Commerce Bank* an Finanzinvestoren, ein breit angelegtes Investitionsprogramm malaysischen Kapitals[89] im Hafen- und Werftenbereich, in Medien und Filmindustrie und im Finanzwesen sowie das Interesse internationaler Unternehmen an steuerbegünstigten Investitionen in den *Free Processing Zones* in Tema und Takoradi schönten ein wenig die insgesamt durchwachsene

---

88 Die Berichte bezogen sich auf einen ghanaischen Diplomaten, der angeblich in Drogen- und Waffengeschäfte verwickelt gewesen und in der Schweiz festgenommen worden war. Es handelte sich dabei um Frank Benneh, der am 27. Juni 2000 in der Schweiz wegen Kokainschmuggels zu 20 Jahren Gefängnis verurteilt wurde.

89 Der seinerzeitige malaysische Ministerpräsident Mahathir Mohamad besuchte Ghana im November 1996 in Begleitung einer hochrangigen Regierungs- und Wirtschaftsdelegation.

Wirtschaftsbilanz, die Rawlings und dem NDC somit nicht zum Nachteil gereichte. Die Wahlen im Dezember 1996 konnten sie erneut klar gewinnen.

Legislaturperiode II (1997–2001)

Der Wahlsieg von Rawlings und seinem NDC war überdeutlich ausgefallen, und bis zum Jahresende 1997 waren alle Einsprüche gegen Wahlergebnisse abgearbeitet und zurückgewiesen. Dennoch sah die politische Landschaft mit dem Beginn der zweiten Legislaturperiode im Januar 1997 anders aus als zuvor, hatte doch die oppositionelle NPP passabel abgeschnitten, war gut im Parlament vertreten und konnte nun auch innerhalb des parlamentarisch-präsidentiellen Systems ihre Oppositionsrolle öffentlichkeitswirksam wahrnehmen. Schon im Februar reichte die NPP Klage beim Obersten Gerichtshof ein, um die geschäftsführenden Ressortchefs, die erneut für ein Ministeramt nominiert waren, zu einer parlamentarischen Anhörung – in Ghana als *vetting* bezeichnet – zu zwingen. Die NPP beharrte auf einer Anhörung und verwies darauf, dass das Mandat der Parlamentarier am Tagesende des 6. Januar 1997 abgelaufen sei. Der NDC seinerseits wies diese Begründung mit dem Hinweis zurück, dass die betroffenen Politiker sich bereits zu Beginn der vorherigen Legislaturperiode einer Anhörung unterzogen hatten, womit ein erneutes *vetting* hinfällig sei.

Diese erste politische Auseinandersetzung war mehr als eine akademische Verfahrensfrage. Sie war ein politischer und juristischer Schlagabtausch, der handfeste Belange parlamentarischer und demokratischer Rechte der Opposition und die Handlungsfähigkeit der neuen Regierung berührte. So argumentierte die NPP, dass ein Ressortchef ohne erfolgreich absolvierte Anhörung sein Amt nicht antreten könne. Für den Finanzminister hieß das zum Beispiel, dass er auf die angekündigte Präsentation seines Haushaltsentwurfs verzichten musste.

Präsident Rawlings ignorierte die eingereichte Klage und berief kurz darauf die ersten Minister, einschließlich Finanzminister Kwame Peprah, der das Amt erneut leiten sollte. Letztlich umfasste das Kabinett mehr als 70 Mitglieder, wobei engste Weggefährten, wie unter anderem Paul Victor Obeng und Kodjo Tsikata, aus dem Regierungsapparat ausgeschlossen blieben. Die Auseinandersetzung im Parlament spitzte sich zu, als Verfahrensfragen zur Berufung der Minister anstanden, was die NPP-Parlamentarier am 14. Februar zum Anlass nahmen, das Parlament unter Protest zu verlassen. Die absolute NDC-Mehrheit setzte daraufhin eine Resolution durch, die wiederberufene Amtsträger von einer erneuten Anhörung befreite, was es dem Finanzminister nun erlaubte, seinen Etatentwurf vorzustellen.

Doch wieder griff der Oberste Gerichtshof ein, erklärte im Mai die Resolution für unwirksam und bejahte das Beharren der NPP auf Anhörung von wiederberufenen Amtsträgern. Erst Wochen später akzeptierte die Regierung dieses für sie politisch schmerzhafte Urteil, was aber mittelfristig dazu beitrug, die Beziehungen zwischen beiden Lagern zu verbessern und Konflikte nach rechtlichen Normen zu lösen.

Auch das Verhältnis der Regierung zur CHRAJ besaß auf erhebliches Konfliktpotential, interpretierten doch beide Institutionen ihre in der Verfassung verankerten Aufgaben zunehmend konträr. Im Zuge der Korruptionsverfahren gegen hochrangige Regierungsmitglieder veröffentlichte die Regierung im April 1997 einen Bericht, der die Unschuldsbeteuerungen der Beklagten stützte.[90] Der Kommissionsvorsitzende Short stellte dazu unmissverständlich klar, dass die Regierung die Kommissionsarbeit zu den anhängigen Verfahren nicht kommentieren dürfe. Das gelte auch für die anderen Verfahren zu den Gewalttätigkeiten während der Proteste auf dem *Makola Market* im Jahr 1995 und zu Enteignungen von Privateigentum während des AFRC-Intermezzos und des PNDC-Regimes.[91] Der Konflikt um die Auslegung von Kompetenzen landete schließlich beim *Supreme Court*, der zögerte, diesen Fall zu behandeln und schob ihn immer wieder hinaus.

Angesichts der vielfältigen politischen und juristischen Herausforderungen suchte Rawlings nach Möglichkeiten, sein angekratztes Image aufzupolieren. Der 40. Jahrestag der Unabhängigkeit am 6. März 1997 und das PANAFEST im August/September – das dritte seiner Art – boten eine angemessene Bühne. Spektakulär präsentierte Rawlings die Witwe des Staatsgründers Kwame Nkrumah, die Ägypterin Fathia Nkrumah, und den gemeinsamen Sohn Gamal Gorkeh Nkrumah, und untermauerte damit seine kongeniale Verbundenheit mit dem Staatsgründer. Des Weiteren erhielten mehrere Dutzend Bürger, unter ihnen der einzige noch Lebende der *Big Six* der UGCC, Ebenezer Ako-Adjei, aus der Hand des Präsidenten und unter den Augen von Julius Nyerere und Henri Konan Bédié eine Verdienstmedaille für ihren Einsatz zugunsten des ghanaischen Staates.

---

90 Die Verfahren kamen dem Präsidenten im März 1997 gefährlich nahe, als ein Onkel, Oberst a. D. Joshua Agbotui, wegen finanzieller Unregelmäßigkeiten als Geschäftsführer der *Ghana Supply Commission* zurücktreten musste.

91 Die Regierung hatte einen Teil des konfiszierten Eigentums zurückgegeben bzw. Entschädigungszahlungen geleistet.

Wenngleich das PANAFEST mit einjähriger Verzögerung stattfand, verfehlte es seine Wirkung im Sinne der Regierung nicht. Unter dem Slogan »*The Re-Emergence of African Civilisation and Uniting the African Family for Development*« und unterstützt von der damaligen OAU spiegelte das Festival in Cape Coast und im nahegelegenen Elmina ein neues Selbstbewusstsein Afrikas wider.

In diesem Kontext gab die Regierung grünes Licht für die weitere Liberalisierung im Bereich der Informations- und Kommunikationstechnologie (IKT). Malaysisches Kapital in Gestalt der *Malaysia Telecom Berhad* übernahm bereits kurz nach Beginn der zweiten Amtszeit von Präsident Rawlings 30 Prozent der *Ghana Telecom* und die operative Leitung des Unternehmens, und Ghana machte sich zu diesem Zeitpunkt auf, zur führenden Kraft im IKT-Sektor in Westafrika aufzusteigen. Dieser positiven Entwicklung im sich auch in Afrika abzeichnenden digitalen Zeitalter standen der Verfall des Goldpreises, eine neue Phase flächendeckender Umweltzerstörung und massiver Widerstand gegen die Privatisierung des Kakaosektors gegenüber.

Gegen Jahresende 1997 war der Goldpreis auf den internationalen Finanzmärkten deutlich unter 300 Dollar gefallen und eine Preiserholung war nicht in Sicht, was neue Interessenten davon abhielt, in den Goldbergbau zu investieren. Lediglich die großen Produzenten wie die AGC konnten den Preisverfall verkraften und erschlossen neue Vorkommen, lagen doch die Produktionskosten in Ghana mit etwa 222 Dollar pro Unze noch immer unterhalb der Kosten in anderen Förderländern.

Dennoch hob das Land- und Forstministerium angesichts des gesunkenen Goldpreises das erst zwei Jahre zuvor ergangene Verbot auf, im Regenwald Gold im Tagebau zu fördern. Es genügte, der Umweltbehörde einen umweltverträglichen Produktionsplan und eine Bürgschaft zur Sanierung eventueller Umweltschäden vorzulegen. Diese Entscheidung verursachte einen Goldrausch, der an den Goldrausch in Nordamerika im späten 19. Jahrhundert erinnerte. Neben Hunderten von offiziellen Antragstellern, zumeist mit schwerem Gerät ausgestattete Klein- und Mittelunternehmen, zog es Zehntausende illegale Goldschürfer in die Goldförderregion im Großraum Obuasi, Tarkwa und Prestea in Ashanti und der Western Region. Innerhalb weniger Jahre entstand durch legale wie illegale Goldsucher eine Schneise der Zerstörung von Fauna, Flora, Flüssen und Kakaoplantagen. An dem Raubbau beteiligt waren auch ausländische Investoren, vornehmlich aus China.[92]

---

92 Noch immer sehenswert dazu: die Al-Jazeera-Dokumentation »China's Africa Goldrush − 101 East«; https://www.youtube.com/watch?v=A9QzwKjMNsc (gesehen am 18. April 2018).

Die Ausweitung der im Tagebau betriebenen Goldförderung unter Präsident Rawlings und die Umweltzerstörung waren zwei Seiten einer Medaille, wobei die extremen Nebenwirkungen lange Zeit ignoriert wurden. Aber auch der Energiesektor hatte große Schwierigkeiten, war er doch abhängig von den beiden Wasserkraftwerken *Akosombo* und *Kpong*. Niedrige Pegelstände des Voltasees kündigten eine baldige Energiekrise an und machten deutlich, dass es alle Regierungen Ghanas versäumt hatten, ein dem Bevölkerungswachstum und dem steigenden Konsum angemessenes Energiekonzept zu entwickeln. Zudem wurde das in ausländischem Besitz befindliche Aluminiumwerk *Kaiser Aluminium Corporation*, das drei Jahrzehnte lang als Hauptabnehmer Strom zu äußerst günstigen Bedingungen erhalten hatte, weiterhin bevorzugt beliefert. Kostspielige Stromlieferungen aus der benachbarten Côte d'Ivoire blieben im zugesagten Umfang aus. Um die Kosten zu decken und eine Reduzierung des Stromverbrauchs zu erzwingen, wurde der Strompreis drastisch erhöht. Die Regierung musste diese Maßnahme jedoch bald zurücknehmen, und die Verantwortlichen in den zuständigen Behörden wurden ihrer Ämter enthoben.

Die schwere Energiekrise, die sich schon 1997 abgezeichnet hatte, traf Ghana zu Jahresbeginn 1998 also nicht ganz unvorbereitet, wenngleich die Regierung nur wenige erfolgversprechende Maßnahmen zur zeitnahen Lösung dieses essentiellen Problems ergriff. Appelle der beiden zuständigen Behörden, *Volta River Authority* und *Electricity Company of Ghana*, an die Verbraucher, den Stromverbrauch drastisch einzuschränken, verhallten ungehört. Der Pegel des Voltasees fiel bis Mitte des Jahres unter die kritische Marke von 240 Fuß (ca. 73 Meter), sodass nur noch zwei Turbinen des Wasserkraftwerkes *Akosombo* magere 200 Megawatt erzeugen konnten. Auch die Côte d'Ivoire lieferte nur einen Teil der zugesagten Strommenge. Es kam zu flächendeckenden Abschaltungen, und die privaten Haushalte erhielten nur stundenweise Strom. Auch die Wirtschaft war gezwungen, ihren Verbrauch drastisch zu senken. Angesichts der desolaten Lage waren massive Preiserhöhungen diesmal unumgänglich, und in zwei Schritten verteuerte sich innerhalb eines halben Jahres der Strom fast um das Vierfache.

Ein eiligst zusammengerufenes internationales Krisenmanagement setzte bereits im März 1998 erste Akzente, orderte mehrere mobile Großgeneratoren und beauftragte internationale Konzerne mit dem zeitnahen Bau stationärer und schwimmender Kraftwerke. Das wichtigste Unternehmen AGC importierte für den Eigenbedarf einen 11-Megawatt-Generator, um die Goldförderung in der größten Mine Obuasi aufrechterhalten zu können.

Die Energiekrise lastete schwer auf der Regierung und dem NDC. Die wachsende Sorge um den Machterhalt und die unverkennbare Erholung der Oppositionspartei NPP, die im Oktober 1998 frühzeitig erneut John Agyekum Kufuor als Präsidentschaftskandidaten ausgewählt hatte, belasteten das politische Klima. Die an Schärfe zunehmende Kritik der privaten Medien an der Kompetenz und Handlungsfähigkeit der Regierung tat ein Übriges.

Einige private Zeitungen waren Anfang 1998 erstmals am Regierungssitz *Osu Castle* akkreditiert worden und konnten somit an Pressekonferenzen teilnehmen, obwohl an die 100 Verleumdungsklagen gegen Verleger und Redakteure anhängig waren. Nach den unbefriedigenden Erfahrungen im rechtlichen Umgang mit den Medien in den zurückliegenden Jahren hatten die klagenden Regierungsmitglieder inzwischen Anwaltskanzleien mit der Wahrnehmung ihrer Interessen beauftragt.[93]

Präsident Rawlings hatte in seiner Ansprache zum fünften Jahrestag der IV. Republik am 7. Januar 1998 öffentlich Journalistenschelte geübt und damit die gut organisierte »Treibjagd« auf die privaten Medien eröffnet. Zugleich hatte er sich kritisch zum demokratisch verfassten Staat und zum demokratischen Diskurs geäußert, da beides das Regieren enorm erschwere. Dennoch nutzte er diesen Rahmen klug und weitsichtig zur Gestaltung seiner eigenen Zukunft. Auf dem Parteitag im Dezember 1998 setzte er das Gremium *Consultative Committee* als wichtigste Entscheidungsinstanz des NDC durch. Zugleich konnte Rawlings durch eine Änderung der Parteistatuten zum Parteichef auf Lebenszeit ernannt werden, sodass er von Amts wegen automatisch Vorsitzender des Gremiums wurde. Damit war es ihm möglich, am Ende seiner Amtszeit selbst über seine politische Zukunft mitzuentscheiden.

Die Strategie, den Sachverstand professioneller Anwaltskanzleien in Anspruch zu nehmen, erwies sich als zielführend. Rawlings' Ehefrau Nana Konadu Agyeman-Rawlings, die Ambitionen auf das Präsidentenamt hegte, bewies mit ihren letztlich erfolgreichen Verleumdungsklagen gegen Herausgeber und Redakteure der Zeitungen *The Guide*, *The Statesman* und *Free Press*, dass juristische Mittel eine scharfe Waffe gegen unliebsame Medien sein konnten. Schon im Vorjahr hatte ihr ein Gericht in einem Verfahren gegen *The Guide* und *The Statesman* Recht gegeben und den Zeitungen untersagt, weiterhin diffamierende Artikel über sie zu veröffentlichen. Die Klage bezog sich auf einen Artikel, in dem sie beschuldigt wurde, Fathia Nkrumah, die Witwe des Staatsgründers, belogen zu haben. Trotz des Urteils schrieben die beklagten

---

93 Die meisten Fälle übernahm die Kanzlei *Trans-Legal Consult.*

Zeitungen ihre Version fort, woraufhin Agyeman-Rawlings die zuständigen Redakteure wegen Missachtung des Urteils belangen wollte. Das zuständige Gericht folgte dem Antrag nicht, doch der *Appeal Court* hob das Urteil auf und wandelte es im Juli 1998 in eine 30-tägige Haftstrafe um. Der Antrag, die Strafe bis zur Entscheidung des *Supreme Court* auszusetzen und die Beklagten gegen Kaution aus der Untersuchungshaft zu entlassen, wurde wegen geringer Erfolgsaussichten der Redakteure zurückgewiesen.

Zwei Monate später, im September 1998, ging Nana Konadu Agyeman-Rawlings erneut gegen die private Presse vor, die sie mehrmals mit Drogenhandel, Goldschmuggel und Geldwäsche in Verbindung gebracht hatte. Diesmal traf es die *Free Press* und den *Chronicle*, wobei das Verfahren wegen Verunglimpfung des Staates durch den plötzlichen Tod des Herausgebers der *Free Press* abrupt unterbrochen und auf unbestimmte Zeit vertagt wurde. In weiteren Verfahren verhängten Gerichte hohe Geldstrafen gegen Redakteure und sprachen den Klägern erhebliches Schmerzensgeld zu. So musste *The Guide* 20 Millionen Cedi an den Finanzminister und 30 Millionen Cedi an den Minister für Jugend und Sport zahlen. Die *Ghanaian Voice* wurde zu einer Zahlung von 22 Millionen Cedi an den Verkehrsminister verurteilt.[94] Da die Beklagten die Summen in der Regel nicht aufbringen konnten, mussten sie die Redaktionsräume zeitweise mit der Gefängniszelle tauschen, was das politische Klima weiter trübte. Immer mehr Menschen auch jenseits oppositioneller Kreise empfanden diese Entwicklung als Bedrohung der Presse- und Meinungsfreiheit.

In dieser aufgeheizten Atmosphäre organisierten Journalisten, Verleger, Dozenten und Parlamentarier Ende Juli eine Demonstration, in der sie die Parteinahme der Judikative zugunsten der Exekutive anprangerten, marschierten zum Obersten Gerichtshof und übergaben dem Gericht eine Petition. Die Gerichte, so der Vorwurf, seien vorschnell in ihrer Strafzumessung und ihre Urteile trieben die betroffenen Medien in den Ruin. Zuvor hatte es ein Gespräch zwischen dem Journalistenverband *Ghana Journalists Association* und Vizepräsident Atta Mills über die Klagewelle von Amtsträgern gegeben. Dieses Treffen nutzte der Journalistenverband, um auf das *Complaints Committee of the National Media Commission* und das *Ethics Committee* des Verbandes hinzuweisen, wo ein

---

94 Im Verfahren zwischen der *Free Press* und dem Minister für kommunale Angelegenheiten wegen Korruptionsvorwürfen kam es zu einem außergerichtlichen Vergleich. Die Zeitung bat ihre Leser um Spenden, um die Summe von 7,5 Millionen Cedi aufbringen zu können. Diese Aktion brachte den Fall erneut an die Öffentlichkeit, woraufhin der Minister Rechtsmittel einlegte und Recht bekam.

kritischer Dialog stattfinden könne. An der misslichen Lage im Medien-sektor änderte sich allerdings nichts.

Trotz der Energiekrise und des weiterhin schleppenden Deregulie-rungs- und Liberalisierungsprogramms fiel das Wirtschaftswachstum mit 4,5 Prozent dank der gesteigerten Goldförderung höher aus als er-wartet. Das Unternehmen *Gold Fields Ghana* eröffnete trotz des niedri-gen Goldpreises in Tarkwa eine Tagebaustätte, die mit damals geschätz-ten 13 Millionen Unzen die zweitgrößte Förderstätte des Landes war. Das führende Unternehmen AGC förderte allein 1998 Gold im Umfang von 1,5 Millionen Unzen, sodass die Unternehmen noch immer Gewin-ne einfuhren, auch wenn der Goldpreis zum Jahresende auf 286 Dollar gefallen war.

Auch kam der Währungsverfall fast zum Stillstand, und die Infla-tionsrate sank unter 20 Prozent. Ein erneuter Vorstoß der Regierung zur Einführung einer 10-prozentigen Mehrwertsteuer war im Februar 1998 erfolgreich. Ohne Zwischenfälle trat das Gesetz, das 1995 fast eine Staatskrise ausgelöst hatte, zum Jahresende in Kraft und löste damit die 15-prozentige Umsatzsteuer ab.

Die beiden letzten Amtsjahre von Präsident Rawlings und seiner Partei NDC standen unter keinem guten Stern, war doch der politische und sozioökonomische Niedergang unverkennbar. Es zeichnete sich eine schwere Wirtschaftskrise ab. Eine Nachwahl in der Greater Accra Re-gion im März 1999 diente als erster Stimmungstest. Die NPP sicherte sich erneut den Wahlkreis Ablekuma und verhinderte somit wieder eine Zweidrittelmehrheit des regierenden NDC. Die Führungsfrage im NDC blieb nach erneuten internen Streitigkeiten weiterhin offen, und mehre-re einflussreiche Mitglieder kehrten der Partei im Juni 1999 den Rücken, was das Image weiter beschädigte.

Zugleich erhöhte das *Joint Action Committee*, eine lose Verbindung der oppositionellen Parteien, den Druck auf die Regierung und orga-nisierte im November in Accra eine Großdemonstration gegen die ihrer Meinung nach katastrophale Wirtschaftspolitik. Ein riesiges Polizeiauf-gebot begleitete den Protestmarsch, bei dem es keinerlei Zwischenfälle gab, obwohl die Stimmung hochexplosiv war. Seit dem Vortag kursier-ten Gerüchte über einen bevorstehenden Putschversuch, und die Si-cherheitskräfte hatten Zufahrtsstraßen gesperrt und scharfe Kontrollen durchgeführt. Regierung und Opposition beschuldigten sich gegensei-tig, diese Gerüchte in Umlauf gebracht zu haben und warfen sich man-gelndes Demokratieverständnis vor.

Dies war der vorläufige Höhepunkt einer seit Monaten angespannten Lage, hervorgerufen durch weitere Gerichtsurteile gegen Zeitungen, Herausgeber und Redakteure. Mehrere Redakteure des *Chronicle* erhielten im Mai 1999 wegen Missachtung des Gerichts und Verleumdung hohe Geldstrafen, ersatzweise Haft.[95] Eben Quarcoo, ehemaliger Redakteur der *Free Press*, wurde im November sogar zu einer Geld- und dreimonatigen Haftstrafe verurteilt. Damit endete ein mehrjähriges Verfahren, in dem es um einen Bericht über angebliche Verwicklungen der Präsidentengattin in den Gold- und Drogenschmuggel ging.

Zu einem weiteren Schlagabtausch zwischen Regierung und Opposition kam es im Oktober 1999 nach der Veröffentlichung eines transkribierten Tonbandmitschnitts im *Weekend Statesman*. Ein angeblicher Sicherheitsbeamter des Präsidialamtes hatte darin einer Frau gegenüber behauptet, dass Rawlings Kenntnisse von kriminellen Machenschaften in seinem direkten Umfeld hatte. Der Mitschnitt lief auch beim beliebten privaten Radiosender *Joy FM*, womit erstmals auch elektronische Medien in die Auseinandersetzungen zwischen Regierung und Opposition eingriffen. Die Polizei ermittelte gegen den Eigentümer des *Statesman*, Akufo-Addo, und mehrere Redakteure und beschuldigte sie, ein gefälschtes Dokument verbreitet zu haben. Auch Mitarbeiter des Radiosenders mussten sich einem Verhör unterziehen.

In dieser angespannten Lage zeigte Präsident Rawlings Größe. Er verweigerte die Unterschrift unter die im Februar 1999 ergangenen Todesurteile gegen vier Putschisten. Die Männer, allesamt Mitglieder der *Cherubim and Seraphim Church*, einer aus Nigeria stammenden charismatischen Kirche, waren für einen Umsturzversuch im September 1994 verurteilt worden.[96]

Die Auseinandersetzungen zwischen Regierung und Opposition um Meinungsfreiheit und die Deutungshoheit der politischen und wirtschaftlichen Lage erfuhren durch den mehrmonatigen Streik der Studenten und Dozenten und Arbeitskämpfe beim wichtigsten Unternehmen AGC eine weitere Steigerung. Dabei ging es im Bildungssektor um Gehaltserhöhungen für den Lehrkörper und um die Senkung der Studiengebühren. Die Welle der Proteste bewog die Regierung schließlich einzulenken und die Forderungen teilweise zu erfüllen. Auch die AGC sah sich Forderungen nach Lohnerhöhungen ausgesetzt. Die Be-

---

95 Es handelte sich um Ebo Quansah und Mohammed Affum.

96 Bei den Delinquenten handelte es sich um Alex Offei, Kwame Ofori Apiah, Sylvester Addai Dwomoh und Owusu Boakye. Seit 1993 sind keine Todesurteile mehr vollstreckt worden. Mehrere Vorstöße seit 2011, die Todesstrafe abzuschaffen, scheiterten jedoch (Stand Mai 2018).

legschaft bestreikte die ergiebigste Mine in Obuasi und brachte im Mai 1999 die dortige Goldproduktion zum Erliegen. Angesichts der wirtschaftlichen Bedeutung für das Land bildete sich eine bis dahin nicht gekannte konzertierte Aktion aus Regierung, Geschäftsleitung, einzelnen Vertretern des Gewerkschaftsdachverbandes und der Bergarbeitergewerkschaft sowie dem Unternehmerverband, um die Streikenden zur Wiederaufnahme ihrer Arbeit in der Mine zu bewegen.

Die Zugeständnisse an die Bergarbeiter waren beachtlich, erhielten sie doch rückwirkend Lohnerhöhungen, eine Kompensation für Währungsverluste und einen Pensionsfonds. Als Gegenleistung musste die Arbeitnehmerseite der Entlassung von mehr als 2.100 Mitarbeitern zustimmen, um die relativ hohen operativen Kosten zu senken. Trotz dieses Sanierungsplans geriet die AGC im Oktober 1999 erneut in gefährliche Schieflage, denn die Geschäftsleitung hatte sich bei Termingeschäften verspekuliert. Über Nacht war das Unternehmen zahlungsunfähig und gleichzeitig ein Übernahmekandidat geworden. Rawlings und seine Regierung, die über eine Sperrminorität verfügten, vereitelten in letzter Minute den vom zuständigen Minister eingefädelten Deal und erzielten mit den Gläubigerbanken eine Übereinkunft zur Begleichung der Verbindlichkeiten innerhalb weniger Jahre.

Trotz dieser hausgemachten Krise blieb die Goldproduktion mit 2,5 Millionen Unzen auf einem hohen Niveau und übertraf sogar das Vorjahresergebnis. Gleichzeitig stieg der Ölpreis auf den internationalen Märkten, und die Benzinpreise wurden innerhalb eines Jahres viermal angehoben. Dadurch wurde die Inflation erneut angeheizt, und im Dezember 1999 kam es in Kumasi zu Protestaktionen der Transportgewerkschaft. Sorgen bereitete auch der Verfall des Cedi, der innerhalb eines Jahres ein Drittel seines Wertes gegenüber dem Dollar verloren hatte und am Jahresende 1999 nur noch einen Kurs von 3.500 Cedi zum Dollar aufwies. Dieser Verfall wiederum nährte den Parallelmarkt, auf dem der Dollar um mindestens zehn Prozent über dem Kurs der Banken und Wechselstuben gehandelt wurde.

Die sozioökonomischen und politischen Turbulenzen des Jahres 1999 mochten zwar Zweifel am Kurs der Rawlings-Administration streuen, doch hielt dies Gläubiger und Geberländer nicht davon ab, Ghana weiterhin massiv zu unterstützen. Insbesondere der IWF und die Weltbank blieben ihrem eingeschlagenen Kurs treu. So genehmigte der IWF im Mai unter der *Enhanced Structural Adjustment Facility* (ESAF) einen Dreijahreskredit über mehr als 200 Millionen Dollar, und die Weltbank folgte mit einem langfristigen Kredit in Höhe von 180 Millionen Dollar zur Armutsbekämpfung und zur Förderung des Privatsektors.

Das Jahr 2000 stand ganz im Zeichen der im Dezember anstehenden Präsidentschafts- und Parlamentswahlen. Zu Jahresbeginn suchte die nach anhaltenden innerparteilichen Querelen angeschlagene Regierungspartei NDC noch immer nach einem geeigneten Präsidentschaftskandidaten, da sich Rawlings nach zwei Amtszeiten gemäß der Verfassung nicht mehr um das höchste Staatsamt bewerben durfte. Rawlings' Vizepräsident Atta Mills, schon im Vorjahr erklärter Favorit des Präsidenten und Parteivorsitzenden, setzte sich schließlich im April in einer Kampfabstimmung gegen die Präsidentengattin Nana Konadu Agyeman-Rawlings durch. Die stärkste Oppositionspartei NPP hatte ihre innerparteilichen Auseinandersetzungen bereits zwei Jahre zuvor beendet, als Kufuor seinen ärgsten Widersacher Akufo-Addo in die Schranken gewiesen und sich erneut als Präsidentschaftskandidat durchgesetzt hatte.

Somit standen die Hauptakteure fest, und im langen und teilweise mit harten Bandagen geführten Wahlkampf rückten zentrale Fragen zur Wirtschaftssituation zunehmend in den Hintergrund. Dabei setzte sich die im Vorjahr ausgebrochene Finanzkrise beim größten Unternehmen AGC fort. Einige Anteilseigner hatten durch einen Gerichtsbeschluss im Februar 2000 die Geschäftsleitung gezwungen, zur Wahl eines neuen Managements eine außerordentliche Gesellschafterversammlung einzuberufen. Damit einher ging ein befristetes Verbot jeglicher Finanztransaktionen, um ein kreditfinanziertes Projekt in Tansania und eine Kapitalerhöhung zu unterbinden. Daraufhin trat Finanzminister Kwame Peprah als Aufsichtsratsvorsitzender zurück. Noch vor der Gesellschafterversammlung einigten sich die Streitparteien auf ein umfangreiches Sanierungs- und Finanzierungskonzept im Umfang von 370 Millionen Dollar und Entlassungen weiterer Mitarbeiter, um die Zukunft des Unternehmens zu sichern.

Mitte des Jahres trat das Gesetz zur Mehrwertsteuererhöhung in Kraft. Das Parlament hatte bereits im April eine Erhöhung um 2,5 Prozent auf 12,5 Prozent verabschiedet, was Proteste des Gewerkschaftsdachverbandes TUC und des Studentenverbandes NUGS ausgelöst hatte. Auch der Händlerverband *Ghana Union Traders Association* machte vor Inkrafttreten des Gesetzes seinem Unmut Luft und schloss für eine Woche die Geschäfte in Accra, um gegen den anhaltenden Währungsverfall und die als diskriminierend betrachtete Einführung einer 20-prozentigen Importsondersteuer zu protestieren. Diese Aktionen richteten sich aber auch gegen die für die Erhebung und Erstattung der Mehrwertsteuer zuständige Behörde, die etlichen Verbandsmitgliedern berechtigte Mehrwertsteuererstattungen vorenthalten habe.

Zwischen Juni und August traten Lehrer und Hochschuldozenten mehrmals in Streik und forderten eine Verdreifachung ihrer Bezüge. Die Regierung lehnte diese Forderung anfangs rundweg ab, rang sich aber dann zu einem Kompromiss durch. Kurz darauf organisierte der TUC in den größeren Städten Protestmärsche und forderte eine Anhebung des Mindestlohns als Ausgleich für die im April in Kraft getretene Gehaltserhöhung im öffentlichen Dienst. Erst kurz vor den Wahlen willigte die Regierung ein, den Mindestlohn pro Werktag auf 4.900 Cedi anzuheben.

Auch die Gefängniswärter gingen auf die Straße und forderten besseren Lohn und die Absetzung ihres Generaldirektors. Einige der demonstrierenden Wärter hatten am Tag zuvor für einige Stunden den Innenminister festgehalten, der in der aufgeheizten Atmosphäre vermitteln wollte. Kurz zuvor hatte Präsident Rawlings 1.000 Gefängnisinsassen amnestiert. Unter den Freigelassenen befanden sich die beiden Putschisten Edward Adjei Ampofo und Oduro Frimpon, die in der Frühphase des PNDC-Regimes zum Tode verurteilt worden waren. Ihre Urteile waren später in lebenslange Haft umgewandelt worden.

Der Währungsverfall hielt im Wahljahr 2000 unvermindert an. Am Jahresende hatte der Cedi gegenüber dem Dollar 50 Prozent an Wert verloren und lag bei 7.000 Cedi für einen Dollar. Die Zinsen hatten die 50-Prozent-Marke überschritten, Personen und Unternehmen durften nur 2.000 Dollar pro Tag eintauschen, Auslandsreisende 3.000 Dollar mitnehmen. Die Wechselbüros *Bureaus de Change* mussten der Zentralbank nun wöchentlich statt monatlich ihre Transaktionen mitteilen. Der IWF intervenierte jedoch gegen diese Form der Regulierung, die einer Devisenbewirtschaftung gleichkam, und die Regierung nahm die Maßnahmen daraufhin zurück. Zur Kompensation erhielt sie einen kurzfristigen Kredit über 60 Millionen Dollar, um den bedrohlichen Abwärtstrend auszubremsen. Auch der erheblich gesunkene Kakaopreis und das noch immer subventionierte Benzin strapazierten die Devisenreserven. Zudem verlangte die benachbarte Côte d'Ivoire für ihre Stromlieferungen harte Währung.

All dies erhöhte den Druck zur weiteren Liberalisierung der Wirtschaft. Im September erhielt das COCOBOD von einem internationalen Bankenkonsortium einen Kredit über 260 Millionen Dollar zur Finanzierung der Erntesaison 2000/2001. Zu den besonderen Nutznießern dieser Kreditmarge zählten Unternehmen, die den *Licensed Buying Companies* angehörten und mindestens 10.000 Tonnen Kakao vermarket hatten. Sie erhielten Zugang zu diesem Kredit und durften 30 Prozent der aufgekauften Menge in Eigenregie vermarkten.

In Anbetracht der zahlreichen Schieflagen zum Ende der Regentschaft der Galionsfigur Rawlings, der unübersehbaren Zerrissenheit des NDC und der relativen Geschlossenheit der NPP, die insbesondere hinsichtlich ihres Führungspersonals Kontinuität bewiesen hatte, lag ein Machtwechsel in der Luft. Dennoch war die Deutlichkeit des NPP-Sieges bei den Parlamentswahlen, die sich auch bei der Stichwahl um die Präsidentschaft zugunsten Kufuors widerspiegelte, sicherlich überraschend. Die Wechselstimmung in der Bevölkerung hatte sich bis zum Wahltag gehalten, und damit war der NPP und Kufuor das Mandat erteilt worden, am 7. Januar 2001 eine kleine Zeitenwende einzuläuten.

Die Ära Kufuor (2001–2009): Zäsur, Versöhnungskommission, Laissez-faire, Meinungsvielfalt, neuer Klientelismus und Ethnizität

Wenige Tage bevor John Agyekum Kufuor am 7. Januar 2001 in Anwesenheit seines Vorgängers sein Amt als Präsident antrat, gewann seine NPP die Nachwahl in Brong Ahafo und sicherte sich damit eine solide Parlamentsmehrheit. Mehr Aufsehen löste allerdings eine spektakuläre Entscheidung des scheidenden Präsidenten Jerry Rawlings aus: In einer seiner letzten Amtshandlungen begnadigte er seinen einstigen politischen Gegner Kwame Pianim und gab ihm die bürgerlichen Ehrenrechte zurück, die ihm der Oberste Gerichtshof 1996 in einem umstrittenen Urteil wegen Hochverrats aberkannt hatte.

Nach zwei Jahrzehnten unter Rawlings bedeutete der Machtwechsel eine tiefe Zäsur, die sich innerhalb eines Jahres sowohl auf der Regierungsebene als auch in wichtigen Institutionen widerspiegelte. So übernahm Akufo-Addo, innerparteilicher Gegenspieler Kufuors, das Justizressort, und der einstige politische Gefangene Quashiga das Agrarministerium. Ein weiterer prominenter Ex-Häftling, Ala Adjetey, avancierte zum Parlamentspräsidenten, Kwame Addo Kufuor, Bruder des Präsidenten, leitete das Verteidigungsministerium, und General a.D. Joshua Hamidu stieg zum Nationalen Sicherheitsberater auf. Darüber hinaus band der Staatschef aus strategischen Gründen namhafte Mitglieder der kleinen Parteien, wie George Hagan und Charles Wereko Brobby, in die Regierungsmaschinerie ein.[97] Neubesetzungen betrafen aber auch die gesamte Militärführung, den *Supreme Court*, die Zentralbank, den *Council of State* und wichtige staatliche Finanzunternehmen

---

97 CPP-Präsidentschaftskandidat Hagan übernahm die *National Commission on Culture*, und Brobby wurde zunächst Berater des Übergangskomitees und dann Chef der *Volta River Authority.*

und Behörden. So lösten der einstige IWF-Mitarbeiter Paul Acquah Zentralbankchef Kwabena Dufuor und Edward Kwame Wiredu den langjährigen Vorsitzenden des Obersten Gerichtshofs, Isaac Kobina Abban, ab.

Bereits wenige Wochen nach Amtsantritt hielt der Präsident im Parlament eine Rede, in der er mit der Vorgängerregierung hart ins Gericht ging und besonders die beklagenswerte Wirtschaftslage anprangerte. Die Verhaftung und Verurteilung mehrerer prominenter Politiker der Rawlings-Regierung wegen Korruption und gezielte Untersuchungen wegen Missmanagement nutzte Kufuor im April 2001, um Rawlings unverhohlen mit Ermittlungen zu drohen. Auch ehemalige Staatschefs, so Kufuor, stünden nicht über dem Gesetz. In diesem angespannten Klima schaffte das Parlament zur Jahresmitte den 4. Juni, den Tag des ersten Rawlings-Putsches, als Feiertag ab. Dennoch versammelten sich zahlreiche Rawlings-Anhänger, um diesen Tag zu begehen, woraufhin Sicherheitskräfte eine Razzia auf Rawlings' Anwesen durchführten. In Kumasi gingen derweil mehrere Tausend Kufuor-Anhänger auf die Straße und skandierten Anti-Rawlings-Slogans.

In dieser gereizten Stimmung deutete Kufuor frühzeitig an, wie er mit Rawlings' politischem Erbe umzugehen gedachte. Schon im April 2001 gaben er und seine Regierung einer Petition von Angehörigen der 1979 hingerichteten Offiziere statt, die die sterblichen Überreste exhumieren und in Würde beerdigen wollten. Eine eigens eingesetzte Kommission stellte die Identität der auf dem Friedhof des *Nsawam*-Gefängnisses verscharrten Leichen fest, und in einem bewegenden Trauerakt am Jahresende 2001 nahmen die Angehörigen im Beisein mehrerer Tausend Trauergäste die sterblichen Überreste entgegen. Der Präsident blieb aus Gründen der Staatsräson der Zeremonie fern, um den Anschein eines Staatsaktes zu vermeiden. Der NDC schickte keinen Repräsentanten, was einer Missbilligung der Exhumierung und ehrenvollen Bestattung gleichkam.

Weitere gravierende Einschnitte folgten und unterstrichen den Willen Kufuors und seiner NPP, die Wahlversprechen zeitnah einzulösen. Dazu zählten die Erhöhung des Mindestlohns, die bereits zum Tag der Arbeit am 1. Mai erfolgte, die Gesetzesänderung zum öffentlichen Dienst und die Novellierung des Mediengesetzes. Letzteres wurde im Juli 2001 verabschiedet, und alle noch anhängigen Verfahren gegen Journalisten wurden eingestellt, was auf breite öffentliche Zustimmung stieß. Schon einige Monate zuvor, im Februar 2001, hatte die Justiz im Vorgriff auf die erwartete Gesetzesänderung mehrerer Gerichtsverfahren im Zusammenhang mit den in den Medien verbreiteten Drogenvorwürfen gegen

Frau Agyeman-Rawlings vertagt. Kurz darauf erklärte Justizminister Akufo-Addo, der auch als Bundesanwalt fungierte, dass kein Interesse mehr an den Fällen bestehe, woraufhin auch diese Verfahren eingestellt wurden.

Darüber hinaus hatte die Regierung kurz nach dem Machtwechsel als Teil einer Justizreform eine zusätzliche Gerichtsebene – Fast Track Courts – eingeführt, um insbesondere Zivil- und Korruptionsfälle schnell, kostengünstig und effizient verhandeln zu können. Trotz erheblicher verfassungsrechtlicher Bedenken in Justizkreisen und Zweifeln an der Legitimität dieser Gerichtsinstanz nahm sie ihre Arbeit auf. Eines der ersten Urteile erging gegen den kurz zuvor entlassenen Minister für Jugend und Sport, Yusuf Isah, der im Juli 2001 eine vierjährige Gefängnisstrafe erhielt. Schon bald standen mehr als 150 Verfahren zur Entscheidung an. Unter den Angeklagten waren etliche hochrangige Politiker der Vorgängerregierung, wie Victor Selormey und Kwame Peprah. Am Jahresende 2001 traf es Selormey, der zu einer langen Haft- und hohen Geldstrafe verurteilt wurde. Tsatsu Tsikata, einer der mächtigsten Politiker und in der Rawlings-Ära Vorsitzender der staatlichen Ölgesellschaft, wurde beschuldigt, in seiner Amtszeit dem Staat schweren finanziellen Schaden zugefügt zu haben. Er erkannte die Rechtmäßigkeit der Fast Track Courts nicht an und klagte vor dem Obersten Gerichtshof.

Im Februar 2002 fällte der Supreme Court ein bemerkenswertes Urteil und erklärte mit fünf zu vier Richterstimmen die Fast Track Courts für verfassungswidrig, ein schwerer Schlag für Justizminister Akufo-Addo. In einem äußerst umstrittenen Vorstoß gelang es ihm, die Vorprüfungsinstanz des Obersten Gerichtshofs von der grundsätzlichen Bedeutung des Falles zu überzeugen, die eine Neuverhandlung rechtfertigen sollte. Im Juni 2002 revidierte das nun mit elf Richtern vollzählig angetretene Gericht mit sechs zu fünf Richterstimmen sein vormaliges Urteil zugunsten der Fast Track Courts. Diese Entscheidung hinterließ bei Juristen und politischen Beobachtern den Eindruck der Rechtsbeugung, ließ sich doch aus der Verfassung nicht ableiten, dass eine höchstrichterliche Entscheidung von neun Richtern nicht bindend war. Des Weiteren sickerte wenige Tage nach der Urteilsverkündung durch, dass einer der Richter bereits das Pensionsalter erreicht hatte und allenfalls noch wenige Wochen im Amt bleiben sollte.

Das Gericht konnte nun den Prozess gegen Tsatsu Tsikata weiterführen, der jedoch erst im Juni 2008 mit der Verurteilung zu einer fünfjährigen Haftstrafe endete.[98] Die Verfahren gegen Ex-Finanzminister

---

98 Der *Appeal Court* hob das Urteil im November 2016 auf.

Peprah, Ex-Agrarminister Adams und Finanzberater Georg Yankey endeten bereits im April 2003 mit mehrjährigen Gefängnisstrafen für die Angeklagten. Sie waren in den *Quality Grain Case* verwickelt gewesen, ein Reisprojekt in der Volta Region, das dem Staat einen Schaden von 20 Millionen Dollar zugefügt haben soll.

Auch wenn es der Regierung leichtfiel, einige Säulen der Rawlings-Ära niederzureißen, und sie damit unterstrich, dass in Ghana eine neue Zeitrechnung angebrochen war, lastete die prekäre Wirtschaftslage doch schwer auf den Schultern der Menschen. Die Inflation lag bei 40 Prozent, das Wachstum war gering, die Schulden stiegen, und der Währungsverfall des Cedi hielt an. Erst zum Jahresende 2001 war die Inflation um die Hälfte gesunken, der Wert des Cedi aber lag bei 7.500 zum Dollar.

Die schlechte Wirtschaftslage und die Schuldensituation zwangen die Regierung zu Beginn der neuen Legislaturperiode, beim IWF und bei der Weltbank einen Schuldenerlass im Rahmen des Programms *Heavily Indebted Poor Countries* (HIPC) zu beantragen, was eine jährliche Entlastung von 200 Millionen Dollar bedeutete, und Ghana erhielt von der Afrikanischen Entwicklungsbank kurzfristig einen Kredit über 50 Millionen Dollar zur Armutsbekämpfung. Zugleich verabschiedete die Regierung einen Sparetat für das Haushaltsjahr 2001 und erhöhte den Benzinpreis um 60 Prozent. Der Benzinpreis sollte künftig an die Preisentwicklung auf dem internationalen Ölmarkt und den Wechselkurs der heimischen Währung gekoppelt werden. Die Regierung schreckte aber davor zurück, die anfangs angedachte Strompreiserhöhung umzusetzen, die zumindest die Produktions- und Importkosten annähernd hätte decken können. Stattdessen beglich sie den Schuldenberg im dreistelligen Millionen-Dollar-Bereich, den der Stromlieferant VRA in den zurückliegenden Jahren angehäuft hatte.

Die Goldproduktion blieb mit mehr als 660 Millionen Dollar die wichtigste Einnahmequelle und Herzstück der Wirtschaft, und es gab ernsthafte Überlegungen in der Regierung, die Sperrminorität von 20 Prozent weiter zu reduzieren, um den Staatshaushalt zu entlasten. Angesichts der langfristig erwarteten Einnahmen zugunsten des Staates wurde der Plan jedoch verworfen. Auch hinsichtlich der Liberalisierung des Kakaosektors verhielt sich die Regierung von Beginn an zurückhaltend, trug doch dieser Bereich wesentlich zu den Staatseinnahmen bei.[99] Erfolgsmeldungen kamen erneut aus dem IT-Sektor, und Ghana war

---

99 Die Kakaoernte betrug 2001 etwa 400.000 Tonnen und erzielte mehr als 480 Millionen Dollar Einnahmen.

auf dem Weg, sich zum wichtigsten Netzknotenpunkt in Westafrika zu entwickeln.

Wider besseres Wissen und entgegen gesetzlicher Regelungen hielt der massive Holzeinschlag der vorangegangenen Jahre unvermindert an. Im Schnitt waren fast viermal mehr als die jährlich zugelassenen eine Million Kubikmeter Holz geschlagen worden, was mehr als 180 Millionen Dollar einbrachte und zugleich die Forstwirtschaft nachhaltig schädigte. Angesichts dieser Summen und der gleichzeitigen Ausweitung der illegalen Goldförderung zeichnete sich schon in dieser Phase der IV. Republik eine schwere Umweltkrise ab.

Auch unter der Regierung Kufuor konnten sich die Sicherheitskräfte, insbesondere die Polizei, nicht von ihrem schlechten Image befreien. Ein schwerer Zwischenfall im Mai 2001 im überfüllten Fußballstadion in Accra unterstrich diesen schlechten Ruf. Gegen Ende des Spitzenspiels zwischen der Heimmannschaft Hearts of Oak und der Gastmannschaft Asante Kotoko setzte die Polizei bei Rangeleien zwischen Anhängern der beiden Teams Tränengas ein und provozierte damit eine Massenpanik. Mindestens 126 Zuschauer kamen ums Leben, mehrere Hundert erlitten Verletzungen.

Diese Katastrophe zog heftige Proteste Hunderter Jugendlicher nach sich, die die Polizei beschuldigten, durch ihre Inkompetenz und Überreaktion das Desaster heraufbeschworen zu haben. Sie skandierten Pro-Rawlings-Slogans und versuchten, eine Polizeistation zu besetzen. Herbeigeeilte Soldaten beendeten gewaltsam den Spuk. Doch im November 2001 stellte eine Untersuchungskommission fest, dass das Fehlverhalten der Polizei der entscheidende Auslöser für die tödliche Massenpanik gewesen war und dass gravierende Sicherheitsmängel im Stadion die Lage noch verschlimmert hatten.

Auch unter der neuen Regierung blieb Ghana nicht von ethnisch gefärbten Gewalttätigkeiten verschont, und der Präsident stand schon bald vor seinen ersten großen Bewährungsproben. Einem wiederkehrenden Muster folgend geriet Ende 2001 ein Streit außer Kontrolle und setzte eine tödliche Kettenreaktion in Gang. In der Stadt Bawku, einem ethnischen Hotspot in der Upper East Region, gerieten zwei Händler – ein Mamprusi und ein Kusasi – aneinander. Binnen kurzer Zeit waren 50 Tote zu beklagen, Hunderte von Menschen erlitten Verletzungen und an die 5.000 verloren Hab und Gut. Die Polizei war überfordert, und das Militär sträubte sich zu jener Zeit noch, Polizeiaufgaben zu übernehmen.

Wenige Monate später, im März 2002, stand das Königtum Dagbon in der Northern Region in Flammen. Auslöser war diesmal ein innerethnischer Streit der Dagomba um die Durchführung eines traditionellen Festivals, bei dem die beiden wichtigsten Dagomba *gates*, Andani und Abudu, als Hauptakteure agierten. Dahinter verbargen sich aber interne Machtkämpfe um den Einfluss der beiden Clans, die seit vielen Jahrzehnten abwechselnd den in Yendi residierenden König stellten. Der Andani *gate* steht dem NDC nahe und der Abudu *gate* der NPP.

Als der Streit am 24. März 2002 offen ausbrach, saß ein Andani, *Ya Naa* Yakubu Andani II, auf dem Thron. Widersprüchliche Maßnahmen lokaler Sicherheitskräfte und der regionalen politischen Führung zur Schlichtung des Konflikts heizten die bereits aufgeladene Stimmung zusätzlich an. Gleichwohl standen die Sicherheitsdienste in Alarmbereitschaft, und in Yendi galt zunächst ein nächtliches Ausgehverbot, das der Regionalminister aus unerklärlichen Gründen jedoch wieder aufhob. Drei Tage später, am 27. März, eskalierte der Streit. Der König wurde enthauptet und mehrere Dutzend seiner Clan-Anhänger ermordet, der Palast niedergebrannt, und innerhalb von Stunden breitete sich die Gewalt im gesamten Königreich aus. Noch am selben Tag verhängte Präsident Kufuor in diesem Gebiet den Ausnahmezustand, damit verbunden war eine nächtliche Ausgangssperre. Den verfassungsrechtlichen Vorgaben entsprechend verlängerte das Parlament diese Maßnahmen mehrmals. Erst im September 2003 hob die Regierung in Absprache mit dem regionalen Sicherheitsrat außer in Tamale und Yendi die nächtliche Ausgangssperre auf. Noch im April hatte der Präsident per Dekret den Ausnahmezustand verlängert, nachdem das Parlament kurz zuvor die erneute Zustimmung verweigert hatte. Erst die schweren Zusammenstöße in Tamale zwischen NPP- und NDC-Anhängern, die mehrere Todesopfer forderten, zwangen die Parlamentarier, ihren Widerstand gegen eine Verlängerung aufzugeben.

Der Präsident zog aus dem Debakel politische Konsequenzen und berief kurz nach dem Ende der Feindseligkeiten im April 2002 eine Untersuchungskommission unter Leitung des ehemaligen Richters am Obersten Gerichtshof, Isaac Newton Kwaku Wuaku, ein. Außerdem entließ er den für Inneres und Sicherheit zuständigen Innenminister Malik Alhassan Yakubu, den Regionalminister für die Northern Region, Imoro Andani, den Chef des Staatsschutzes BNI, Elias Owusu Fordjour, und seinen Sicherheitsberater General a. D. Joshua Hamidu. Verteidigungsminister Addo Kufuor übernahm zusätzlich und übergangsweise das Portfolio für Inneres.

Die Suche nach den Hintermännern des Mordkomplotts und der Gewaltorgie gestaltete sich angesichts der Inkompetenz der Sicherheitskräfte schwierig, wenngleich die Untersuchungskommission mehrere

Personen namentlich als Tatverdächtige identifizieren konnte. Die Polizei nahm im November 2002 zwei Hauptverdächtige fest, die als Drahtzieher galten, und stellte sie kurz darauf vor Gericht. Weitere drei Dutzend standen auf der Liste der Tatverdächtigen. Doch war die Beweislage so dürftig, dass die beiden Angeklagten im Juli 2003 freigesprochen und aus der Haft entlassen wurden.

Die Frage um die Thronfolge erzeugte neue Friktionen zwischen den beiden Clans, obwohl der Präsident im Oktober 2002 ein außerordentliches Verwaltungsgremium im Krisengebiet zur Konfliktentschärfung eingesetzt hatte. Der gewaltsame Tod des Königs aus dem Andani *gate* verbot nach in Dagbon herrschendem, traditionellem Recht eine Übertragung der Königswürde an die andere royal lineage. So blieb der Thron bis auf Weiteres verwaist, und auch ein Vermittlungsversuch eines kleinen UN-Teams scheiterte angesichts der feindseligen Haltung innerhalb des Königreichs. Dies musste auch der damalige UN-Generalsekretär Kofi Annan bei einem Besuch im August 2002 erfahren. Demonstranten in Tamale versuchten, seinen Konvoi aufzuhalten und den schweren Konflikt auf diese spektakuläre Weise einer breiten nationalen und internationalen Öffentlichkeit bekannt zu machen.

Es sollte noch vier Jahre dauern, bis sich die beiden Clans verständigten. Erst im April 2006 wurde der Leichnam des Ermordeten nach althergebrachten Riten zu Grabe getragen.[100] Es bedurfte aber der Intervention einflussreicher *Paramount Chiefs* und des *Asantehene*, bevor die umstrittene Nachfolge zugunsten des Andani *gate* auch zur Zufriedenheit des Abudu *gate* geregelt werden konnte.

Dazu zählte insbesondere das Zugeständnis des Andani *gate*, den einstigen König *Ya Naa* Mahamadu Abdulai IV posthum zu rehabilitieren. Er war als Mitglied des Abudu *gate* 1974 vom damaligen Acheampong-Regime seines Amtes enthoben worden und 1988 verstorben. Der Andani *gate* verweigert jedoch nach wie vor die Durchführung des traditionellen Totenrituals im Palast, was als Grundbedingung dafür gilt, dass der Verstorbene seinen Seelenfrieden finden kann. Selbst ein Gerichtsbeschluss des High Court in Tamale im Oktober 2016, wonach der amtierende König für die Dauer der Totenfeier den Gbewaa Palace verlassen sollte, wurde ignoriert. Ein Jahr später, im September 2017, gab es eine erneute Initiative hochrangiger traditioneller und säkularer Akteure, um das leidige Thema zu einem guten Ende zu führen. Aber auch dieser Initiative blieb der Erfolg bis auf Weiteres versagt. Erst im

---

100 Obwohl der Tote Muslim gewesen war, richteten sich Beerdigungsriten nach traditionellem Recht, das den klassischen islamischen Bestattungsregeln grundsätzlich widerspricht.

November 2018 zeichnete sich eine grundsätzliche und einvernehmliche Lösung ab, vermittelt durch den Asantehene und andere hochrangige Chiefs sowie regionalen Regierungsvertretern. Demnach wurden für den abgesetzten *Ya Naa* Mahamadu Abdulai IV die zweiwöchigen Totenrituale im Palast für Dezember 2018 und für den ermordeten *Ya Naa* Andani ll für Januar 2019 anberaumt.

Trotz dieses schweren Zwischenfalls, der die strukturellen Probleme der Ethnizität insbesondere in Nordghana fortschrieb, forcierte die Regierung im Laufe des Jahres 2002 ihr Reformprogramm. Neben der Justizreform setzte sie den Fokus auf die Aufarbeitung von staatlich sanktionierten Menschenrechtsverletzungen, politisch motivierten Tötungsdelikten sowie Entführungen und rechtswidrigen Enteignungen seit der Staatsgründung, wobei die Wahrheitskommission in Südafrika als Blaupause diente.

Schon im Januar 2002 verabschiedete das Parlament in demonstrativer Abwesenheit der NDC-Abgeordneten das Gesetz zur Errichtung der *National Reconciliation Commission* (NRC).[101] Im Mai 2002 ernannte Präsident Kufuor die neun Mitglieder der Kommission, und ein ehemaliger Richter am *Supreme Court*, Kweku Etru Amua-Sekyi, übernahm den Vorsitz. Die Kommission besaß weder Gerichtsbefugnisse noch Sanktionsmittel, sondern konnte nach Abschluss der Untersuchungen lediglich Empfehlungen für Entschädigungszahlungen und institutionelle Reformen geben. Wenngleich sich die Untersuchungen offiziell auf den Zeitraum von 1957 bis 1993 bezogen, lag der Schwerpunkt schon aus Zeitmangel bald auf den beiden Rawlings-Diktaturen unter dem AFRC und dem PNDC. So tagte die Kommission im Gegensatz zur südafrikanischen Wahrheitskommission, die ihre Untersuchungen sieben Jahre lang durchführte, nur 21 Monate – von Januar 2003 bis Oktober 2004. Es gab mehr als 4.200 Eingaben, und mehr als 1.800 Zeugen und annähernd 80 Beschuldigte sagten vor der Kommission aus. Unter ihnen befanden sich Jerry Rawlings und Kodjo Tsikata, denen unter anderem eine zumindest mittelbare Komplizenschaft bei der Ermordung von drei Richtern im Jahr 1982 vorgeworfen wurde.

Die Empfehlungen der Kommission beschränkten sich auf Entschädigungszahlungen, Restitutionen und Reformen der Sicherheitskräfte und der Gefängnisverwaltung. So sprach sie sich je nach Schwere des Vergehens für individuelle Entschädigungszahlungen zwischen zwei und 30 Millionen Cedi aus, woraufhin die Regierung insgesamt

---

101 *National Reconciliation Act 2002, Act 611.*

13,5 Milliarden Cedi (zu jener Zeit ca. 1,3 Millionen Dollar) für Kompensationszahlungen in den Haushalt 2006 einstellte. Dabei gestaltete sich in vielen Fällen die Restitution enteigneter Immobilien als schwierig. Oft war eine Rückgabe an die einstigen Eigentümer nicht mehr möglich, hatten die Objekte doch schon mehrfach den Besitzer gewechselt, sodass auch in diesen Fällen beträchtliche Entschädigungszahlungen anfielen.

Kufuors Schachzug, die Versöhnungskommission als Instrument zur sozialen Befriedung einzusetzen und somit einen unkalkulierbaren Konflikt mit Rawlings und dem NDC zu vermeiden, traf nicht überall auf Zustimmung. Dennoch bestand ein breiter gesellschaftlicher Grundkonsens, nach vorne zu schauen. So bestätigten mehrere Nachwahlen den eingeschlagenen Kurs der Regierung. Die NPP nahm dem NDC im März 2002 einen prominenten NDC-Wahlkreis in der Northern Region ab und bestätigte im Oktober 2002 ihre Dominanz in ihrer Hochburg Ashanti.[102] Angesichts der positiven Grundstimmung erklärte Amtsinhaber Kufuor bereits im September 2002 seine Absicht, sich auf dem für Anfang 2003 anberaumten Parteitag der NPP erneut als Kandidat für die Präsidentschaftswahlen 2004 bewerben zu wollen. Auch der NDC entschied nach mehrmonatigen internen Auseinandersetzungen recht frühzeitig seine Führungsfrage, und Ende 2002 setzte sich schließlich John Evans Atta Mills in einer Kampfabstimmung erneut durch, diesmal gegen den früheren Finanzminister Kwesi Botchwey.

Die Machtkonsolidierung der Kufuor-Administration erzeugte erste Begehrlichkeiten, und das NPP-dominierte Parlament genehmigte im Mai 2002 den Mandatsträgern einen zinslosen Kredit über 20.000 Dollar zum Kauf eines Fahrzeugs. Bedingung für diesen Kredit war die Rückzahlung bis zum Ende der Legislaturperiode. Diese Bedingung war jedoch reine Makulatur, denn das Gehalt eines Mandatsträgers reichte bei weitem nicht aus, um den Kredit innerhalb des definierten Zeitfensters zu tilgen. So verwunderte es nicht, dass diese Entscheidung ebenso heiß diskutiert wurde wie das im Juli verabschiedete Gesetz zur doppelten Staatsbürgerschaft. Davon versprachen sich die NPP und ihre Klientel einen langfristigen Vorteil, galt doch die Mehrheit der großen ghanaischen Diaspora in Großbritannien und den USA als NPP-affin, was sich bei Wahlen direkt niederschlagen würde. Des Weiteren hoffte die neue Regierung, dass die im Ausland lebenden Ghanaer vermehrt in Ghana investieren würden. Die Investitionsbereitschaft blieb zwar weitgehend aus, doch wurden weiterhin üppige Transferzahlungen im unte-

---

102 Die NPP gewann den Wahlkreis in Bimbilla (Northern Region) und in Kumawu (Ashanti Region). Der NDC konnte im Juli immerhin seinen Wahlkreis Ayawaso East (Greater Accra) halten.

ren einstelligen Milliarden-Dollar-Bereich aus der Diaspora an Familien in Ghana vorgenommen.

Jerry Rawlings suchte auch weiterhin die Öffentlichkeit und die Nähe zu seinen Anhängern und meldete sich am 4. Juni, dem 23. Jahrestag seines ersten Staatsstreichs, mit einer scharfen Attacke auf die neue Staatsführung und die Partei zurück. Weitere verbale Angriffe folgten, und bei einem Auftritt in Kumasi im August bezeichnete er die Regierung Kufuor als die schlimmste in der ghanaischen Geschichte, was ihm den Vorwurf landesfeindlicher Aktivitäten und ein Verhör durch den Staatsschutz einbrachte. Dagegen wiederum wehrte Rawlings sich und reichte wegen verleumderischer Berichterstattung Klage bei der Medienkommission ein.

Die wirtschaftliche Lage verbesserte sich leicht, stieg doch der Goldpreis beständig an und hatte am Jahresende 2002 einen Preis von 340 Dollar pro Unze erreicht, was einer Preissteigerung von 20 Prozent entsprach. Angesichts der positiven Preisentwicklung erweiterte die südafrikanische Gold Fields ihre Produktionsbasis, erwarb die Mehrheitsanteile des Konkurrenten Abasso Gold Fields und avancierte hinter der AGC zur Nummer zwei in Ghanas Goldbergbau. Auch der Weltmarktpreis für Kakao schnellte angesichts der schweren Staatskrise in der benachbarten Côte d'Ivoire nach oben, verzeichnete im ivorischen Krisenjahr 2002 einen Anstieg von 60 Prozent und kostete pro Tonne mehr als 2.200 Dollar, der höchste Preis seit Mitte der 1980er Jahre.

Die Regierung trieb derweil das Privatisierungsprogramm voran, woraufhin der IWF im Februar 2002 den schweren Verweis gegen Ghana für die Jahre 2000/2001 aufhob. Aber weder Privatisierungsbemühungen noch die Nachsicht des IWF und der großzügige Schuldenerlass im Rahmen des HIPC-Programms gaben Impulse für den maroden Energiesektor.[103] Dieser sollte auf lange Sicht das Sorgenkind der Wirtschaft bleiben, hing doch die Stromproduktion im Wesentlichen von Niederschlägen und dem Pegelstand des Voltasees ab, der das Wasserkraftwerk Akosombo speist. Angesichts erratischer und insgesamt geringer Regenfälle sank die Stromproduktion im Jahr 2002 zeitweise um die Hälfte, und die Importmengen aus der Côte d'Ivoire mussten mangels Devisen und angesichts unbeglichener Rechnungen reduziert werden. Gleichzeitig stieg der Druck der internationalen Geber, die Subventionen für Strom und Wasser weiter zu senken und zumindest kostendeckende Tarife durchzusetzen. Die massiven Erhöhungen lösten

---

103 In einer Paketlösung einigten sich IWF und Weltbanktochter *International Development Association* im Februar 2002, die sechs Milliarden Dollar Schuldenlast um 3,7 Milliarden Dollar zu senken.

erste heftige Proteste aus. Die Regierung ruderte ein wenig zurück und räumte den Kleinverbrauchern angesichts einer Inflationsrate von etwa 25 Prozent einen 30-prozentigen Preisnachlass ein. Derweil hielt der Währungsverfall auch im Laufe des Jahres 2002 an, und am Ende lag der Wechselkurs bei 8.270 Cedi zum Dollar, ein Wertverlust von 13 Prozent.

Auch Ghanas hoffnungsvoll gestarteter IKT-Bereich erlebte seine erste Krise, beendete doch die staatliche *Ghana Telecom* die Zusammenarbeit mit der *Telekom Malaysia Berhad*, die die operative Leitung innehatte und 30 Prozent an dem ghanaischen Unternehmen hielt. Das malaysische Unternehmen strengte 2003 ein Schiedsgerichtsverfahren gegen Ghana vor der *United Nations Commission on International Trade Law* (UNICITRAL) an, um seine Forderungen über 57,3 Millionen Dollar durchzusetzen. Dieser Konflikt hatte Langzeitwirkung und blockierte den systematischen Ausbau und die Weiterentwicklung dieses so wichtigen Wirtschaftszweiges auf Jahre hinaus.

Ein weiterer Rückschlag war die drohende Insolvenz der staatlichen Fluggesellschaft *Ghana Airways*, die einen Schuldenberg von 150 Millionen Dollar angehäuft hatte. Im Mai 2002 war eine Maschine der Fluggesellschaft in Großbritannien wegen unbeglichener Rechnungen beschlagnahmt worden, und wenige Wochen später hatte die italienische *Alitalia* den Servicevertrag storniert. Die Geschäftsführung legte daraufhin der Regierung ein Sanierungskonzept zum Abbau des Schuldenberges vor, was diese jedoch zurückwies. Damit war das baldige Ende der Fluglinie besiegelt.

Anfang Januar 2003 bestätigte der NPP-Parteitag per Akklamation die Kandidatur des amtierenden Präsidenten, der seinen Führungsanspruch durch Wahlerfolge seiner Partei bei sechs Nachwahlen im März und April untermauern konnte.[104] Damit läuteten Regierung und NPP einen langen Wahlkampf ein. Der Parteitag wählte erstmals auch Vorsitzende für die Jugend- und die Frauenorganisation der Partei, eine strategische Entscheidung, die eine komfortable Mehrheit auch in diesem Gesellschaftssegment dauerhaft sicherstellen sollte.

Zugleich begannen am 14. Januar die öffentlichen Anhörungen der Versöhnungskommission, wobei der NDC dem Eröffnungszeremoniell ostentativ fernblieb und im Mai 2003 seinen Wahlkampf mit einer Anti-Regierungsdemonstration in Accra eröffnete. Doch zeichnete sich auf diesem Protestmarsch unter dem Slogan *»March for Survival«* die

---

104 Die NPP gewann in Navrongo Central, Bimbilla, Kumawu, Gomoa East und Amenfi West.

deutlich gesunkene Mobilisierungsfähigkeit des NDC ab, der trotz seiner Galionsfigur Rawlings weder die kleinen nkrumahistischen Parteien noch regierungskritische Gruppierungen der Zivilgesellschaft zur Teilnahme bewegen konnte.

Im Rahmen einer kleinen Kabinettsumbildung im April 2003 wechselte Justizminister Akufo-Addo ins Außenministerium. Dort hoffte er, stärkere Akzente für seine mittelfristig angelegten Ambitionen für die Zeit nach Kufuor setzen zu können. Des Weiteren bereitete die Regierung aus der Position der Stärke heraus eine Aufstockung der Wahlkreise um 30 auf nunmehr 230 vor, und die Wahlkommission arrondierte den Zuschnitt mehrerer Wahlkreise zugunsten dreier südlicher und westlicher Regionen, da sich die demografische Entwicklung im Süden auf Kosten der nördlichen Regionen dynamisiert hatte.

Zum 10. Jahrestag ihrer Gründung legten die Menschenrechtskommission CHRAJ und ihr langjähriger Vorsitzender Emile Francis Short im September 2003 einen Zwischenbericht vor, da der Vorsitzende einen Ruf an das UN-Tribunal für Ruanda erhalten hatte. Von den 64.000 Petitionen – so die Kommission – hatten drei Viertel der Verfahren zur Zufriedenheit der Antragsteller bearbeitet werden können. Die Kommission untersuchte nicht nur Menschenrechtsverletzungen, sondern auch administratives Fehlverhalten des Staates. Im November 2003 ging eine delikate Beschwerde ein, bei der es um Zahlungen von Zulagen an Mandatsträger ging, die im Vorjahr erfolgt und offiziell als Kredite für den Kauf von Fahrzeugen deklariert worden waren. Die CHRAJ nahm die Beschwerde zum Anlass, das Gebaren der Regierung und der Abgeordneten in dieser Frage seit dem Beginn der IV. Republik zu untersuchen. In dem aktuellen Fall entschied sie, dass die Kreditnehmer die Zulagen zurückzuzahlen hätten.

Der Machtwechsel 2001 hatte staatliche Restriktionen abgebaut und damit den persönlichen Freiraum der Bürger ausgeweitet. Im Kontext dieser positiv veränderten Grundkonstellation nahm aber jenseits ethnisch gefärbter Gewalt auch die Schwerkriminalität zu, der die Sicherheitskräfte zunächst hilflos gegenüberstanden. Erst als Raubüberfälle, in die auch Nigerianer verwickelt waren, auf den Fernstraßen der Ballungszentren im Süden überhandnahmen, reagierte die Polizei. Im Mai 2003 kündigte sie eine Erhöhung ihrer Sollstärke um 20.000 Beamte an. Darüber hinaus entschied ein Gericht im März 2003 im Rahmen der Verbrechensbekämpfung, dass Privateigentum konfisziert werden konnte, wenn es mit Drogengeldern erworben worden war.[105]

---

105 Dieser Fall hatte Pilotcharakter, denn der Kläger hatte in Großbritannien wegen Drogenhandels eingesessen, war nach Verbüßung der Strafe nach Ghana zurück

Schon zu Jahresbeginn 2003 hatte Präsident Kufuor seine Landsleute auf harte und schmerzhafte Wirtschaftsreformen eingestimmt. Dazu zählten erneut drastische Verteuerungen staatlicher Dienstleistungen wie der Strom- und Wasserversorgung und auch die Verdoppelung der Benzinpreise. Trotz der hohen Inflationsrate von rund 30 Prozent blieb der Wechselkurs des Cedi stabil, und zum Jahresende 2003 notierte er mit 8.700 zum Dollar. Auch die Kakaoernte fiel mit 440.000 Tonnen gut aus, und die Preisrallye am Goldmarkt hielt an. So war der Goldpreis im Laufe des Jahres 2003 um mehr als 50 Dollar auf 411 Dollar gestiegen, was schließlich zu einer internationalen Übernahmeschlacht um die AGC führte, die im Wahljahr 2004 eine Fusion mit der südafrikanischen *AngloGold* nach sich zog. Als *AngloGold Ashanti*, die mehrheitlich der *AngloAmerican* gehörte, stieg sie zu einem der weltweit größten Goldproduzenten auf. Gleichzeitig sicherte sich das Unternehmen für weitere 50 Jahre die Schürfrechte in Obuasi.

Im Kontext der sich langsam erholenden Wirtschaft stieg aber auch die Korruption merklich an. Ghana fiel im Korruptionsindex von Transparency International um 20 Plätze zurück und landete 2003 mit einem mäßigen Wert von 3,9 auf Platz 70 der Rangliste von 180 Ländern.[106] Im November 2003 stellte eine Untersuchungskommission fest, dass allein in Rawlings' letztem Amtsjahr 200.000 sogenannte ghost workers ein Gehalt im öffentlichen Dienst bezogen hatten.

Die anstehenden Wahlen im Dezember bestimmten im Verlauf des Jahres 2004 weitgehend alle politischen und sozioökonomischen Aktivitäten. So setzte die Wahlkommission nach dem positiven Votum des Obersten Gerichtshofs ihre angekündigte und zunächst nicht ganz unumstrittene Wahlkreisreform um und erhöhte die Zahl der Wahlkreise um 30 auf nunmehr 230. Die Versöhnungskommission beendete wie vorgesehen im Oktober ihre Anhörungen, sodass die Aufarbeitung staatlicher Willkür im Interesse beider Lager weitgehend aus dem Wahlkampf herausgehalten werden konnte. Dennoch machte sich in zivilgesellschaftlichen Kreisen Enttäuschung darüber breit, wie wenig Substanzielles die Kommission ans Licht gebracht hatte. Darüber konn-

---

gekehrt und hatte dort eine Immobilie erworben. Vor Gericht hatte er geltend gemacht, sein in Europa verdientes Geld zum Hauskauf verwendet zu haben.

106 Dieser Wert verbesserte sich nur graduell und stieg lediglich während der Regierungszeit von John Dramani Mahama für einige Jahre – von 2012 bis 2015 – deutlich an. Für das Jahr 2016 weist der Korruptionsindex der Weltbank für Ghana auf einer Skala von 1 (niedrig) bis 6 (hoch) einen Wert von 3 aus. Im Jahr 2005 lag der Wert noch bei 3,5.

ten auch die Entschädigungszahlungen nicht hinwegtäuschen. Die völlig unrealistische Empfehlung der NRC, die in der Verfassung verankerte Straflosigkeit des PNDC-Regimes einem Referendum zu unterziehen, war letztlich das Eingeständnis, dass ein Schlussstrich unter das Kapitel der Rawlings-Diktatur gezogen werden sollte.

Derweil stellten Kufuor und seine NPP im Wahlkampf ihre erfolgreiche Wirtschafts- und Antikorruptionspolitik in den Vordergrund und desavouierten Kufuors Herausforderer Atta Mills erneut als Marionette von Rawlings. Die Regierung warf ihm vor, das sogenannte »64 Battalion« wiederbelebt zu haben, das während der PNDC-Diktatur eine Kampfeinheit gegen mögliche Interventionen des Militärs gewesen war. Dabei war diese Einheit schon Jahre zuvor in der regulären Armee aufgegangen, und die Regierung legte keinerlei Belege für ihre Unterstellungen vor. Atta Mills und der NDC konterten die fabrizierten Anschuldigungen mit scharfen verbalen Angriffen auf die Regierung und unterstellten ihr die Planung eines großangelegten Wahlbetrugs. Zugleich prangerte die stärkste Oppositionspartei die Wirtschaftspolitik der Regierung Kufuor an, die zu Lasten der Armen und Ärmsten durchgesetzt wurde, und versuchte, die Korruptionskampagne als wohlfeilen Aktionismus zu entlarven. Der NDC bezog sich dabei auf Alhaji Moctar Bamba, ein Amtsträger aus dem direkten Umfeld des Präsidenten. Dieser hat Briefköpfe des Präsidialamtes genutzt, um Kredite für Privatunternehmen zu sichern, an denen er beteiligt war. Bamba trat zurück, ohne Sanktionen befürchten zu müssen, was den NDC bewog, die Affäre als Spitze eines Eisberges zu bezeichnen und die Regierung der Vertuschung zu bezichtigen.

Weiterhin thematisierte der NDC die prekäre Sicherheitslage in Dagbon und die Unfähigkeit der Regierung, die Mörder des Königs *Ya Naa* Yakubu Andani II und seiner Bediensteten zur Rechenschaft zu ziehen. So warf er dem Präsidenten vor, eine Aufklärung des Verbrechens vorsätzlich zu behindern, standen doch das Opfer und sein Andani *gate* dem NDC nahe, während die Tatverdächtigen und deren Auftraggeber der NPP zuzurechnen waren. Zu den Sympathisanten des Abudu *gate* zählten zum Beispiel einflussreiche Politiker wie Vizepräsident Aliu Mahama und die einstigen Minister Alhaji Malik Alhassan Yakubu, Imoro Andani und Joshua Hamidu. Um bei den bevorstehenden Wahlen in dieser instabilen Region ein Gegengewicht zur NPP aufzubauen, berief der NDC-Präsidentschaftskandidat Atta Mills den Dagomba Muhammad Mumuni zu seinem Vizepräsidentschaftskandidaten.

Die Wirtschaftslage hatte sich weiter leicht verbessert, das Wachstum fiel mit annähernd sechs Prozent höher aus als erwartet, und auch die Inflation blieb mit knapp zwölf Prozent im Rahmen der Erwartungen. Der Druck der internationalen Gebergemeinschaft hielt aber auch im Wahljahr an, und die Regierung musste ein Wahlgeschenk an die Staatsbediensteten zurücknehmen, nämlich eine Gehaltserhöhung von 31 Prozent. Es folgte eine grundlegende Reform des Bildungssektors, die eine allgemeine elfjährige Schulpflicht von vier bis 15 Jahren festlegte. Danach bestand die Möglichkeit, die Oberschule und anschließend eine Hochschule zu besuchen.[107]

Der Großfusion im Goldbergbau folgte im Januar 2004 eine weitere spektakuläre Fusion im Brauereigewerbe, als *Guinness Ghana* die *Ghana Breweries* übernahm. Angesichts einer Rekord-Kakaoernte von 700.000 Tonnen setzte sich in Regierungskreisen zusätzlich die Idee durch, für 18 Millionen Dollar den 90-prozentigen Anteil der *Kaiser Aluminium & Chemical Corporation* (KACC) an der stillgelegten *Volta Aluminium Company* (VALCO) zu übernehmen. 2005 wurde dieser Plan umgesetzt, was Nkrumahs einstigem Traum von einer integrierten einheimischen Aluminiumindustrie recht nahe kam. Vier Jahre später, gegen Ende der Kufuor-Ära, erwarb VALCO die restlichen zehn Prozent von der US-amerikanischen ALCOA Corporation. Wegen des ständigen Strommangels und niedriger Weltmarktpreise kam die Produktion jedoch regelmäßig zum Erliegen und 2007 sogar zum Stillstand. Erst 2011 wurde sie wieder aufgenommen.

Die Regierung Kufuor unterstrich mit der Einführung eines beitragsfinanzierten Gesundheitsfonds ihren Reformwillen und sicherte einem Teil der Gesellschaft den kostengünstigen Zugang zu medizinischer Grundversorgung, wobei die Behandlung von HIV/AIDS von dieser Grundversorgung ausgenommen war. Das bereits 2003 verabschiedete Gesetz zum *National Health Insurance Scheme* sah eine Sondersteuer von 2,5 Prozent auf alle Güter und Dienstleistungen vor und für Arbeitnehmer einen monatlichen Beitrag von 6.000 Cedi, was angesichts eines Mindestlohns von damals 9.200 Cedi pro Arbeitstag breite Zustimmung fand und das Ansehen der NPP-geführten Regierung weiter stärkte. Darüber hinaus erachteten die meisten Ghanaer die aktuelle Lage im Jahr 2004 im Vergleich zu den Vorjahren und zu den Nachbarländern als gut.

Wenig überraschend gewannen Präsident Kufuor und seine NPP somit im Dezember 2004 die Präsidentschafts- und Parlamentswahlen und bestätigten ihre dominante Stellung.

---

107 Insgesamt gab es 12,5 Millionen Schüler und Studenten (2016); http://uis.unesco.org/country/GH (zuletzt aufgerufen am 23. Dezember 2018).

Legislaturperiode II (2005–2009)

Wenige Tage vor Ablauf der Legislaturperiode legte der amtierende und wiedergewählte Präsident Kufuor in seiner Rede an die Nation seinen Rechenschaftsbericht über seine vierjährige Amtszeit vor. Er hob die großen Erfolge seiner Wirtschaftspolitik hervor und verkündete für die bevorstehende Amtszeit seine Agenda *Positive Change II*, die der Armutsbekämpfung, guter Regierungsführung und der Redlichkeit der Staatsführung besondere Aufmerksamkeit schenken sollte.

Kufuors zweiter Amtseinführung am 7. Januar 2005 blieb Jerry Rawlings demonstrativ fern. Am 4. Juni zelebrierte er in provokativer Manier erneut den Tag seines ersten Putsches. Nur wenige Tage nach dem Amtsantritt des Präsidenten nahm Rawlings seine Verbalattacken gegen die Regierung und die NPP wieder auf, warf ihnen massive Korruption und Amtsmissbrauch vor und forderte unverblümt, die Regierung vorzeitig abzulösen. Die Regierung nahm diese Angriffe jedoch nicht tatenlos hin. Sie setzte alle Hebel in Bewegung, um die für März 2005 geplante Verleihung der Ehrendoktorwürde an Rawlings an der von ihm in der Nordmetropole Tamale gegründeten *University of Development Studies* zu verhindern.

Dabei war der Korruptionsvorwurf durchaus berechtigt. Die meisten Ghanaer glaubten inzwischen an weit verbreitete und zunehmende Korruption. Auch der damalige Vertreter der Weltbank, Mats Karlson, stellte im Mai öffentlich klar, dass Korruption in Ghana allgegenwärtig sei. Es gab immer mehr Hinweise auf breit angelegte Vetternwirtschaft, hatten doch etliche Familienmitglieder von Präsident Kufuor lukrative Posten im Staatsapparat und in öffentlichen Unternehmen erhalten. Zugleich vermochte die Regierung nicht, weitere Korruptionsverfahren gegen NDC-affine Akteure zu Ende zu führen. Insbesondere das Verfahren gegen das *31ˢᵗ December Women's Movement*,[108] das sich beim Verkauf der staatseigenen *Ghana Rubber Estates* bereichert haben sollte – wobei sich das Verfahren in erster Linie gegen Rawlings' Ehefrau richtete –, galt als scharfe Waffe gegen den NDC und seine Führungskräfte. Doch löste sich der jahrelange Rechtsstreit mangels belastbarer Belege im Jahr 2005 schließlich in nichts auf.

Rawlings' nach wie vor enormer Einfluss auf den NDC bekam Obed Yao Asamoah, Parteivorsitzender und langjähriger Weggefährte des Ex-Präsidenten, im Dezember 2005 zu spüren, als er den internen

---

108 Die Gruppierung nannte sich später um in *Developing Women for Mobilisation* und firmiert auch heute noch unter diesem Namen. Im Mai 2018 feierte sie ihr 36-jähriges Bestehen.

Machtkampf um die Parteiführung verlor. Im Januar 2006 verließ er den NDC und gründete eine neue Partei, kehrte aber wenige Jahre später zum NDC zurück. Damit war der Weg frei für Atta Mills, seine politischen Ambitionen weiterzuverfolgen.

Die Korruptionsvorwürfe gingen nicht spurlos an der Regierung vorüber. Der Sieg des NDC bei zwei Nachwahlen im April 2005 in Ashanti und wenige Monate später in Greater Accra sowie erste größere Protestaktionen gegen die rigide Wirtschaftspolitik, organisiert vom losen Bündnis *Committee for Joint Action*, begannen an der Substanz der NPP zu zehren. Derweil versuchte der Präsident ein wenig gegenzusteuern, begnadete anlässlich des Jahrestages der Unabhängigkeit am 6. März 2005 die einsitzenden ehemaligen NDC-Minister Peprah und Selormy sowie mehr als 1.400 »normale« Strafgefangene und nahm zur gleichen Zeit die geplante Privatisierung der städtischen Wasserversorgung zurück. Die Abwicklung der hochverschuldeten *Ghana Airways* und die Gründung der neuen Fluglinie *Ghana International Airlines* bewerteten Kritiker dagegen als reines Selbstbedienungsprojekt, blieb doch auch dieses Unternehmen hoch defizitär und stellte schließlich im Jahr 2010 den Flugbetrieb ein.

Das Privatisierungsprogramm verlief trotz eines eigens für die Privatisierung und Deregulierung geschaffenen Ministeriums weiterhin schleppend und ging selten über Ankündigungen hinaus. So blieben Revitalisierung und Privatisierung der maroden Eisenbahn bereits im Ansatz stecken, und auch die sich abzeichnende Ausweitung des Erdölsektors stagnierte angesichts der Komplexität und des Kapitalbedarfs. Die Senkung der Körperschaftssteuer und der Zwangsabgabe *National Reconstruction Levy* für den Wiederaufbau des Landes war dagegen ein Erfolg. Die langersehnte Fertigstellung der westafrikanischen Gaspipeline im Juni 2005, die schon bald die Energieversorgung verbessern sollte, die noch immer beachtliche Kakaoernte von 580.000 Tonnen, der steigende Goldpreis, eine akzeptable Wachstumsrate von fast sechs Prozent und eine Verringerung der Inflationsrate schlugen ebenfalls positiv zu Buche.

Trotz der zögerlichen Wirtschaftsreformen und der steigenden Korruption blieb Ghana das bevorzugte Versuchslabor der internationalen Gebergemeinschaft, die die strukturellen Widerstände in Ghana hinnahm und bereit war, Zugeständnisse zu machen, um dem Land nicht vollends die Luft zum Atmen zu nehmen. Dazu zählte insbesondere ein weitgehender Schuldenerlass im Juni 2005 in Höhe von 4,1 Milliarden Dollar als Gegenleistung für Ghanas vorbildliches Verhalten im Rahmen des HIPC-Programms, die Tilgung der beim IWF aufgelaufenen

Schulden in Höhe von 380 Millionen Dollar und die Bereitstellung von 1,2 Milliarden Dollar für ein mehrjähriges Programm für Wachstum und Armutsbekämpfung – die *Growth and Poverty Reduction Strategy II* (2006–2009).

Die feindselige Grundströmung zwischen den beiden Großparteien NPP und NDC und ihren Hauptprotagonisten verstärkte sich in den drei letzten Jahren vor den Wahlen 2008, die auch das Ende der Amtszeit von Präsident Kufuor markierten. Die regierende NPP suchte die anstehende Führungsfrage frühzeitig zu lösen und geeignete Maßnahmen zum Machterhalt zu ergreifen. So begann schon 2006 ein langer und harter Machtkampf innerhalb der NPP, der auch der Öffentlichkeit nicht verborgen blieb. Erst 2008 wurde er zugunsten von Außenminister Akufo-Addo entschieden, der dann im Dezember für die Regierungspartei als Präsidentschaftskandidat antrat.

Das Gesetz zur Wahlrechtsreform *Representation of the People (Amendment) Act* (ROPAA), das auch Auslandsghanaern, die durch Transferleistungen einen erheblichen Beitrag zum Inlandsprodukt leisteten, das Wahlrecht einräumen sollte, wurde von der NPP-Mehrheit gegen den massiven Widerstand des NDC im Februar 2006 beschlossen. Noch vor der endgültigen Verabschiedung des Gesetzes, das schon für die Wahlen 2008 gelten sollte, blieben die Abgeordneten des NDC dem Gesetzgebungsprozess fern und kehrten erst Anfang März ins Parlament zurück. Wenngleich die Wahlkommission ein hinreichend großes Zeitfenster besaß, um die gesetzlichen Vorgaben umzusetzen, machte der Vorstand der *Electoral Commission* keinerlei Anstalten, den Vorgaben zu folgen, und die Regierung Kufuor beließ es widerstandslos beim Status quo ante.[109]

Kufuor und seine NPP wirkten bereits im Laufe des Jahres 2006 ausgebrannt. Der Präsident verstärkte seine internationale Reisetätigkeit und vernachlässigte zugleich die Innenpolitik. Der NDC hingegen gewann im April 2006 eine Nachwahl in Tamale gegen einen NDC-Abtrünnigen, ordnete im Dezember 2006 trotz einiger prominenter Parteiaustritte mit der Wahl von Atta Mills zum Präsidentschaftskandidaten seine Führungsstruktur neu und demonstrierte Einigkeit. Zur mäßigen Performance der Regierung trugen aber auch erneute schwere Korruptionsvorwürfe bei, obwohl das Parlament im Juli 2006 den *Whistle Blower Act* zur Korruptionsbekämpfung verabschiedet hatte. So beschuldigte

---

109 Alle Nachfolgeregierungen beließen es bei diesem Status. Erst ein Urteilsspruch eines *High Court* in Accra vom Dezember 2017 wies die Wahlkommission an, das Gesetz ROPAA aus dem Jahr 2006 innerhalb eines Jahres umzusetzen.

die *Ghana Aids Commission* mehr als 120 Parlamentarier, Projektgelder für HIV/AIDS-Aufklärungskampagnen veruntreut zu haben. Mit dieser Affäre hatte sich nach Angaben von *Transparency International* das Korruptionsniveau dem am Ende der Rawlings-Administration angeglichen.

Untersuchungen der CHRAJ gegen den damaligen Verkehrsminister Richard Anane und gegen einen Sohn des Präsidenten untergruben Kufuors Autorität. Er weigerte sich jedoch im April, den Minister im Rahmen einer größeren Kabinettsumbildung zu entlassen.[110] Mit diesen Maßnahmen versuchte der Präsident, die politische Initiative zurückzugewinnen und Handlungsfähigkeit zu demonstrieren und strengte eine Untersuchung gegen den damaligen Vorsitzenden des Obersten Gerichtshofs, George Kingsley Acquah, wegen Amtsmissbrauchs an. Der *Supreme Court* schob jedoch der Untersuchung einen Riegel vor und erklärte im Juli 2006 das Verhalten des Präsidenten für verfassungswidrig. Im April versuchte die Anklagebehörde nochmals, Rawlings' Ehefrau rechtlich zu belangen, weil sie sich zusammen mit hochrangigen Staatsbediensteten der Rawlings-Regierung bei der Privatisierung der *Nsawam Cannery* bereichert und dem Staat großen finanziellen Schaden zugefügt haben sollte. Kurz vor dem Ende seiner Amtszeit wurden Anfang Januar 2009 auf Kufuors Anweisung alle Anklagepunkte zurückgenommen, und kurz darauf schloss das zuständige Gericht die Akte.

Der NDC suchte seinerseits weiterhin nach Schwachpunkten der Regierung und der NPP, um sie in der Öffentlichkeit immer wieder bloßzustellen. Die Intransparenz bei der Finanzierung und beim Bau des *Flagstaff House*, dem neuen Amtssitz des Präsidenten, sowie die undurchsichtige Affäre um den Verkauf der Präsidentenmaschine zugunsten mehrerer Militärflugzeuge boten hinreichend Angriffspunkte. Dies galt auch für den Drogenhandel, insbesondere den Handel mit Kokain in der westafrikanischen Region, dessen Dimension im Laufe des Jahres 2006 nach mehreren Festnahmen und der Beschlagnahme etlicher Tonnen im Hafen von Tema sichtbar wurde. Anhand dieser Fakten deutete sich an, dass Drogenhändler und Sicherheitskräfte eng zusammenarbei-

---

110 Erst nach der Empfehlung der CHRAJ, ihn zu entlassen, trat Anane schließlich im Oktober 2006 zurück. Ein Jahr später entschied ein Gericht, dass die CHRAJ mit der Ermittlung auf Basis von Medienberichten ihre Kompetenz überschritten hatte, eine Sichtweise, die der *Supreme Court* bestätigte. Dies gab Kufuor die Möglichkeit, Anane im März 2008 erneut zum Transportminister zu berufen, was in der Öffentlichkeit großes Unbehagen hervorrief. Kufuors Sohn John Addo Kufuor, auch bekannt als *Chief* Kufuor, war in ein dubioses Hotelgeschäft verwickelt. Die Kommission ermittelte auch gegen den Präsidenten, konnte aber keinen Interessenkonflikt zwischen dem Präsidentenamt und den Geschäftsaktivitäten des Sohnes feststellen.

teten und wesentlich dazu beitrugen, Ghana in ein wichtiges Drogen-Transitland zu verwandeln. Auch diese Entwicklung lastete der NDC der Regierung Kufuor an.

Obwohl sich die gegenseitigen Anfeindungen als fester Bestandteil des politischen Diskurses festzuschreiben schienen, wiesen die wirtschaftlichen Daten positive Werte auf. Auch der IWF sah beträchtliche Fortschritte und prognostizierte im September 2006, dass unter den gegebenen Umständen die Armut in Ghana innerhalb von sechs Jahren um die Hälfte verringert werden könne. Diese Projektion griff die Regierung auf und ließ verlauten, dass Ghana keine IWF-Kredite mehr benötigen und seinen Bedarf auf dem internationalen Kapitalmarkt decken werde.

So nahmen nach einer mehrjährigen Flaute die Geschäfte im Bereich Mobilfunk und Internet wieder Fahrt auf, und die staatliche *Ghana Telecom* stellte einen erneuten Privatisierungsversuch in Aussicht. Auch die gesunkene Inflationsrate von etwa zehn Prozent und Wachstumsraten von sechs bis sieben Prozent unterstrichen den positiven Trend, den die 50-prozentige Schuldenreduzierung nochmals untermauerte.

Diese Entwicklung weckte jedoch neue Begehrlichkeiten. Die Regierung erhöhte im März die Gehälter im öffentlichen Dienst um 20 Prozent, was aber die zweimaligen Benzinpreiserhöhungen nur partiell ausgleichen konnte. Im Gesundheitsbereich verfehlte die Regierung die anvisierte Marke, 50 Prozent der Bevölkerung in den Genuss einer abgesicherten medizinischen Grundversorgung zu bringen. Die Zahl der für das *National Health Insurance Scheme* Registrierten lag lediglich bei 30 Prozent. Desgleichen stellte sich erneut das Problem des *brain drain*, hielt sich doch die Anzahl der Ärzte ghanaischer Abstammung in den USA die Waage mit der Zahl der Mediziner in Ghana. Die Regierung versuchte seit Jahren, die Abwanderung abzufedern, indem sie regelmäßig kubanische Ärzte verpflichtete und ghanaische Studenten zum Medizinstudium nach Kuba schickte.[111]

Im Jahr 2007 feierte Ghana 50 Jahre Unabhängigkeit. Das Jubiläum geriet zu einer Propagandaschlacht zwischen der Regierung und der Opposition, als sich andeutete, dass die NPP-geführte Regierung die Feierlichkeiten einzig zur Selbstdarstellung nutzen wollte. Zuvor, im Februar, war der Abgeordnete und ehemalige Minister in der Rawlings-Administration, Dan Abodakpi, wegen Korruption zu zehn Jahren Haft

---

111 Im Mai 2018 erfuhr die ghanaische Öffentlichkeit, dass Kuba für den Einsatz seiner etwa 100 Ärzte ausstehende Honorare in Höhe von 4,7 Millionen Dollar geltend machte; https://www.myjoyonline.com/news/2018/may-14th/.php (gesehen am 16. Mai 2018).

verurteilt worden, was das beiderseitig angespannte Verhältnis zusätzlich belastete und die NDC-Abgeordneten bewog, für zwei Wochen den Sitzungen fernzubleiben. Letztlich lenkte Präsident Kufuor ein und ließ Rawlings offiziell zu den Feierlichkeiten einladen. Wenige Tage vor dem Unabhängigkeitstag am 6. März schlug dieser die Einladung jedoch aus. Seine Absage begründete er damit, dass Kufuor und die NPP die grassierende Korruption und die Vetternwirtschaft im Land befördert und die steigende Zahl an ethnischen Konflikten zugelassen hätten. Der NDC agierte politisch flexibler und entsandte seinen Präsidentschaftskandidaten Atta Mills zu den Feierlichkeiten, wo Präsident Kufuor zur Überraschung seiner Anhänger und der Öffentlichkeit in moderner westlicher Kleidung statt in der traditionellen *Kente*-Tracht auftrat und in seiner Ansprache auch das Vermächtnis Kwame Nkrumahs würdigte.

Nach zwei siegreichen Nachwahlen in der ersten Jahreshälfte 2007 machte sich bei der NPP wieder leichter Optimismus breit, über die Wahlen 2008 hinaus an der Macht bleiben zu können. In der zweiten Jahreshälfte nahmen die internen Machtkämpfe um die Führung der Partei an Schärfe zu, wobei auch viel Geld floss. Kufuor hielt sich bei diesen internen Auseinandersetzungen zurück, und auch sein Bruder erhielt von ihm keinerlei Unterstützung. Schließlich setzte sich im Dezember 2007 Außenminister Akufo-Addo durch, der nicht zuletzt über die notwendigen finanziellen Ressourcen verfügte, um das Ergebnis in seinem Sinne zu beeinflussen.

In seiner jährlichen Regierungserklärung erging sich Kufuor im Februar 2007 in übertriebenem Eigenlob und hob die großartigen Leistungen seiner Regierung, insbesondere in der Wirtschaftspolitik, hervor. Er vermied aber jeglichen Hinweis auf die weitverbreitete Korruption, was der lokale Ableger von *Transparency International* öffentlich beklagte. Auch der internationale Drogenhandel nutzte Ghana weiterhin verstärkt als Transitland, benutzte dabei Auslandsghanaer als Kuriere und die Häfen als Einfallstor für südamerikanisches Kokain. Ein Jahr später, im Januar 2008, gab selbst Innenminister Kwamina Bartels zu, dass Ghana ein wichtiger Knotenpunkt des Drogenhandels geworden war, woraufhin eine Delegation der UNDOC im Juni 2008 Ghana aufsuchte, um eine bessere Strategie zur Drogenbekämpfung abzustimmen.

Der NDC wiederum kritisierte die schlecht vorbereitete und überhastete Einführung der Krankenversicherung *National Health Insurance Scheme*, stellten doch Mitte 2007 nur externe Zuwendungen der Weltbank in Höhe von 15 Millionen Dollar die Arbeitsfähigkeit des *National Health Insurance Scheme* zumindest ansatzweise sicher. Der ständige Fluss privater Transferzahlungen der ghanaischen Diaspora in Höhe von geschätzten 5,7 Milliarden Dollar sicherte vielen Familien ein Mindesteinkommen und dem Staat zusätzliche Devisen.

Dies trug zur beachtlichen Reduzierung der Armut bei, die seit Beginn der IV. Republik um fast die Hälfte auf 28 Prozent gesunken war. Welchen Anteil dabei der Handel mit Kindern und Kinderarbeit insbesondere im Kakaosektor hatten, blieb unbeantwortet. Die Regierung beteuerte lediglich, sich diesem Thema stärker widmen zu wollen, ein Versprechen, das weder diese noch die Nachfolgeregierungen einlösten.[112] Immerhin gelang es trotz heftiger Widerstände im Februar 2007, ein Gesetz gegen häusliche Gewalt zu verabschieden, was die meisten afrikanischen Staaten mit großer Skepsis betrachteten, und mit Georgina Theodora Wood wurde im Juni 2007 erstmals eine Frau Vorsitzende Richterin am *Supreme Court*. Ein Jahr später, im Oktober 2008, wählten die zuständigen Gremien der *University of Cape Coast* Nana Opoku-Agyeman zur ersten Rektorin einer ghanaischen Hochschule.

Geradezu euphorisch reagierten Regierung und Teile der Öffentlichkeit im Juni 2007 auf beträchtliche Erdölfunde vor der Küste, die das Erdöl- und Erdgaszeitalter auch in Ghana ankündigten. Damit verbunden – zusammen mit den ersten nigerianischen Gaslieferungen durch die westafrikanische Gaspipeline Ende 2007 – war die Hoffnung, zeitnah die Energiefrage lösen zu können. In diesem Kontext setzte die Regierung im Juli 2007 die schon länger erwartete Währungsreform um und schuf den neuen Cedi, der einem Wert von 10.000 alten Cedi entsprach, wobei die jeweiligen Banknoten bis zum Jahresende 2007 ihre Gültigkeit behielten und die Preise für die Übergangszeit in alten und neuen Cedi ausgezeichnet waren.

Präsident Kufuor versuchte im Wahljahr 2008 mit etlichen Wahlgeschenken und spektakulären Maßnahmen, sich einen guten Abgang und der NPP eine tragfähige Basis zum Machterhalt zu verschaffen. Schon im Januar konnte er den neuen Amtssitz an der Independence Avenue einweihen, den ein indisches Konsortium gebaut hatte und der die Form eines überdimensionierten traditionellen Ashanti-Stuhls hatte. Des Weiteren legte sich die Regierung zwei neue Flugzeuge chinesischer Bauart zu.

Aus politischen und strategischen Gründen begnadigte der Präsident im Mai 2008 den im Vorjahr zu einer langen Haftstrafe verurteilten Dan Abodakpi. Dieser Gnadenakt wurde aber durch die Verurteilung von Tsatsu Tsikata konterkariert, den ein *Fast Track High Court* in Accra

---

112 Einen guten Einblick gibt das Interview, das Tim Sebastian mit Präsident Mahama im November 2015 führte; https://www.youtube.com/watch?v=tGCz1MB2K3Q (gesehen am 17. Mai 2018).

im Juni zu fünf Jahren Haft verurteilte. Auch in diesem Fall machte der Präsident am Ende seiner Amtszeit von seinem Gnadenrecht Gebrauch, was Tsatsu Tsikata aber zurückwies. Er wollte auf dem Klageweg einen Freispruch erreichen, wurde schon bald gegen Kaution aus der Haft entlassen und schließlich 2016 vom *Appeal Court* freigesprochen. Auch die Verleihung der Nationalen Verdienstmedaille an den NDC-Präsidentschaftskandidaten Atta Mills geriet für Kufuor im Mai 2008 zum PR-GAU, lehnte Atta Mills doch die Ehrerbietung ab.

Im Wahljahr 2008 durchlebten die Ghanaer wieder eine neue Inflationswelle, ausgelöst durch hohe Preise von importierten Kraftstoffen, Öl und Nahrungsmitteln. Auch die externe Verschuldung stieg erneut und betrug etwa sieben Milliarden Dollar. Das Verhältnis der Schulden zum BIP hatte sich gegenüber dem Vorjahr nur unwesentlich verändert und lag bei fast 50 Prozent. Um im Wahljahr ihr Image bei den Wählern aufzupolieren, strich die Regierung die Importsteuern auf Nahrungsmittel, kehrte zu Subventionen im Düngemittelsektor zurück, beglich die Schulden der Wasser- und Stromversorger in Höhe von 58 Millionen Dollar und erhöhte den Erzeugerpreis für Kakao um mehr als 36 Prozent. Diese Erhöhung sollte den Kakaoschmuggel in die Côte d'Ivoire eindämmen, der sich nach offiziellen Schätzungen auf 50.000 Tonnen belief. Eine massive Ausweitung der Wertschöpfungskette im Kakaosektor war immer wieder angedacht, aber aus strukturellen Gründen und wegen der übermächtigen internationalen Konzerne im Nahrungs- und Genussmittelsektor nie umgesetzt worden. Des Weiteren stellte das *World Food Programme* der UN mehr als drei Millionen Dollar Nahrungsmittelhilfe für notleidende Familien in den drei Nordregionen bereit.

In seiner letzten *State of the Nation Address* im Februar 2008 wiederholte Kufuor im Wesentlichen die Erfolgsmeldungen seiner Ansprache aus dem Vorjahr und hob nochmals die Transformation hervor, die Ghana in seinen beiden Amtszeiten durchlaufen habe. In diesem Zusammenhang hatten auch die Direktinvestitionen insbesondere aus dem asiatischen Raum enorm zugenommen, was im Alltag nicht zu übersehen war. Chinesen und vermehrt auch Inder, die überwiegend in der Goldproduktion tätig waren und Infrastrukturprojekte durchführten, prägten das Straßenbild.

Der stetige Anstieg des Goldpreises, die gute Lage am internationalen Kakaomarkt und die rapide Expansion im Telekommunikations- und IT-Bereich zogen zunehmend externe Investoren an, unter ihnen die britische *Vodafone*, die im August Mehrheitsanteile der *Ghana Telecom* erwarb. Dabei musste Ghana die Verbindlichkeiten des ghanaischen Unternehmens in Form von Bonds absichern.

Trotz beachtlicher Erfolge und einiger Fortschritte der Kufuor-Administration wirkten Regierung und NPP nach acht Jahren an der Macht ausgelaugt, und die sich seit Mitte der zweiten Legislaturperiode verfestigende unterschwellige Wechselstimmung bestätigte am Wahltag im Dezember 2008 den Machtwechsel, auch wenn erst die Stichwahl um die Präsidentschaft äußerst knapp zu Gunsten des NDC-Kandidaten Atta Mills ausging, den Machtwechsel besiegelte.

Die Ära Atta Mills/Mahama (2009–2017): Tod, Ethnizität, Misswirtschaft und Scheitern

Erneut erlebte Ghana nach zwei Legislaturperioden einen Machtwechsel. Ein Vorsprung von gut 40.000 Stimmen sicherte dem NDC-Kandidaten Atta Mills in der Stichwahl gegen den NPP-Kandidaten Akufo-Addo am 28. Dezember 2008 die Präsidentschaft. Gleichwohl waren Kandidat und Partei sich ihres Wahlsieges nicht sicher gewesen, und so waren sie nur unzureichend auf den Machtwechsel vorbereitet. Die neue Führung brauchte etliche Monate, um sich auf die unerwartete Lage einzustellen.

Über Jahre aufgestaute Ressentiments verleiteten den NDC dazu, vergleichbare Maßnahmen gegen den politischen Gegner wie die NPP acht Jahre zuvor zu ergreifen. So besetzte die Regierung alle Spitzenpositionen der Sicherheitsdienste neu und wechselte die meisten politischen Beamten aus. Des Weiteren diente die Antikorruptionskampagne dem NDC als probates Mittel, sich zu revanchieren und Mitglieder der Vorgängerregierung, allen voran Ex-Präsident Kufuor, zu diskreditieren.

Ein Stein des Anstoßes waren die lebenslangen Sonderzahlungen an den Amtsvorgänger, bewegten sie sich doch in schwindelerregenden Höhen. Neben einer Einmalzahlung von einer Million Dollar standen Kufuor demnach ein solides, steuerfreies Grundeinkommen, Reisekostenerstattungen, zwei Häuser, mehrere Fahrzeuge und Leibwächter kostenfrei zur Verfügung, eine Regelung, die das *Mary Chinary-Hesse Committee* erarbeitet hatte, um den Artikel 71 der Verfassung zu konkretisieren. Eine von Atta Mills im März 2009 eingesetzte Arbeitsgruppe sah sich aber außerstande zu klären, ob die Empfehlungen in dieser Größenordnung von Präsidenten und Parlament genehmigt worden waren.[113] Auch der intransparente Verkauf der *Ghana Telecom* an *Vodafone UK*

---

113 Letztlich stellte sich heraus, dass ein Ex-Präsident 40 Prozent seines Gehaltes – fast 16.000 Cedi –, zwei Leibwächter samt Fahrzeug, Wagen mit Chauffeur und eine Reisekostenerstattung für zwei Auslandsreisen pro Jahr erhält. Im Jahr 2016, gegen

und die Anteile, die sich die US-amerikanische *Kosmos Energy* an der ersten Ölförderstätte *Jubilee Oil Field* sicherte, boten Ansatzpunkte, um die Praktiken der Kufuor-Administration eingehend zu überprüfen. Zu dieser Kampagne zählte auch die Auflistung aller staatlichen Fahrzeuge, die seit Mitte 2008 privatisiert worden waren.

Schon in der Frühphase der Legislaturperiode erlitt die Antikorruptionskampagne gegen NPP-Amtsträger erste Rückschläge, denn im Juni und September 2009 mussten mehrere Minister wegen Korruptionsvorwürfen zurücktreten. Darüber hinaus mehrten sich Vorwürfe gegen die oberste Richterin Georgina Wood und die Generalbundesanwältin und Justizministerin Betty Mould-Iddrisu, dass sie den Korruptionsanschuldigungen gegen Regierungsmitglieder der Kufuor-Administration nicht ernsthaft nachgingen.

Des Weiteren stellte das Erbe der NPP-Regierung die neue Führung vor ungeahnte Herausforderungen. So engten von Beginn an leere Kassen, ein Haushaltsdefizit von fast 15 Prozent, eine hohe Inflationsrate und erneut wachsende ethnisch geprägte Spannungen in den nördlichen Regionen den Handlungsspielraum zur Umsetzung der Wahlversprechen ein. Insbesondere die zugesagte Schaffung von Arbeitsplätzen für Heranwachsende und Jungakademiker und eine versprochene bessere Gesundheitsversorgung angesichts einer Quote von nur einem Arzt pro 30.000 Menschen standen schon bald zur Disposition.

Andererseits schienen rosige Zeiten anzubrechen: Der Einstieg in die Öl- und Gasproduktion vor der Küste der Stadt Sekondi-Takoradi im Westen des Landes läutete ein neues Zeitalter in Ghana ein, und üppige Gewinne aus den ertragreichen Goldminen in Obuasi und Tarkwa und dem florierenden Kakaoexport begannen die leere Staatskasse aufzufüllen. Damit konnten zumindest einige Wahlversprechen eingelöst werden, wie Gehaltserhöhungen für Lehrer, verbesserte Schulspeisung und kostenlose Schuluniformen für ärmere Familien. Der Bau von Schulgebäuden in ländlichen Gebieten, wo der Unterricht oftmals im Freien stattfand, der Ausbau des Bildungs- und Ausbildungssektors, der Bau von Kindergärten und die Erhöhung der Benzinsubventionen standen ebenfalls auf dem Wunschzettel.

Zwei dieser ambitionierten Ziele fielen aber schon 2009, im Laufe des ersten Amtsjahres von Atta Mills, dem Rotstift zum Opfer, denn die Regierung sah sich gezwungen, ein an harte Bedingungen geknüpftes, zinsgünstiges Finanzpaket des IWF und der Weltbank über mehr als

---

Ende der Amtszeit von Mahama, wurden die monatlichen Zuwendungen um mehr als 40 Prozent auf nunmehr fast 23.000 Cedi erhöht.

eine Milliarde Dollar mit einer dreijährigen Laufzeit in Anspruch zu nehmen. Dazu zählten der Einstellungsstopp im öffentlichen Dienst – ausgenommen Ärzte, Lehrer und Krankenschwestern –, das Einfrieren der Benzinsubventionen sowie Benzinpreiserhöhungen, was wiederum die unteren Schichten traf, die überproportional den NDC gewählt hatten. Dennoch verbesserte sich die makroökonomische Gesamtlage, die Inflation ging deutlich zurück, die Währung stabilisierte sich, und das Wachstum erzielte achtbare Zuwächse im Bereich von fünf bis sechs Prozent.

Die Regierung bemühte sich, angesichts der wachsenden Bevölkerung und des steigenden privaten Stromverbrauchs die Energieversorgung prioritär zu behandeln und zumindest mittelfristig die Stromversorgung zu verbessern. Dennoch blieb das Vorhaben schon im Ansatz stecken, was auf Jahre hinaus viele wirtschaftliche Entwicklungen und Reformen blockierte. Auch die Fertigstellung der westafrikanischen Gaspipeline, an der Ghana beteiligt war und die nigerianisches Gas bis nach Ghana transportierte, kompensierte nur in geringem Maße den strukturellen Mangel an Kraftwerken.

Die Ausweitung des Bildungssektors und der stetige Ausbau privatwirtschaftlich organisierter Bildungseinrichtungen verbesserten innerhalb weniger Jahre das Bildungsniveau, ohne dass Regierung und Privatwirtschaft hinreichende und angemessene Arbeitsmöglichkeiten schufen. Vor diesem Hintergrund stieg die Zahl informell Beschäftigter, deren Reproduktion im Wesentlichen auf dem Raubbau an Grund und Boden beruhte. Staatlich genehmigte Gold schürfende Klein- und Kleinstbetriebe, die im Tagebau oder in kleinen Schächten ein wenig an der Goldförderung partizipierten – wobei sich die Schäden an der Natur in überschaubaren Grenzen hielten –, gab es seit Jahrzehnten. Doch die inflationäre Vergabe von Lizenzen an ausländische Investoren – vornehmlich aus China – und die massive Ausweitung der illegalen Goldförderung durch die *galamsey* absorbierten Heerscharen von Jugendlichen und Heranwachsenden und verwandelten innerhalb weniger Jahre ganze Landstriche in Mondlandschaften und Flüsse in tote Gewässer. Ebenso wie die Vorgängerregierung unter Kufuor ließ auch Präsident Atta Mills legale wie illegale Goldschürfer gewähren, obwohl Kakaoplantagen in den westlichen Landesteilen und die Fischerei an den Flussmündungen zunehmend und unübersehbar schwerste Schäden erlitten und dem Staat alljährlich Millionen Dollar an Steuern und Abgaben entgingen.

Derweil drohten im Norden, insbesondere im Raum Bawku in der Upper East und in Dagbon in der Northern Region, neue Konflikte, hervorgerufen durch verschleppte Befriedungsversuche und die Inkompetenz des Staates, akzeptable Lösungen für lang bestehende inner- und intraethnische Feindseligkeiten zu finden. Präsident Atta Mills und sein Stellvertreter Mahama führten jedoch die seit Rawlings bestehende Politik der Nichteinmischung in die inneren Angelegenheiten der traditionellen Herrscher weitgehend fort.

Dennoch forderte der dem NDC nahestehende Andani *gate* im Königtum Dagbon bereits im Januar 2009, den Fall seines ermordeten Königs wieder aufzurollen, hatten doch weder die Untersuchungskommission noch das Gericht die Täter überführen können, die dem Umfeld des NPP-nahen Abudu *gate* zugerechnet wurden. Damit war das Abkommen aus dem Jahr 2006, das eine dauerhafte Friedensregelung in Dagbon ermöglichen sollte, im Grunde hinfällig geworden. Zugleich stieß dieser Vorstoß eine Diskussion über die Teilung der Northern Region an. Im Nachbarbezirk Gushiegu nahmen die Spannungen zwischen nomadisierenden Fulani und einheimischen Bauern – in diesem Fall Bauern der Konkomba – zu. Dieses Konfliktpotenzial verschärfte die Lage im Norden in den folgenden Jahren und führte ständig zu nächtlichen Ausgangssperren.

Auch in Bawku verhängte die Regierung regelmäßig nächtliche Ausgangssperren, kam es doch in dem seit Jahren ungelösten Konflikt zwischen Angehörigen der Kusasi und der Mamprusi immer wieder zu Gewalttätigkeiten, die auch während der Amtszeit von Atta Mills Todesopfer und Verletzte forderten. Auch im 70 Kilometer südlich gelegenen Bezirk Bunkpurugu-Yunyoo braute sich 2010 neues Ungemach zusammen.

In Atta Mills' zweitem Amtsjahr setzte sich die Stromversorgungskrise unvermindert fort. Die Regierung reagierte auf die Engpässe mit drastischen Preiserhöhungen, um die Konsumenten zur Reduzierung ihres Stromverbrauchs zu zwingen. Verbraucher und Gewerkschaften riefen Mitte 2010 zu Massenprotesten auf, woraufhin die Regierung einlenkte, die Preiserhöhungen teilweise zurücknahm und zugleich bei der internationalen Gebergemeinschaft um finanzielle Unterstützung nachsuchte. Eine konzertierte Aktion der Weltbank und der chinesischen und US-amerikanischen *Exim*-Banken erbrachte etwa eine Milliarde US-Dollar für die Sanierung und den Ausbau des Energiesektors. Gleichwohl blieb der Sektor defizitär, sodass die Regierung gezwungen war, diesen Wirtschaftsbereich weiterhin zu subventionieren.

Um die strukturellen Mängel zu verschleiern, schuf der Präsident Anfang 2010 einen Arbeitskreis zur Verfassungsreform. Die *National Development Planning Commission* verabschiedete die *Better Ghana Agenda* und berief Rawlings' einstigen engen Berater Paul Victor Obeng zum neuen Kommissionsvorsitzenden. Auch der einst in Ungnade gefallene Kwesi Botchwey, der die harte IWF-Therapie zu verantworten hatte, kehrte unter Präsident Atta Mills als Mitglied im *Economic Advisory Council* in den inneren Machtzirkel zurück und stieg noch im selben Jahr zum Vorsitzenden der neu geschaffenen *National Gas Development Task Force* auf. Botchweys *Task Force* empfahl den Aufbau eines staatlich geführten Gasunternehmens, was 2011 zur Gründung der *Ghana National Gas Company* führte.

Im Dezember 2010 begann schließlich die lang ersehnte Ölförderung vor der Küste im Westen des Landes. Zugleich brachte das Parlament ein Gesetz zur Verwendung der erhofften hohen Einkünfte ein und strich eine Klausel, nach der Erdölkontingente nicht zur Absicherung von Krediten herangezogen werden durften.[114] Schon bald zeigte sich die Tragweite des Gesetzes, das der Regierung erlaubte, beträchtliche Rohölmengen als Pfand für einen chinesischen Großkredit über drei Milliarden Dollar einzusetzen. Des Weiteren brachten die Parlamentarier ein Gesetz zur Gründung der Behörde *Petroleum Commission* auf den Weg, die für die Regulierung und Lizenzierung des Erdöl- und Erdgassektors zuständig sein sollte.

Die hochgesteckten Erwartungen an den neuen Reichtum und die gesetzlichen Regelungen schlugen sich auch in einer tendenziell positiven Wirtschaftsentwicklung nieder. Das Wirtschaftswachstum nahm wieder Fahrt auf und erreichte sechs Prozent, die Inflationsrate sank um fast die Hälfte auf nur noch neun Prozent, die Staatseinnahmen stiegen dank des Goldpreises von 1.000 Dollar und einer Rekord-Kakaoernte von 900.000 Tonnen, die Transferzahlungen aus der ghanaischen Diaspora und die ausländischen Direktinvestitionen erreichten mit mehreren Milliarden Dollar neue Höchststände, und die Gebergemeinschaft pumpte unter der Führung von Weltbank und IWF Hunderte von Millionen Dollar in Infrastrukturmaßnahmen. Lediglich das notorische Haushaltsdefizit und die Staatsverschuldung gaben Anlass zur Sorge, sie näherten sich der 40-Prozent-Marke am BIP.

Eine kritische Betrachtung des umfangreichen Zensus, der im Jahr 2010 zur Ermittlung des Bevölkerungswachstums durchgeführt wurde, blieb aus. Lediglich die große muslimische Minderheit erhob Einwände gegen die Ergebnisse zur Religionszugehörigkeit, die ihrer Meinung nach eine zu geringe Zahl an Muslimen auswiesen. Das vorläufige amt-

---

114 Niederlegt im *Petroleum Revenue Management Act*, der im März 2011 in Kraft trat. Das Gesetz zur Errichtung der Behörde *Petroleum Commission* folgte im Juni 2011.

liche Endergebnis ergab schließlich eine Bevölkerung von 24 Millionen Menschen und ein jährliches Wachstum von 2,5 Prozent. Damit war die Bevölkerung seit dem letzten Zensus im Jahr 2000 um 30 Prozent gewachsen.

Die zweite Hälfte der ersten Amtszeit von Atta Mills stand ganz im Zeichen der Wahlen Ende 2012. Gewillt, Stärke und Entschlussfähigkeit zu demonstrieren, erklärte der Präsident am Neujahrstag öffentlichkeitswirksam das neue Jahr 2011 zum »*Year of Action*«. Dazu zählten die Aufrüstung der Sicherheitskräfte, insbesondere im Kampf gegen Piraterie und illegale Hochseefischerei, der Bau von Raffinerien, eine verbesserte Stromversorgung und Personalentscheidungen bei Schlüsselpositionen. So übernahm Lauretta Vivian Lamptey den Vorsitz der Menschenrechtskommission CHRAJ, und auch die staatliche Nachrichtenagentur GNA und der staatliche Rundfunk- und Fernsehsender GBC erhielten neues Führungspersonal, sodass die wichtigen Kommunikationskanäle besser im Sinne der Regierung kontrollier- und steuerbar waren.

Der Wirtschaftsaufschwung hielt 2011 an, und auch die ausländischen Direktinvestitionen stiegen dank der Öl- und Gasförderung an, sodass die ghanaische Börse Mitte des Jahres zur drittgrößten auf dem Kontinent avancierte. In dieser Boomphase veräußerte die Regierung 1,3 Prozent ihrer 3,4 Prozent Anteile an der *AngloGold Ashanti*, was mehr als 200 Millionen Dollar in die Staatskasse spülte, und der Kakaosektor übertraf mit einer Ernte von über einer Million Tonnen sogar das hervorragende Vorjahresergebnis.

In dieser positiven Grundstimmung setzte sich Präsident Atta Mills zur gleichen Zeit auf dem Delegiertenkongress in Sunyani erneut als Präsidentschaftskandidat durch, diesmal gegen Rawlings' Ehefrau Nana Konadu Agyeman-Rawlings. Des Weiteren boten die guten Wirtschaftsaussichten für einen ehemaligen nigerianischen Berufspiloten die Möglichkeit, unter dem Firmennamen *Mish Aviation Ghana Flying School* in Tema die erste private Flugschule Westafrikas zu eröffnen.

Das Wahljahr 2012 wurde jedoch überschattet vom plötzlichen Tod des Präsidenten am 24. Juli. Vizepräsident John Dramani Mahama übernahm das Amt, berief den einstigen Zentralbankchef Bekoe zum Vizepräsidenten und ließ sich wenig später auf dem Sonderparteitag des NDC zum Präsidentschaftskandidaten küren. Die gute Wirtschaftslage, die Atta Mills schon zu Jahresbeginn als Ergebnis seiner Politik angepriesen hatte, ließ kaum Zweifel an einem Wahlsieg der Regierungspartei aufkommen. Auch der Parteiaustritt von Nana Konadu Agyeman-

Rawlings und die Entlassung von Justizminister Amidu, der erst ein Jahr zuvor dieses Amt übernommen hatte, stellten den anvisierten Machterhalt angesichts der Auseinandersetzungen innerhalb der Oppositionspartei NPP nicht infrage.

Die wirtschaftlichen Grunddaten zeigten weiterhin positive Werte. Das Wachstum blieb dank guter Einnahmen aus dem Gold-, Kakao- und Ölexport auf hohem Niveau, die Inflation verharrte im oberen einstelligen Bereich, und die üppigen ausländischen Direktinvestitionen spiegelten gute Gewinnerwartungen wider, wie die 70-prozentige Übernahme der *Ghana Telecom* durch *Vodafone UK* unterstrich. Damit ging der bestehende Boom im Mobilfunksektor unvermindert weiter, und die Internetnutzung setzte zum spektakulären Höhenflug an.

Mit dem Tod des Amtsinhabers und zunehmenden Feindseligkeiten und Gewalttätigkeiten im Vorfeld der Wahlen kamen erste Zweifel auf, ob Mahama genügend Kraft und Führungsstärke für die erfolgreiche Verwaltung des politischen Erbes besaß und ob er dem NDC die Macht würde sichern können. Zur allgemeinen Überraschung spielte Mahama, der in politischen Kreisen als Leichtgewicht galt, die ethnische und religiöse Karte. Er betonte seine Herkunft aus dem muslimisch geprägten Norden und seine Identität als Gonja, der in einem multireligiösen Haushalt aufgewachsen war. Er hoffte, angesichts eines sich nun abzeichnenden Kopf-an-Kopf-Rennens die dortigen Wähler zu mobilisieren und so die entscheidenden Stimmen zu gewinnen. Mahama schreckte auch nicht davor zurück, Anleihen bei pentekostalen Kirchen zu machen und Auszüge aus Predigten des berühmten Pastors Mensa Otibil für seine Wahlkampagne in den christlich geprägten Regionen einzusetzen. Mahama siegte knapp, sodass sich seine umstrittene Kampagne letztlich auszahlte. Wenngleich das Wahlergebnis nicht unumstritten war, konstatierten die widerstreitenden Parteien einen bemerkenswerten Rückgang von gewalttätigen Zwischenfällen, was andeutete, dass sich die politischen Auseinandersetzungen vermehrt in die demokratisch legitimierten Institutionen verlagerten.

Akufo-Addo und die NPP waren nicht bereit, die Niederlage an der Wahlurne kampflos hinzunehmen und reichten fristgerecht Klage gegen das Wahlergebnis und die Wahlkommission ein. Die Klage hatte jedoch keine aufschiebende Wirkung, sodass Mahama zusammen mit seinem bisherigen und künftigen Vizepräsidenten Bekoe am 7. Januar 2013 den Amtseid ablegen und die Amtsgeschäfte weiterführen konnte. Die NPP-Führung blieb der Amtseinführung demonstrativ fern, wenngleich sich Kufuor von dem Boykott distanzierte und gegen den erklärten Willen der Partei an den Feierlichkeiten teilnahm.

Legislaturperiode II (2013–2017)

Die Wahlanfechtungsklage vor dem Obersten Gerichtshof bestimmte in Mahamas erstem Amtsjahr die Innenpolitik und das öffentliche Interesse. Erstmals konnten die Ghanaer zwischen April und August 2013 ein derartig wichtiges Verfahren ungefiltert und live in Radio und Fernsehen verfolgen, was trotz der Kosten von 1,3 Millionen Dollar den Ruf der Justiz im Allgemeinen und des *Supreme Court* im Besonderen deutlich verbesserte. Dabei schälten sich etliche Ungereimtheiten, kleinere und größere Fehlleistungen und technische und logistische Probleme heraus, die der Wahlkommission angelastet wurden. Die Wahlkommission und ihr eloquenter Vorsitzender Afari-Gyan akzeptierten eine Teilschuld, wiesen aber zugleich darauf hin, dass die Ungereimtheiten keinen Einfluss auf das Wahlergebnis gehabt hatten.

Ende August schloss sich das Gericht der Argumentation der Wahlbehörde an. Es verkündete sein Urteil zugunsten Mahamas und der Wahlkommission mit dem Hinweis, dass die Unregelmäßigkeiten nicht gravierend genug für eine Revidierung des Wahlergebnisses gewesen seien, und sicherte somit den Rechtsfrieden. Mehr als 30.000 Polizisten waren in den Tagen vor der Urteilsverkündung im Einsatz, um eventuelle Gewalttätigkeiten im Keim zu ersticken. Akufo-Addo und seine NPP respektierten die Entscheidung zwar, sprachen aber von einem Fehlurteil.

Während der NDC den Urteilsspruch enthusiastisch feierte, nahmen infolge der Wahlniederlage und der gescheiterten Wahlanfechtungsklage die innerparteilichen Auseinandersetzungen in der NPP um Schuldzuweisungen und eine Neuausrichtung im Hinblick auf die Wahlen 2016 zu. Dennoch gelang es dem Wahlverlierer Akufo-Addo, sich schon 2014 erneut zum Präsidentschaftskandidaten der NPP küren zu lassen, womit der Partei weit vor den nächsten Wahlen eine lang andauernde und unkalkulierbare Diskussion um Führung und Richtung erspart blieb. Die frühzeitige Festlegung auf Akufo-Addo kaschierte allerdings nur notdürftig den Richtungsstreit um die künftige Ausrichtung der Partei. Dieser Streit brach 2015 noch einmal offen aus und nahm zeitweilig chaotische und gewalttätige Züge an, an denen sich auch Milizen wie die *Invincible Forces* beteiligten. Im Zentrum des anhaltenden Machtkampfes standen die Fraktion um den Parteivorsitzenden Paul Afoko und seinen Generalsekretär Kwabena Adjei Agyapong auf der einen und Akufo-Addos Anhänger auf der anderen Seite. Erst Ende 2015 entschied sich der Machtkampf zugunsten des Präsidentschaftskandidaten, und die Unterlegenen, denen unterstellt worden war, Akufo-Addos Ambitionen zu torpedieren, kehrten der NPP den Rücken.

Dem erklärten Ziel einer jeden Regierung, gezielt die Korruption zu bekämpfen, folgte auch die im Amt bestätigte, inflationär aufgeblasene Regierung Mahama. Der Präsident hatte im Februar 2009 die Korruptionsbekämpfung in den Mittelpunkt seiner ersten Rede an die Nation gestellt. Wenngleich es etliche Anhaltspunkte für eine enorme Zunahme korrupter Praktiken gab – unter anderem bei der *Ghana Youth Employment and Entrepreneurial Agency* (GYEEDA), wo Millionen von Cedi in dubiosen Kanälen versickert waren –,[115] gelang es der Regierung, mithilfe mehrerer widersprüchlicher Ausschüsse die Untersuchungen zu verwässern und sich schließlich der Anschuldigungen zu entledigen. Lediglich die stellvertretende Ministerin für Telekommunikation, Victoria Hammah, musste der Präsident im November entlassen, um größeren Schaden für die Regierung zu vermeiden. Die Ministerin, die laut einem Tonbandmitschnitt den Posten nach eigenen Angaben ihrem direkten Zugang zum NDC-Machtzentrum verdankte, hatte in kleinem Kreis verlauten lassen, dass sie bis zum Ende der Legislaturperiode mindestens eine Million Dollar verdienen werde.

Zu Beginn von Mahamas zweiter Amtszeit wiesen die Wirtschaftsdaten noch akzeptable Werte auf. Doch deuteten steigende Inflationsraten und massive Nahrungsmittelimporte strukturelle Verwerfungen an, die die Regierung weitgehend ignorierte. Insbesondere die Nahrungsmittelimporte in Höhe von 1,5 Milliarden Dollar für das laufende Jahr 2013 verstärkten den Eindruck mangelnder Wirtschaftskompetenz. Auch das mit chinesischem Kapital und Know-how fertiggestellte 400-Megawatt-Wasserkraftwerk *Biu* in der Upper East Region konnte dies nur unzureichend überdecken.

Derweil weitete sich mangels Arbeitsmöglichkeiten die illegale Goldförderung aus, an der sich nun auch junge Migranten aus den Nachbarländern beteiligten. Aber erst der Ansturm chinesischer Arbeiter, die offiziell in chinesische Projekte der Entwicklungszusammenarbeit involviert waren, auf das *galamsey*-Milieu offenbarte die Brisanz dieses illegalen, informellen Sektors. Als es Mitte des Jahres 2013 zu ersten Scharmützeln zwischen ghanaischen und chinesischen *galamsey* kam, die mehrere Tote und Verletzte forderten, handelte die Regierung. Eine eilends eingerichtete Arbeitsgruppe verschiedener Ministerien zielte auf ausländische *galamsey*, die umgehend des Landes verwiesen wurden, darunter auch erste Chinesen. Aber erst die Deportation von etwa 4.500 Chinesen vermittelte der ghanaischen Öffentlichkeit in Umrissen

---

115 Im Februar 2018 wurde der Chefkoordinator von GYEEDA wegen Veruntreuung öffentlicher Gelder von einem Gericht zu einer langen Haftstrafe verurteilt.

das Ausmaß eines informellen, mafiösen Wirtschaftsbereiches, der Staat und Gesellschaft jährlich Hunderte von Millionen Dollar vorenthielt und darüber hinaus schwerste Umweltschäden anrichtete.

Des Weiteren bestätigte im November 2013 der Fund von mehr als 400 Kilogramm Kokain, versteckt auf einem aus Lateinamerika kommenden Schiff, dass Ghana sich als wichtiges Drogentransitland in Westafrika etabliert hatte. Dieser Eindruck verstärkte sich im November 2014 nach der Festnahme einer Ghanaerin, die zwölf Kilogramm Kokain bei sich trug, am Londoner Flughafen *Heathrow*. Pikanterweise stellte sich heraus, dass die Drogenkurierin bereits wenige Monate zuvor kurzzeitig am Flughafen in Accra mit zehn Kilogramm Kokain festgenommen worden war, dann aber freikam und schließlich mit einem Diplomatenpass ausreisen konnte.

Schon nach dem ersten Amtsjahr wandelte sich das Bild einer geschlossenen Regierungspartei und eines führungsstarken Präsidenten. Auch die Wirtschaftsdaten wiesen nun ständig negative Werte auf, abzulesen an einer Staatsverschuldung, die sich inzwischen auf 23 Milliarden Dollar belief und die sich seit der Machtübernahme des NDC fast verdreifacht hatte. Das Wahlversprechen des Präsidenten, »*Building a better Ghana*«, geriet angesichts der Realität zur Leerformel und zugleich zur Angriffsfläche auf eine nunmehr als schwach eingeschätzte und schwach agierende Regierung. Schwere Korruptionsvorwürfe gegen Parlamentarier und Staatsbedienstete auch aus den eigenen Reihen, ständiger Stromausfall – in Ghana als *dumsor* bezeichnet – und der Beginn einer Protestwelle zivilgesellschaftlicher Gruppierungen und Streiks der Gewerkschaften setzten Mahama und den NDC zunehmend unter Druck. Symbolträchtig kreierten die oppositionellen Gruppen im Juli 2014 den *Red Friday* als ständigen Protesttag, an dem die Teilnehmer aufgefordert waren, rote Kleidung anzulegen und ihren Unmut in Bild und Ton über die sozialen Medien zu verbreiten.

Dabei diente die Causa der CHRAJ-Vorsitzenden Lauretta Vivian Lamptey, die 2011 von Atta Mills berufen worden war, als Beweis für ein korruptes Netzwerk innerhalb des Staatsapparates. Die Vorsitzende der Menschenrechtskommission hatte ihre exponierte Position zur persönlichen Bereicherung genutzt und auf Staatskosten ein Luxusleben geführt. So ließ sie beispielsweise für 180.000 Cedi ihre Dienstwohnung renovieren und mietete für monatlich 4.500 Dollar ein Apartment an. Georgina Theodora Wood, Vorsitzende Richterin am *Supreme Court*, ermittelte, und die Untersuchungen zogen sich über mehrere Monate hin, ehe Präsident Mahama im Januar 2015 die Notbremse zog und die Beschuldigte ihres Amtes enthob.

Ein weiterer spektakulärer Fall im Umfeld des staatlichen *National Service Scheme* unterstrich das weit fortgeschrittene Korruptionsniveau. Demnach hatte Generaldirektor Alhassan Mohammed Imoro auf Basis einiger Tausend *ghost names* innerhalb kurzer Zeit mehr als 80 Millionen Cedi unterschlagen, was eine untere Gerichtsinstanz letztlich aber nur mit einer Rüge ahndete. Dieses Urteil wiederum beschädigte das Vertrauen in die Justiz, deren Ruf sich in den vorangegangenen Jahren leicht verbessert hatte.

Auch der Fußballverband und die Nationalmannschaft gerieten im Rahmen des schwachen Abschneidens bei der FIFA-Weltmeisterschaft in Brasilien 2014 unter Korruptionsverdacht, wobei sich die Untersuchungen einer Sonderkommission auf Unterschlagungen und finanzielle Unregelmäßigkeiten bei der Vorbereitung und während des Turniers konzentrierten. Der Bericht blieb unter Verschluss, und erst im Vorfeld der FIFA-Weltmeisterschaft 2018, für die sich Ghana nicht qualifizieren konnte, drohte die neue Regierung unter Akufo-Addo den ghanaischen Verband wegen massiver korrupter Praktiken aufzulösen. Die FIFA intervenierte und setzte in Kooperation mit dem Afrikanischen Fußballverband CAF eine Übergangskommission ein.

Im Kontext dieser Affäre wurde eine breite internationale Öffentlichkeit auf das schon im Jahr 2009 gegründete ghanaische Fußballprojekt »*Right to Dream*« in der Eastern Region aufmerksam. Die Verknüpfung der Fußballausbildung hochtalentierter Kinder und Jugendlicher mit einer guten Schulausbildung, finanziert von überseeischem Privat- und Risikokapital, zielt auf die systematische Auslese junger Spieler, die nach Absolvierung der »Akademie« als Eigentum der Investoren wie an einer Börse auf dem internationalen Fußballmarkt gehandelt werden. Das Projekt und die Hauptsponsoren und wichtigsten Akteure pflegen engste Verbindungen zum englischen Club *Manchester City* und dem dänischen Verein *FC Nordsjællands*.[116]

Die wirtschaftliche Lage verschlechterte sich zusehends, die Inflation stieg wieder an und erreichte gegen Jahresende 2014 die Marke von 17 Prozent. Auch die Exportquote sank, während gleichzeitig die Schuldenlast zunahm und sich eine veritable Wirtschaftskrise abzuzeichnen begann, die sich insbesondere in ständigen Stromausfällen widerspiegelte. Dabei besaß der Energiesektor in der politischen Rhetorik seit Jahren Priorität, waren doch die Konsumansprüche kontinuierlich angestiegen. Dennoch erfüllte die Regierung nicht einmal im Ansatz ihre eigenen

---

116 Siehe dazu die Selbstdarstellung der Akademie: https://www.righttodream.com/ right-to-dream-academy, und den äußerst kritischen Bericht im Spiegel, 46/2018, S. 106–111.

Vorgaben. In der zweiten Hälfte der Mahama-Ära wurde der Stromausfall zur Regel, was die Frustration in weiten Kreisen der Bevölkerung steigerte und zu massiven und schmerzhaften Einbußen bei kleineren und mittleren Unternehmen führte.

Wenngleich alles darauf hindeutete, dass Präsident Mahama und seiner Regierung die Kontrolle über ihr politisches und wirtschaftliches Handeln zu entgleiten drohte, versuchte der Präsident im Februar 2015 in seiner *State of the Nation Address*, die Initiative zurückzugewinnen. Dazu verknüpfte er seine politische Zukunft mit der Energiefrage, die er in einem überschaubaren Zeitraum zu lösen versprach. Er legte einen Fünfjahresplan vor, der mithilfe internationaler Großkonzerne wie *General Electric*, *Karpower Ship* oder *Alstom Power Rentals* die Stromversorgung um 3.500 Megawatt auf dann mehr als 8.000 Megawatt ausweiten sollte.

Die oppositionelle NPP wandte sich ebenfalls in eine Rede an die Nation, nannte sie aber *True State of the Nation Address*. Mahama wurde als unfähiger Präsident dargestellt, der lediglich Chaos über das Land gebracht hatte. Acht Monate später, im Oktober 2015, bestätigte der Präsident in einem denkwürdigen Interview mit dem *Deutsche-Welle*-Redakteur Tim Sebastian weitgehend dieses Bild, das einen offensichtlich überforderten Präsidenten zeigte. Trotz allem wählten ihn die NDC-Mitglieder im November erneut zu ihrem Präsidentschaftskandidaten.

Die Energiekrise hatte sich derweil zum überragenden innenpolitischen Thema aller Schichten und politischen Lager entwickelt. Die NPP griff die Dynamik auf und rief im Februar 2015 unter dem Slogan »*Won gbo*« (»Wir gehen zugrunde«) zu Protestmärschen auf. Die spektakuläre *dumsor*-Nachtwache der bekannten Schauspielerin Yvonne Nelson und weitere gut inszenierte Protestaktionen taten ihr Übriges, die Regierung vorzuführen. Weite Teile der Unternehmerschaft, die sich gegen neue, als diskriminierend empfundene Steuergesetze wehrten, unterstützten die Proteste und stellten Anfang März 2015 kurzzeitig ihren Betrieb ein, was das Wirtschaftsleben weitgehend zum Stillstand brachte. Auch die Lehrer an den weiterführenden Schulen riefen im Mai wegen Ungereimtheiten im Gehaltsgefüge und der Weigerung der Regierung, Zuschüsse für Lehrmaterial und Forschungsvorhaben zu zahlen, zum Streik auf. Nach zwei Monaten sah sich die Regierung gezwungen, Verhandlungen zur Beilegung des Streiks aufzunehmen.

In dieser Gemengelage erfuhr die Öffentlichkeit im Juli 2015 von einem gescheiterten Mordkomplott gegen den Präsidenten. Der Tatverdächtige wurde verhaftet und zu einer langen Haftstrafe verurteilt.

Doch hielt sich das Mitgefühl für den Präsidenten in Grenzen, und der Fall verschwand schnell aus der öffentlichen Diskussion.

Obwohl mehrere kleine Kraftwerke errichtet wurden, blieb die Stromversorgung weiterhin prekär, und die Regierung versuchte, mit massiven Tariferhöhungen den Verbrauch zu drosseln. Der wirtschaftliche Schaden war beträchtlich, und Ökonomen bezifferten die Unternehmensverluste allein aus Stromausfällen auf jährlich annähernd 700 Millionen Dollar. Die Inflation stieg erneut an, der Wert der Landeswährung sank um fünf Prozent gegenüber dem Dollar, und die Staatsschulden erreichten mit 24 Milliarden Dollar einen neuen Höchststand.

Polizei, Staatsbedienstete, Minister und Abgeordnete galten in den Augen der Öffentlichkeit als überwiegend korrupt, aber der Videobeitrag des investigativen Journalisten Anas Armeyaw Anas im September 2015 über Dutzende korrumpierter Richter und Justizangestellte war dennoch ein Schock. Angesichts der Tragweite des Falles berief die oberste Richterin Georgina Wood einen Untersuchungsausschuss ein, was nach wenigen Wochen zur Entlassung der Richter führte.

Die Korruptionsfälle, in die hochrangige Politiker verwickelt waren, häuften sich. Fantasiepreise für Energie- und Verkehrsprojekte deuteten auf üppige rechtswidrige Zahlungen an die Auftraggeber hin, ohne dass der Präsident ernsthafte Maßnahmen ergriff. Transport- und Verkehrsministerin Dzifa Attivor gab als einzige schließlich dem öffentlichen Druck nach und trat Ende Dezember 2015 zurück.

Im achten Regierungsjahr des NDC und seiner beiden Präsidenten Atta Mills und Mahama standen der Amtsinhaber und seine Partei mit dem Rücken zur Wand. Das dritte Jahr in Folge durchlitten die Bürger eine schmerzhafte Energiekrise, sahen sich mit einer zunehmenden Zahl von Korruptionsfällen im Staatsapparat und in staatlichen Wirtschaftsbereichen konfrontiert und erlebten wirtschaftliche Einbrüche. Zugleich versuchte die Regierung, mit der Einführung neuer Steuern und Abgaben – unter anderem einer Sondersteuer auf Kraftstoff und einer Anhebung der Einkommens- und Gewinnsteuer aus Vermögen und Anlagen – sowie mit der Abschaffung der Benzinsubventionen die Staatsfinanzen zu entlasten. Zusätzlich begab sie sich auf die Suche nach ausländischen Direktinvestitionen und unterzeichnete ein IWF-Hilfspaket über fast eine Milliarde Dollar mit dreijähriger Laufzeit. Dies wiederum erhöhte den Schuldenberg auf mehr als 70 Prozent des BIP.

Während des gesamten Wahljahres 2016 machte Mahama als Präsident und erneuter Kandidat für das höchste Staatsamt weiterhin eine unglückliche Figur. So gerieten zentrale politische Themen wie die

Abstimmungsniederlage zur Vorverlegung des Wahltermins oder die Begnadigung dreier Verurteilter in der *Montie-FM-Saga* zum PR-Desaster.[117] Auch die juristischen Niederlagen der Wahlkommission und ihrer neuen Leiterin im Kontext der bevorstehenden Wahlen färbten auf die Regierung ab. Die Regierung versuchte derweil beim Wahlvolk zu punkten, indem sie die Fertigstellung mehrerer prestigeträchtiger Infrastrukturprojekte forcierte, laufende Entwicklungsprojekte als nachhaltig und zukunftsweisend anpries, auf die Schaffung neuer Arbeitsplätze verwies und auf weitere Finanzhilfen des IWF verzichten wollte, was wiederum die Opposition zum Anlass nahm, die Regierungsaktivitäten als reinen Aktionismus zu brandmarken. Ungeachtet dessen präsentierte auch die NPP in ihrem Wahlprogramm unrealistische Versprechen, wie die Etablierung eines Entwicklungsfonds in jedem Wahlkreis und den Bau von Fabriken in allen Bezirken, in denen Tausende von Menschen Arbeit finden würden.

Die wirtschaftliche Situation verschlechterte sich angesichts zum Teil dramatisch gesunkener Preise für die wichtigsten Exportgüter Gold, Kakao und Rohöl. Die erneuten Preiserhöhungen für Benzin und Strom, eine der Bedingungen des IWF für den Dreijahreskredit, sorgten für neuen Zorn und Wut auf die Regierung und förderten die schon länger bestehende unterschwellige Politikverdrossenheit. Kleinbetriebe gaben angesichts der astronomisch hohen Stromtarife auf, die Arbeitslosigkeit stieg an. Energieminister Kwabena Donkor trat zurück, hatte er doch sein politisches Schicksal an eine deutlich verbesserte Stromversorgung geknüpft. Die hektischen Bemühungen, mithilfe ausländischer Konzerne kurzfristig die Energiekrise einzudämmen, und die beachtlichen Erfolgsmeldungen aus dem Telekommunikationssektor zeitigten zwar im Wahljahr einige positive Entwicklungen, vermochten aber nicht, die politische Stimmung zugunsten der Regierung zu drehen.

Darüber hinaus hatte die *AngloGold Ashanti* wegen tiefer Meinungsverschiedenheiten um die Goldmine in Obuasi ein Schiedsgerichtsverfahren in den USA gegen den ghanaischen Staat eingeleitet. Schon 2014 hatte das Unternehmen bis auf Weiteres die Förderung eingestellt, was mehrere Tausend *galamsey* ausnutzten, um ihre Förderaktivitäten auf das Umfeld der Mine auszuweiten, ohne dass die staatlichen Sicherheitskräfte einschritten. Sie beließen es bei Drohungen, und die Regierung

---

117 Im November 2018 bestätigte der *Supreme Court* mit 5:2 Stimmen das Begnadigungsrecht des Präsidenten auch in diesem nachrangigen Fall. Die Verurteilten hatten in einer Diskussionsrunde 2016 Todesdrohungen gegen hohe Richter ausgestoßen, sollten sie sich bei einem umstrittenen Wahlausgang auf die Seite des Kandidaten der oppositionellen NPP stellen.

erhoffte sich mit ihrer Zurückhaltung Stimmengewinne in diesem Teil der NPP-Hochburg Ashanti Region

Im Laufe des Wahljahres 2016 gab es erste Anzeichen einer baldigen wirtschaftlichen Erholung, was Präsident Mahama in seinem Wahlkampf als Ergebnis seiner Politik beständig hervorhob. Das Vertrauen in seine Führung war aber schon auf ein nicht mehr korrigierbares Niveau gefallen, was im Wesentlichen die deutliche Niederlage sowohl bei der Präsidentschafts- als auch bei der Parlamentswahl erklärt. Die frühzeitig akzeptierte Wahlniederlage, die trotz der vergleichsweise geringen Wahlbeteiligung nur wenige überraschte, sicherte ihm einen würdigen Abschied und eröffnete neue Möglichkeiten, als *elder statesman* auch künftig ghanaische Politik mitzugestalten. Bereits wenige Tage nach dem Ende seiner Amtszeit erteilte ihm der neugewählte Präsident Akufo-Addo im Januar 2017 das Mandat, die Interessen Ghanas im Rahmen der ECOWAS bei der Lösung der Staatskrise in Gambia zu vertreten.

Der Beginn der Ära Akufo-Addo (2017–2018): politischer und wirtschaftlicher Neustart im Zeichen schwerer Erblasten

Wenige Tage vor der Amtseinführung des neu gewählten Präsidenten Akufo-Addo am 7. Januar 2017 gerieten in der Stadt Suhum in der Eastern Region Anhänger der NPP und des NDC aneinander, mehrere Personen erlitten zum Teil schwere Verletzungen. Damit zeichnete sich bereits ab, dass Handgreiflichkeiten und Gewalttätigkeiten zwischen Anhängern der beiden Parteien, die zumeist von ihnen nahestehenden Milizionären provoziert wurden, auch in Zukunft Teil der politischen Auseinandersetzungen bleiben würden. Schnell stellte sich auch heraus, dass Ethnizität und die damit verbundene prekäre Sicherheitslage nicht nur in den nördlichen Landesteilen ein Thema war. Die landesweit operierenden Milizengruppen sowie auch die gleichzeitig ansteigende Kriminalität in allen Landesteilen stellten die neue Regierung unmittelbar nach der Machtübernahme auf erste harte Bewährungsproben.

Kaum war der Präsident im Amt und im Begriff, sein Kabinett zusammenzustellen, brachen im Februar in der Northern Region erneut Gewalttätigkeiten aus. Im Bezirk Nanumba North forderte nahe der Stadt Bimbilla der seit Jahren ungeklärte Konflikt um die Nachfolgeregelung des hochrangigen traditionellen Herrschers mehrere Menschenleben, sodass auch die neue Regierung gezwungen war, eine nächtliche Ausgangssperre zu verhängen. Schon kurz zuvor hatte sie in Bunkpurugu zu vergleichbaren Maßnahmen gegriffen. Auch dort hielten die Auseinandersetzungen zwischen konkurrierenden Clans um die Thronbesetzung des lokalen *Paramount Chiefs* die Bevölkerung seit Jahren in Atem. Der seit Jahrzehnten bestehende Konflikt in Alavanyo und Nkonya in der Volta Region, in den Guan und Ewe involviert sind, flammte wieder auf und forderte mehrere Opfer. Die Regierung sah sich veranlasst, auch hier mit Zwangsmaßnahmen zu reagieren, und verhängte nächtliche Ausgangssperren. Ernsthafte Sorgen bereitete auch die drohende Verschiebung ethnischer Konflikte aus dem Norden auf die südlichen Ballungszentren, insbesondere auf die Hauptstadt Accra, wo es im April 2017 im Stadtteil Agblogbloshie zu schweren Ausschreitungen unter zugezogenen Dagomba und Konkomba kam.

Wenngleich dieser Zwischenfall erhebliche Aufmerksamkeit erzeugte, bleibt Agblogbloshie vor allem das ghanaische und afrikanische Synonym für kaum vorstellbare Umweltsünden. Hier landen seit vielen Jahren riesige Mengen an Elektroschrott und ausgedienten Batterien aus aller Welt. Legale und illegale ghanaische und internationale Netzwerke und Syndikate sind an diesem lukrativen und zugleich zerstörischen Geschäft beteiligt, das den nur wenige Kilometer vom Zentrum entfernten Stadtteil und die dazugehörende Lagune in ein verseuchtes Stück Land verwandelt hat.[118] Inzwischen haben sich die deutsche Entwicklungszusammenarbeit und andere internationale Zuwendungsgeber der Sanierung des Gebietes verschrieben. Diese wird, wenn sie überhaupt erfolgreich ist, viele Jahre in Anspruch nehmen.

Seit geraumer Zeit hat sich in Zentralghana und in den nördlichen Landesteilen ein Konfliktmuster entwickelt, an dem nomadisierende Fulani-Hirten aus den grenznahen Gebieten im Norden und Ackerbauern beteiligt sind. Auf der Suche nach besseren Weidegründen trieben die Hirten ihr Vieh zunehmend gen Süden und gerieten damit unmittelbar in Konflikt mit Ackerbauern in Brong Ahafo, Ashanti und der Eastern Region. Die Vorgängerregierungen hatten sich nicht um die Regulierung von Weiderechten gekümmert. Anhaltendes Bevölkerungswachstum, Umweltschäden und die Ausweitung der Ackerflächen schränkten den Bewegungsraum der Hirten massiv ein. So trieben sie ihre Herden immer öfter auch durch Dörfer und größere Ortschaften, was unvermeidlich zu gewaltsamen Konflikten führte, die im Jahr 2017 etliche Todesopfer forderten. Das staatliche *National Peace Council*, zuständig

---

118 Es gibt etliche Reportagen über dieses Umweltverbrechen. 2018 kam ein Dokumentarfilm unter dem Titel »Sodom und Gomorrha« in die deutschen Kinos. Ein mehrminütiger Trailer gibt einen kleinen Einblick: https://www.youtube.com/watch?v=uVBrwOx2S54 (gesehen am 30. Oktober 2018).

für Mediation, Konfliktprävention und Konfliktlösung, konnte diese schweren Zwischenfälle nur unzureichend bearbeiten, da es nicht über das notwendige Instrumentarium verfügt.[119] Erst unter Akufo-Addo nahm sich die Regierung des Themas an. Sie erhöhte innerhalb weniger Monate die Zahl der Sicherheitskräfte, um die Hirten samt ihren Herden in die nördlichen Grenzregionen abzudrängen.

Trotz aller Widrigkeiten zeigten sich Akufo-Addo und sein Präsidialamt auf den Machtwechsel gut vorbereitet. Innerhalb weniger Wochen stellte der neue Präsident sein Kabinett zusammen, berief die Regionalminister, ernannte die Vorsitzenden der *District Assemblies* und wechselte die Spitzen im Militär und bei der Polizei aus. Des Weiteren übte die Exekutive enormen Druck auf Zentralbankchef Abdul-Nashiru Issahaku aus. Dieser gab sein Amt schließlich nach nur einem Jahr auf und machte Ende März 2017 den Weg frei für Ernest Addison. Im Juni folgte auf Vorschlag des Präsidenten die Richterin Sophia Akuffo der in Pension gegangenen Georgina Theodora Wood als Vorsitzende des *Supreme Court.*

Im Juli 2018 fällte der Präsident eine weitere zentrale Personalentscheidung und berief Jean Mensa zur neuen Vorsitzenden der Wahlkommission. Die langjährige Leiterin des *Institute of Economic Affairs* löste Charlotte Osei ab, die auf Basis eines Untersuchungsberichts wegen Amtsverletzung und Inkompetenz ihres Amtes enthoben worden war. Mehrere Direktoren erlitten das gleiche Schicksal. Der Versuch von Aktivisten, vor dem Obersten Gerichtshof eine einstweilige Verfügung gegen die Berufung der neuen Vorsitzenden und ihrer neuen Direktoren einzulegen, wies das Gericht zurück. Damit war sichergestellt, dass die angestrebte Erweiterung der Regionen wie geplant weitergeführt werden konnte, denn die Verantwortung für die dafür notwendigen Referenden in den betroffenen Gebieten lag bei der Wahlkommission. Auch der anstehenden Aktualisierung des Wählerregisters für die Wahlen 2020 stand nach dieser Entscheidung nichts mehr im Wege.

Kurz darauf berief Akufo-Addo vier neue Richter an den *Supreme Court* und stellte damit weitere Weichen für seine nicht unumstrittene Verwaltungsreform, lag dem Gericht doch eine ernstzunehmende Klage gegen die Gründung neuer Regionen vor. Anders als sonst üblich, überging der Präsident in zwei Fällen den *Appeal Court* und beförderte zwei Juristen der *Ghana Bar Association* direkt an die oberste Gerichtsinstanz, die die Klage im November 2018 zurückwies.

---

119 Siehe dazu die kritische Analyse von Ahorsu, Ken: The National Peace Council and Peacebuilding in Ghana, in: Tonah, Steve/Anamzoya Sulemana, Alhassan (Hrsg.): Managing Chieftaincy and Ethnic Conflicts in Ghana, 2016, S. 90ff.

Der Präsident, dessen Jahresgehalt etwa 70.000 Dollar beträgt, war mit dem Ziel angetreten, die Staatsausgaben zu senken. Mit 36 Ministerien – sechs mehr als unter Präsident Mahama – und 110 Ministern stellte er jedoch den größten und kostspieligsten Regierungsapparat in der ghanaischen Geschichte zusammen. So liegen die jährlichen Zuwendungen pro Parlamentarier und Kabinettsmitglied bei etwa 51.000 Dollar, ein üppiges Gehalt, das die hohen Einsätze im Wahlkampf oder beim Lobbying für einen Ministerposten erklärt, amortisieren sie sich doch innerhalb von nur zwei Jahren.[120] Zugleich gelang es dem Finanzministerium unter Ofori-Atta, innerhalb weniger Wochen 26.000 *ghost names* im Staatsapparat aufzuspüren und die Zahlungen an diese fiktiven Personen einzustellen. Bereits ein Jahr später entdeckte das Ministerium weitere 8.000 Namen. In diesem Zusammenhang gab die CHRAJ im Oktober 2018 bekannt, dass die weitverbreitete Korruption den Staat jedes Jahr einen niedrigen zweistelligen Milliardenbetrag kostete.[121] Um den hohen Korruptionsgrad zu bekämpfen, schufen Regierung und Parlament die Institution eines gesetzlich legitimierten Sonderanklägers.[122]

Sein ambitioniertes Versprechen, 30 Prozent Frauen in staatliche Führungspositionen zu bringen, erfüllte der Präsident nicht, was er aber mit der Berufung von Gloria Afua Akuffo zur Justizministerin und Bundesanwältin kaschieren konnte. Schließlich besetzten Frauen Spitzenpositionen am *Supreme Court*, im Justiz- und Außenministerium, im Ministerium für Information und Telekommunikation und bei der Wahlkommission. Diese herausgehobenen Besetzungen standen im krassen Gegensatz zum Geschlechterverhältnis im Parlament und in den *District Assemblies*, wo Frauen auch unter der neuen Regierung extrem unterrepräsentiert waren. Ihr Anteil an den Sitzen lag bei lediglich 13 bzw. 17 Prozent und hatte sich damit gegenüber der vorangegangenen Legislaturperiode nur leicht erhöht.

Der angekündigte politische und wirtschaftliche Neuanfang erlitt zu Beginn von Akufo-Addos Regierungszeit durch den hohen ererbten Schuldenberg einen Dämpfer. Die Energiewirtschaft hatte mehr als zwei

---

120 Die britische *Westminster Foundation for Democracy* und das ghanaische *Centre for Democratic Development* kamen nach einer 2018 veröffentlichten Studie zu diesem Betrag; http://www.wfd.org/wfd-research-to-inform-cost-of-politics-talks-in-ghana/ (gesehen am 26. Juni 2018).

121 https://www.myjoyonline.com/politics/2018/October-3rd/ghana-losing-gh135bn-to-corruption-every-year-chraj.php (gesehen am 12. November 2018).

122 Der erste Sonderankläger war Martin Alamisi Burnes Kaiser Amidu. An seiner Seite stand als Stellvertreterin Jane Cynthia Naa Korshie Lamptey. Die Institution erhielt für das Haushaltsjahr 2019 eine Anschubfinanzierung von 180 Millionen Cedi.

Milliarden Dollar Schulden, dazu kamen Staatsschulden im Bereich von 70 Prozent des BIP, der Kollaps mehrerer Banken, der den Staat mehr als zwölf Milliarden Cedi kostete, sowie Gewalttätigkeiten durch der NPP nahestehende Milizen, wie der *Invincible Forces* und der *Delta Force*.

Unmittelbar nach Amtseinführung des Präsidenten besetzten diese Milizen öffentliche Einrichtungen, um angebliche Machenschaften von Vertretern der abgewählten Regierung zu unterbinden. Die NPP ließ die Milizionäre gewähren und schritt auch wenige Wochen später nur halbherzig ein, als im März 2017 Mitglieder der *Delta Force* das Büro des regionalen Sicherheitschefs in der Ashanti Region stürmten, den Vertreter misshandelten, seine Ablösung forderten und die Einrichtung zerstörten. Kurz darauf stellten sich etliche Milizionäre der Polizei, und es kam zur Gerichtsverhandlung. Während der Verhandlung drang die *Delta Force* in den Gerichtssaal ein, überwältigte den Sicherheitsdienst und verließ mit den Angeklagten das Gerichtsgebäude. Das Katz-und-Maus-Spiel setzte sich fort, als sich die Beklagten schon bald erneut freiwillig den Behörden stellten, um einer möglichen Haftstrafe zu entgehen. Ihre Kalkulation ging auf, denn die Urteile gegen die 13 beklagten Randalierer fielen mit einem Bußgeld von 1.800 Cedi gegen die Zusicherung, sich auf absehbare Zeit nichts zuschulden kommen zu lassen, äußerst milde aus. In der Öffentlichkeit lösten diese milden Urteile und die demonstrative Zurückhaltung der Regierung Unverständnis und Betroffenheit aus.

Präsident Akufo-Addo war mit dem Versprechen angetreten, die Wirtschaft anzukurbeln, Steuern zu senken, die Stromversorgung von Grund auf zu verbessern, eine weitreichende Verwaltungsreform anzuschieben und Reformen für die intransparenten Bereiche Grundbesitz und Katasterwesen voranzutreiben. Seine Regierung befand sich dabei in einer komfortablen Position, konnte sie doch von den verspäteten Reformbemühungen der Vorgängerregierung profitieren, die nun Wirkung entfalteten, wenngleich der riesige Schuldenberg der staatlichen Energieunternehmen die anfängliche Euphorie bremste. Dennoch zahlten sich Kauf und Anmietung von kleinen Kraftwerken aus: Die Regierung mietete auf Schiffen installierte Kleinkraftwerke des türkischen Konsortiums *Kapowership* an. Zugleich begann der Bau des mit Flüssiggas betriebenen Großkraftwerkes *Bridge Power Project*, und es wurden langfristige Lieferverträge für Flüssiggas aus Äquatorialguinea abgeschlossen. Auch die Nutzung von Solarenergie stand nun verstärkt im Fokus der Energiepolitik, und es gelang der Regierung, ein im Jahr 2014 abgeschlossenes Energieabkommen mit der US-Entwicklungsorganisation *Millennium Challenge Corporation* neu zu verhandeln, um die ghanaische Mehrheit an dem Projekt abzusichern. Allerdings wahrte die US-Seite ihre Interessen, und das Projekt wurde nicht ghanaischem Recht unterstellt.

Steigende Weltmarktpreise für Öl und Gas, stabile Exporteinkünfte aus der Goldförderung und dem Kakaoanbau, der durch gezielte Neuanpflanzungen auch in Zukunft hohe Erträge sichern soll, bescherten gute Wachstumsraten um die sechs Prozent, einen stabilen Wechselkurs des Cedi und ausländische Direktinvestitionen von über vier Milliarden Dollar allein in Akufo-Addos erstem Amtsjahr 2017. So schlossen die *AngloGold Ashanti* und die ghanaische Regierung im Juni 2018 ein Abkommen über die auf mehr als 20 Jahre angelegte Goldförderung in Obuasi, die Investitionen in Milliardenhöhe und die Schaffung von mehreren Tausend Arbeitsplätzen garantierte. Zugleich räumte die Regierung dem Unternehmen großzügige Steuer- und Abgabennachlässe im Umfang von 250 Millionen Dollar ein. All diese Maßnahmen stießen auf Zustimmung beim IWF, der nach Konsultationen in Ghana im Juni 2018 die Fortschritte lobte.

Auch diese Regierung arbeitete mit einem defizitären Haushalt, um ihr ambitioniertes Programm durchzuführen. Dies kam auch dem Sozialbereich zugute, der mit vier Milliarden Euro etwa 20 Prozent des Haushaltes ausmachte. Die Hauptnutznießer der positiven Wirtschaftsdaten waren jedoch die privaten und gewerblichen Stromkunden, die die Tarifsenkungen von bis zu 17 Prozent begrüßten, sowie Wohlhabende, Immobilienbesitzer, Fernreisende und Händler, die von der Abschaffung bzw. deutlichen Reduzierung der von der Mahama-Administration eingeführten Sonderabgaben profitierten.

Vor diesem Hintergrund griff die Regierung 2018 zu einem Buchungstrick, um die Schuldenlast von etwa 32 Milliarden US-Dollar – 17 Milliarden Auslands- und 15 Milliarden Inlandsschulden – zu reduzieren und neue Möglichkeiten zur Kreditaufnahme zu schaffen. Vor der Neuberechnung betrug das Verhältnis Schulden zu BIP fast 70 Prozent. Die Regierung verschob das Referenzjahr um sieben Jahre auf das Jahr 2013 und stellte eine Neuberechnung des BIP an. Im Ergebnis erhöhte sich das BIP auf 256 Milliarden Cedi, was gleichbedeutend war mit einem Rückgang der Verschuldung im Verhältnis zum BIP um wenige Prozentpunkte. Diesen Spielraum nutzte die Regierung, um neue Kredite zur Finanzierung ihrer ehrgeizigen Reformen einzusetzen.

Außerdem wollte Akufo-Addos Regierung gegen die unregulierte Goldgewinnung vorgehen und den *galamsey* Einhalt gebieten. Der Kampf gegen Abertausende von illegalen Goldschürfern, die seit vielen Jahren zur massiven Umweltzerstörung beigetragen und sich zum Teil unter Lebensgefahr am Fiskus vorbei große Mengen Gold angeeignet hatten, galt als zentrales Anliegen der neuen Regierung. Der bislang letzte schwere Zwischenfall hatte sich im Juli 2017 in der Western Region ereignet, als an die 20 *galamsey* bei ihrer gefahrvollen Arbeit in kleinen Stollen zu Tode gekommen waren. Trotz der Gefahren hatte die Zahl der Goldschürfer, Mittelsmänner und Schmuggler angesichts geschätzter Umsätze von bis zu sieben Milliarden Dollar pro Jahr seit Jahren ständig zugenommen.[123]

Der Präsident stellte sich an die Spitze einer als *Operation Vanguard* bezeichneten Anti-*galamsey*-Kampagne, an der sich auch die Marine, das Heer, die Polizei und das Justizministerium beteiligten. Hunderte von Goldschürfern, unter ihnen etwa 15 Prozent Ausländer aus den Nachbarstaaten und aus China, wurden verhaftet und vor eigens eingerichteten Gerichtstribunalen angeklagt und verurteilt. Zugleich zeigte sich die Regierung entschlossen, erhebliche Finanzmittel in die Hand zu nehmen, um zerstörte Landstriche zu sanieren und den Kleinstbergbau durch Regulierungsmaßnahmen auf eine solide Basis zu stellen.

Dies trug jedoch nicht zur Reduzierung der grassierenden Arbeitslosigkeit, insbesondere unter der jüngeren Generation, bei, die in direktem Zusammenhang mit dem deutlichen Anstieg der Kriminalität steht. Eine großangelegte Initiative namens *Nation Builders Corps*, Ende 2017 angeschoben, und das *Youth Employment Programme* zielten auf die Weiterbildung von Arbeitslosen mit höheren Bildungsabschlüssen zu Lehrern, Forstwirten, Landwirtschaftsexperten, Steuergehilfen oder Sanitärinspekteuren. In einer ersten Stufe gab der Finanzminister in der Erwartung, auch Interesse bei den illegalen Goldschürfern wecken zu können, grünes Licht für die Ausbildung von 145.000 Interessenten. Weitere Schwerpunkte zur Förderung der Privatwirtschaft und der Infrastruktur in den strukturell ärmeren Regionen lagen auf dem *National Entrepreneurship Innovation Programm*, dem *Infrastructure for Poverty Eradication Programme*, das Kleinunternehmen in der Landwirtschaft sowie in der Wasser- und Abwasserwirtschaft fördern sollte, und dem *Livelihood Empowerment Programme against Poverty*. Zusätzlich sicherte die Regierung zu, die Schulspeisung zu verbessern. Des Weiteren rief die Regierung das *National Mortgage Housing Finance Scheme* ins Leben, um mittelfristig bezahlbaren Wohnraum zu schaffen. Die Pilotphase begann im August 2018, zu einem Zeitpunkt, an dem all diese Programme begannen, Gestalt anzunehmen. Zugleich wurden Mitte 2018 die pädagogischen Hochschulen zu Universitäten

---

123 Die Zahlenangabe stammt vom ghanaischen Ministerium für Landangelegenheiten und natürliche Rohstoffe.

aufgewertet, was auch die Forderungen der Dozenten nach besserer Entlohnung befriedigte. Noch Ende 2017 hatten die Dozenten wegen der ausstehenden Jahresgehälter den Lehrbetrieb eingestellt, woraufhin die Regierung zugesagt hatte, die aufgelaufenen Beträge zeitnah zu begleichen.

Ghana Vorreiterrolle auch im Bereich Digitalisierung trat im Dezember 2018 erneut zutage, als Ghanas Hauptstadt Accra Schauplatz Digitalisierungsbegeisterter und IT-Fachleuten aus Ghana und Deutschland war. Die Konferenz *re:publica*, die seit 2007 im Jahresrhythmus in Berlin stattfand, verlegte für zwei Tage, vom 14.–15. Dezember, ihren Mittelpunkt nach Accra. Damit fand diese inzwischen etablierte Konferenz erstmals auf afrikanischem Boden statt, was dem westafrikanischen Land einen weiteren Prestigegewinn eingebracht haben dürfte.

Der *Zongo Development Fund*, ausgestattet mit einem Grundstock von 50 Millionen Dollar, unterstrich den Anspruch der Regierung, die strukturelle Armut und Unterentwicklung in den wild wuchernden Stadtteilen der Großstädte ernst zu nehmen. Über das eigens eingerichtete Ministerium *Inner City and Zongo Development* wurden Maßnahmen zur Verbesserung der Infrastruktur in diesen schwer überschaubaren Vierteln ergriffen und Migranten Bildungsangebote unterbreitet. Dieser Vorstoß von Mitte 2018 ist in eine entwicklungsorientierte Gesamtstrategie eingebettet, die zu drei vergleichbaren Einrichtungen im Süden, in Zentralghana und im Norden führte und als flankierende Maßnahme für das Programm 1D1F (*One District, One Factory*) diente. Dazu zählt auch das kostspielige Projekt *Nation Identity System* der Behörde *National Identification Authority*, das ein modernes Verwaltungssystem etablieren soll und geschätzte 1,3 Milliarden Dollar kosten wird.

Schon in seiner Antrittsrede Anfang Januar 2017 zeigte sich Präsident Akufo-Addo klug und weitsichtig, als er die lange Geschichte der erbitterten Gegnerschaft seiner Kernklientel zum nkrumahistischen Lager beendete. Dieser politisch nicht von allen begrüßte Schritt erfuhr im September 2017 seine Fortsetzung, als der Präsident öffentlich den 4. August als Gründertag und den 21. September als *Kwame Nkrumah Memorial Day* zu Feiertagen erklärte, um das Narrativ einer geeinten Nation zu fördern. Der 4. August steht für zwei historisch bedeutsame Ereignisse: An diesem Tag gründete sich im Jahr 1897 in Cape Coast die *Aborigines Rights Protection Society*, und genau 50 Jahre später, im Jahr 1947, war er die Geburtsstunde der UGCC und der *Big Six*. Der 21. September 1909 wiederum war der Geburtstag des Staatsgründers. Zum Jahresende 2018 kündete die Regierung an, einen weiteren Feiertag einzurichten und den 7. Januar zum *Constitution Day* zu erklären.

Mit der Einführung dieser Feiertage setzte die Regierung Akufo-Addo ihre bereits bei den Feierlichkeiten zum 60-jährigen Bestehen des unabhängigen Ghana am 6. März 2017 angewandte Strategie fort, Feiertage zunehmend und gezielt als wirksames Instrumentarium zur Förderung eines nationalen Bewusstseins einzusetzen. Angesichts der prekären Finanzlage und der ambitionierten Wirtschaftsziele verbaten sich trotz des Anlasses kostspielige Feierlichkeiten. Dennoch gelang es der Regierung, die zehn Regionen samt ihren Bezirkshauptstädten in eine einzige Bühne zu verwandeln und die in Accra stattfindende Inszenierung dort zeitgleich adaptieren und durchführen zu lassen. Politisch geschickt richtete sich die Inszenierung an die vielen Hunderttausend Schüler im Land, die entsprechend den historischen und lokalen Traditionen mit Tanz, Aufmärschen, Paraden, akrobatischen Vorführungen und Gedichten ethnische und regionale Diversität und Zugehörigkeit präsentierten. Die subregionale Zugehörigkeit war eingebettet in einen nationalen Zusammenhang, der zugleich Bestandteil des in Ghana nach wie vor populären Panafrikanismus ist. Somit wurde dieser Tag für die Menschen im ganzen Land zu einem greifbaren Ereignis, das das Konzept nationaler Zugehörigkeit mit Leben füllte und die Identifikation mit der Nation stärken sollte.

Auch Jerry John Rawlings, Architekt der IV. Republik, der sich nach seiner langen Regentschaft nie gänzlich aus dem politischen Raum verabschiedet hatte, nutzte zu Beginn der Ära Akufo-Addo historische Ereignisse und Entwicklungen, um sich, seine Ära und den NDC positiv im öffentlichen Diskurs zu verankern. Dabei nahm er die Jahrestage seiner Staatsstreiche zum Anlass, seine Sicht der Dinge darzulegen. Zu Silvester 2017, dem Jahrestag des zweiten Putsches von 1981, wählte er für seine Ansprache zu Redlichkeit, Verantwortung und sozialer Gerechtigkeit die Regionalhauptstadt Ho in der NDC-Hochburg Volta Region. Dort zog er immer noch zahlreiche Anhänger und Sympathisanten an, die ihm, dem abgewählten Präsidenten Mahama, führenden Parteimitgliedern und ehemaligen PNDC-Kadern zujubelten. Im Kern aber diente der Auftritt dazu, die Schmerzen zu lindern, die der NDC durch die niederschmetternde Niederlage erlitten hatte, und gleichzeitig der Partei Mut für einen Neuanfang zuzusprechen.

Am 4. Juni 2018, dem Jahrestag des ersten Putsches von 1979, setzte Rawlings seine Kampagne in Madina, vor den Toren der Hauptstadt Accra, fort. Auch dort malte er das Bild eines revolutionären Aktes, in dem Werte wie Freiheit, Gerechtigkeit, Redlichkeit, Verantwortung, Transparenz und Integrität wiederhergestellt worden seien; Werte, von denen sich viele politisch Verantwortliche mittlerweile weit entfernt hätten.

Dieser Linie blieb er treu und beging mit Führungskadern des NDC zum Jahreswechsel 2018/19 in Ashaiman, in der Nähe der Hauptstadt, den Jahrestag des Putsches 1981. Die Partei, die sich in der Mahama-Ära mit Rawlings schwergetan hatte, und die Menge dankten es ihm und bestätigten zugleich die Faszination, die noch immer von Rawlings' Charisma ausging. Dieses Charisma und seine hohe gesellschaftliche Akzeptanz erlaubten es ihm, Akufo-Addos Einladung zum Staatsbankett aus Anlass des Besuches von Prinz Charles und seiner Ehefrau Camilla Anfang November 2018 anzunehmen. An diesem Bankett, bei dem dem britischen Thronnachfolger der höchste Orden des Landes verliehen wurde, nahm auch Ex-Präsident Kufuor teil.

Trotz alledem holte Rawlings im Jahr 2018 nach mehr als drei Jahrzehnten seine dunkle Geschichte als einstiges Enfant terrible wieder ein, als Aktivisten die Ermordung von drei Richtern durch PNDC-Getreue im Jahr 1982 in die öffentliche Diskussion einspeisten. Die Medien griffen das Thema willfährig und begierig auf, als bekannt wurde, dass sich einer der Täter, der dem Exekutionskommando entkommen war, in Nordamerika aufhalten soll.

Kapitel III

Religion und Politik

Christliche Ökumene: die Vielfalt des Christentums in Ghana – Missionskirchen, pentekostale und charismatische Bewegungen

Zwischen der Ankunft der Portugiesen am Ende des 15. Jahrhunderts, der zögerlichen Kolonisierung der Goldküste und dem im frühen 19. Jahrhundert systematisch betriebenen Kolonisierungsprozess scheiterten fast alle Versuche der europäischen Missionsgesellschaften, das Christentum in diese kulturell und religiös fremde Region einzuführen. So erzielten im 18. Jahrhundert lediglich kleine, in den 1820er Jahren gegründete Bibelgruppen, die in Cape Coast aus der Schule eines in Großbritannien zum anglikanischen Pastor ausgebildeten Fante[124] hervorgegangen waren, und die zur anglikanischen Kirche gehörende *Society of the Propagation of the Gospel* (SPG) kleine Erfolge.

Erst die Dynamik der kolonialen Eroberung verlieh den europäischen Missionsgesellschaften im Laufe des 19. Jahrhunderts den entscheidenden Schwung, der dem Christentum zum Durchbruch an der Goldküste verhalf. An der Spitze stand die presbyterianisch geprägte Basler Mission, die ihre Arbeit an der Goldküste bereits 1828 aufgenommen und die gezielt unter den Ga und Akan missioniert hatte, gefolgt von der *Wesleyan Methodist Missionary Society*, die 1835 ihre Missionstätigkeit begann, und der Bremer Mission, die ihren Schwerpunkt auf die Missionierung der Ewe legte. Dieser Vorstoß der Bremer Mission begann aber erst mit erheblicher Verzögerung im Jahr 1847, während die katholische Kirche als Nachzügler erst ab 1880 größere Aktivitäten entfaltete.

Die Briten besiegten das Ashanti-Reich und deportierten den König, den *Asantehene*, auf die Seychellen. Im Zuge dieser Ereignisse konnten sich die Anglikaner zu Beginn des 20. Jahrhunderts fest etablieren.

---

124 Dabei handelte es sich um Philip Quaque, der bereits 1765 in England zum Seelsorger ausgebildet wurde und dessen Bibelgruppen zum Ursprungskern der methodistischen Kirche wurden. Mehr zur frühen Geschichte des Christentums an der Goldküste bei Hock, Klaus: *Das Christentum in Afrika und dem Nahen Osten*, 2005, insbesondere S. 80–83, 140–141 und 200. Des Weiteren: Brobbey, Freda: Understanding the Religious Conflict Between the Ethnic Ga Traditionalists and Charismatic Churches in Accra, in: Tonah, Steve (Hrsg.): *Ethnicity, conflicts and consensus in Ghana*, 2007; darin insbesondere das Kapitel »The Evolution of Charismatic Churches in Accra and Southern Ghana«, S. 70–72.

Sie richteten 1909 in Accra einen Bischofssitz ein und ordinierten in den nachfolgenden Jahren die ersten indigenen Priester. Entscheidend für den Erfolg der anglikanischen Missionsarbeit, der die Menschen insbesondere im Ashanti-Kerngebiet über mehr als zwei Jahrzehnte mit großem Argwohn begegneten, war schließlich der Übertritt des verbannten *Asantehene* zum anglikanischen Christentum. Nach seiner triumphalen Rückkehr im Jahr 1924 trat der entmachtete König offen für die Belange seiner neuen Kirche ein, was einen Großteil seiner informellen Untertanen bewog, es ihm gleichzutun.

Im muslimisch geprägten Nordghana hielt die Kolonialmacht an ihrem Herrschaftsprinzip der *indirect rule* fest, was eine christliche Missionierung weitgehend ausschloss. Dennoch gelang es katholischen Priestern der Weißen Väter in den 1920er und 1930er Jahren vom heutigen Burkina Faso aus, in der Grenzregion zu missionieren und im äußersten Nordosten Massenbekehrungen durchzuführen. Dies führte jedoch zu lokalen Konflikten, denn die traditionellen Autoritäten betrachteten Aktivitäten wie diese als direkten Angriff auf ihre Macht und Legitimität. Die Basler und Bremer Missionen machten im Ersten und Zweiten Weltkrieg aufgrund der veränderten geopolitischen Machtverhältnisse in ihren Missionsgebieten ähnliche Erfahrungen und stellten ihre Missionstätigkeit bis auf Weiteres ein. Erst nach dem Zweiten Weltkrieg engagierten sich Methodisten und Presbyterianer erneut in den nördlichen, gemeinhin als Northern Territories bezeichneten Gebieten.

In dem Maße, in dem die Briten nach mehreren erfolgreichen Schlachten gegen das Ashanti-Reich ins Landesinnere vordrangen und ihr Kolonialsystem etablierten, nahmen westliche formale Bildungsmöglichkeiten zu. Kolonisierung, Bildung und Christianisierung gingen Hand in Hand, und um die Jahrhundertwende war ein beträchtlicher Teil der kolonial gebildeten Eliten – zumeist in den südlichen Landesteilen – dem Christentum beigetreten. Zur gleichen Zeit entwickelten sich erste Spannungen zwischen dem ausschließlich weißen Klerus und den Gemeinden. Auf viele Ghanaer wirkten die an europäischen Maßstäben orientierten Messen und Gottesdienste trist und ohne Bezug zu der eigenen kulturellen und spirituellen Wirklichkeit und den tief verankerten Traditionen der indigenen Bevölkerung.

Dieses Gefühl führte zu ersten Neugründungen christlicher Bewegungen, die sich schnell ausbreiteten, trafen sie doch besser als die Missionskirchen – oft auch als *mainline churches* oder *orthodox churches* bezeichnet – den Geist und die Emotionen der lokalen Bevölkerung. Zeitlich lässt sich diese Entwicklung auf den Beginn des 20. Jahrhunderts datieren, als sich drei große Strömungen herauszubilden begannen: die *Ghana*

Independent Churches, die *Ghana Pentecostal Churches* und die *Ghana Charismatic Churches*. Ihnen allen gemein war und ist der Glaube an gute und böse Geister, an die Macht des Heiligen Geistes, an Wunderheilungen und an Prophezeiungen. Zugleich war in den Augen dieser Bewegungen religiöses Leben nicht von traditionellen sozialen und kommunalen Aktivitäten zu trennen, einschließlich extensiver Musikbegleitung und expressiver Selbstdarstellung.

Eine neue Christianisierungswelle, die ab den 1950er Jahren ein beschleunigtes Kirchenwachstum und eine weitere Bildungsoffensive auslöste, betraf sowohl den Katholizismus und den Protestantismus als auch die charismatischen und pentekostalen Kirchen. Diese Dynamik wurde durch den Staatsgründer Kwame Nkrumah gespiegelt, der in jungen Jahren der katholischen Kirche beigetreten war und dessen erfolgreiche politische Kampagne für Freiheit, Unabhängigkeit und Eigenverantwortung sich auch im Selbstverständnis der Kirchen niederschlug. Auf dem Weg zur Unabhängigkeit fand zeitgleich eine durchgreifende und nachhaltige Afrikanisierung der Kirchen statt.

In diesem Kontext gründeten drei Kirchen – die *Methodist Church Ghana*, die *Presbyterian Church of Ghana* und die *Evangelical Presbyterian Church* – im Jahr 1942 vor den Toren Accras das *Trinity Theological Seminary*. Es sollte sich schon bald zur Kaderschmiede für Pastoren und Priester entwickeln, an der sich weitere Kirchen beteiligten. Nach mehreren Jahrzehnten wurde das Ausbildungszentrum sogar zu einer wichtigen Anlaufstation für angehende Theologen der charismatischen und pentekostalen Kirchen. Präsident Akufo-Addo nutzte im November 2017 bei einer Graduiertenfeier die Institution als politische Bühne, um Priester und Bischöfe aufzufordern, den Staat im Kampf gegen die sich ausbreitende Gewalt im Land zu unterstützen.

Bis zur Unabhängigkeit im Jahr 1957 hatten die indigenen Kirchenoberen innerhalb kürzester Zeit die europäischen Missionen fast vollständig in Eigenregie übernommen. Methodisten und Presbyterianer hatten den Takt vorgegeben, und auch die übrigen Kirchen konnten sich dem neuen Geist nicht entziehen und zogen nach. Sichtbarstes Zeichen war 1961 die Ernennung des Ghanaers Francis Amissah zum Erzbischof von Cape Coast. Es sollte jedoch noch mehr als vier Jahrzehnte dauern, ehe sein Nachfolger Peter Kodwo Appiah Turkson im Jahr 2003 zum ersten und bislang einzigen Kardinal Ghanas aufstieg.

Schon bald nach der Unabhängigkeit kollidierten jedoch Nkrumahs ideologische Überzeugungen und sein absoluter Machtanspruch mit dem Selbstverständnis der Kirchen, die auch im unabhängigen Staat zentraler Bestandteil der ghanaischen Gesellschaft bleiben wollten.

So war das Zerwürfnis nach der Verstaatlichung kirchlicher Schulen und der Errichtung eines diktatorischen Einparteienstaats nicht mehr zu kitten. Nkrumah betrieb einen Personenkult. Er bezeichnete sich selbst als »*Osagyefo*« (»Erlöser«) und forderte die Menschen auf, zuerst sein politisches Königreich zu suchen. Alles Weitere werde sich dann mit Gottes Hilfe von selbst ergeben.

Derweil schlitterte Ghana von einer Wirtschaftskrise in die nächste, und angesichts der instabilen politischen und sozioökonomischen Verhältnisse begannen die Kirchen ihrerseits, sich zu organisieren. Sie gründeten mehrere Organisationen, wie das *Christian Council of Ghana*, das *Ghana Pentecostal Council*, die *National Association of Christian Charismatic Churches* und das *National Catholic Secretariat*. Erst im Laufe der beiden ersten Legislaturperioden der IV. Republik sollte sich mit massiver Hilfe westlicher Geber die politische und sozioökonomische Lage stabilisieren, was auch die Struktur und das Selbstverständnis der christlichen Ökumene beeinflusste.

Das politische Vakuum, das die wenig kompetenten, korrupten und kurzlebigen Zivil- und Militärregierungen in der Nach-Nkrumah-Ära hinterließen, füllten unmittelbar christliche Kirchen unterschiedlichster Couleur. Die weltweit ausgerichteten »Kreuzzüge« des deutschen Pfingstlers Reinhard Bonnke und seiner Kirche *Christ of All Nations* entfalteten ab den frühen 1970er Jahren insbesondere in Afrika enorme Wirkung. Bonnke, der sich selbst als »Mähdrescher Gottes« bezeichnet, diente vielen Predigern als Vorbild.[125] Die wirkmächtigste Person für die aufstrebenden charismatischen und pentekostalen Bewegungen in Ghana, Nigeria und im übrigen Westafrika war jedoch der Nigerianer Benson Andrew Idahosa. Seine spirituelle Kraft und Botschaft wirkte während der von den 1970ern bis in die frühen 1990er Jahre andauernden Phase des politischen und sozioökonomischen Niedergangs der meisten westafrikanischen Staaten in der gesamten Region.

Im Kern dreht sich das Denken in diesen Bewegungen und Kirchen um eine Wirklichkeit und Rationalität, in der die sichtbare Welt in eine unsichtbare Geisterwelt eingebettet ist.[126] Dabei handelt es sich bei

---

125 Bonnke organisierte seine Kampagnen, die darauf abzielten, »die Hölle zu plündern und den Himmel zu bevölkern«, überwiegend von Südafrika und Frankfurt a. M. aus. Inzwischen hat er die Führung an seinen Mitarbeiter Daniel Kolenda übergeben. Siehe zur Selbstdarstellung der *Christ for all Nations*: https://www.cfan.eu/de/ueber-uns/ (gesehen am 23. August 2018).

126 Dies ist der Ausgangspunkt einer Analyse von Werner Kahl, auf der die folgende Darstellung im Wesentlichen beruht. Kahl, Werner: Demokratie zwischen Tradition und Moderne. Zur politischen Dimension biblischer Interpretation im westafrikani-

dieser in allen Gesellschaftsschichten verankerten Wirklichkeitskonstruktion um eine ins Spirituell-Numinose erweiterte Welt, in der sich Ereignisse der sichtbaren Welt durchaus auch auf spirituelle Ursachen zurückführen lassen.[127] So gilt es, Angriffe bedrohlicher und lebensschädigender Geister abzuwehren, um ein würdiges und erfolgreiches Leben führen zu können. Dazu aber braucht es Experten, die über die notwendigen spirituellen Einsichten verfügen. Sie können auf diese Geisterwelt Einfluss nehmen und zugleich ihrer Klientel Orientierung im Umgang mit dieser Sphäre geben. Christus kann in diesem in Ghana und Westafrika weitverbreiteten Denken das Leben im Diesseits retten, was ihm eine spirituelle Dimension verleiht. Die im Neuen Testament beschriebenen Wunderheilungen durch Jesus dienen als Beweis, dass er, der »Superahn«, lebensschädigende Geister besiegen und vertreiben kann. Innerhalb der pentekostalen Bewegungen werden diese Wunderheilungen als Blaupause für Heilungs- und Exorzismuskampagnen herangezogen.

So ist der Aufstieg der pentekostalen und charismatischen Bewegungen als spirituelle Emanzipation von der westlichen Theologie und den etablierten Kirchen des Westens zu sehen. Gleichzeitig greifen sie Glaubensinhalte traditioneller afrikanischer Religionen auf und richten ihr Augenmerk auch auf die *grassroot*-Ebene. Diese Verbindung, in der Glaube, Überzeugungen, Erfahrungen und Einsatz im Sinne des Heiligen Geistes und Gottes die Kernsubstanz liefern, entfaltet so ihre besondere Kraft und Ausstrahlung. Der Heilige Geist nimmt dabei eine herausragende Position ein, entspricht er doch in vielerlei Hinsicht den tradierten Vorstellungen der indigenen Religionen.

Die 20 Jahre andauernde Rawlings-Ära (1981–2001) veränderte nachhaltig und damit langfristig die politischen, wirtschaftlichen und gesellschaftlichen Grundstrukturen in Ghana. Das gilt auch für die christliche Ökumene, der etwa 70 Prozent der Bevölkerung angehören und in der das neopentekostale und charismatische Christentum in einer weiteren Welle überproportional viel Zulauf erhielt. Die erkennbare Stärkung, angereichert mit neuem Selbstbewusstsein, ermunterte diese Kirchen, sich mehr als zuvor politisch zu engagieren. Daraus folgte, dass sich die *mainline churches*, das heißt die anglikanische, katholische, methodistische und presbyterianische Kirche, diesem Phänomen nicht länger entziehen konnten. Inzwischen gelten auch sie durchweg als charismatisch durchdrungen.

---

schen Pfingstchristentum, in: Schreijäck, Thomas (Hrsg.): Glaubenskommunikation in Afrika. Kontextuelle Herausforderungen und Perspektiven, 2012, S. 105–122.

127 Das Numinose bezeichnet das Göttliche als unbegreifliche, Vertrauen und auch Schauer erweckende Macht.

Jerry John Rawlings' erster kurzer Auftritt im Jahr 1979 löste in weiten Teilen der geschundenen und entmutigten Bevölkerung einen »Hype« aus, der den gemeinhin als »J. J.« angehimmelten Putschisten katholischen Glaubens zum Heilsbringer erhob. Abgeleitet aus den beiden Initialen erkoren die Menschen in ihrer Euphorie den jungen Fliegerhauptmann zum »*Junior Jesus*«, der die Ghanaer aus ihrem Elend befreien und ins irdische Paradies führen wollte.

In Teilen der Bevölkerung und bei den *mainline churches* wurde Rawlings nach seiner Wiederkehr im Jahr 1981 nicht länger als »*Junior Jesus*«, sondern schon bald als »*Junior Judas*« angesehen, dessen Diktatur und Ideen einer als sozialistisch definierten Volksdemokratie Einhalt geboten werden musste. So erfolgreich der Widerstand auch war, und obgleich am Ende eines zehnjährigen Ringens schließlich gegen Rawlings' Willen ein allseits akzeptiertes demokratisches System westlichen Zuschnitts stand, konnten weder die *mainline churches* noch die zivilgesellschaftlich organisierten Anti-Rawlings-Kräfte seine Wahl zum Präsidenten verhindern. So war es kein Wunder, dass die historischen Missionskirchen es ablehnten, zugunsten des erfolgreichen politischen Übergangprogramms einen von der demokratisch legitimierten Regierung gewünschten Dankgottesdienst abzuhalten.

Dies war die Stunde der neopentekostalen Bewegung, und der charismatische Nicolas Duncan-Williams, Gründer und Erzbischof der *Christian Action Faith Chapel International* in Accra, nutzte sie als einer der ersten.[128] Sein Dankgottesdienst für Rawlings und seine Regierung veränderte die Stellung der Kirchen in den politischen Diskussions- und Entscheidungsprozessen in Ghana. Statt, wie die *mainline churches*, die Regierung bei Fragen zu Demokratie, Menschen- und Bürgerrechten und sozialer Gerechtigkeit in aller Öffentlichkeit scharf zu kritisieren, neigten die neopentekostalen Kirchen dazu, per se die politisch Mächtigen zu unterstützen und spirituellen Beistand zum Machterhalt der politischen Führer zu leisten. Dies deckte sich mit der Grundüberzeugung, dass die Machthaber letztlich von Gott eingesetzt und deshalb zu akzeptieren und zu respektieren waren, auch wenn ihre exponierte Position durch demokratische Wahlen legitimiert war.[129] So verwunderte es nicht,

---

128 Der Trailer zu Duncan-Williams und seiner Kirche vermittelt einen guten Einblick in die Kraft und Ausstrahlung dieser Kirchen: https://www.youtube.com/watch?v=MjXVfgbxrhM (gesehen am 26. August 2018).

129 Rawlings' Verfassungstreue bezüglich der Beschränkung seiner Amtszeit auf zwei Legislaturperioden sicherte ihm langfristig nicht nur politischen und juristischen Schutz, sondern auch die weitere volle Unterstützung der neopentekostalen Kirchen. So organisierte Duncan-Williams 2010 im Beisein des Ex-Präsidenten einen

dass das Präsidentenehepaar Akufo-Addo zusammen mit anderen hochrangigen Politikern an den Hochzeitsfeierlichkeiten von Nicholas Duncan-Williams Sohn im Mai 2018 teilnahm. Nur wenige Monate später kündigte Duncan-Williams ein 72-stündiges Fastengebet seiner Kirche an, das mit Gottes Hilfe dazu beitragen werde, die wirtschaftlichen Probleme des Landes zu lösen. Ein inbrünstiges und kraftvolles Gebet sei für jedes krisengeschüttelte Land ein wichtiges Problemlösungsinstrumentarium. Eine vergleichbare Handlung hatte er bereits 2014 zelebriert, als er gegen den Währungsverfall des Cedi Fürbittengebete durchführte.

Dieses Beziehungsmuster wurde schon bald fester Bestandteil der politischen Kultur in Ghana, spiegelte es doch in aktualisierter moderner Form die traditionelle Verbindungslinie zwischen der Priesterschaft und den Königen wider. In diesem Sinne gehören neopentekostale »Megapastoren« als »*powerful men of God*« in der IV. Republik parteiübergreifend zur Grundausstattung ambitionierter Politiker, selbst jener, die den *mainline churches* angehören. Diese Pastoren, wie Mensa Otibil und seine *International Central Gospel Church*, Dag Heward-Mills und seine *Lighthouse Chapel International* sowie Eric Nyamekye und seine Megakirche *Church of Pentecost* geben vor, die Politiker vor dem Bösen zu beschützen. Grundsätzlich wird davon ausgegangen, dass sich politische Konkurrenten und Gegner dämonischer Mächte bedienen, um ihre Widersacher auszuschalten und selbst die Macht zu ergreifen und zu sichern. Zugleich betonen diese Pastoren, das Wohl der Gesellschaft als Ganzes, das es zu fördern und abzusichern gilt, im Blick zu haben.[130] Dabei spielen geschäftliche Aspekte ebenso eine große Rolle, wie die Causa Mensa Otibil im August 2017 offenbarte. Im Kontext der Bankenkrise stellte sich heraus, dass der berühmte Pastor Aufsichtsratsvorsitzender der *Capital Bank* war, eine der notleidenden Banken, die mit staatlichen Zuschüssen am Leben gehalten wurde, dann aber durch Misswirtschaft erneut in Schieflage geriet und schließlich 2018 von der Zentralbank übernommen wurde.

Im Jahr 2007 wurde das Fahrzeug des damaligen Präsidenten Kufuor in einen Verkehrsunfall verwickelt. Erzbischof Duncan-Williams sah sich veranlasst, den Unfall, bei dem nur Blechschaden entstanden war, als eine große spirituelle Verschwörung zu brandmarken. Der Unfallverursacher sei, so die ihm kundgetane göttliche Offenbarung, von spi-

---

Dank- und Bittgottesdienst zugunsten der Rawlings-Familie, nachdem deren Wohnhaus abgebrannt war. Es waren keine Opfer zu beklagen gewesen.

130 Seit der Kufuor-Ära hat die *National Association of Charismatic and Christian Churches* spezielle Gebetskampagnen durchgeführt, sogenannte »*All Christians all night prayer vigils*«. Siehe Kahl, ebd.

rituellen Mächten aus dem Kufuor-Lager und oppositionellen Kreisen beauftragt worden, den Präsidenten zu töten. Um diesen Angriff aus der unsichtbaren Welt zu neutralisieren, führte er in seiner Kirche intensivste Fürbitten für den Präsidenten durch, an denen Tausende von Gläubigen teilnahmen. Duncan-Williams nutzte diese Gebete zugleich dafür, den Menschen und Politikern den rechten Weg zu weisen und sie darauf vorzubereiten, dass der Präsident einen weiteren Unfall erleben werde, sollten die Gläubigen nicht länger um Gottes Zuwendung beten. Kaum jemand in Ghana äußerte Zweifel an Duncan-Williams Prophezeiung.

Der Führungsstil der »Megapastoren« weist große Ähnlichkeiten mit dem der autokratischen, zum Totalitarismus neigenden afrikanischen Politiker auf und lässt sich am besten mit dem englischen Terminus *big man rule* umschreiben.[131] In dieser traditionellen Konstellation pflegen Politiker wie Paul Biya, Idriss Déby oder auch Paul Kagamé und die *Chiefs* unterschiedlichster Rangordnung zu ihren »Untertanen« ein überwiegend ethnisch definiertes Herr-Knecht-Verhältnis und lassen ihren Günstlingen ein Mindestmaß an materiellen Ressourcen, Serviceleistungen und Privilegien zukommen. Die Begünstigten ihrerseits honorieren dies durch Untertanentreue und loyale Unterstützung ihres Patrons.

Demografische Entwicklungen, verbunden mit einer rasanten Urbanisierung, tiefgreifenden technischen Neuerungen wie der Digitalisierung und die Zunahme säkularer staatlicher Strukturen haben diese klassische Beziehungs- und Herrschaftsstruktur grundlegend verändert. Dies hat die pentekostale Bewegung besonders nachhaltig betroffen. Ethnienübergreifend hat hier die wohl durchgreifendste ideologische und theologische Reformbewegung auf dem afrikanischen Kontinent stattgefunden, an der auch die »Megapastoren« maßgeblich beteiligt sind. Dieser Prozess hält unvermindert an, und es mehren sich die Anzeichen, dass er an Dynamik zulegt.[132] Die Gläubigen werden aufgerufen, tradierte religiöse Vorstellungen, die nun als Sünde gebrandmarkt werden, über Bord zu werfen und den Netzwerken der neuen Kirchen beizutreten. Als Belohnung winken der direkte Kontakt zum »Megapastor«, neue spirituelle Erfahrungen durch Gebetsgruppen und den ständig bemühten Heiligen Geist, Heils- und Wohlstandsversprechen, materielle Zuwendungen von reichen und wohlhabenden Glaubensbrüdern, Arbeitsmöglichkeiten in den Kirchen und ständige Hilfestellungen durch die Mitbrüder, um den schwierigen Alltag zu meistern.

---

131 Ausführlich dazu: McCauley, John F.: Africa's new Big Man Rule? Pentecostalism and Patronage in Ghana, in: *African Affairs* 112/446 (2012), S. 1–21.

132 Gifford, Paul: *Ghana's New Christianity: Pentecostalism on a globalising African continent*, 2004.

Dabei übernehmen die neuen *big men* in einem zunehmend unüber-sichtlichen sozialen, politischen und wirtschaftlichen Umfeld einen Part, der weit über den der traditionellen *big men* hinausgeht. Denn sie müs-sen im Sinne von Erlösung »liefern« und sich mittels ihrer religiösen Fähigkeiten ihrer Konkurrenten erwehren, um ihre Anhänger an sich zu binden. Unzufriedene pentekostale Gläubige suchen sich im Bedarfsfall eine andere Kirche und einen anderen *big man*. Häufige Spaltungen wei-sen auf diesen Konkurrenzkampf hin, dessen Radikalität kein Pendant in den historischen Missionskirchen findet, wo tradierte hierarchische klerikale Strukturen die Entstehung von Konkurrenzverhältnissen weit-gehend unterbinden oder zumindest erschweren.

So gehören Dankgottesdienste, insbesondere nach Wahlen, zum Standardrepertoire der Wahlsieger, denn die Protagonisten sowohl der religiös-spirituellen wie auch der politischen Seite sind sich sehr wohl bewusst, wie eng ihre Beziehungen geworden sind und wie beide davon profitieren. Die einen bearbeiten die Gefahren, die aus der unsichtbaren Welt drohen, und gewinnen als spirituelle Berater von Staatsführern an Macht und Einfluss. Die anderen wähnen sich hinsichtlich dieser Gefah-ren auf der sicheren Seite und können im politischen Wettbewerb die Menschen ansprechen, die die konstitutive Verbindungslinie zwischen Tradition und Moderne leben. Dabei erfüllt die Bibel eine zentrale Funk-tion, wird sie doch als direktes Wort Gottes betrachtet und besitzt somit höchste spirituelle Kraft, die die neopentekostalen Pastoren bei politisch wichtigen Gottesdiensten auf die dazu passenden Textpassagen leitet. Darüber hinaus finden Neopentekostale in der Heiligen Schrift hinrei-chend Material, das ihr eigenes Leben und ihre Erfahrungen widerspie-gelt, sodass Bibeltexte als probates Mittel zur Problemlösung aktueller Fragestellungen rekontextualisiert, also in einem neuen Bedeutungszu-sammenhang dargestellt werden.

Die politische und sozioökonomische Geschichte der IV. Republik ist zugleich eine Geschichte des sich dynamisierenden Christentums. Bei-de große Strömungen, die historischen Missionskirchen wie auch die neopentekostalen Bewegungen, haben das Demokratisierungsprojekt mitgetragen und vorangetrieben und maßgeblich zur Inkulturierung demokratischer Strukturen in Ghana beigetragen. Dabei bewiesen die Neopentekostalen auch ihre Lern- und Anpassungsfähigkeit und gestal-teten den rasanten Modernisierungsschub, im Wesentlichen ausgelöst durch die digitale Revolution, mit. So betrachten die Vertreter dieser Bewegung eine fundierte theologische Ausbildung inzwischen als eine Conditio sine qua non, was auch in pentekostalen Bewegungen jenseits von Ghana und Afrika erkennbar ist. Der Anteil der neopentekostalen Studenten an der theologischen Kaderschmiede *Trinity Theological Seminary* liegt inzwischen bei etwa 30 Prozent, was darauf schließen lässt, dass sich die gravierenden Unterschiede zwischen den beiden Strömungen allmählich abschleifen.

Wenngleich in Ghana eine enge Verbindung zwischen Politik und Christentum besteht, existiert im komplizierten politischen System ein struktureller Widerspruch zwischen verfassungsrechtlich kodifizierter traditioneller Herrschaft, im Wesentlichen verkörpert durch den *Asantehene*, die *Paramount Chiefs* und die *Houses of Chiefs*, und dem Selbstverständnis der neopentekostalen Kirchen. Das insbesondere in den südlichen Ballungszentren rasche Anwachsen dieser Kirchen im Kontext der Demokratisierung einerseits und das Festhalten an traditionellen Riten und Gebräuchen im Rahmen des *Chieftaincy*-Systems andererseits löste in den späten 1990er und frühen 2000er Jahren im Großraum Accra erhebliche Konflikte aus, die Grundfragen zur Demokratie und demokratischen Kultur in Ghana aufwarfen.

Diesen Konflikten vorausgegangen war ein seit etlichen Jahren bestehendes Spannungsverhältnis zwischen den Ga-*Chiefs* und den neopentekostalen Kirchen um die Einhaltung tradierter Gebote der Ga-Ethnie. Zu ihren wichtigsten Geboten zählt seit vielen Generationen, dass vor dem alljährlichen *Homowo*-Festival einen Monat lang jegliche Lärmbelästigung, etwa durch Trommeln, Gesang oder lautes Reden, zu unterlassen ist. Das Festival markiert das Ende einer in der traditionellen Ga-Gesellschaft als heilig erachteten Periode, eine an den Sabbat erinnernde Stille, in der die Götter angebetet und angefleht werden, für eine gute Ernte, gesunde Nachkommenschaft und Wohlstand zu sorgen.

Der Legende nach standen die Ga, deren Vorfahren dem Ga-Narrativ nach Teil des jüdischen Volkes im altägyptischen Reich waren, auf ihrer langen Wanderung und der Suche nach einem angemessenen Siedlungsgebiet, das in etwa der heutigen Greater Accra Region entspricht, kurz vor dem Hungertod, waren doch fast alle Vorräte aufgebraucht. Doch gingen dank der obersten Gottheit *Ataa Naa Nyonmo*, die die Gebete erhört hatte, die letzten Samenkörner auf und die Todgeweihten waren gerettet. Der Göttin zu Ehren feiern die Ga seit Menschengedenken dieses Ereignis.

Keine Region in Ghana hat innerhalb eines Jahrhunderts ein vergleichbares Bevölkerungswachstum und eine solche ethnische und religiöse Durchmischung erlebt wie die Hauptstadt und ihre weitere Umgebung. Zählte Accra um das Jahr 1900 kaum mehr als 15.000 Einwohner, leben heute im dortigen Großraum 4,6 Millionen Menschen (Stand

2018). Der Anteil der Ga-Bevölkerung ist deutlich unter 20 Prozent gesunken, wobei dieser Bevölkerungsteil oft in prekären Verhältnissen in vernachlässigten, übervölkerten Stadtteilen lebt und sich viele Ga stigmatisiert fühlen.

Den meisten Zugewanderten war und ist die Bedeutung des alljährlichen Dankfestes der Ga nicht bewusst, und die Demokratisierung hat wesentlich dazu beigetragen, dieses Defizit zu verstärken. Ein beträchtlicher Teil der nicht-indigenen Gesellschaft Accras, die zum größten Teil den pentekostalen Kirchen angehört, widersetzte sich dem Gebot der Stille und berief sich dabei auf das Verfassungsrecht der freien Religionsausübung. Ihr Widerstand deckte sich mit Vorbehalten der *mainline churches*, die aber eher zu Kompromissen im Umgang mit dem Stillegebot bereit waren. Die *Chiefs* und traditionellen Räte im 1964 gegründeten Ga-*Chief*-Dachverband *Ga Traditional Council* ihrerseits verwiesen auf lang bestehende religiöse Überlieferungen und Riten, die alle Bewohner, jenseits ethnischer, religiöser und sozialer Zugehörigkeit respektieren sollten, und auf das in der Verfassung kodifizierte traditionelle Rechtssystem der *Chieftaincy*.

Die ersten schwereren Ausschreitungen trafen im Mai 1998 das Gotteshaus der *Lighthouse Chapel International*, das der Arzt und Kirchengründer Dag Heward-Mills 1990 im Stadtteil Korle Gonno erbaut hatte.[133] Die Grundstückspreise in diesem verarmten, slumähnlichen Stadtteil, in dem überwiegend Ga lebten, waren günstig, und gute Beziehungen zur *Accra Metropolitan Assembly* sicherten Heward-Mills das Grundstück und die Baugenehmigung. Massive Proteste der lokalen Bewohner, die von der Lokalverwaltung eher eine verbesserte Infrastruktur und Beschäftigungsmöglichkeiten für die Jugendlichen und Heranwachsenden erwartet hatten, konnten die Fertigstellung der Kirche nicht verhindern. Stattdessen führte die Kirche eigene Infrastrukturmaßnahmen im Umfeld des Gotteshauses durch, was die Bewohner als Strategie zur Akquirierung und Kommerzialisierung weiterer Grundstücke in unmittelbarer Nähe interpretierten. In dieser Phase Mitte der 1990er Jahre kam es zu ersten Zwischenfällen, die dann in die Ausschreitungen von 1998 mündeten, bei denen etliche Menschen verletzt wurden und hoher Sachschaden entstand.

Kurz nachdem die Lokalverwaltung mehrere von der Kirche offensichtlich illegal hochgezogene Mauern im Umfeld der Kirche hatte niederreißen lassen – der Vorwurf der Ga-*community* lautete, dass die Kirche

---

133 Dag Heward-Mills entstammt einer schweizerisch-ghanaischen Mischehe und wurde im Geiste der Basler Mission sozialisiert.

öffentlichen Raum habe privatisieren wollen –, stürmten mehrere Dutzend jugendliche Ga das Kirchengelände, um das von der Kirche übertretene Ruhegebot anlässlich des bevorstehenden *Homowo*-Festivals durchzusetzen. Die *Lighthouse Chapel International* wies alle Vorwürfe zurück, und es verdichteten sich die Mutmaßungen, dass die Aktion angesichts einer bevorstehenden Nachwahl in diesem Wahlkreis von höheren NDC-Parteikreisen gesteuert war.

Dieser schwere Zwischenfall mitten in Accra war der Auftakt heftiger verbaler Auseinandersetzungen um die Rechtmäßigkeit des Ruhegebots, die zunehmend auch von den Medien aufgegriffen wurden. Sie feuerten die hitzigen Debatten weiter an, und in dieser angespannten Lage nahmen Tätlichkeiten gegen Kirchen und Gläubige merklich zu, sodass sich auch die Regierung mit dem Thema beschäftigen musste. Die Fronten schienen verhärtet, und die Kirchen hielten an ihrer Haltung fest, dass das *Ga Traditional Council* die Grundfreiheiten der Mehrheit der Stadtbewohner wegen des *Homowo*-Festivals nicht einschränken dürfe.

Mehrere Vermittlungsversuche scheiterten, bis sich Kirchen- und Islamverbände, Ga-*Chiefs* und die Lokal- und Regionalverwaltung im April 2000 nach einem mehrtägigen Workshop unter dem Titel »Management of Religious Conflicts« auf ein gemeinsames Memorandum verständigten. Im Kern besagte es, dass die Kirchen während ihrer Gottesdienste und anderen gemeinsamen Aktivitäten in der »heiligen Ruhephase« ihren Lärmpegel auf ein Minimum reduzieren sollten, eine Regelung, die zunächst auch weitgehend eingehalten wurde. Doch schon ein Jahr später distanzierten sich einige Kirchen von diesem Kompromiss, angeführt von der *Christ Apostolic Church*, einer der ältesten pentekostalen Kirchen, die Ziel von mehreren gewalttätigen Übergriffen organisierter Ga-Milizen wurde. Erst angesichts einer drohenden Eskalation der Gewalt in anderen Stadtteilen lenkte die *Christ Apostolic Church* ein und bat ihre Mitglieder, das Ruhegebot zu respektieren.

Religiöser Eifer, mangelnde Kompromissfähigkeit, politische Einflussnahme, Ethnizität, Jugendgewalt und komplizierte Abstimmungsprozesse unter den Ga-*Chiefs* sowie ihre besonderen Beziehungen zu den obersten Ga-Priestern[134] schafften ein Klima, das viele Ghanaer nachdenklich machte. Zugleich zeigte die angespannte Lage grundlegende Widersprüche in einer Gesellschaft auf, die in einem säkularen politischen System agiert, in dem aber zugleich eine archaisch anmutende legitime Parallelwelt existiert. Darüber hinaus lebt die ghanaische Gesell-

---

134 Die Ga-*Chiefs* müssen ihre Verhandlungsergebnisse vom *Ga Traditional Council* absegnen lassen, und die obersten Ga-Priester, die *Wulomei*, haben ein sehr gewichtiges Wort mitzureden, verdanken die *Chiefs* doch ihre Autorität den *Wulomei*.

schaft eine christliche Ökumene, in der Vielfalt und Unterschiedlichkeit hervorstechen.[135] So sind zum Bespiel traditionelle Beerdigungsrituale, in der die Verstorbenen in exotisch anmutenden Särgen in Gestalt von Fischen, Luxuslimousinen, Flugzeugen oder Cola-Flaschen beerdigt werden, unter Gläubigen der pentekostalen Kirchen überaus beliebt, ein Ritual, das die *mainline churches* ablehnen.[136]

Auch die Beziehungen zwischen Staat und Kirche sind insbesondere im Rahmen der Demokratisierung in der IV. Republik enger geworden, und der Staat scheint geneigt zu sein, sich im ghanaischen Christentum stärker als in der Vergangenheit zu engagieren, wie der von der Regierung Akufo-Addo 2018 beschlossene, aber umstrittene Bau einer gigantischen *National Cathedral* im Herzen der Hauptstadt andeutete, der sogar den Obersten Gerichtshof beschäftigte.[137] Gegen Jahresende fand ein Fund Raising Dinner für den geplanten Bau der Kathedrale statt, an dem unter anderem Akufo-Addo, Rawlings und die oberste Richterin Sophia Akuffo teilnahmen. Dabei schien die Anwesenheit der Richterin darauf hinzudeuten, dass der *Supreme Court* die Klage gegen den Bau wohl abweisen würde. Darüber hinaus erklärte sich der Präsident in einer spektakulären Geste bereit, aus seinem Privatvermögen 100.000 Cedi spenden zu wollen.

Islamische Ökumene: muslimische Minderheit und innerislamische Antagonismen

Die Muslime stellen die zahlenmäßig größte Religionsminderheit im christlich dominierten Ghana. Der Zensus aus dem Jahr 2000 ermittelte unter den damals 18,8 Millionen Ghanaern an die 20 Prozent Muslime

---

135 Auch die säkulare Gerichtsbarkeit nutzt die Religion, um Konflikte zu lösen, wie ein Beispiel in Tema zeigt, wo sich zwei Kirchengemeinden vor Gericht um die Besitzansprüche an einem Grundstück stritten. Der Richter forderte die Streitparteien auf, ein bestimmtes Kapitel in der Bibel zu lesen, das geeignet sei, den Streit außergerichtlich und friedlich zu lösen.

136 Siehe die informative Reportage von Gänsler, Katrin: »Sterben mit Stil«, 2016; https://www.deutschlandfunk.de/sargkunst-in-ghana-sterben-mit-stil.886. de.html?dram:article_id=420377 (gesehen am 30. August 2018).

137 Am 23 Januar 2019 wies der *Supreme Court* einstimmig die Klage gegen den Bau der Kathedrale zurück und bestätigte darüber hinaus die Gestaltungsmöglichkeit des Staates, eine Haddsch-Behörde einzurichten, der die Pilgerfahrt ghanaischer Muslime nach Mekka koordiniert. https://www.myjoyonline.com/news/2019/ january-23rd/suit-against-national-cathedral-construction-dismissed.php (gesehen am 23. Januar 2019).

und acht Prozent Anhänger traditioneller Religionen. Die große Mehrheit der Muslime sind Sunniten, gefolgt von einer größeren Minderheit der Ahmadis und einer sehr kleinen Anzahl von Schiiten.

Als die ersten Europäer Ende des 15. und Anfang des 16. Jahrhunderts an der Goldküste auftauchten, war der sunnitische Islam in den nördlichen Landesteilen des heutigen Ghana, etwa in den Königreichen Gonja, Wa, Mamprugu oder Dagbon, durch den regen Handel und etliche Eroberungszüge muslimischer Invasoren aus den weiter nördlich gelegenen Regionen des Sahel partiell etabliert. Aber der Islam war an die Ethnie gebunden und das Praktizieren und die Ausgestaltung der Religion eng mit den lokalen Besonderheiten und Traditionen verknüpft. Darüber hinaus blieb der Islam lange Zeit weitgehend eine Religion der Oberschicht, der Händler und Eingewanderten aus den Sahelgebieten und den weit entfernten Hausa-Stadtstaaten und dem Borno Empire im Norden des heutigen Nigeria.

Auch die gewaltige islamische Reformbewegung, die im westlichen Sudan um 1800 begonnen, und die Herrschaftsstrukturen im gesamten Sahel in wenigen Jahren vom heutigen Guinea bis Nordkamerun im Geiste der *Qadiriyya* Sufi-Bruderschaft[138] durcheinandergewirbelt und radikal verändert hatte, hatte bei den Muslimen in den nördlichen Territorien der Goldküste keine vergleichbare Tiefenwirkung hinterlassen.

Dennoch blieb der Islam nicht auf den Norden Ghanas beschränkt. Schon vor der kolonialen Eroberung durch die Briten hatten insbesondere Hausa-Händler den Islam im Zentrum des Ashanti-Reiches und in den küstennahen Regionen verbreitet, sodass auch im Süden kleinere und größere muslimisch geprägte Enklaven, die sogenannten *zongos*, entstanden.[139] Darüber hinaus pflegte insbesondere das Ashanti-Reich mit seinem politischen und ökonomischen Machtzentrum Kumasi, wo auch muslimische Verwaltungsbeamte und Imame zum Hofstaat des *Asantehene* zählten, enge Kontakte und Handelsbeziehungen zum mächtigen Reich Masina, zu den übrigen Zentren am Oberlauf des Nigerflusses und zu nordafrikanischen Städten. Des Weiteren sicherte die Pilgerfahrt nach Mekka auch den Informations- und Kulturaustausch zwischen Muslimen der Goldküste und den islamischen Kerngebieten auf der arabischen Halbinsel, sodass sich die zahlenmäßig kleine Gruppe der Muslime am damaligen Rand der islamischen Welt als Teil einer großen Gemeinschaft fühlen konnte. So war die arabische Sprache das

---

138 Die Qadiriyya entstand im 11. Jahrhundert in Mesopotamien.

139 Im Laufe der Zeit siedelten in den *zongos* nicht nur Muslime, sondern auch nichtmuslimische Migranten unterschiedlichster Glaubensvorstellungen.

zentrale Kommunikationsmittel, und an den arabischen Bildungseinrichtungen, die im Gefolge der Verbreitung der islamischen Religion entstanden, entsprachen die Inhalte den traditionellen Vorstellungen eines muslimischen Bildungskanons mit dem Koran, der arabischen Sprache und dem übrigen Spektrum bis hin zur Philosophie und Jurisprudenz.

Wenngleich der Islam lange Zeit als Religion der Hausa-Fulani und anderer Ethnien im Norden galt, war die Realität jedoch eine andere. So umfasste der Islam an der Goldküste zwei große Lager, die sich zum einen an den Säulen der Religion orientierten und zum anderen an der ethnischen Zugehörigkeit. Landesweit entstanden zahlreiche ethnisch definierte Moscheen, in denen Angehörige der jeweiligen Ethnie, wie die Mossi, die Dagomba, die Gonja, die Ga, die Fante oder die Ashanti, ihren religiösen Pflichten nachkamen. Dieses Grundmuster der Exklusion stand im Widerspruch zur Vorstellung einer weltumspannenden homogen-islamischen Glaubensgemeinschaft, der *umma*, und einer Einheit der Muslime auf lokaler Ebene

Ab Mitte des 19. Jahrhunderts setzte mit dem Vordringen der beiden großen europäischen Mächte Frankreich und Großbritannien der Niedergang islamisch geprägter Herrschaftsstrukturen im Sahel ein. Zugleich läuteten die systematischen Eroberungszüge in den küstennahen Landstrichen auch das Ende lang bestehender Königreiche im Yoruba-Gebiet des heutigen Südwestnigeria und an der Goldküste ein. Prominentestes Opfer war das Ashanti-Reich, das die Briten im Laufe der zweiten Hälfte des 19. Jahrhunderts nach mehreren Schlachten niederrangen. Dabei hatten sich die eindringenden Briten auch nicht gescheut, während der Endphase des Eroberungskrieges beträchtliche, durchweg muslimische Truppenkontingente im heutigen Nordnigeria zu rekrutierten und in den letzten und entscheidenden Militäraktionen zur endgültigen Niederwerfung der Goldküste einzusetzen.

Im Laufe der Kolonialzeit brachten die Briten Tausende von muslimischen Hausa, Hausa-Fulani und Yoruba aus Nigeria an die Goldküste und setzten diese importierte Minderheit zur Herrschaftsausübung ein. Die Kolonialregierung bevorzugte in vielen Fällen Muslime als Polizisten, Soldaten und Verwaltungsbeamte. Zusätzlich besetzten Muslime wichtige *Chief*-Positionen bei Ethnien, die als Heiden – *pagans* – abgestempelt wurden, und übernahmen die Eintreibung willkürlich festgelegter Steuern. Generell entsprach es britisch-kolonialen Vorstellungen, den Islam als wirkungsvolles Ordnungs- und Herrschaftsinstrument zu benutzen, um kostengünstig und effizient Kolonialgebiete in Afrika und Asien verwalten und dabei indigene traditionelle Strukturen verändern oder auch zerstören zu können. Diese Vorgehensweise des britischen

Kolonialismus beförderte die Islamisierung in den jeweiligen Kolonien, die sich auch an der Goldküste als wesentlich nachhaltiger erweisen sollte als alle vorherigen Ansätze zur Verbreitung des Islam.

Die britische Kolonialregierung fuhr mehrgleisig, um auf die unterschiedlichen Herausforderungen in der Kronkolonie Gold Coast Colony im Süden, dem Protektorat Ashanti in Zentralghana und den Northern Territories angemessen reagieren zu können. Gleichzeitig wollte sich die kleine Schar der Muslime der im Süden beheimateten Fante-Ethnie der Bevormundung durch importierte Hausa-Muslime und Muslime aus den nördlichen Gebieten entziehen. Sie fand in der *Ahmadiyya* eine mögliche Alternative, um ihre religiösen Vorstellungen innerhalb des Islam umsetzen zu können. Die aus Britisch-Indien stammende und aus dem indisch-sunnitischen Islam hervorgegangene *Ahmadiyya* nahm 1921 als unter *Ahmadiyya Muslim Mission* firmierende Sekte ihre geistliche Arbeit an der Goldküste auf und entsandte ein Jahr später ihren ersten Missionar. Innerhalb weniger Jahre richteten die *Ahmadiyya* und ihre aus der südasiatischen Kolonie importierten Kleriker mit ausdrücklicher Unterstützung der Kolonialregierung Dutzende von Niederlassungen an der Küste und in Ashanti ein.

Ihr missionarischer Eifer zeigte schon bald Erfolge, und ihre Anhängerschaft nahm insbesondere unter den Fante und Ashanti rapide zu. Dabei benutzte sie gleichermaßen den Koran und die Bibel als Grundlagen und Instrumente ihrer Predigten, wobei jedoch der Koran als Grundpfeiler der Verkündung ihrer Glaubensvorstellungen diente und die Bibel als wichtiges argumentatives Hilfsinstrument herhalten musste. Gemäß dieser Lehre war Jesus nicht am Kreuz gestorben, sondern nur ohnmächtig gewesen, sodass ihn die Jünger hatten retten können. Auf der Suche nach den »verlorenen Schafen« Israels sei Jesus bis nach Kaschmir gelangt und dort im biblischen Alter von 120 Jahren verstorben. Er könne auch nicht wiederkehren, denn der Gründer der *Ahmadiyya*, Hazrat Mirza Ghulam Ahmad Qadiani, habe die Prophezeiung bereits erfüllt und sei der Menschheit als der angekündigte Messias erschienen.[140] Dieses messianische Konstrukt verfehlte seine Wirkung nicht, und nur wenige Jahre später, 1927, gründete die *Ahmadiyya* eine *Mission Society*, die ihre Missionstätigkeit in Ghana ausbaute und auf das gesamte anglophone Westafrika ausdehnte.

Die Anhängerschaft im Süden wuchs, und die *Ahmadiyya* richtete ihr Augenmerk auf den Norden, wo die *Tijaniyya* ihren Einflussbereich hat-

---

140 Zum Beispiel Tworuschka , Udo: Islamische Sondergemeinschaften. Ahamadiya: in Tworuschka, Monika u. Udo (Hrsg.): *Religionen der Welt*, 1992, S. 248.

te. Es kam zu ersten Konflikten um Glaubensinhalte und Doktrin, und Kleriker der *Tijaniyya*-Bruderschaft fühlten sich von den Ahmadis in ihrer religiösen Autorität bedroht und drängten Kinder und Heranwachsende, die Prediger der *Ahmadiyya* bei jeder sich bietenden Möglichkeit zu stören, niederzubrüllen und gegebenenfalls mit Wurfgeschossen zu malträtieren. Trotz dieser Versuche der *Tijaniyya*-Sufisten, Drohgebärden aufzubauen, setzte sich mit mehr oder minder offener britischer Unterstützung die *Ahmadiyya* auch im Norden fest, anfangs insbesondere in Wa im Nordwesten. In die übrigen nördlichen Gebiete wie in Dagbon drang sie dagegen nur zaghaft vor. Gleichwohl blieb diese islamische Gruppe in Ghana trotz beträchtlichem Zulauf insbesondere unter den Fante und Ashanti gegenüber den Sunniten eine Minderheit. In diesem Zusammenhang wird der praktizierte Islam der *Ahmadiyya* oft als Fante-Ashanti-Islam bezeichnet.

Die historisch dominante Sufi-Bruderschaft der *Qadiriyya* sah sich in den ersten Jahrzehnten des 20. Jahrhunderts von der Reformbewegung der *Tijaniyya* Sufi-Bruderschaft herausgefordert. Entstanden im späten 18. Jahrhundert im Maghreb, verbreitete sich die *Tijaniyya* entlang der Atlantikküste. Das geistige Zentrum verlagerte sich dabei nach Kaolack im Senegal, von wo aus der begnadete Prediger, Reformer, Modernisierer und Stratege Ibrahim Niass (1900–1975) in Westafrika missionierte. Innerhalb weniger Jahrzehnte verhalf er seiner Bruderschaft zum Durchbruch, transformierte sie zum führenden Sufi-Orden in Westafrika – insbesondere auch in Nordnigeria – und hinterließ auch an der Goldküste tiefe Spuren. So besuchte Ibrahim Niass ab den frühen 1950er Jahren regelmäßig Ghana und wurde auch von Kwame Nkrumah empfangen, der im Jahresrhythmus Geschenke an Niass geschickt haben soll, als Belohnung für die Segenskraft – *baraka* – des Geistlichen.

Gleichzeitig nahmen im unabhängigen Ghana auch Politisierung und Organisierung der Muslime zu. Die verschiedenen muslimischen Gruppierungen agierten als Sozialvereine, richteten Ausbildungsstätten für künftige Führungspositionen ein und förderten ethnisch geprägte Kulturvereine. So ging beispielsweise aus der Hausa-affinen *Gold Coast Muslim Association* die *Muslim Association Party* (MAP) hervor. Andere Gruppierungen traten der CPP von Nkrumah bei, und im Rahmen seiner Politik, ethnisch und religiös definierte Parteien zu verbieten, gründeten muslimische Parteien wie die MAP und die *Northern People's Party* zusammen mit der Ashanti-Partei NLM die *United Party*.

Ibrahim Niass' Mission der religiösen Erneuerung beinhaltete aber auch die Verknüpfung von klassischer islamischer Bildung mit westlichen säkularen Inhalten, um sich in der sich schnell wandelnden Welt behaupten zu können. Dabei zielte er auf eine durchgreifende Änderung der in der Kolonialzeit festgeschriebenen Grundstruktur der Muslime im Norden Ghanas, die die Vermittlung moderner westlicher Bildung unterlaufen hatte. Die Muslime in den *zongos* hatten diese prinzipiell abgelehnt, da sie westliche Bildung mit dem Christentum gleichsetzten und befürchteten, dass viele Muslime konvertieren würden. Darüber hinaus zeigten die britischen Kolonialherren keinerlei Interesse, Ressourcen und Investitionen zur Entwicklung des Nordens bereitzustellen. Vielmehr betrachteten sie den rohstoffarmen Norden als billiges Arbeitskräftereservoir und setzten Abertausende von Wanderarbeitern aus den nördlichen Regionen ein, um den Süden zu entwickeln. Dies wiederum förderte die strukturelle Unterentwicklung des Nordens, wo sich nur vergleichsweise Wenige kompatible Fähigkeiten aneignen konnten. Auch alle nachfolgenden Regierungen zeigten nur mäßiges Interesse an der Entwicklung des Nordens, was die Nord-Süd-Binnenmigration und das unregulierte Wachstum der *zongos* beförderte.

Obwohl sich die *Tijaniyya* an der Goldküste innerhalb weniger Jahrzehnte fest etabliert und die *Qadiriyya*-Bruderschaft weitgehend ins Abseits geschoben hatte, gelang es ihr nicht, klar erkennbare Strukturen und Hierarchien herauszubilden. Vielmehr sammelte sich unter einem informellen Dachverband der *Tijaniyya*-Bruderschaft, dem ein *National Chief Imam* vorsteht, der noch bis Ende der 1990er Jahre den Titel *Head of the Tijaniyya Order* trug, seit Beginn der Erneuerung ein sehr breites Spektrum unterschiedlichster massentauglicher Strömungen. Sie reichten von spirituellen Handlungen und Überzeugungen im Rahmen einer gelebten Mystik im Kontakt mit Gott über die Einbettung synkretistischer Elemente bis hin zu orthodoxen, puristischen Strömungen. Dabei gehörte die Einbindung traditioneller Riten und Rituale, in denen Magie, Zauberei, Exorzismus von Hexengeistern und Fetische eine zentrale Rolle spielen, genauso zum religiösen Repertoire wie die Heiligenverehrung früherer Sufi-Mitglieder und der Glaube an Engel, die im Auftrag des Allmächtigen die bösen Geister besiegen oder zumindest in Schach halten.

Auch das Beerdigungsritual unterscheidet sich fundamental vom Mainstream-Islam, ähnelt es doch mehr den traditionellen Bestattungen, bei denen dem Verstorbenen noch Tage nach dem Begräbnis mit aufwendigen Fürbittengebeten der Seelenfrieden gesichert werden soll. So gibt es zum Beispiel bei den Dagomba kein Zeitfenster für die Bestattung eines verstorbenen Königs. Der 2002 ermordete *Ya Naa* Yakubu Andani wurde erst vier Jahre nach seinem Tod zu Grabe getragen, wobei das Schlussritual Ende 2018 noch ausstand. Der in den 1970er Jahren entmachtete und 1988 verstorbene Abdulai Mahamadu IV war Ende November 2018 noch immer nicht beerdigt. Doch zeichnete sich zu dem Zeitpunkt ab, dass das seit Jahrzehnten überfällige Ritual noch vor dem Jahresende 2018 durchgeführt werden konnten, was dann im Dezember auch tatsächlich geschah. Das Schlussritual für den ermordeten König war schließlich für den Januar 2019 anberaumt worden. Üppige Spenden, Geschenke und Speisen für die Trauergemeinde runden eine solche kostspielige Trauerfeier ab. Schließlich zelebrieren große Teile der Sufisten in den *zongos* den Geburtstag des Propheten, *mawlid-al-nabi*, und in den nördlichen Landesteilen adaptieren die muslimischen *Chiefs* diesen Tag für ihre eigenen Bedürfnisse und reichern ihn mit traditionellen soziokulturellen Elementen an.

Die vielfältigen Strömungen öffneten auch Frauen den Zugang zur *Tijaniyya*, was ihren Charakter als informelles Netzwerk merklich veränderte. Die Integration moderner westlicher Bildungsinhalte in das Curriculum, wie es das *Nuriyya Islam Institute* in Tamale praktizierte, unterstrich diese Veränderungen. Sozialprogramme in den strukturell unterentwickelten Regionen und den *zongos*, die gezielte Nutzung staatlicher und später privater Medien und der Aufbau Dutzender Interessenverbände wie des *Supreme Council for Islamic Affairs*, des *Ghana Muslim Representative Council* oder der *Federation of Muslim Women Association of Ghana* verbesserten nach und nach das Image der Religion.[141] Gleichzeitig erzeugten sie größere öffentliche Aufmerksamkeit für die Belange der Muslime. Der Marsch durch die Institutionen bot zusätzliche Möglichkeiten, jenseits der Karriere als Berufspolitiker in wichtigen Behörden wie der Menschenrechts- und Medienkommission auf Entscheidungsprozesse Einfluss zu nehmen. Dabei hatte die Organisationsfähigkeit der christlichen Kirchen, die schon sehr frühzeitig eine Einheit von Religion und Sozialarbeit kreiert hatten, als Vorbild gedient. Somit konnte sich die *Tijaniyya* institutionell gut in der Gesellschaft verankern und auch für lange Zeit ein »Religionsmonopol« in den staatlichen Medien errichten.

Die politischen Verwerfungen und schweren Wirtschaftskrisen in der Nach-Nkrumah-Ära boten puristischen islamischen Reformbewegungen auch in Ghana hinreichend Anknüpfungspunkte. Gemeinhin galt die *Tijaniyya*-Bruderschaft in Ghana auch weiterhin als die eigentliche

---

141 Die beiden Erstgenannten entstanden schon während der Regierungen unter Busia und Acheampong. Die Frauenorganisation wurde am Vorabend der IV. Republik gegründet. Eine Liste muslimischer Gruppierungen und Organisationen findet sich in der umfassenden Studie von Nathan Samwini: *The Muslim Resurgence in Ghana Since 1950 and its Effects upon Muslims and Muslim-Christian Relations*, 2006, S. 289–292.

Bewahrerin des Islam und mit geschätzten 60 bis 70 Prozent als die wichtigste und zahlenmäßig größte muslimische Gruppierung. Aber sie musste sich der aggressiven Missiontätigkeit der puristisch-konservativen *Ahmadiyya* erwehren, deren Bildungsinhalte und Sozialprogramme ihr weiteren Zulauf sicherten. Bald schon sah sie sich einer Reformbewegung aus den eigenen Reihen gegenüber, der puristischen *Ahlus Sunna waa-Jama'a* (ASWAJ).

Extrem hierarchisch und zentralistisch organisiert, erwartet die jeweilige Führung der *Ahmadiyya* in allen Ländern und auf allen Hierarchieebenen absolute Loyalität gegenüber dem lokalen Kopf, dem *Amir*, und dem spirituellen Kopf in der Zentrale, die sich inzwischen in London befindet. Der Weg zum Erfolg aber führte im Wesentlichen über ein weitverzweigtes, engmaschiges Netz von Predigern und Gläubigen, die Nutzung von Vernakulärsprachen, die Einbettung säkularer Bildungsinhalte in das Curriculum der Schulen, die, im Gegensatz zu Schulen anderer muslimischen Gruppierungen, allen offenstanden, und der Indigenisierung der Prediger. Der strategisch geschickte Schachzug, Vernakulärsprachen einzusetzen und zu fördern, diente dabei nicht nur der Verbreitung von Glaubensinhalten, sondern auch der Wertschätzung der Muttersprache der Gläubigen, die so motiviert werden sollten, gegen die *Ahmadiyya* gerichtete Kritik und Propaganda systematisch zu erfassen. Mithilfe des gesammelten Materials wurde auf den verschiedenen Hierarchieebenen eine gut durchdachte Gegenpropaganda gegen Anfeindungen der übrigen muslimischen Gruppierungen entwickelt, die aufgerufen waren, sich den Anhängern der *Ahmadiyya* überall auf der Welt entgegenzustellen.

Im Jahr 1974 erklärten Pakistan und Saudi Arabien die *Ahmadiyya* zu einer nichtmuslimischen Minderheit und Sekte. Daraufhin schloss eine Konferenz aller islamischen Organisationen und Rechtsschulen die *Ahmadiyya* als häretische Sekte aus der Gemeinschaft des Weltislam aus. Diese scharfen Sanktionen hatten jedoch für die *Ahmadiyya* in Ghana keine negativen Auswirkungen. Vielmehr sicherte ihre im Vergleich zu allen anderen islamischen Gruppierungen äußerst systematische Missionsarbeit den Erfolg und die Gefolgschaft in der ghanaischen Gesellschaft. So ist sie zum Beispiel neben pentekostalen und islamischen Verbänden sowie der katholischen Kirche Mitglied in der *Ghana Conference of Religions for Peace*, die wiederum der *Ghana Anti Corruption Coalition* angehört.

Die zumeist heftigen verbalen Auseinandersetzungen zwischen der Sufi-Bruderschaft der *Tijaniyya* und der *Ahmadiyya* um die Deutungshoheit in der Auslegung der islamischen Religion blieb im Verhältnis beider

Strömungen konstitutiv. Parallel dazu hatte sich innerhalb der *Tijaniyya* im nun unabhängigen Ghana unterschwellig eine puristische Strömung entwickelt, die sich dem Kampf gegen die Marginalisierung der Muslime verschrieben hatte. Orientiert an den Grundsätzen des Wahabismus, trat die ASWAJ als radikale puristische Reformbewegung an, um sich auf die Ursprünge des Islam und dessen Wertekanon zurückzubesinnen und alle als verwerflich angesehenen Neuerungen zu eliminieren. Diese als unislamisch erachteten Neuerungen, wie die Heiligenverehrung verstorbener Sufisten, die Geburtstagsfeier des Propheten oder die aufwendigen und kostspieligen Begräbnisfeiern, hatte sie als Hauptquelle des Niedergangs des Islam und der desolaten Lage der Muslime ausgemacht. Ausgebildet an der Universität in Medina in Saudi-Arabien, wies eine erste Generation von Predigern und Imamen in der Frühphase des unabhängigen Ghana dieser Gruppierung den weiteren Weg. Sie hielt sich strikt an das Verbot säkularer Bildung, erhob die arabische Sprache in den Bildungsstätten zum alleinigen Kommunikationsmittel und den Koran und die Hadith zur alleingültigen Quelle der islamischen Religion.

Der politische und wirtschaftliche Niedergang in den 1970er und 1980er Jahren führte der Reformbewegung neue Anhänger aus der jungen Generation zu. Die großzügige finanzielle und theologische Unterstützung aus Saudi-Arabien und Ägypten ermöglichte den Aufbau eines feingesponnenen Netzes von Moscheen, Verbindungsbüros und Bildungs- und Gesundheitseinrichtungen auf allen Verwaltungsebenen und offerierte lukrative Ausbildungs- und Studienprogramme in den arabischen Kernländern sowie in Libyen und im Sudan. Die Bildungsstätten, wie das *Anbariyya Islamic Institute* in Tamale, das *Islamic Research and Reformation Institute* in Accra oder die *Insaniyya Secondary School* in Kasoa waren Muslimen vorbehalten, und auch der Lehrkörper bestand ausschließlich aus Muslimen. Doch erst im Jahr 1997 wurde die ASWAJ als unabhängige islamische Gruppierung anerkannt und registriert. Dies war der vorläufige Schlusspunkt einer konfliktreichen, gelegentlich auch gewalttätigen innerislamischen Debatte zu theologischer Doktrin, Interpretationen, Spaltungen und Anfeindungen zwischen den drei großen konkurrierenden und lange Zeit unversöhnlichen islamischen Strömungen.

Im Kontext der Demokratisierung veränderte sich die politische Kultur in Ghana zugunsten allgemein akzeptierter Regeln und Verfahren, unter anderem abzulesen an der Versöhnungskommission und am akzeptierten Machtwechsel nach Wahlen. Auch das intraislamische und interreligiöse Verhältnis zwischen christlichen und muslimischen Gruppierungen veränderte sich und prägte die politische Kultur im Sinne größerer Toleranz und gegenseitigem Respekt mit. Die Verachtung der ASWAJ für die *Tijaniyya* als sektiererische Gruppierung, die sich zwar auf Marokko, aber nicht auf den Koran beziehen könne, gehört der Vergangenheit an. Ihre puristisch-radikale Grundausrichtung behielt sie bei, zeigte sich aber im Umgang mit ihren Glaubensbrüdern versöhnlicher und kompromissbereiter.

Auch die aggressive Missionsarbeit der *Ahmadiyya* und ihre sowohl gegen die Sufis der *Tijaniyya* als auch gegen Christen gerichteten Schmähungen und Konversionsversuche sind einer rationaleren Betrachtung der gesellschaftlich-religiösen und politischen Realitäten gewichen. In vielen Großfamilien gibt es Angehörige beider großer Glaubensrichtungen, und auch die Politik, verkörpert durch die beiden großen Parteien NPP und NDC, hat zu einer Einhegung religiös motivierter Angriffe auf Andersgläubige beigetragen. Die Anwesenheit von Akufo-Addo bei der Feier der *Ahmadiyya* zum 85. Jahrestag der Ankunft des ersten Missionars an der Goldküste geriet zu einem Plädoyer des neu gewählten Präsidenten, Religion und religiöse Überzeugungen als zentrales Element für die Entwicklung das Landes einzusetzen.

Wenngleich sich Islam und Christentum in indigenisierte Religionen verwandelt haben, besteht doch nach wie vor ein unterschwelliges Misstrauen, dass die jeweils andere Seite eine Agenda zur Konversion verfolgen könnte. Es wurde sogar die Befürchtung geäußert, dass die Muslime das Islamische Recht einführen wollen, sollten sich die Machtverhältnisse zu ihren Gunsten verändern. Um diesem Misstrauen entgegenzuwirken, wurde an der *Kwame Nkrumah University of Science and Technology* in Kumasi ein Studiengang Religionswissenschaft eingerichtet, an dem eine gleichgewichtige Zahl von christlichen und muslimischen Studenten teilnimmt.[142] Darüber hinaus existieren informelle Netzwerke, die allseits respektierte Imame und Pastoren vereinen, um religiös gefärbte Konfliktsituationen mit Gewaltpotenzial einzuhegen und zeitnah gemeinsam einschreiten zu können.

---

142 Nathan Iddrisu Samwini, ein zum Christentum konvertierter Muslim, richtete diesen Studiengang ein. Er beendete 2016 seine akademische Laufbahn und übernahm in Tamale das Bischofsamt der Methodistischen Kirche.

Kapitel IV

Ghana im internationalen System

Historischer Abriss:
von Nkrumah bis zur zweiten Machtübernahme
durch Rawlings im Jahr 1981

Obwohl Ghana zu den kleineren Staaten in Afrika zählt, spielte es im Dekolonisierungsprozess des Kontinents eine Führungsrolle.[143] Unter dem charismatischen Kwame Nkrumah gewann Ghana bereits 1957 den Kampf um die Unabhängigkeit und wurde somit einige Jahre früher als die übrigen subsaharischen Länder ein souveräner, unabhängiger Staat und zugleich Mitglied des *Commonwealth*.[144] Damit besaß Ghana eine politische Führungsposition und konnte als Sprachrohr Afrikas seine Erfahrungen und moralisch-politischen Vorstellungen zur Zukunft des Kontinents und des internationalen Systems vertreten. In diesem Kontext lud Nkrumah schon ein Jahr nach der Unabhängigkeit zu zwei bemerkenswerten Afrika-Konferenzen ein: zur offiziellen Konferenz unabhängiger afrikanischer Staaten (*Conference of Independent African States*) und zum inoffiziellen Treffen afrikanischer Parteien und Gewerkschafter (*All African Peoples' Conference*).[145]

Die sich beschleunigende Dekolonisierung befeuerte auch den Ost-West-Konflikt. Aufgrund der schweren Kongokrise von 1960, die den ersten Blauhelmeinsatz auf afrikanischem Boden nach sich zog, der Kuba-Krise von 1962, die die Welt an den Rand eines Atomkrieges brachte, und des gewaltsamen Regierungssturzes im benachbarten Togo im Jahr 1963 sah sich die ghanaische Führungselite in ihrer Einschätzung bestätigt, dass der Kampf gegen Kolonialismus und Imperialismus noch lange nicht gewonnen war und weiterer enormer Anstrengungen bedurfte. Angesichts dieser Analyse baute Ghana seinen diplomatischen Dienst aus, nahm Beziehungen zur damaligen Sowjetunion auf, engagierte sich

---

143 Das folgende Kapitel orientiert sich an dem Beitrag des Autors: Ghana, in: Gieler, Wolfgang: *Die Außenpolitik der Staaten Afrikas* 2007, S. 133-143 und an den Beiträgen zu Ghana im *Africa Yearbook* 2004-2017.

144 In diesem Kontext wird gern außer Acht gelassen, dass der Sudan schon 1956 unabhängig wurde.

145 Die acht Staaten waren Ghana, Liberia, Äthiopien, Ägypten, Tunesien, Marokko, Libyen und der Sudan. An dem Treffen afrikanischer Parteien und Gewerkschafter nahmen 300 Delegierte teil.

in der Blockfreien Bewegung, richtete sein Augenmerk verstärkt auf China und Vietnam und setzte sich im Rahmen des Panafrikanismus vehement für seinen Traum von der afrikanischen Einheit ein. Für diesen Traum ging Nkrumah 1961 sogar eine kurzlebige Konföderation mit den beiden frankophonen westafrikanischen Staaten Guinea und Mali ein (*Union of African States*).

Doch die Einheit des Kontinents schien ferner denn je, wie das Tauziehen zwischen der radikalen Casablanca-Gruppe und der gemäßigten Monrovia-Gruppe um die Gründung der Organisation für Afrikanische Einheit (OAU) im Jahr 1963 zeigte. In der Casablanca-Gruppe dominierte eine Allianz aus den nordafrikanischen Staaten unter Führung von Gamal Abdel Nasser und den beiden subsaharischen Staaten Ghana und Guinea unter dem Tandem Sékou Touré/Kwame Nkrumah, die diese Einheit mittelfristig durchsetzen wollte. Dagegen sammelten sich die meisten frankophonen Staaten und Nigeria in der Monrovia-Gruppe, die das Konzept des souveränen Staates unter Beibehaltung der kolonialen Grenzen vertrat. Das Tauziehen um die Gründung endete mit einem Minimalkompromiss, der die Unantastbarkeit der kolonialen Grenzen, die Nichteinmischung in die inneren Angelegenheiten eines Landes und den Kampf gegen die Apartheid in Südafrika für lange Zeit festschrieb. Für Nkrumah und andere progressive Kräfte war dieser Kompromiss jedoch eine bittere Niederlage.

Nkrumahs außenpolitisches Denken hatte stark eklektische Züge. Es spiegelte seine langjährigen USA-Erfahrungen und die von Afroamerikanern in den USA und der Karibik entwickelte Idee des Panafrikanismus genauso wider wie Mahatma Gandhis Prinzipien des gewaltlosen Widerstandes, die emanzipatorischen, radikalen Inhalte der Blockfreien Bewegung und die Vorstellung, als souveränes und gleichberechtigtes Völkerrechtssubjekt im internationalen System nach dem Zweiten Weltkrieg agieren zu können. Insbesondere Letzteres erwies sich als fatale Fehleinschätzung. Die ghanaische Führung hatte nicht erkannt, dass das internationale System eine extrem hierarchische Grundstruktur hatte. Auch Che Guevara, der im Januar 1965 Ghana besuchte, hatte dies nicht wahrhaben wollen. Dabei überforderten die vielfältigen und kostspieligen internationalen Aktivitäten der Regierung die Wirtschafts- und Finanzkraft des kleinen Landes.

1965 brach Nkrumah wegen der Rhodesien-Krise die diplomatischen Beziehungen zur früheren Kolonialmacht Großbritannien ab, ein letzter spektakulärer Akt des Präsidenten, den jedoch der Militärputsch von 1966 wenige Monate später konterkarierte. Damit etablierte sich das Militär zugleich dauerhaft als Teil der Machtelite. Nkrumah, der sich während des Staatsstreichs auf einer Asienreise befunden hatte, ging ins Exil nach Guinea.

Der erste Militärputsch in Ghana brachte die prowestliche Junta des *National Liberation Council* unter Vorsitz von General Joseph Ankrah an die Macht und beendete politisch und de facto Ghanas Führungsanspruch innerhalb des Panafrikanismus und der Blockfreien Bewegung. Westlich sozialisierte Technokraten, die den Putsch befürwortet hatten, teilten die Überzeugung des IWF und der internationalen Gläubiger und akzeptierten mangels politischer und wirtschaftlicher Kompetenz alle Verpflichtungen der gestürzten Regierung. Das Regime geriet schnell unter Kuratel der internationalen Finanzwelt, womit es einen zentralen Bereich seiner Souveränität an den IWF abgab. Es beraubte sich damit jeglicher außenpolitischer Spielräume und verschärfte schließlich die seit Jahren anhaltende, schwere Wirtschaftskrise.

Auch auf dem Feld des Krisenmanagements und der Diplomatie in der westafrikanischen Region fehlten der Junta sowohl Autorität als auch das notwendige Fingerspitzengefühl. Folgerichtig scheiterte der Versuch, am Vorabend des Krieges um das abtrünnige Biafra auf ghanaischem Territorium einen Interessenausgleich zwischen den nigerianischen Streitparteien zu vermitteln. Die nigerianische Zentralregierung musste den Eindruck gewinnen, dass Ghana zugunsten der Sezessionisten verhandelte, was das ghanaisch-nigerianische Verhältnis erheblich belastete. Bereits seit der spätkolonialen Phase galten die beiderseitigen Beziehungen als schwierig, und is heute sind sie ambivalent.

Die Zivilregierung von Ministerpräsident Kofi Busia, die 1969 an die Macht kam, setzte den Kurs der Junta fort und orientierte sich weitgehend an den Positionen des IWF und der Weltbank. Sie setzte darauf, von den westlichen Staaten genügend politische und wirtschaftliche Unterstützung zu erhalten, um den demokratischen Neuanfang und den eingeschlagenen Wirtschaftskurs in der II. Republik abzusichern.

Doch die Busia-Regierung scheiterte mit dem Versuch, mit Wachstum um jeden Preis die Wirtschafts- und Verschuldungskrise zu überwinden. In dieser Zwangslage griff sie ganz populistisch zu ausländerfeindlichen Maßnahmen und verabschiedete die kurzfristig innenpolitisch populäre *Aliens Compliance Order*, nach der Ausländer ohne Aufenthaltsgenehmigung binnen zwei Wochen das Land zu verlassen hatten. Unter den Ausgewiesenen befanden sich wegen des Biafrakrieges überproportional viele Nigerianer, aber auch viele muslimische Migranten aus der Sahelregion, die der dort herrschenden Dürrekatastrophe zu entkommen suchten. Die Zwangsmaßnahme verschaffte den Ghanaern zwar einige Arbeitsplätze zugleich aber isolierte sich Ghana in der gesamten westafrikanischen Region, und das angespannte Verhältnis zum großen anglophonen Bruder Nigeria verschlechterte sich weiter.

Das Ende des demokratischen Projektes zeichnete sich ab, als sich die westlichen Gläubiger angesichts der geostrategischen Bedeutungslosigkeit Ghanas weigerten, der pro-westlichen Regierung entgegenzukommen, die eine Rückkehr zur nkrumahistischen Politik um jeden Preis verhindern wollte. Die nun auf sich allein gestellte Regierung der II. Republik war zu schwach, um einen Militärputsch abzuwehren.

So gelangte 1972 eine Gruppe von Obristen unter Führung von Oberst Ignatius Acheampong an die Macht und setzte außenpolitisch völlig neue Akzente. Das Militärregime erkannte die Umschuldungsabkommen der Vorgängerregierungen nicht an und kehrte das Beweisprinzip für die Schulden aus der Nkrumah-Ära um. Dieser Politikansatz fand in Ghana breite Zustimmung, und weite Teile der Gesellschaft unterstützten den Vorstoß als überfälligen Schritt, um gegenüber den überraschten westlichen Gläubigern außenpolitisches Profil zu zeigen. Die Junta stellte die Ideen des Panafrikanismus wieder ins Zentrum der Außenpolitik, richtete mit Blick auf das südliche Afrika und die Apartheid ein Informationszentrum zur Befreiung des Kontinents ein, überführte die sterblichen Überreste Nkrumahs aus dem guineischen Exil und rehabilitierte mit dieser spektakulären Aktion den verfemten Staatsgründer. Wegen des Jom-Kippur-Krieges im Jahr 1973 brach es die diplomatischen Beziehungen zu Israel ab und reaktivierte und intensivierte die Beziehungen zu den sozialistischen Ländern.

So gelang es dem Militärregime dank gestiegener Weltmarktpreise für Kakao, restriktiver Importpolitik und einer Politik der *self-reliance* auch ohne ein IWF-Abkommen, die außenwirtschaftlichen Beziehungen zu stabilisieren und die Gläubiger zu einer langfristig angelegten Schuldenregelung zu bewegen. Etliche afrikanische Staaten verfolgten mit großem Interesse das ghanaische Vorgehen, spiegelte es doch eine emanzipatorisch inspirierte Haltung gegenüber der internationalen Gemeinschaft wider. Der Lohn für Ghanas aktive Rolle bei der Gründung der ECOWAS im Jahr 1975 – gegen den massiven Widerstand Frankreichs – war die Befreiung des Landes aus der selbstverschuldeten Isolation.

Die Ölpreiskrise von 1973 läutete jedoch das nahe Ende des ghanaischen Projektes ein. Das Land war inzwischen zum Beutestück des zum General aufgestiegenen Acheampong und seiner Klientel geworden. Die Palastrevolte von 1978, angeführt von General Frederick Akuffo, brachte dann eine weitere radikale außenpolitische Kehrtwende. Das neue

Militärregime wandte sich wieder dem IWF zu, um mithilfe eines klassischen Stabilisierungsprogramms die Versäumnisse und Verwerfungen in der zweiten Hälfte der Acheampong-Ära zu korrigieren.

Der erste Putsch von Jerry John Rawlings und seinem AFRC am 4. Juni 1979 beendete das IWF-Programm, wobei unklar blieb, welchen Kurs die Putschisten einzuschlagen gedachten. Die internationalen Geber hatten jedenfalls keinerlei Vertrauen in die neuen Machthaber und hielten dringend benötigte Finanzhilfen zurück. Auch das Militärregime in Nigeria, das sich auf den Rückzug in die Kasernen vorbereitete, schwenkte auf diese Linie ein, verurteilte zugleich auf das Schärfste die Exekution dreier Juntachefs und weiterer hoher Militärs und verhängte einen Öllieferstopp.

Wenngleich dieses Interregnum nur wenige Monate andauerte und der AFRC die Macht an den gewählten Präsidenten Hilla Limann und seine Partei, die nkrumahistische PNP, übergab, blieb die skeptische außenpolitische Grundorientierung gegenüber der internationalen Gläubigergemeinschaft bestehen. So glaubte die Regierung, mit einem selbstauferlegten Austeritätsprogramm und steuerlichen Anreizen internationales Kapital zum Wiederaufbau des Landes anziehen zu können. Aber internationale Geber und Investoren waren ohne eine Übereinkunft mit dem IWF nicht gewillt, in Ghana zu investieren, und die Regierung sah sich schon bald außerstande, ihren Austeritätskurs durchzuhalten. Starke Kräfte im Umfeld des Präsidenten besaßen trotz der misslichen Lage hinreichend Einfluss auf Limann, um dem IWF und seinen Forderungen die Stirn zu bieten. Dies war umso leichter, als die neue US-Administration unter Ronald Reagan die IWF-Konditionalität verschärfte. Damit war das Scheitern der Limann-Regierung unausweichlich. Am Silvesterabend 1981 übernahm der zwangspensionierte Putschist Rawlings erneut die Macht.

Die Außenpolitik unter Rawlings (1981–2001)

Schnell wurde deutlich, dass das Land die Krise nicht aus eigener Kraft würde überwinden können. Schon nach einem Jahr zwangen die desolate Wirtschafts- und Finanzlage das PNDC-Regime zu Verhandlungen mit dem IWF und der Weltbank, die schließlich ähnlich wie in den 1960er Jahren in ein harsches IWF-Stabilisierungsprogramm mündeten. Der Unterschied lag lediglich im Umfang und in der Laufzeit sowie in der mittlerweile gewonnenen Erkenntnis, dass den Problemen in Ghana eine tiefgehende Entwicklungskrise zugrunde lag.

Ungeachtet des »Canossa-Gangs« nach Washington und der Unterwerfung unter das Bretton-Woods-Programm führte die Machtübernahme von Rawlings und seinem PNDC zunächst zu einer Intensivierung der Beziehungen zum Ostblock, zu Kuba, Libyen und Nordkorea sowie zu zahlreichen Tauschhandelsabkommen mit diesen Staaten, die die desolate Lage in Ghana etwas abmilderten. Der IWF nahm diese Tauschhandelsabkommen entgegen seiner radikal-liberalen Grundüberzeugung hin, wohl wissend, dass sie aufgrund ihrer überschaubaren Größenordnung keine Alternative zum IWF-Programm boten. Dennoch spiegelte sich in der außenpolitischen Ausrichtung Ghanas die weltweit verbreitete emanzipatorische, radikale und revolutionäre Grundströmung des blockfreien Denkens wider. Libyens Revolutionsführer Gaddafi und Burkina Fasos Juntachef Thomas Sankara dienten dabei als Blaupause für einen radikalen Kurswechsel im Umgang mit den westlichen Akteuren, die das dominierende kapitalistische System beherrschten. Diese scheinbare Ambivalenz, einerseits die Unterwerfung unter das Diktat westlicher Entwicklungsagenturen und andererseits engste Beziehungen zu populistischen und revolutionären Bewegungen, kann als konstitutiv für die Rawlings-Ära angesehen werden.

Während Oberst Gaddafi schon seit 1969 sein Land mit harter Hand regierte und seine politischen Ideen auf dem afrikanischen Kontinent zu exportieren suchte, kam Hauptmann Sankara erst 1983 an die Macht und taufte sein Heimatland Obervolta in Burkina Faso (»Land der Aufrechten«) um. Für seine Revolution machten Sankara und sein *Conseil National de la Révolution* (CNR) sogar Anleihen bei der zellenorientierten Konzeption des PNDC, woraus sich eine kongeniale Beziehung und eine persönliche Freundschaft zwischen Sankara und Rawlings und die Option einer Union der beiden Staaten entwickelten.

Dies war umso wichtiger, als Ghanas Beziehungen zu den beiden angrenzenden Ländern Côte d'Ivoire und Togo seit Jahren gestört waren und es keinerlei Anzeichen einer Entspannung gab. So bezichtigten beide Länder sich immer wieder gegenseitig, Dissidenten Zuflucht zu gewähren und sie von ihrem Territorium aus Staatsstreiche planen und durchführen zu lassen. Ghana diente togoischen Oppositionellen und Dissidenten – zumeist Angehörigen der Ewe – seit dem Referendum im togoischen Westen zugunsten Ghanas von 1956 und dem ersten Putsch in Togo als Refugium und als Zentrale der Anti-Eyadéma-Aktivitäten. Die togoisch-ghanaische Grenze wurde sogar des Öfteren geschlossen, wobei eine Schließung von September 1986 bis Mai 1987 andauerte. Erst anlässlich des ECOWAS-Gipfels im Juli 1988 in Lomé begannen sich die Beziehungen leicht zu entspannen; Rawlings wurde dort von einer begeisterten Menge empfangen. Doch schon ein halbes Jahr später, im Januar 1989, erhielt der Vorstoß einen empfindlichen Dämpfer, als mehr als 100 Ghanaer aus Togo ausgewiesen wurden.

In der Côte d'Ivoire sammelten sich ghanaische Dissidenten, die die Aktivitäten zum Sturz des PNDC-Regimes koordinierten, ohne dass die ivorische Regierung einschritt, was das beiderseitige Verhältnis weiter trübte. Erst 1988 gab es spürbare Annäherungen an den westlichen Nachbarn, als sich eine gemeinsame Kommission prinzipiell auf den Verlauf der Grenze einigte.

Mit einem Besuch in Nigeria im selben Jahr setzte Rawlings seinen Entspannungskurs in der westafrikanischen Region fort. Ziel war es, die politische Isolation zu durchbrechen, die der Tod Sankaras und der Machtzuwachs seines Nachfolgers Campaoré erzeugt hatten. Der Gegenbesuch seines Juntakollegen Ibrahim Babangida im Januar 1989 bestätigte den Kurs gegenüber dem mächtigsten Akteur in der Region.

Thomas Sankara war 1987 einer Palastrevolte in Burkina Faso zum Opfer gefallen, womit Rawlings seinen Freund und engsten Verbündeten in der Region verloren hatte. Schon zu diesem Zeitpunkt bewies Rawlings seine Robustheit und politische Anpassungs- und Wandlungsfähigkeit. Statt verbaler Angriffe auf Blaise Campaoré, den Anführer der Putschisten und einstigen Weggefährten Sankaras, wurde in Ghana Staatstrauer verordnet und ein wichtiger Verkehrsknotenpunkt in Accra in Sankara Circle umbenannt.[146] Wenige Monate später bereitete eine ghanaische Delegation die Normalisierung der Beziehungen zum neuen Machthaber in Burkina Faso vor, der auf einer Goodwill-Tour durch mehrere westafrikanische Staaten Ghana gemieden hatte. Anfang 1988 traf Rawlings seinen burkinabischen Amtskollegen zu einem mehrstündigen Gespräch in der nordghanaischen Metropole Tamale. Ein weiteres von Gaddafi arrangiertes Treffen im November 1988 in Libyen diente dazu, ernsthafte Verstimmungen unter allen Umständen zu vermeiden und die beiderseitigen Beziehungen zumindest auf einer diplomatisch akzeptablen Arbeitsebene zu stabilisieren.

Trotz der Unterwerfung unter das IWF-Diktat verschlechterte sich das Verhältnis zu den USA. Auslöser war eine »Spionageaffäre« im Jahr 1985, in die ein Cousin von Rawlings, Michael Soussoudis, und die US-Amerikanerin Sharon Scranage verwickelt waren, die beide in den USA zu mehrjährigen Haftstrafen verurteilt wurden. Sie arbeiteten für ihren jeweiligen Geheimdienst und pflegten in Ghana eine längere, enge

---

146 Zu Beginn der Kufuor-Ära wurde der Knotenpunkt in Ako Adjei Circle umbenannt, in Erinnerung an das Mitglied der *Big Six*.

private Beziehung. Diese Liebesaffäre führte schließlich zur Aufdeckung eines CIA-Informationsringes, dem mehrere Ghanaer angehörten, und eines geplanten Staatsstreichs. Daraufhin kam es zu beiderseitigen Ausweisungen von Botschaftspersonal, und die Beziehungen sanken auf einen Tiefpunkt.

Schon bald aber kamen die beiden Regierungen überein, einen Schlussstrich unter diese unangenehme Affäre zu ziehen. Die USA wiesen Soussoudis aus und boten den ghanaischen Mitgliedern des Informationsringes, denen die ghanaische Staatsbürgerschaft entzogen worden war, politisches Asyl. Ab 1987 verbesserten sich die Beziehungen wieder, nachdem ein hoher Beamter des *State Department* Ghana besucht, ein neuer Botschafter die US-Vertretung übernommen, US-Präsident Ronald Reagan Ghana von den Streichungen der Hilfsleistungen an Afrika ausgenommen und Ghana ein Jahr später ein neues Botschaftsgebäude in Washington eröffnet hatte. Im Rahmen dieses politischen Tauwetters empfing das PNDC-Regime den hochrangigen Beamten für Afrikanische Angelegenheiten, Kenneth Brown, und die USA schrieben gewährte Kredite über mehr als 100 Millionen Dollar ab.

Obwohl die Krise mit den USA weitgehend beigelegt war, setzte Rawlings seine dezidiert blockfreie Außenpolitik fort. Die ghanaische Führung verurteilte die US-Invasion in Panama, die zum Sturz des Machthabers Manuel Noriega geführt hatte. Sie intensivierte die Zusammenarbeit mit dem sozialistischen Lager, einschließlich Kuba und Rumänien, vertiefte die Kooperation mit Libyen, auf dessen preisgünstige, solidarische Erdöllieferungen Ghana besonders angewiesen war, und erkannte 1988 den von der PLO ausgerufenen Palästinenserstaat an. Im Jahr darauf besuchte Yassir Arafat das westafrikanische Land, das der PLO die Einrichtung einer Botschaft gewährte.

In diesem Kontext erweiterte Ghana seine außenpolitischen Aktivitäten und baute trotz des Massakers am Tian'anmen-Platz in Beijing engere Beziehungen zu China auf. Dazu besuchte Rawlings' engster Mitarbeiter Victor Obeng, der als eine Art Regierungschef fungierte, im Oktober 1989 das Reich der Mitte und ebnete den Weg für chinesisches Investitionskapital und großzügige Finanzmittel für Entwicklungsprojekte. Des Weiteren hielt Ghana an der anberaumten Ministerkonferenz der Blockfreien Bewegung fest, die im September 1991 in Accra stattfand. Rawlings nutzte das Forum, um angesichts einer sich abzeichnenden »neuen Weltordnung« vor einem versteckten US-Supermacht-Monopol zu warnen.

Das Verhältnis zu Großbritannien gestaltete sich seit Rawlings' Machtübernahme äußerst schwierig, denn der PNDC unterstellte der britischen Regierung gezielte Aktivitäten zur Destabilisierung seiner Herrschaft. Erst das Investitionsförderungs- und Schutzabkommen von 1989 und die Gründung der Wohltätigkeitsorganisation *Anglo-Ghanaian Society* in London ebneten den Weg für verbesserte Beziehungen zwischen Ghana und der ehemaligen Kolonialmacht. Der Besuch der für Entwicklungspolitik und Afrika zuständigen Staatsministerin Lynda Chalker im selben Jahr unterstrich den Willen beider Seiten, einen Schlussstrich unter die schwierigen Beziehungen zu ziehen – trotz der britischen Weigerung, sich den gegen das Apartheid-Regime in Südafrika verhängten Sanktionen anzuschließen. Der mehrtägige Besuch von Finanzminister Botchwey in Großbritannien im Jahr 1990, der erneute längere Aufenthalt von Lynda Chalker in Ghana und der anschließende Besuch des britischen Handelsministers Tim Sainsbury bestätigten den eingeschlagenen Kurs, wobei sich der Handelsminister sogar zu einem überschwänglichen Lob für das ghanaische Wiederaufbauprogramm hinreißen ließ. So überraschte es nicht, dass Großbritannien eine Million Pfund für das für 1992 geplante politische Übergangsprogramm mit Verfassungsreferendum und Wahlen zur Verfügung stellte.

Rawlings' Strategie, ein gutes Verhältnis zu den westlichen Gebernationen aufzubauen, ging am Vorabend der Umwälzungen in Mittel- und Osteuropa und dem Zusammenbruch der Sowjetunion im Wesentlichen auf. Die Geberseite honorierte die Reformansätze des PNDC im Jahr 1989 mit einem großzügigen Schuldenerlass und einer Einladung zum Weltwirtschaftsgipfel in Davos. Ghana war auf dem prestigeträchtigen Treffen das einzige subsaharische afrikanische Land. Hier zeichnete sich bereits ab, dass sich das Regime auch den Forderungen der westlichen Geber nach demokratischen Verhältnissen nicht mehr verschließen würde, trotz der nochmaligen Intensivierung der Beziehungen zu den sozialistischen Ländern, zur Islamischen Republik Iran und zu Libyen.

Der Beginn des Bürgerkrieges in Liberia 1989/90 spaltete die ECOWAS und verschlechterte Ghanas Beziehungen zu seinen frankophonen Nachbarn maßgeblich. Mit Ausnahme von Guinea torpedierten die frankophonen Staaten, angeführt von der Côte d'Ivoire und Burkina Faso, die Entsendung von Friedenstruppen der ECOWAS, die im Rahmen der ECOWAS *Ceasefire Monitoring Group* (ECOMOG) auf explizit »humanitärer Basis« intervenieren und die Streitparteien an den Verhandlungstisch bringen sollten. Rawlings kritisierte die Haltung der frankophonen Staaten, die eine anglophone Machtdemonstration und Machtachse Nigeria/Ghana fürchteten, scharf und betrachtete sie als »indifferent« bzw. »feindselig«, was wiederum die gesamte politische Balance und Sicherheitsarchitektur der ECOWAS beschädigte. Das PNDC-Mitglied

General Arnold Quainoo führte das Kommando, wurde aber bald durch einen Nigerianer abgelöst, da Quainoo mit seinen Truppen die Ermordung des liberianischen Präsidenten Samuel Doe nicht hatte verhindern können.

Das humanitäre Vorgehen scheiterte bereits im Ansatz. Schon bald mussten die Truppen aktiv eingreifen, um die drei Hauptprotagonisten des Krieges voneinander zu trennen. Trotz des ECOMOG-Einsatzes dauerte der Krieg mit kurzzeitigen Unterbrechungen länger als zehn Jahre an und erfasste nach und nach auch die Anrainerstaaten Liberias. Wenngleich Nigeria militärisch wie auch finanziell die Hauptlast des Einsatzes trug, spielte Ghana in der Folgezeit eine zentrale Rolle bei der Konfliktbearbeitung und Konfliktlösung, fanden doch fast alle wichtigen Verhandlungen zur Beendigung des Krieges in Ghana statt.

Während das Verhältnis zu den frankophonen Hauptakteuren im Liberia-Konflikt indifferent blieb, zeichnete sich nach der Ernennung eines neuen togoischen Ministerpräsidenten im Jahr 1992 eine Entspannung der Beziehungen zum östlichen Nachbarn ab. Im Oktober verständigten sich beide Seiten auf die Öffnung aller Grenzübergänge. Der neue Ministerpräsident Joseph Kokou Koffigoh reiste kurz darauf an der Spitze einer großen Delegation nach Ghana, um sich ein Bild vom ghanaischen Wiederaufbauprogramm zu machen und zugleich Togos vitales Interesse an guten nachbarschaftlichen Beziehungen zu unterstreichen. Doch war diese Entspannungs- und Kooperationspolitik nur von kurzer Dauer. Anfang 1993 fielen beide Regierungen in alte Muster zurück, nachdem es in Togo zu schweren innenpolitischen Auseinandersetzungen und blutigen Unruhen gekommen war und Hunderte von Togoern über die Grenze nach Ghana flüchteten. Wieder einmal warfen sich beide Seiten gegenseitig vor, das Nachbarland destabilisieren zu wollen. Die ghanaische Armee wurde Ende Januar 1993 in Alarmbereitschaft versetzt, und wenige Wochen später beantwortete Diktator Eyadéma die Mobilisierung der Streitkräfte mit der Schließung der Grenzübergänge, nachdem er Ghana die Unterstützung eines Putschversuches vorgeworfen hatte.

Gegen Ende 1993 verschlechterten sich Ghanas Beziehungen zum westlichen Nachbarn Côte d'Ivoire ebenfalls wieder. Auslöser waren fremdenfeindliche Ausschreitungen während eines Fußball-Länderspiels in Abidjan, bei denen zwei Dutzend Menschen ums Leben kamen und mehr als hundert Zuschauer Verletzungen erlitten. Gleichwohl waren beide Regierungen gewillt, die in der Côte d'Ivoire lebenden ghanaischen Staatsbürger, zumeist Gastarbeiter, zu schützen oder in Sicherheit zu bringen. Innerhalb von zwei Wochen verließen annähernd 10.000 Ghanaer das Gastland.

Im Juli 1991 besuchte Rawlings als erstes ghanaisches Staatsoberhaupt Frankreich, wo er bei französischen Geschäftsleuten um Investitionen warb und mit der Regierung mehrere Verträge zur Entwicklungszusammenarbeit unterzeichnete. Dieser Besuch kam den französischen Interessen in der Region sehr entgegen, verfügte Frankreich in den anglophonen Staaten doch nur über geringen Einfluss und wenig Akzeptanz. Der Besuch von Außenminister Roland Dumas und französischen Unternehmern Anfang 1992 setzte diesen Kurs fort.[147] Zugleich dokumentierte die ghanaische Führung mit der ghanaisch-französischen Kooperation ihre inzwischen modifizierte Außenpolitik, die darauf abzielte, diversifizierte und sozioökonomisch sinnvolle internationale Beziehungen als Pfeiler ihrer außenpolitischen Grundorientierung festzuschreiben. Dies belegten auch die weiteren intensiven Beziehungen zur internationalen Gebergemeinschaft, angeführt vom IWF und der Weltbank samt ihrer Tochter *International Development Association*, die sich zwar noch abwartend verhielten, aber im Grundsatz das politische Überleben und das Demokratisierungsprogramm von Rawlings und seinem Führungszirkel absichern wollten.

Rawlings' Rechnung ging auf, und der Besuch des damaligen britischen Außenministers Douglas Hurd und seines deutschen Amtskollegen Hans-Dietrich Genscher in der Frühphase der IV. Republik Anfang 1993 unterstrichen das vitale Interesse beider Seiten an diesem Demokratisierungsprojekt. Genscher hatte darüber hinaus zu einer Botschaftertagung in Accra mit den in den subsaharischen Staaten akkreditierten deutschen Chefdiplomaten geladen, was die ghanaische Seite zu Recht als besondere Anerkennung ihrer Transformationsanstrengungen ansah.

Im Laufe des Jahres 1994 gewann Ghana zunehmend außenpolitisches Profil und stärkte seinen Einfluss innerhalb der ECOWAS, der ECOMOG und der OAU. Dies war in erster Linie auf den politischen und wirtschaftlichen Niedergang Nigerias unter Militärdiktator Sani Abacha und die staatsmännische Statur von Präsident Jerry Rawlings zurückzuführen. Aus dieser Position heraus und unterstützt von Europa und den USA übernahm Ghana de facto eine Sprecherfunktion, die auch zahlreiche afrikanische Staaten akzeptierten. Sichtbarstes Zeichen der neuen Rolle waren die Laudatio auf Nelson Mandela, die Rawlings im Namen der afrikanischen Staaten anlässlich seiner Amtseinführung im Mai 1994 in Pretoria hielt, sowie das Engagement der ghanaischen Blauhelmsoldaten nach dem Genozid in Ruanda.

---

147 Rawlings nahm im November 1998 am Gipfeltreffen der Frankophonie in Paris teil und bereitete so die Mitgliedschaft in dieser von Frankreich geführten Organisation vor. Im März 1999 stattete er Frankreich einen weiteren offiziellen Besuch ab.

Wenige Monate später, im September 1994, weilte Rawlings erneut zu Besuchen in mehreren Staaten im südlichen Afrika. Bereits im Mai hatte *Ghana Airways* den Flugbetrieb mit Harare und Johannesburg aufgenommen, und auch die USA zeigten sich wohlwollend und stellten der Fluggesellschaft im Oktober eine Landeerlaubnis für den Flughafen *JFK* in New York aus.

Die Beziehungen zu Togo erreichten Anfang des Jahres 1994 einen historischen Tiefstand, hatten doch beide Regierungen im Rahmen der schweren innertogoischen Staatskrise ihre Botschafter abgezogen. In Lomé kam es erneut zu blutigen Ausschreitungen, ghanaisches Botschaftspersonal und ghanaische Staatsbürger wurden misshandelt, etliche getötet, und Tausende flohen zumeist über die nahegelegene Grenzstadt Aflao auf ghanaisches Staatsgebiet.

Zeitgleich versuchten Hardliner beider Regierungen, die blutigen Unruhen in Nordghana, in die auch die auf beiden Seiten der Grenze lebenden Konkomba involviert waren, im Kontext der schweren Ausschreitungen in Lomé zu instrumentalisieren und damit die zwischenstaatlichen Spannungen noch zu verschärfen. Ein Mindestmaß an politischer Rationalität und Vernunft verhinderte jedoch die weitere Eskalation, und beide Seiten erklärten sich schließlich bereit, die schweren Unruhen in Nordghana als innere Angelegenheit Ghanas zu betrachten.

Diese Übereinkunft ebnete den Weg, zeitnah die verwaisten Botschaftsposten wieder zu besetzen, was gegen Jahresende 1994 das verkrampfte Verhältnis ein wenig entspannte und so auch das ambitionierte Projekt einer westafrikanischen Gaspipeline nicht weiter gefährdete. Die schmerzhaften Nachwirkungen der Staatskrise in Togo, die blutigen Unruhen in Nordghana, die im Grenzgebiet zu einem Flüchtlingsdrama geführt hatten, und der gefährdete Bau der Gaspipeline zwangen beide Regierungen, ihre feindselige Haltung aufzugeben und Kompromissbereitschaft zu signalisieren. Insbesondere die ghanaische Führung hatte anerkannt, dass die Kosten zur Unterstützung togoischer Oppositioneller und Regimegegner in keinem vertretbaren Verhältnis zum politischen Ertrag standen, und auch in Togo betrachtete man nun wohlwollend die Vorteile konstruktiver Beziehungen zu Ghana.

Schon Anfang 1995 empfing Rawlings eine hohe togoische Delegation unter Leitung von Außenminister Boumbera Alassounouma, die die Möglichkeiten verbesserter Beziehungen sondierte. Der Besuch von Rawlings in der nordtogoischen Stadt Kara, wo er Eyadéma traf, brachte den Durchbruch. Alle gefassten Beschlüsse über die Beilegung des mehr als 30 Jahre andauernden Konfliktes, der zeitweise einem Kleinkrieg geähnelt hatte, wurden politisch abgesichert, die Einrichtung einer gemeinsamen Grenzkommission eingeschlossen. Auch die Ermordung des Militärkoordinators der togoischen Opposition, Vincent Tokofai, im Juli 1995 in Ghana änderte nichts an der grundsätzlichen Einigung, obgleich die Mitstreiter des Ermordeten die togoische Regierung der Tat beschuldigten.

Ghanas überwiegend konstruktiver Beitrag in dieser aufgeheizten Konfliktlage zum östlichen Nachbarn schlug sich auch in der ECOWAS nieder, zu dessen Vorsitzendem Rawlings im August 1994 gewählt wurde. Es bestand die Hoffnung, den Liberia-Konflikt unter seiner Führung entschärfen zu können. Jedoch konnte auch die ghanaische Führung aufgrund der komplexen Konfliktlage keine dauerhafte Waffenruhe herbeiführen, wenngleich viele wichtige Verhandlungen der verfeindeten Kriegsparteien in Ghana stattfanden. Dennoch würdigte die internationale Gemeinschaft Ghanas Einsatz für eine politische Lösung, wobei die Führung in Accra keinen Hehl daraus machte, dass sie auf Dauer ihren hohen finanziellen Beitrag nicht würde leisten können. Dies war ein nur wenig verklausulierter Hinweis auf das eigenmächtige Handeln der nigerianischen Militärregierung, die das Krisenmanagement in Liberia in erster Linie zur Selbstbereicherung nutzte.

Das Verhältnis zum großen Nachbarn Nigeria blieb ambivalent, und Rawlings versuchte eine Balance zwischen seiner Rolle als ECOWAS-Vorsitzender und Ghanas Mitgliedschaft im *Commonwealth* zu finden. Nur widerwillig schloss sich Ghana nach dem Schauprozess gegen die Ogoni-Führung und der anschließenden Hinrichtung der Beschuldigten in Nigeria den *Commonwealth*-Sanktionen an, vermied aber jegliche Kritik am Militärregime und blieb im Dezember 1995 sogar der Abstimmung über eine UN-Resolution, die Nigeria wegen schwerer Menschenrechtsverletzungen verurteilte, fern.

Auch auf internationaler Ebene begann Ghana, nicht mehr haltbare Positionen aufzugeben. Dazu zählte unter anderem die Wiederherstellung voller diplomatischer Beziehungen zu Israel, die Ghana 1973 abgebrochen hatte.[148] Infolge des israelisch-palästinensischen Friedensabkommens von 1993 kamen Ghana und Israel überein, die Beziehungen zu normalisieren, und im August 1994 verabschiedeten sie eine entsprechende Vereinbarung. Dennoch dauerte es noch zwei Jahre bis zur Eröffnung der ghanaischen Vertretung in Tel Aviv und sieben Jahre, bevor die israelische Seite ihre Mission in Accra eröffnete. Den Botschafterposten besetzte Israel erst im September 2011.

---

148 Israel unterhielt aber weiterhin ein Liaison-Büro in der Schweizer Botschaft. Es wurde 1990 geschlossen.

Der offizielle Arbeitsbesuch von Rawlings in den USA im März 1995 verdeutlichte wohl am stärksten die politische Wende des ghanaischen Präsidenten, die Langzeitwirkung erzeugte. Im Oktober desselben Jahres hielt er sich am Rande der UN-Vollversammlung erneut in den USA auf, diesmal aber inoffiziell. Infolge des Besuches beim einst scharf kritisierten Gastgeber fanden im Mai 1995 in Nordghana erste ghanaisch-US-amerikanische Militärmanöver statt. Der Gegenbesuch von US-Präsident Bill Clinton im März 1998, ein weiterer mehrtägiger offizieller USA-Besuch von Rawlings im Februar 1999, der im selben Jahr vom *Africa-America Institute* ausgerichtete fünfte *African American Summit* in Accra und der Besuch des Kriegsschiffs *USS Carter Hall* im Rahmen der *West African Training Cruise 1999* erweiterten und festigten die bilateralen Beziehungen.

Ab 1995 begann die Rawlings-Administration, auch die Beziehungen zur ehemaligen Kolonialmacht Großbritannien zu intensivieren. Im Juli bereiste Rawlings das Königreich und nahm an einer Tagung britischer Unternehmer teil, die über Auslandsinvestitionen konferierten. Die Konferenz setzte die Kampagne zum Auf- und Ausbau der bilateralen Wirtschaftsbeziehungen fort, die im Mai in Accra mit der ghanaisch-britischen Messe begonnen worden war, die zugleich als Auftakt der für 1996 datierten fünften *Ghana International Trade Fair* diente.

Dennoch dauerte es noch mehrere Jahre, bis die britische Königin Elizabeth II im November 1999 der ehemaligen Kolonie einen Staatsbesuch abstattete. In ihrer Ansprache vor dem Parlament hob sie Ghanas Vorreiterrolle im Demokratisierungsprozess auf dem Kontinent und seinen Beitrag zu Blauhelmmissionen hervor. Kurz darauf begann die *BBC*, ihre Programme auf einer eigenen FM-Frequenz in Accra zu senden, und folgte damit dem Beispiel des französischen Senders *RFI*, der bereits seit März 1999 seine Englisch- und Französischprogramme über eine angemietete Frequenz ausstrahlte.

Der Besuch des indischen Ministerpräsidenten Narasimha Rao im November 1995 und Rawlings' kurz darauf stattfindende Südostasienreise nach China, Malaysia und Singapur unterstrichen erneut Ghanas Ansatz einer diversifizierten Außenpolitik und eröffneten zugleich ein neues Kapitel in Ghanas internationalen Beziehungen.

Im Wahljahr 1996 setzte Rawlings seinen in den beiden zurückliegenden Jahren eingeschlagenen außenpolitischen Kurs fort, wohl wissend, dass er im Amt bleiben und sich mit seiner Partei NDC die absolute Parlamentsmehrheit sichern würde. Die Bildung zweier Freundschaftsgruppen im Februar, bestehend aus Abgeordneten beider Parlamente, förderte den Entspannungsprozess mit Togo, und der ghanaische Parlamentspräsident Daniel Francis Annan konnte vor der togoischen Nationalversammlung sprechen. Damit bestanden gute Voraussetzungen, mit finanzieller und logistischer Unterstützung der UNO mehrere Zehntausend togoische Flüchtlinge zu repatriieren. Im Januar 1997 nahmen Ghanas Sicherheitsdienste drei togoische Oppositionelle fest, denen sie vorwarfen, auf ghanaischem Boden eine Befreiungsarmee aufbauen zu wollen.

Der liberianische Bürgerkrieg blieb der zentrale Konfliktherd in der Region, und Ghana, gestützt von der OAU, der ECOWAS und den USA, setzte getreu dem amerikanischen Slogan »Afrikanische Lösungen für afrikanische Probleme« den Anspruch um, in dieser Krisenregion Nigeria das Feld nicht allein zu überlassen. Nigeria suchte seinerseits nach Möglichkeiten, seine internationale Isolation zu durchbrechen. So traf im Juli 1996 Nigerias Militärdiktator Sani Abacha überraschend in Accra ein, um über die weitere Strategie im Liberia-Konflikt und die anstehende Wahl des ECOWAS-Vorsitzenden zu beraten. Nigeria konnte trotz seiner geschwächten außenpolitischen Stellung die Wahl von Abacha durchsetzen, und Rawlings, fest entschlossen, das Verhältnis zu Nigeria nicht unnötig zu belasten, absolvierte kurz nach seiner Wiederwahl im Dezember 1996 politisch geschickt einen Staatsbesuch in Nigeria.

Rawlings nutzte seine zweite Amtseinführung im Januar 1997 für eine Charmeoffensive in der westafrikanischen Region, um Ghanas problematische Beziehungen zu einigen benachbarten Ländern auf eine solidere Basis zu stellen. Während der Besuch des nigerianischen Diktators Abacha in seiner Eigenschaft als amtierender ECOWAS-Vorsitzender im Juli 1997 als normal gelten konnte, kam der Besuch des ivorischen Außenministers Amara Essy überraschend. Aber er war ein eindeutiges Signal dafür, dass die Côte d'Ivoire, wo mehrere Hunderttausend ghanaische Staatsbürger lebten, das getrübte Verhältnis zu Ghana entscheidend verbessern wollte. Rawlings nutzte diese Initiative und begab sich im August selbst in das westliche Nachbarland, wo er von seinem Amtskollegen Konan Bédié empfangen wurde. Vorausgegangen war die Revitalisierung der gemeinsamen Wirtschaftskommission, die fast zehn Jahre lang nicht mehr getagt hatte, um eine engere Zusammenarbeit insbesondere im Energiesektor auszuloten.

Auch das Verhältnis zum nördlichen Nachbarn Burkina Faso entspannte sich erheblich, nachdem Rawlings im November 1997 einen zweitägigen Staatsbesuch im Nachbarland absolviert hatte und beide Seiten übereingekommen waren, das traurige Kapitel Thomas Sankara zu den Akten zu legen und die wirtschaftliche Zusammenarbeit zu fördern.

Der Liberia-Konflikt blieb ein Schwerpunkt ghanaischer Außenpolitik, und die Regierung entsandte im Juli 1997 eine hochrangige Beobachterdelegation zu den Wahlen in dem geschundenen Land. Wenige Wochen später traf Rawlings als erstes ausländisches Staatsoberhaupt in Liberia ein, wo er den einstigen *warlord* Charles Taylor traf, der die Wahl gewonnen und kurz zuvor das Amt des Präsidenten übernommen hatte.

Der Neustart in Liberia wurde jedoch im Mai 1997 durch einen erneuten gewaltsamen Machtwechsel im benachbarten Sierra Leone überschattet, der die ghanaische Außenpolitik direkt betraf. Die Gewalttätigkeiten betrafen auch ghanaische Staatsbürger, und ghanaische Militäreinheiten griffen in das Geschehen ein, um mit ihrer *Operation Osagyefo* (Operation Erlösung) die im Krisengebiet lebenden Ghanaer zu evakuieren. Wenige Monate später tauchten mehrere Hundert Flüchtlinge aus Sierra Leone in Ghana auf, denen die US-Botschaft angeblich ein Visum für die Vereinigten Staaten zugesagt hatte, was die US-Vertretung jedoch bestritt. Daraufhin billigte die ghanaische Regierung den meisten Flüchtlingen den Flüchtlingsstatus zu und verbrachte sie in ein Lager in der Nähe der Hauptstadt Accra.

Rawlings blieb seiner Linie treu, die ghanaischen Beziehungen zu Nigeria nicht über Gebühr zu strapazieren. Der *Commonwealth*-Gipfel im schottischen Edinburgh im Oktober 1997 unterstrich diese Haltung und die besonderen Beziehungen beider Länder, hatte doch die Führung in Accra deutlich gemacht, dass sie mögliche Sanktionen gegen Nigeria nur bedingt mittragen könne. Bei seinem Kurzbesuch in der nigerianischen Hauptstadt Abuja wenige Wochen später bekräftigte Rawlings gegenüber Juntachef Abacha diesen Standpunkt, der unterschwellig Nigerias Führungsanspruch in der Region bestätigte.

Im Februar 1997 besuchte Weltbankpräsident James Wolfensohn das Land am Golf von Guinea, kurz bevor das erste Regierungsjahr von Präsident Rawlings mit temporären Irritationen zwischen Ghana und den USA endete. Nach scharfer Kritik am Gebaren der ghanaischen Regierung gegenüber Journalisten erklärte die Regierung im Juni 1997 den Leiter des *US Information Service* in Accra, Nicolas Robertson, zur Persona non grata. Im Gegenzug musste die Botschaftsangehörige Hannah Ama Nyarko, zuständig für den Presse- und Informationsdienst in Washington, im Juli die USA verlassen.

Einige Wochen später, im September 1997, fand an der *University of Cape Coast* eine große Afrika-Kuba-Solidaritätskonferenz statt, auf der die Delegierten aus Afrika und der Karibik die ungebrochene imperialistische Grundhaltung der USA anprangerten. Die ghanaische Regierung stellte sich hinter diese Attacken, kritisierte das US-Embargo gegen Kuba und hob das Recht eines jeden Volkes hervor, seinen Entwicklungsweg selbst zu bestimmen.

Diese diplomatischen Irritationen und die kurzzeitig wieder aufgeflammte antiamerikanische Rhetorik legten sich aber schon bald, sodass der lang ersehnte Besuch von US-Präsident Bill Clinton im März 1998 nicht zur Disposition stand. Der als außenpolitischer Höhepunkt des Jahres erachtete Clinton-Besuch – der erste Afrikabesuch eines amtierenden US-Präsidenten überhaupt – verlief jedoch enttäuschend, denn Bill Clinton und seine Ehefrau Hillary verbrachten entgegen der ursprünglichen Planung nur wenige Stunden in Accra. Massive Bedenken der amerikanischen Seite hinsichtlich Sicherheit und Logistik veranlassten die Organisatoren, den Besuch abzukürzen, woraufhin die Clintons noch vor Einbruch der Dunkelheit ihre Afrikareise Richtung Uganda fortsetzten. Wenngleich viele Ghanaer von diesem Kurzbesuch ein wenig enttäuscht waren, sicherte er doch auf Regierungsebene wirtschaftliche Unterstützung und eine engere militärische Zusammenarbeit. So gründeten beide Seiten den *Ghana Club 100*, dem die umsatzstärksten ghanaischen Unternehmen angehörten und der der Förderung der Wirtschaftsbeziehungen dienen sollte. Im April/Mai fand im Rahmen der *African Crisis Response Initiative* ein gemeinsames mehrwöchiges Militärmanöver in Ghana statt, und der Sonderbeauftragte für Afrika, Jesse Jackson, stattete dem Land im November 1998 im Rahmen seiner Afrikareise einen Besuch ab.

Rawlings' Außenpolitik bekam nun zusehends eine wirtschaftliche Komponente, wie seine Teilnahme an der Spitze einer hochrangigen Delegation am Wirtschaftsgipfel in Davos im Januar 1998 unterstrich. Dasselbe galt für die engere sicherheits- und wirtschaftspolitische Zusammenarbeit mit China. Der chinesische Außenminister weilte im Juni zu Gesprächen in Ghana und ghanaische Offiziere absolvierten eine Weiterbildung in China. Anfang 1999 sondierte eine große, hochrangige Wirtschaftsdelegation unter Führung von Vizepräsident Hu Jintao weitere Kooperationsmöglichkeiten, und die chinesische Seite bewilligte Kredite zur Förderung des Privatsektors und zum Ausbau der Stromnetze. Angesichts des zunehmenden chinesischen Engagements steigerte auch Japan seine Aktivitäten in Ghana und reihte sich damit in die breite Palette der Geber ein, die auf einer Konferenz im November 1999 großzügige Zusagen machten.

Aber auch in der Region setzte Rawlings seinen Konsolidierungskurs fort. Dabei lag sein Augenmerk erneut auf einer dauerhaften bilateralen Regelung für gutnachbarliche Beziehungen zu Togo. Die Auslieferung mehrerer Togoer, die als Angehörige der bewaffneten Exil-Opposition in den zurückliegenden Jahren in beiden Ländern schwere Straftaten begangen haben sollten, war ein wichtiger Schritt. Der Besuch von Präsident Eyadéma im Mai 1998 war ein weiterer, und beide Seiten betonten die Notwendigkeit einer engen Zusammenarbeit und das gemeinsame Interesse, die Sicherheitsprobleme an der Staatsgrenze zu lösen. Mehrere schwere Zwischenfälle im Kontext der togoischen Präsidentschaftswahlen im Grenzgebiet Lomé/Aflao forderten etliche Menschenleben. Als dann im August Hunderte von Togoern auf ghanaisches Territorium flüchteten, machte Rawlings der von Gilchrist Olympio angeführten togoischen Opposition unmissverständlich klar, dass die ghanaische Regierung keinerlei Destabilisierungsversuche von ihrem Territorium aus mehr dulden werde.

Der plötzliche Tod des nigerianischen Juntachefs Abacha im Juni 1998 kam der ghanaischen Regierung durchaus entgegen, denn das ghanaisch-nigerianische Verhältnis hatte sich wieder verschlechtert. Auslöser war eine gegen Nigeria gerichtete Menschenrechtskonferenz im Mai in Accra. Die nigerianische Regierung hatte die ghanaische Seite beschuldigt, die Konferenz geduldet, wenn nicht gar unterstützt zu haben. Nach dem Tod Abachas distanzierte sich die neue Militärregierung von diesen Vorwürfen, und Rawlings traf wenige Tage später in Abuja mit dem neuen Juntachef Abdulsalami Abubakar zusammen, der den Weg zu demokratischen Verhältnissen freimachte. Unter der gewählten Regierung Obasanjo schlossen die beiden staatlichen Ölgesellschaften 1999 ein Abkommen über die Lieferung nigerianischen Erdgases.

Obgleich Präsident Rawlings seinen außenpolitischen Kompass inzwischen zielgenau auf die USA, Europa und in Ansätzen erkennbar auf China ausgerichtet hatte, blieb ein Rest seines revolutionären Elans für Alternativen lebendig, mochten sie auch noch so wenig lukrativ sein. Die Blockfreie Bewegung existierte zwar nur noch auf dem Papier und in der Erinnerung einiger Revolutionäre, dennoch reiste Rawlings im September 1998 zur Konferenz der Organisation nach Durban und danach nach Kuba. Während seines Auftritts vor der UNO-Vollversammlung in New York äußerte er sich äußerst besorgt über die Folgen der gegen Libyen verhängten Sanktionen. Schon zuvor hatte er sich über das vom Sicherheitsrat verhängte Flugverbot hinweggesetzt, als eine ghanaische Delegation zu den Revolutionsfeierlichkeiten am 1. September nach Tripolis gereist war. Politisch geschickt hatte Rawlings dabei auf eine Teilnahme verzichtet und sich von Vizepräsident Atta Mills vertreten lassen.

In seinem letzten Amtsjahr 2000 forcierte der Präsident nochmals seine regen außenpolitischen Aktivitäten, insbesondere auch mit Blick auf die künftigen Beziehungen zu den USA. So empfing die ghanaische Regierung im Februar erneut eine US-Handelsdelegation unter Leitung des Sonderbotschafters Jesse Jackson, und wenige Wochen später gab die US-Administration den Abschluss eines *Open Skies Agreement* bekannt, das den USA einen ungehinderten zivilen wie auch militärischen Zugang zum ghanaischen Luftraum sicherte. Ghana seinerseits erhielt die Möglichkeit, sich an das weltumspannende Glasfasernetz anzuschließen und sich damit zum Zentrum der Digitalisierung in der Region zu entwickeln. Der Ausbau des Bildungssektors war ein weiterer Baustein der bilateralen Beziehungen, und das *Wisconsin International University College Ghana* nahm als eine der ersten privaten Universitäten in Ghana im Jahr 2000 seinen Lehrbetrieb auf. Zugleich fielen amerikanische Berichte zur politischen Entwicklung in Ghana, zu den Beziehungen zu den verbliebenen sozialistischen Ländern und zur Blockfreien Bewegung moderater aus als in der Vergangenheit, und die US-Regierung lobte die positiven Ansätze in der Wirtschaftspolitik. Dies war ein deutlicher Hinweis auf ein gutes bilaterales Verhältnis und darauf, dass der ghanaische Präsident im internationalen Mainstream angekommen war.

Mit großem Stolz empfing Ghana Ende Juli 2000 einen der Ihren, UNO-Generalsekretär Kofi Annan. Während seines mehrtägigen Aufenthaltes verlieh ihm Jerry Rawlings die höchste Auszeichnung des Staates, und er erhielt von der *University of Ghana* die Ehrendoktorwürde. Die Errichtung des nach ihm benannten *Kofi Annan International Peacekeeping Training Centre* (KAIPTC) war eine besondere Würdigung seiner Arbeit in der Weltorganisation, aber zugleich auch eine Anerkennung der ghanaischen Blauhelmmissionen.

Die Rolle Ghanas als Vorbild in Afrika schlug sich auch im *Commonwealth* nieder und veranlasste die *Association of Commonwealth Universities* im April 2000, ihre alle zwei Jahre stattfindende Ratssitzung erstmals in Ghana abzuhalten. Kurz darauf, im Juli, traf die ghanaisch-kubanische Kommission in Accra zu ihrer zehnten Sitzung zusammen.

Unter den innerafrikanischen Beziehungen stach das ambivalente Verhältnis zu Libyen und seinem Revolutionsführer Gaddafi besonders hervor. Der OAU-Gipfel fand diesmal im Juli 2000 in Togo statt. Gaddafi reiste wegen der UN-Sanktionen auf dem Landweg an und nutzte den Gipfel zu einem vorgeschalteten Abstecher nach Ghana. Der Auftritt in Accra wurde ein PR-Desaster, denn ghanaische und libysche Sicherheitskräfte gerieten wegen unterschiedlicher Auffassungen zu Sicherheitsmaßnahmen aneinander, und es gab handgreifliche Auseinandersetzungen. Nachdem die Lage sich beruhigt und Gaddafi seine Tiraden gegen den Westen und die ehemalige Kolonialmacht vorgebracht hatte, verlieh Rawlings seinem libyschen Gast den höchsten ghanaischen Orden. Kurz darauf erschien in der Zeitung *Daily Dispatch* ein Beitrag über die grauenhafte Situation ausländischer Afrikaner in Libyen, nachdem der libysche Volkskongress den meisten Ausländern aus Subsahara-Afrika die Arbeitsgenehmigung entzogen hatte.

Die ghanaische Regierung nahm die fremdenfeindlichen Angriffe ernst und richtete im Oktober 2000 eine Luftbrücke ein, die rund 5.000 ghanaische Staatsbürger ausflog. Seinem Naturell entsprechend flog Rawlings ohne protokollarische Formalitäten mit nach Tripolis und koordinierte vor Ort die Evakuierung. Nach dieser Affäre legte sich ein Schatten über die beiderseitigen Beziehungen und über das kongeniale Verhältnis der beiden Revolutionäre.

Die Außenpolitik unter Kufuor (2001–2009)

Der neu gewählte Präsident setzte im Wesentlichen die Außenpolitik seines Vorgängers Rawlings fort. Das bedeutete, dass auch unter der neuen Regierung die Beziehungen zu den USA höchste Priorität besaßen, war doch die US-Administration ein entscheidender Faktor bei der Vergabe von Weltbank- und IWF-Krediten. Die USA hatten ihrerseits geostrategische Interessen im öl- und gasreichen Golf von Guinea und betrachteten Ghana als einen soliden und gefügigen Partner in der Region, die sich infolge des islamistischen Terrors schon bald zum neuen Krisenherd in Afrika entwickeln sollte.

In diesem Kontext begannen beide Seiten im Jahr eins der Kufuor-Regierung, ihre militärische Zusammenarbeit auszubauen. Hochrangige amerikanische Militärs wie Konteradmiral Stanley Bryant, General Joseph Ralston oder Generalmajor Kenneth Hess besuchten in regelmäßigen Abständen das kleine Land, denn ihre Streitkräfte in Europa waren auch für Afrika und den Nahen Osten zuständig. Die USA lieferten kriegstaugliche Schiffe und rüsteten Teile der Landstreitkräfte mit leichten Waffen, Fahrzeugen und Uniformen aus, und Mitte des Jahres 2001 trainierten amerikanische Offiziere in Spezialkursen ghanaische Soldaten für Friedenseinsätze. Militärische Seemanöver im Rahmen der *West African Training Cruise*, die die *US Naval Force Europe* organisierte, folgten im November.

Die 2002 ausgebrochene Staatskrise im westlichen Nachbarstaat Côte d'Ivoire wirkte sich auch direkt auf die amerikanisch-ghanaischen Beziehungen aus. Die USA verlegten im September 2002 mehrere Transportflugzeuge mit Spezialeinsatzkräften nach Ghana, um von dort aus

US-Bürger aus dem Krisengebiet evakuieren zu können. Zugleich fand in Accra ein Sondergipfel der ECOWAS zur Krise im Nachbarland statt, und die in Abidjan ansässige Afrikanische Entwicklungsbank erwog auf einer in Accra stattfindenden Krisensitzung, die Bank nach Accra zu verlegen. Zuvor hatte US-Finanzminister Paul O'Neill in Begleitung des Popstars Bono seine ausgedehnte Afrikareise in Ghana begonnen, und auch Bill Clinton kam im September als Privatmann nach Ghana. Es sollte nicht der letzte Besuch des ehemaligen Präsidenten sein.

Im Juni 2001 besuchte Kufuor an der Spitze einer Wirtschaftsdelegation erstmals als Präsident die USA, traf mit George W. Bush zusammen und nutzte die Reise zur Teilnahme an der HIV/AIDS-Konferenz der Vereinten Nationen. Eine Delegation des US-Kongresses erwiderte in Begleitung von Geschäftsleuten wenige Wochen später den Besuch des ghanaischen Präsidenten und stattete Ghana im August einen Besuch ab. Nach den Terroranschlägen vom 11. September reihte sich auch Ghana in die internationale Antiterrorkoalition ein. Im September 2002 trat Kufuor erstmals vor die UN-Generalversammlung, und für mehr als 6.000 Ghanaer ging ein Traum in Erfüllung: Sie gewannen eine Greencard zur Auswanderung in die USA.

Auch die ehemalige Kolonialmacht Großbritannien versuchte unter den veränderten Machtverhältnissen in Ghana ihren verlorengegangenen Einfluss in der Region zurückzugewinnen. Die Besuche hochrangiger Kabinettsmitglieder, wie der für Entwicklungszusammenarbeit zuständigen Claire Short, großzügige Finanzzusagen und Kufuors Auftritt in London wenige Tage nach den Terroranschlägen in den USA im September 2001 unterstrichen das Engagement. Kufuor traf in der britischen Hauptstadt mit Premierminister Tony Blair und hohen Militärs zusammen, denen er nochmals Ghanas Unterstützung im bevorstehenden Antiterrorkampf zusagte. Der Gegenbesuch Blairs im Februar 2002, der erste eines britischen Regierungschefs seit Harold Macmillan 1960, und der Aufenthalt eines britischen Kriegsschiffs in ghanaischen Gewässern im April waren ein sichtbares Zeichen, dass die unterkühlten Beziehungen der Vergangenheit angehörten. Das insgesamt positive Bild wurde jedoch von kriminellen Machenschaften ghanastämmiger Briten getrübt. International agierende Drogenringe wurden aufgedeckt, und im Jahr 2002 wurden mehrere Ghanaer in Großbritannien zu hohen Haftstrafen verurteilt.

Das Treffen mit dem französischen Staatspräsidenten Jacques Chirac im November 2001 in Paris rundete in Kufuors erstem Amtsjahr die auf den Westen fokussierte Orientierung ab. Es wurde beschlossen, an Ghanas weiterführenden Schulen mittelfristig Französisch als erste Fremdsprache zu unterrichten. Für dieses Ziel stellte die Regierung in Paris eine Anschubfinanzierung in Höhe von mehr als einer Million Dollar für die Lehrerausbildung bereit und legitimierte Ghanas Beobachterstatus in der Frankophonie, der 2006 in den Status als assoziiertes Mitglied mündete.

Wie schon Rawlings sah auch diese ghanaische Regierung politische und vor allem wirtschaftliche Alternativen im asiatischen Raum. In der zweiten Jahreshälfte 2002 absolvierte Präsident Kufuor mit seinem Außenminister und in Begleitung ghanaischer Unternehmer ein umfangreiches Reiseprogramm, das ihn nach Malaysia, Indien, Japan und China führte. Schon vor der Reise hatte die chinesische Regierung ghanaische Altschulden von mehr als 50 Millionen Dollar aus der Nkrumah-Ära erlassen. Japan, das zu Beginn der Kufuor-Administration einen Schuldenerlass nach HIPC-Vorgaben als unvereinbar mit gleichzeitiger großzügiger Entwicklungshilfe ansah, lenkte schließlich ein und wandelte 2002 unbeglichene Handelskredite in Zuschüsse um. Dennoch hielt Japan an seiner grundsätzlichen Haltung fest und nahm jede Gelegenheit wahr, die Verknüpfung zu kritisieren, so zum Beispiel auf der Afrika-Konferenz in Tokio im Oktober 2003, an der auch Kufuor teilnahm. Trotz dieser Haltung stellte Japan weiterhin Zuschüsse für Infrastrukturmaßnahmen wie den Fernstraßenausbau zur Verfügung.

Deutschland folgte dem chinesischen Beispiel und erließ Ghana im Juni 2002 im Rahmen von Kufuors Deutschlandbesuch DDR-Altschulden von sechs Millionen Dollar. Darüber hinaus erklärte sich die Bundesregierung bereit, ein Teilstück der Fernstraße Accra-Kumasi zu finanzieren, sie erhöhte die Hermes-Kredite für deutsche Investitionen in Ghana und fokussierte die Entwicklungszusammenarbeit auf die Komponenten Demokratie, Zivilgesellschaft, Verwaltung, Landwirtschaft und Marktwirtschaft. Ein Jahr später schloss Deutschland mit Ghana ein Doppelbesteuerungsabkommen ab und eröffnete ein Regionalbüro der Kreditanstalt für Wiederaufbau (KfW).

Auch Kanada, das sich in Ghana engagierte, trug die Entschuldung nach HIPC-Vorgaben mit, erließ Ghana im Jahr 2003 80 Millionen Dollar und sicherte dem Land eine großzügige Kofinanzierung des KAIPTC zu. Auch Deutschland war bereit, sich langfristig personell und finanziell an der Ausbildungsstätte zu beteiligen, und Bundeskanzler Schröder wohnte im Januar 2004 den Eröffnungsfeierlichkeiten in Accra bei.[149]

Präsident Kufuor verlor trotz dieser Ausrichtung Ghanas Interessen in der westafrikanischen Region nicht aus den Augen. Dabei blieb zu

---

149 Der erste Ausbildungskurs fand bereits im November 2003 statt.

Beginn seiner Amtszeit das Verhältnis zum östlichen Nachbarn Togo das bestimmende Moment ghanaischer Afrikapolitik, und er entwickelte die von Rawlings eingeleiteten bilateralen Initiativen weiter. So nahm Togos Präsident Gnassingbé Eyadéma an Kufuors Amtseinführung teil, und Kufuors erste Auslandsreise führte nach Togo, wo er wenige Tage später als einziges ausländisches Staatsoberhaupt den Feierlichkeiten zum 34. Jahrestag der Machtergreifung Eyadémas beiwohnte. Sein Gastgeber verlieh ihm den höchsten Orden des Landes, und der so Geehrte erneuerte die ghanaische Position, togoischen Dissidenten keine Rückzugsgebiete mehr einzuräumen. Die Auslieferung mehrerer togoischer Staatsbürger, die wegen schwerer Raubüberfälle in grenznahen Gebieten in ghanaischen Gefängnissen einsaßen, untermauerte diese politisch weitreichende Zusage.

So gut sich die Regierungsbeziehungen auch entwickelten, logistische, finanzielle und administrative Mängel auf beiden Seiten hemmten die Umsetzung gemeinsamer Projekte, die im Wesentlichen die Grenzsicherung und den kontrollierten Grenzverkehr über den Hauptgrenzort Aflao vor den Toren Lomés betrafen und die immer wieder verschoben werden mussten. Ein weiteres Treffen der beiden Staatschefs im Mai 2002 in der nordtogoischen Stadt Kara, der Heimatregion Eyadémas, änderte nur wenig an der Misere, die noch Jahre anhalten sollte.

Während Präsident Kufuor das schwierige Verhältnis zu Burkina Faso und seinem Präsidenten Blaise Campaoré nach dessen mehrtägigem Staatsbesuch im Juli 2002 endgültig bereinigte, blieben die Beziehungen zu Libyen unterkühlt. Erst nach dem Gründungsakt der *African Union* (AU) kam wieder Bewegung in das gestörte Verhältnis. Ein neues Handelsabkommen, wonach Ghana Waren im Wert von 100 Millionen Dollar nach Libyen ausführen konnte, glättete ein wenig die Wogen, die ausländerfeindliche Attacken gegen Afrikaner und Ghanaer in den zurückliegenden Jahren ausgelöst hatten.

Die politischen und technischen Fortschritte des Landes waren unübersehbar und auch die Anbindung an internationale Flugrouten verbesserte sich deutlich. Insbesondere die Allianz der holländischen Fluglinie *KLM* und *Kenya Airways* erweiterte das profitable innerafrikanische Netz. Der Anschluss an das internationale Kommunikationsnetz erhöhte Accras Attraktivität als Tagungsstandort. Zudem wählte die ECOWAS im Dezember 2001 den ghanaischen Politiker Mohamed Ibn Chambas zum Chef des Sekretariats.

Unter Chambas Leitung und gestärkt durch Kufuors zweimalige Wahl zum ECOWAS-Vorsitzenden 2003 und 2004 übernahm Ghana eine Führungsrolle in Westafrika. Zudem fanden die meisten Beratungen und Verhandlungsrunden zu den Großkonflikten in der Côte d'Ivoire und Liberia in der ghanaischen Hauptstadt statt. Dabei richtete die ghanaische Führung ihr Augenmerk verstärkt auf Liberia, wo eine große ghanaische Diaspora lebte, und mobilisierte größere Einheiten der Luftwaffe und Marine, um ghanaische Staatsbürger zu evakuieren.

Auch die vorentscheidende Sitzung, die die baldige Machtübergabe von Charles Taylor an den Interimspräsidenten Moses Blah vorbereitete, fand im Juni 2003 in Accra statt. Angesichts des internationalen Interesses wurde die Machtübergabe im August im Beisein des ECOWAS-Vorsitzenden Kufuor in Monrovia vollzogen und weltweit im Fernsehen übertragen. Die ghanaischen Militärkontingente der *ECOWAS Mission in Liberia* (ECOMIL) wurden kurz darauf in die im Oktober gebildete *UN Mission in Liberia* (UNMIL) integriert und blieben somit Teil eines der größten Blauhelmeinsätze der UNO.

Die sehr guten Beziehungen zu den USA erhielten 2003 trotz der Vergabe von mehreren Tausend Greencards an Ghanaer einen Dämpfer, gehörte doch Ghana zu den Staaten, die das 2002 in Kraft getretene *Rome Statute of the International Criminal Court* unterzeichnet und ratifiziert hatten. Die USA, die das Statut mit aller Macht hatten verhindern wollen, starteten nach Inkrafttreten des Vertragswerkes eine weltweite diplomatische Initiative, um die Legitimität des Statuts zu untergraben. Dabei handelte es sich um bilaterale Abkommen über die Nichtauslieferung amerikanischer Staatsbürger an den Internationalen Strafgerichtshof in Den Haag. Der massive politische Druck auf die Signatarstaaten traf auch Ghana, und die USA drohten mit einem Ultimatum, die Militärhilfe einzustellen, sollte sich das Parlament weigern, das Nichtauslieferungsabkommen mit der ghanaischen Regierung zu ratifizieren. Nach einer hitzigen Debatte lenkte das Parlament schließlich im Oktober 2003 ein und verabschiedete das von den USA eingeforderte Gesetz.

Streit gab es zudem um ein Bußgeld von 70 Millionen Dollar gegen das amerikanische Telekommunikationsunternehmen *Western Telesystems Company WESTEL*. *WESTEL* hielt eine Minderheitsbeteiligung an der *Ghana Telecom* und war nach Auffassung der Aufsichtsbehörde NCA seinen Verpflichtungen nicht nachgekommen. Das US-Unternehmen war aber lediglich zur Zahlung von 25 Millionen Dollar bereit und erhielt für sein Angebot Unterstützung aus Washington. Nachdem Präsident Kufuor den Fall zur Chefsache erklärt und auf weitere rechtliche Schritte verzichtet hatte, gab sich die Behörde im Oktober 2003 mit der angebotenen Summe zufrieden.

Im Wahljahr 2004 spitzte sich die Krise in der Côte d'Ivoire zu. Die ghanaische Führung mit dem neuen Außenminister Akufo-Addo hatte im Namen der ECOWAS die Aufgabe, in diesem Konflikt zu vermitteln, um die anhaltende Krise zu entschärfen. Trotz mannigfaltiger Bemühungen und mehrerer Verhandlungsrunden in der ghanaischen Hauptstadt Accra gelang es der ghanaischen Regierung zusammen mit der ECOWAS nicht, das sich abzeichnende Desaster im Nachbarland zu verhindern. Vielmehr spitzte sich die Lage in der Côte d'Ivoire weiter zu, als ivorische Milizen im März 2005 die ghanaisch-ivorische Grenze überquerten und sich Ghana plötzlich in einer politisch heiklen »Sandwichposition« zwischen der Côte d'Ivoire und Togo befand.

Der für eine zweite und damit letzte Amtszeit wiedergewählte Präsident Kufuor setzte ab Januar 2005 andere außenpolitische Akzente. Sein Interesse galt nun verstärkt Asien und den westlichen Geberstaaten. Er erhöhte die Frequenz seiner Auslandsreisen in die asiatische Region merklich, was in Ghana angesichts der vielen Probleme in der ECOWAS äußerst kritisch betrachtet wurde.

Dabei hatte sich Kufuors Spielraum für neue Initiativen fern der eigenen Region vergrößert. Das Ende seines ECOWAS-Mandats entband ihn beispielsweise von der direkten Verantwortung, in Togo politisch zu vermitteln, nachdem das togoische Militär Faure Gnassingbé, Sohn des im Februar 2005 verstorbenen Eyadéma, verfassungswidrig zum Präsidenten für die verbliebene Amtszeit seines Vaters gekürt hatte. Anders als die meisten Staats- und Regierungschefs verhielt sich Kufuor auffallend zurückhaltend und enthielt sich jeglicher Kritik am »Staatsstreich« im Nachbarland.[150]

Faure Gnassingbé beugte sich schließlich dem internationalen Druck der ECOWAS, der AU und den Protesten im Land und ließ, wie in der Verfassung vorgeschrieben, Präsidentschaftswahlen durchführen. Sein manipulierter Wahlsieg löste neue Protestwellen aus, die er wie schon sein Vater brutal niederschlagen ließ, und Tausende von Togoern flüchteten in die angrenzenden Länder, so auch nach Ghana. Doch schon bald nach der Wahl erlahmte die Kritik am Wahlsieger und seiner diktatorischen Herrschaftsausübung, was auch den Sicherheitsinteressen Ghanas entgegenkam.

Seinen Auftritt beim G8-Gipfel im schottischen Gleneagles im Juli 2005 konnte Kufuor als Erfolg verbuchen. Ghana hatte trotz aller Schwächen beim *peer review* unter NEPAD[151] als erstes afrikanisches

---

150 Faure Gnassingbé lebte polygam und war u. a. mit Nana Ama Kufuor, einer Tochter von Kufuor, verheiratet.

151 *New Partnership for Africa's Development.*

Land bei der Evaluierung der sozioökonomischen und politischen Entwicklung zufriedenstellend abgeschnitten. Dennoch hatte der Präsident auf eine Teilnahme am NEPAD-Gipfel im April 2005 in Ägypten verzichtet, stattdessen Brasiliens Präsident »Lula« da Silva bei seinem ersten Besuch in Ghana empfangen, an der Beisetzung von Papst Johannes Paul II in Rom teilgenommen, und er war zum Asien-Afrika-Gipfel nach Indonesien gereist. In diesem Rahmen gelang es Kufuor, sich mit Malaysia über ausstehende Kompensationszahlungen an *Telekom Malaysia* zu verständigen.

In Indonesien war Kufuor unter anderem auch mit Chinas Präsident Hu Jintao zusammengetroffen. China forcierte seine Afrika-Initiativen auch in Ghana, das Ministerpräsident Wen Jiabao Mitte 2006 aufsuchte. Der dritte China-Afrika-Gipfel im November 2006 im Reich der Mitte, an dem auch Präsident Kufuor teilnahm, war ein weiterer Schritt zur Umsetzung von Chinas aggressiver Wirtschaftspolitik. Zu jenem Zeitpunkt war China bereits zum zweitgrößten Exporteur in Ghana aufgestiegen, hatte das Reich der Mitte lukrative Großprojekte wie etwa den Bau eines Fußballstadiums akquiriert, und chinesische Privatunternehmer hatten vermehrt kostengünstige Schürfrechte für die Goldförderung erhalten.

Ghanas positives Image spiegelte sich auch in der UNO wider. Bei der Generalversammlung im September 2005, bei der die Millenniums-Entwicklungsziele im Zentrum der Debatte standen, konnte der Präsident Ghanas Wahl zum nichtständigen Mitglied im Sicherheitsrat für die Periode 2006/07 live miterleben.

Im Monat darauf bereiste Kufuor erneut die USA, um für mehr Handel, Investitionen und afroamerikanische Touristen zu werben. Sein Treffen mit Präsident Bush wurde dabei als privat deklariert, was wiederum eine lebhafte innenpolitische Diskussion um die Sinnhaftigkeit und Kosten von Kufuors reger Reisetätigkeit auslöste. Nachdem er 2006 sogar zweimal die USA bereiste, den Vorjahresbesuch des brasilianischen Staatschefs »Lula« da Silva erwiderte, bei der FIFA-Weltmeisterschaft in Deutschland weilte, Großbritannien aufsuchte und am AU-Gipfel in der gambischen Hauptstadt Banjul teilnahm, nahm die öffentliche Kritik an dieser Reisediplomatie massiv zu. Nach Recherchen lokaler Medien hatte der Präsident bis Mitte 2006 innerhalb von eineinhalb Jahren 31 Auslandsreisen unternommen. Kufuor setzte sein Programm von dieser Kritik unbeeindruckt fort und besuchte im September 2006 den Blockfreien-Gipfel auf Kuba, der aber keinerlei Relevanz mehr besaß, und wenige Wochen später Italien.

Die auf die westafrikanische Region gerichtete Außenpolitik nahm dagegen Außenminister Akufo-Addo wahr. Dabei lag wie schon in den

Jahren zuvor das Hauptaugenmerk auf den frankophonen Anrainerstaaten Burkina Faso und Côte d'Ivoire, da sich die Situation in Togo
inzwischen stabilisiert hatte. So nahm Akufo-Addo im Beisein von UN-
Generalsekretär Kofi Annan an einem hochrangigen Treffen zur Friedensregelung in der ivorischen Hauptstadt teil und schloss mehrere
Kooperationsabkommen mit der burkinabischen Regierung, die eine beiderseitig akzeptierte Markierung der Staatsgrenze und den Ausbau von
Grenzübergängen einschlossen.

Die beiden letzten Amtsjahre des Präsidenten waren also im Wesentlichen einer ungewöhnlich regen transnationalen und transkonti-
nentalen Reisetätigkeit gewidmet. Seine Wahl zum AU-Vorsitzenden
im Januar 2007 verlieh ihm das Mandat, die Zahl seiner Auslandsreisen
nochmals zu erhöhen. Allein in der ersten Hälfte des Jahres absolvierte
Kufuor 19 Reisen, die ihn unter anderem zum Frankreich-Afrika-Gip-
fel nach Cannes und zu Präsident Nicolas Sarkozy nach Paris (Februar
bzw. Juni), nach London (März), zu den Amtseinführungen des senega-
lesischen Präsidenten Abdoulaye Wade (April) und des nigerianischen
Präsidenten Umaru Yar'Adua sowie zur EU in Brüssel (Mai) führten.
Kurz darauf nahm er in seiner Eigenschaft als AU-Vorsitzender am G8-
Gipfel in Heiligendamm (Juni) und an der Gründung der ECOWAS-
Kommission teil, die das Sekretariat der Organisation ablöste. Dabei
bestimmte die Organisation im Rahmen der Strukturreform den bishe-
rigen Chef des Sekretariats, den Ghanaer Ibn Chambas, zu ihrem ersten
Kommissionspräsidenten.

Weitere Reisen auf dem afrikanischen Kontinent und in die USA füllten den Terminkalender des Präsidenten zusätzlich. Er besuchte den
EU-Afrika-Gipfel und empfing hochrangige Gäste, wie den damaligen
deutschen Bundespräsidenten Horst Köhler und den Weltbankpräsiden-
ten Paul Wolfowitz, die Ghana Anfang 2007 einen Besuch abstatteten.
Faure Gnassingbés Arbeitsbesuch im November 2007 unterstrich die
guten Beziehungen zu Togo.

Als problematisch galt dagegen das Verhältnis zum kleinsten Flächen-
staat Afrikas, Gambia, wo zwei Jahre zuvor mehrere Dutzend Ghanaer
unter dubiosen Umständen erschossen worden waren. Der Verdacht
richtete sich gegen die Sicherheitsdienste des diktatorisch regierenden
Yahya Jammeh, doch vermied es die ghanaische Regierung jenseits diplomatischer Protestnoten, die gambische Führung für das Verbrechen
direkt verantwortlich zu machen.

Des Weiteren richtete Ghana prestigeträchtige Gipfeltreffen wie den
AU-Gipfel im Juli 2007 aus, auf dem die ghanaische Führung den radikalen libyschen Vorstoß Gaddafis für eine tiefgreifende politische und

wirtschaftliche Integration der AU bis fast zur Unkenntlichkeit abmilderte und dabei den Fokus auf eine stärkere Förderung regionaler Kooperationen legte.

Das Ende der zweijährigen Mitgliedschaft im UN-Sicherheitsrat im Dezember 2007 fiel mit dem Ende der Amtszeit von UN-Generalsekretär Kofi Annan zusammen, der seinen Ruhestand in seinem Heimatland zu verbringen plante.

Das relativ geringe Vertrauen afrikanischer Akteure in Kufuors Krisenmanagement trat in der kenianischen Krise nach dem umstrittenen Wahlergebnis im Dezember 2007 erneut zutage. So scheiterten im Januar 2008 Kufuors Versuche, als AU-Vorsitzender in der von Gewaltexzessen geprägten Pattsituation zu vermitteln. Kenia machte unmissverständlich klar, dass es keinen Wert auf seine Mediation legte. Der ghanaische Präsident reiste unverrichteter Dinge wieder ab, woraufhin sich Kofi Annan bereit zeigte, ein Mediationsteam zu leiten, um die schwere Krise in Kenia zu entschärfen.

Das im Januar 2008 auslaufende Mandat als AU-Vorsitzender dämpfte keineswegs die Reisefreudigkeit des ghanaischen Präsidenten. Neben den Standardreisen zu den ECOWAS- und AU-Gipfeln erweiterte Kufuor seinen Radius und stattete im August Trinidad und Tobago in der Karibik einen Besuch ab. Zuvor, im März, war er erneut nach Frankreich gereist, um an der Einführung der *Alliance for Africa Foundation* teilzunehmen. Den ersten Afrika-Indien-Gipfel in Delhi im April 2008 nutzte Kufuor, um Ghanas Beziehungen zum mächtigen chinesischen Konkurrenten auszubauen, hatte Indien doch den neuen Präsidentensitz *Flagstaff House*, später umbenannt in *Jubilee House*, gebaut.

Das Reich der Mitte war und blieb jedoch − neben der Gebernation Japan, die der Präsident 2008 anlässlich der Konferenz zu Afrika und des G8-Gipfels besuchte − der entscheidende Bezugspunkt ghanaischer Außenpolitik im asiatischen Raum. So nutzte Kufuor die Eröffnungsfeierlichkeiten der Olympischen Spiele in Beijing im August als Forum, um die positive Dynamik der bilateralen wirtschaftlichen Beziehungen und Ghanas Akzeptanz der Ein-China-Politik hervorzuheben. Inzwischen war China zum finanzstärksten ausländischen Investor aufgestiegen. Es hatte während der Rawlings-Regierung den Bau des Nationaltheaters in Accra finanziert, hatte begonnen, das *Biu*-Wasserkraftwerk und das *Kpone*-Thermalkraftwerk zu errichten, den ersten Teil eines Glasfasernetzes verlegt und 2008 auch den Neubau des Verteidigungsministeriums fertiggestellt. Es folgten weitere Zusagen der chinesischen Seite für die Planung, Finanzierung und Errichtung weiterer Wasserkraftwerke.

Die afrikanischen Amtskollegen hielten von Kufuors Ruf eines erfolgreichen Staatschefs und Krisenmanagers nur wenig, ganz im Gegensatz zu den westlichen Gebernationen, die ihn zum Ende seiner Amtszeit mit Auszeichnungen überhäuften. So erhielt er während seines mehrtägigen Staatsbesuches in Deutschland im August 2008 vom damaligen Bundespräsidenten Horst Köhler das Großkreuz, und kurz darauf zeichnete ihn das *Chatham House* in London im Beisein des *Duke of Edingburgh*, Prince Philip, für seine Vermittlerrolle in etlichen Konflikten aus.

Im Februar 2008 hatte US-Präsident George W. Bush auf seiner ausgedehnten Afrikareise auch Ghana besucht und seinen Gastgeber in den höchsten Tönen als großen afrikanischen Staatsmann gelobt. Dahinter stand das Kalkül, Ghana zu einem der ersten Anwärter auf den Sitz des *US Africa Command* zu befördern.[152] Im September lud Bush Kufuor zu einem Abschiedsbesuch nach Washington ein, wo er den Gast mit einem Gala-Dinner im Weißen Haus ehrte.

Diese extrem positive Einstellung der westlichen Politiker gegenüber Kufuor spiegelte sich auch in Ghanas gutem Image als bevorzugter internationaler afrikanischer Tagungsort wider. So fanden allein im Jahr 2008 in Ghana drei große internationale Konferenzen statt: ein hochrangiges Treffen der UNCTAD, an dem auch UN-Generalsekretär Ban Ki-Moon teilnahm, das *Third High Level Forum on Aid Effectiveness* (HLF3) und der sechste Gipfel der AKP-Staaten. Zur Überraschung vieler Teilnehmer erschien der vom ICC mit Haftbefehl gesuchte sudanesische Präsident Omar al-Bashir auf dem AKP-Gipfel, hielt dort eine Rede, in der er das Vorgehen des ICC scharf verurteilte, und verließ unmittelbar danach das Gastland. Auch in den Folgejahren galt Accra als bevorzugter internationaler Konferenz- und Tagungsort, was das positive Image Ghanas weiter förderte.

Die Außenpolitik unter Atta Mills und Mahama (2009–2017)

Präsident Atta Mills setzte die Außenpolitik seiner Vorgänger ohne signifikante Änderungen fort, sodass sich auch sein außenpolitisch völlig unerfahrener Minister Mohammed Mumuni auf bekannten Pfaden bewegen konnte. Schon wenige Monate nach seiner Amtseinführung hatte Atta Mills im Juli 2009 das Privileg, den neuen US-Präsidenten Barack Obama zu empfangen, der seinen ghanaischen Amtskollegen drei Jahre

---

152 Das Kalkül der USA ging sowohl bezüglich Ghanas als auch hinsichtlich aller anderen afrikanischen Anwärter nicht auf, sodass das Hauptquartier letztlich in Stuttgart verblieb.

später, im Jahr 2012, zweimal begrüßte, im Weißen Haus und auf dem G8-Gipfel in Camp David.[153]

Auf diesen beiden USA-Reisen sicherte sich der US-Energiekonzern *General Electric* einen Auftrag in Milliardenhöhe, und die Regierungen beider Seiten verständigten sich auf eine *Partnership for Growth Initiative*. Die Besuche unterstrichen die guten bilateralen Beziehungen, geprägt durch Ghanas als vorbildlich betrachtete Demokratisierung, die zahlenmäßig große ghanaische Diaspora in Übersee und die gewachsene Zusammenarbeit im Sicherheitsbereich. Gemeinsame Militärmanöver wie *African Endeavour 2010* im Rahmen des *US Africa Command*, der Kampf gegen die sich von Nigeria aus ausbreitende Piraterie vor der Küste und der internationale Drogen- und Menschenhandel enthielten genügend Zündstoff, um die Kooperation zu vertiefen. Dazu gehörte auch die Lieferung mehrerer Patrouillenboote. Doch stellte Obama in seinen Ausführungen zur US-Afrikapolitik auch klar, dass die Afrikaner die Zukunft des Kontinents in erster Linie selbst gestalten müssten.[154]

Zuvor hatte Atta Mills routinemäßig die ehemalige Kolonialmacht Großbritannien aufgesucht und die Botschafterposten in den beiden größten Auslandsvertretungen in Washington und London neu besetzt.

Jenseits des Obama-Besuches legte Atta Mills in seinem ersten Amtsjahr den Schwerpunkt seiner Außenbeziehungen auf die westafrikanische Region. Im März 2009 traf er in Ouagadougu Blaise Campaoré, um die seit Jahren bestehende, aber untätige *Joint Commission for Cooperation* zu revitalisieren. Im Hintergrund standen das umstrittene burkinabische Wasserkraftwerk *Bagre Dam* nördlich der gemeinsamen Grenze, das die Wassermassen des Flusses White Volta aufstaut und bei heftigen Regenfällen immer wieder schwere Überschwemmungen im Grenzgebiet auslöst. Darüber hinaus waren die Planungen des ghanaischen Netzbetreibers *GRIDCo* für ein gemeinsames Stromnetz im Grenzgebiet als Teil des *West Africa Power Pool Project* weit gediehen. In diesem Zusammenhang galten auch die Gründung der westafrikanischen Strombehörde *ECOWAS Regional Electricity Regulatory Authority* ERERA im November 2010 in Accra und der Beitritt Ghanas zur *Africa Finance Corporation*, einer PPP-Investment Bank, als Beispiele für regionale Integrationsfortschritte.[155]

---

153 Im April 2012 nahm er als *special guest* am Forum der *Conservation Caucus Foundation* teil, die gute Regierungsführung und den sorgsamen Umgang mit natürlichen Ressourcen förderte.

154 Obamas vollständige Rede: https://www.huffingtonpost.com/2009/07/11/obama-ghana-speech-full-t_n_230009.html?guccounter=1 (gesehen am 1. August 2018).

155 Das Parlament gab 2010 grünes Licht für den Beitritt, der dann im Februar 2011

Angesichts der bevorstehenden Präsidentschaftswahlen in der benachbarten Côte d'Ivoire und den Streitigkeiten über den maritimen Grenzverlauf versuchten die beiden Staatschefs Atta Mills und Laurent Gbagbo bei einem Treffen im November 2009 in Accra die ruhende *Permanent Joint Commission for Cooperation* wiederzubeleben, um etwaigen krisenhaften Entwicklungen im Verhältnis beider Staaten frühzeitig entgegenwirken zu können. Insbesondere die ghanaischen Erdöl- und Erdgasfunde in der Nähe der beiderseitigen Seegrenzen hatten in der Côte d'Ivoire zunehmend Begehrlichkeiten erzeugt und die maritime Grenze tendenziell infrage gestellt.

Die mehrmals verschobenen Wahlen im Nachbarstaat fanden schließlich im Oktober/November 2010 statt. Der deutlich unterlegene Amtsinhaber Gbagbo wollte die Niederlage gegen seinen stärksten Herausforderer Alassane Ouattara nicht hinnehmen, bildete eine Nebenregierung und stürzte damit das Land ins Chaos. Mindestens 3.000 Menschen starben, was mittelbar auch Ghana betraf. Der Kakaoschmuggel nahm drastisch zu, und etliche tausend Ivorer suchten in Ghana Schutz. Erst nachdem Ouattaras Truppen im April 2011 Gbagbos Einheiten besiegt hatten und das gesamte Land kontrollierten, kehrte in der Côte d'Ivoire wieder relative Ruhe ein, Ouattara wurde Präsident, und Gbagbo musste sich vor dem ICC in Den Haag verantworten.

Dennoch lastete das Flüchtlingsdrama schwer auf der ghanaischen Innenpolitik, und im Oktober 2011 einigten sich Ghana, die Côte d'Ivoire und der UNHCR auf ein Rückführungsprogramm für etwa 18.000 Ivorer, wobei ehemalige Mitglieder der Kampfeinheiten von der Rückführung ausgenommen wurden. Die UN-Flüchtlingskommission erhielt den Auftrag, für diese Gruppe ein Aufnahmeland jenseits der Anrainerstaaten der Côte d'Ivoire zu finden.

Doch diese Maßnahmen überdeckten die noch immer offene Frage der maritimen Grenze, die auch unter der neuen ivorischen Regierung bis Dezember 2014 unbeantwortet blieb. Schließlich reichte die Côte d'Ivoire Klage beim Internationalen Seegerichtshof in Hamburg ein.

Während die ivorische Staatskrise im Wesentlichen gelöst schien, war Ghana mit einer neuen Krise konfrontiert, die sich im April 2011 beim nördlichen Nachbarn Burkina Faso abspielte und das baldige Ende des Regimes von Blaise Campaoré andeutete. Ein Jahr später erschütterten zwei Staatsstreiche in Mali und Guinea-Bissau die westafrikanische Region, was die ECOWAS vor kaum lösbare Probleme stellte und erneut

erfolgte. Die AFC hat seit dem Beitritt Ghanas mehr als eine Milliarde Dollar für Großprojekte wie Kraftwerke, die Glasfaserverlegung oder den Flughafenausbau bereitgestellt.

die Intervention der internationalen Gemeinschaft erforderte. Ghana leistete nur einen bescheidenen Beitrag zur Eindämmung dieser bedrohlichen Situation, wenngleich Atta Mills an allen wichtigen Krisentreffen der ECOWAS und der AU teilnahm.

Im Gegensatz dazu gestalteten sich die Beziehungen zu Togo weiterhin positiv, wenngleich die togoische Führung wenig erbaut über das Treffen zwischen dem in Ghana lebenden wichtigsten Oppositionspolitiker Gilchrist Olympio und US-Präsident Obama am Rande seines Ghanabesuches war. Diese Irritation hatte aber keine nennenswerten Nachwirkungen, und die beiden Staatschefs einigten sich im August 2009 darauf, die Grenzmarkierungskommission ihre Arbeit fortführen zu lassen und das von der ECOWAS verabschiedete Protokoll über den freien Reise-, Handel- und Dienstleistungsverkehr auch umzusetzen.

Das Verhältnis zu Nigeria blieb auch unter dem gesundheitlich angeschlagenen Präsidenten Yar'Adua weiter schwierig, denn kriminelle nigerianische Netzwerke machten sich zunehmend in Ghana breit. Außerdem hielt das wichtigste öl- und gasfördernde Land Afrikas die zugesagten Lieferungen nicht zuverlässig ein, sodass sich die ghanaische Führung stärker dem Regime in Äquatorialguinea zuwandte, um dort die notwendigen Energierohstoffe zu akquirieren. Dazu reiste Atta Mills im Mai 2010 in das kleine Land, und sein Amtskollege Obiang Nguema Mbasogo erwiderte den Besuch im September und blieb vier Tage lang Gast der ghanaischen Regierung.

Atta Mills richtete sein Augenmerk auch vermehrt auf China, wo sein Vizepräsident Mahama im September 2010 am zweiten *World Investment Forum* der UNCTAD teilnahm und zugleich den mehrtägigen Staatsbesuch von Atta Mills vorbereitete. Der ghanaische Präsident schloss etliche Kreditvereinbarungen über mehrere Milliarden Dollar ab, die sich auf Infrastrukturmaßnahmen sowie auf Investitionen in den Bereichen Bauxitabbau sowie Öl- und Gasförderung bezogen. Der erhebliche Umfang des Maßnahmenpaketes ließ spätestens zu diesem Zeitpunkt erahnen, wie zielgerichtet und aggressiv China seine Außenwirtschaftspolitik betrieb. Die Finanzierung und den Bau eines 15.000 Zuschauer fassenden Stadions in Cape Coast im Jahr 2012 im Wert von 30 Millionen Dollar erachteten beide Seiten lediglich als größeres Kleinprojekt. Auch die Fördermaßnahmen der EU, einschließlich Deutschlands, erschienen im Licht der chinesischen Projekte allenfalls kleinteilig. Sie galten in erster Linie Reformanstrengungen im öffentlichen Sektor, wie der Dezentralisierung, der Landwirtschaft und nachhaltiger Wirtschaftsentwicklung.

Nach dem plötzlichen Tod von Atta Mills im Juli 2012 übernahm sein Vizepräsident John Dramani Mahama die Präsidentschaft, und er nutzte die neue Rolle auch, um sich auf dem internationalen Parkett zu zeigen. Die alljährliche UN-Generalversammlung im September bot einen angemessenen Rahmen, seine Person und Ghanas Erfolge im Kampf gegen Armut und HIV/AIDS hervorzuheben. Seine Rede richtete sich zugleich an die Wählerschaft in Ghana, denn im Dezember 2012 standen Präsidentschafts- und Parlamentswahlen bevor. Am Ende der vierjährigen Amtszeit leitete Mahama den international bedeutsamen siebten AKP-Gipfel in Malabo, bei dem er, allerdings vergeblich, seinen Landsmann Alan Kyerematen als kompetenten Kandidaten für das Amt des WTO-Generaldirektors präsentierte.

Mahamas Wahlsieg verhieß außenpolitische Kontinuität, wobei der nun erstmals gewählte Präsident seine Reisetätigkeit schon bald sukzessive ausweitete. Viele kritische Stimmen in Ghana sahen sich an die Reisefreudigkeit Kufuors erinnert, bei der der Aufwand summa summarum in keinem angemessenen Verhältnis zum Nutzen gestanden hatte. So führte ihn die *5th Tokyo International Conference on African Development* im Juni 2013 nach Yokohama, nachdem die japanische Regierung die millionenschwere Finanzierung der Strombelieferung der nördlichen Landesteile zugesagt hatte.

Die USA blieben auch für Mahama ein bevorzugtes Reiseziel, und im Rahmen der UN-Generalversammlung Ende September bis Anfang Oktober 2013 trat er dort in verschiedenen Funktionen auf. Der Auftritt vor der Generalversammlung gehörte zum ritualisierten Standardrepertoire, wenngleich er in seiner Rede zu Demokratie und demokratischen Systemen auf die Besonderheiten afrikanischer Kultur und Werte verwies. Ungeachtet dieser nur notdürftig verdeckten Demokratiekritik war er ein gern gesehener Gastredner, der als ehemaliger Sozialwissenschaftler und Universitätsdozent das Ohr seiner Zuhörer zu finden wusste. In dieser Eigenschaft nahm er Ende September 2013 an den Feierlichkeiten zum 60-jährigen Bestehen des *Africa-America Institute* teil. Kurz darauf hielt einen Vortrag an der *Kennesaw State University* in Atlanta, in dem er sich Ghanas demokratischer und wirtschaftlicher Entwicklung und den Wirkungsmöglichkeiten seines Landes im internationalen System – im Wesentlichen Ghanas hochgeschätzten Beiträgen zu UN-Blauhelmeinsätzen – widmete.

Im Juni 2013 wurden mehrere Hundert ghanaische Blauhelmsoldaten durch eine Sondergesandte des UN-Generalsekretärs geehrt, was den guten Ruf Ghanas nochmals steigerte. Wenige Monate später, im Januar 2014, sagte Ghanas Präsident die Bereitstellung von 850 Soldaten für eine Friedensmission im Südsudan zu.

Gute Beziehungen zu Afrikas stärkster Wirtschaftsmacht Südafrika galten innerhalb der ghanaischen Führung als außenpolitischer Fixpunkt der Afrikapolitik. Die regelmäßig tagende gemeinsame Kommission *South Africa-Ghana Permanent Joint Commission* diente als zentrale Plattform, gehörte Südafrika doch zu den wichtigsten Investoren. Im November 2013 stattete Südafrikas Präsident Jacob Zuma Ghana einen Staatsbesuch ab, und Mahama wohnte im Mai 2014 der Amtseinführung des wiedergewählten südafrikanischen Präsidenten bei. In einem Interview der *New York Times* während eines Aufenthaltes in New York würdigte Mahama den im Dezember 2013 verstorbenen Nelson Mandela aus ghanaischer und afrikanischer Sicht und hob hervor, dass mit dem Tod Mandelas die Ära herausragender Politiker des Kontinents – wie Nkrumah, Nyerere und Kenyatta – zu Ende gegangen sei, denen Afrika seine Freiheit verdanke.[156]

Die Sicherheitslage in der westafrikanischen Region verschlechterte sich zu Land und zu Wasser. Insbesondere die Piraterie vor der Küste nahm besorgniserregende Ausmaße an und erreichte zeitweise das Niveau, das vor der Intervention westlicher Marineeinheiten vor der somalischen Küste geherrscht hatte. Das Treffen der Staats- und Regierungschefs in Malabo im August 2013, an dem auch Präsident Mahama teilnahm und das ausschließlich der prekären maritimen Sicherheit galt, illustrierte den Ernst der Lage im Golf von Guinea. Angesichts der vielfältigen sicherheitspolitischen Herausforderungen in der ECOWAS-Region nahm Mahama eine Einladung des französischen Präsidenten François Hollande zum Pariser Gipfel zu Frieden und Sicherheit in Afrika im Dezember 2013 an. Diese Einladung unterstrich auch Frankreichs Ambitionen zur Stärkung der französisch-afrikanischen Beziehungen.

Die Wahl Mahamas zum Vorsitzenden der ECOWAS im März 2014 untermauerte Ghanas durch vorzeigbare demokratische Strukturen und Prozesse belegten Anspruch, weiterhin eine Schlüsselrolle in der Region zu spielen. Umgeben von Staatskrisen, islamistischem Terror und gewalttätigen Konflikten schien Ghana eine Insel der Seligen zu sein, die den meisten anderen Staaten der Region als Vorbild dienen konnte. Aus dieser Position heraus verstand sich Präsident Mahama als respektierter Mediator. So moderierte er im November 2014 die Verhandlungen für einen friedlichen Übergang in Burkina Faso. Das Regime eines der dienstältesten Staatschefs Afrikas war Ende Oktober zusammengebrochen, und Blaise Campaoré hatte Zuflucht in der Côte d'Ivoire gefunden.

---

156 In New York hatte er am 9. Dezember 2013 die Eröffnungsrede für das *Chinua Achebe Leadership Forum* am *Bard College* gehalten.

Zuvor, im Mai 2014, hatte Ghanas Präsident die Geheimdienstchefs der ECOWAS-Staaten nach Accra ins KAIPTC eingeladen, um brennende Fragen im Rahmen des Antiterrorkampfes zu erörtern und Strategien für diesen Kampf zu entwickeln.

So wichtig dieses Thema auch war, kurzzeitig wurde es von der lebensbedrohlichen, hochansteckenden Krankheit Ebola überdeckt, die Mitte 2014 in Guinea, Liberia und Sierra Leone ausbrach und die gesamte Region bedrohte. Mit Ausnahme der drei Ursprungsländer, in denen sich die Krankheit mangels Einsicht und Kompetenz rasend schnell ausbreitete, bewiesen die ECOWAS und ihr Vorsitzender Mahama, dass auch in Afrika erfolgreiches Krisenmanagement möglich ist. Im Fall Ebola arbeiteten die Regierungen und die zuständigen Behörden gut zusammen, und Ghana diente dabei als regionales Logistik- und Informationszentrum, von wo aus, auch mit UN-Hilfe, der Kampf gegen die Ebola-Verbreitung schließlich koordiniert und gewonnen wurde.

Derweil begann die ghanaische Wirtschaft in eine Rezession abzurutschen. Investoren blieben aus, der Cedi verlor an Wert, und die mangelhafte Energieversorgung gab erneut Anlass zu ernster Sorge. Wie so oft in der Vergangenheit war der Weg zum IWF nach Washington unvermeidlich, und im August 2014 gab die ghanaische Regierung die Beantragung einer Dreijahres-Kreditfazilität über fast eine Milliarde Dollar bekannt. Im Februar 2015 willigte der IWF schließlich ein, wobei sich auch die Weltbank mit Millionenbeträgen für verschiedene Vorhaben im Bildungs- und Agrarsektor engagierte.

Der Achillesferse Energieversorgung wollte die ghanaische Regierung mithilfe internationaler Konsortien aus den Emiraten und der Türkei und zusätzlichen nigerianischen Gaslieferungen beikommen. Die bekannte Unzuverlässigkeit der Nigerianer und regelmäßige Zahlungsrückstände der ghanaischen Seite verhinderten jedoch eine durchaus mögliche Verbesserung. Auch der Zeitaufwand für den Bau und die Lieferung von Kleinkraftwerken war beträchtlich, sodass sich die Situation auf dem Strommarkt erst gegen Ende der Ära Mahama merklich entspannte. Dennoch bot die drängende Energiefrage der türkischen Regierung und türkischen Unternehmen etliche Möglichkeiten, sich in Ghana verstärkt zu engagieren. Dazu zählte die Aufnahme des regelmäßigen Flugverkehrs zwischen Istanbul und Accra, aber auch gezieltes religiöses Engagement, wie beim Bau der riesigen *Furquan Moschee* in Accra, die den Großmoscheen in Istanbul nachempfunden ist.

Die Beziehungen zu China erlitten 2013 einen Rückschlag, als die ghanaische Regierung 4.500 Chinesen wegen illegaler Goldförderung im Rahmen des semikriminellen *galamsey*-Systems des Landes verwies. Dennoch hielt die chinesische Führung an der Gründung eines Konfuzius-Instituts in Ghana fest, dass im April 2014 seine Arbeit aufnahm. Im Januar 2014 suchte Präsident Mahama die Gespräche mit Chinas Regierung wiederaufzunehmen, ging es doch um einen 2011 vereinbarten Kredit der chinesischen Entwicklungsbank über drei Milliarden Dollar. Bei einem Treffen mit dem chinesischen Außenminister Wang Yi in Accra mahnte Mahama die überfällige Auszahlung von 2,4 Milliarden Dollar an, da die chinesische Seite seit der Überweisung der ersten Tranche über 600 Millionen Dollar die für die Gesamtsumme fälligen Gebühren einzog.

Angesichts der chinesisch-ghanaischen Irritationen wandte sich Präsident Mahama in der Mitte seiner Amtszeit wieder verstärkt Europa zu. Den Auftakt machte im Januar 2014 sein Auftritt auf dem Weltwirtschaftsforum in Davos, wo er in einem illustren Kreis erstmals über die illegale Goldförderung in seinem Land referierte. Auch der vierte EU-Afrika-Gipfel in Brüssel im April 2014, der das Thema Investitionen in Humankapital, Frieden und Wohlstand in den Mittelpunkt gerückt hatte, diente Mahama als Kulisse, sich als kenntnisreicher Politiker und starker Verhandlungsführer zu präsentieren. In diesem Sinne agierte er auch auf seiner Oktoberreise 2014, die ihn nach Großbritannien führte. Er wurde dort von Königin Elizabeth II empfangen und sprach im *Chatham House* über Ebola, Sicherheit und Investitionen. Anschließend bereiste Mahama die beiden skandinavischen Länder Dänemark und Norwegen und hielt auf dem *4th Green Global Growth Forum* in Kopenhagen das Hauptreferat.[157]

Im Januar 2015 schließlich traf Mahama zu einem mehrtägigen offiziellen Besuch in Deutschland ein, wo ihn die Spitzen des deutschen Staates, Angela Merkel und Joachim Gauck, empfingen. Der Afrika-Verein, ein Geschäftszirkel von Unternehmern, die mit afrikanischen Ländern und Geschäftsleuten intensive Wirtschaftsbeziehungen pflegen, lud ihn zu einer Diskussionsrunde ein. Der Besuch wurde nur durch protestierende Exil-Ghanaer beeinträchtigt, die in Berlin eine gegen Mahama gerichtete Demonstration organisiert hatten. In Sprechchören und auf Plakaten skandierten sie »*Dumsor dumsor, we need light, dumsor dumsor, we don't have light*«, »*Mahama is a thief*« und »*NDC cocaine party*«.

Mahamas Anwesenheit bei der Amtseinführung der wiedergewählten brasilianischen Präsidentin Dilma Rousseff zu Jahresbeginn 2015 wurde angesichts der sich zuspitzenden Krise um die maritime Grenze zur Côte d'Ivoire kaum wahrgenommen. Seit 2010 hatte das Nachbarland

---

157 Es lautete: »Facing the Consumers/Citizens: Transforming our Consumption Habits«.

immer wieder Ansprüche auf Teile des Ölfördergebietes im Grenzgebiet formuliert. Etliche Verhandlungsrunden zur Beilegung des Streites führten zu keiner Annäherung, geschweige denn zu einer Lösung, sodass beide Seiten Ende 2014 übereinkamen, den Streitfall dem Internationalen Seegerichtshof vorzulegen Während Ghana seinen Schriftsatz zeitnah einreichte, legte die ivorische Regierung ihre Klageschrift und ihren Antrag auf eine Einstweilige Verfügung zum unmittelbaren Förderstopp erst im Februar 2015, kurz vor dem ersten Gerichtstermin, vor. Der Förderstopp sollte bis zur Entscheidung in der Sache bestehen bleiben. Das Gericht wies dieses Ansinnen wenige Wochen später zurück, untersagte Ghana aber bis zur Urteilsverkündung neue Explorationen in dem umstrittenen Gebiet. Früher als erwartet fällte der Internationale Seegerichtshof im September 2017 sein Urteil zu den maritimen Grenzverläufen zwischen Ghana und der Côte d'Ivoire und bestätigte die Rechtmäßigkeit der ghanaischen Offshoreförderung in diesem Gebiet. Das Votum fiel am Ende eindeutig zugunsten Ghanas aus, beide Seiten hatten aber schon im Vorfeld beteuert, das Urteil anzuerkennen.

Bis zur Übergabe des ECOWAS-Vorsitzes an Senegals Präsidenten Macky Sall im Mai 2015 in Accra sah sich Mahama weiterhin durch den Ebolaausbruch, die Staatskrise in Burkina Faso und den islamistischen Terror in der Region gefordert. Zusammen mit der AU entschieden die westafrikanischen Mitgliedsstaaten auf dem AU-Gipfel im Januar 2015 in der äthiopischen Hauptstadt Addis Abeba, eine etwa 8.000 Mann starke internationale Einsatztruppe – *Multinational Joint Task Force* – für den Kampf gegen *Boko Haram* aufzustellen. Auch Mahama sah in dem neuen nigerianischen Präsidenten, Generalmajor a. D. Muhammadu Buhari, die geeignete Führungsperson zur Niederschlagung des islamistischen Aufstandes in Nordost-Nigeria und im Tschadseegebiet. Diese Einschätzung betonte Mahama nochmals am Rande von Buharis Amtseinführung in Nigerias Hauptstadt Abuja im Mai 2015.

Mahamas ritualisierter Auftritt vor der jährlich stattfindenden UN-Generalversammlung im September in New York, wo er die Europäer aufforderte, mehr arbeitsintensive Arbeitsplätze in Afrika zu schaffen, um die Migration nach Europa einzudämmen, machte nur noch wenige Schlagzeilen. Auch seine Teilnahme am *Commonwealth*-Gipfel auf Malta, der gebetsmühlenartig die Standardthemen Frieden und Sicherheit, gute Regierungsführung und nachhaltige Entwicklung behandelte, blieb eine Randnotiz, obwohl das Thema Migration schon zu diesem Zeitpunkt stärker als bislang in den Vordergrund gerückt werden musste.

Wenngleich Ghana vom islamistischen Terror verschont blieb, schickten die Selbstmordanschläge auf Hotels in der burkinabischen

Hauptstadt Ouagadougou im Januar und nahe der ivorischen Metropole Abidjan im März 2016 Schockwellen auch nach Ghana. Kurz nach den Anschlägen kursierten Geheimdienstberichte, die auf angeblich geplante Attentate der Terrorgruppe *Al-Qaida au Maghreb Islamique* (AQMI) in Ghana und in Togo verwiesen. Ghanas Regierung weitete die Sicherheitsmaßnahmen an den Grenzen aus und wollte im Wahljahr 2016 – die Wahlen waren für Dezember anberaumt – unter Beweis stellen, dass sie Ghana mit allen erdenklichen Mitteln vor Anschlägen schützte.

Trotz der latenten Bedrohung hielt der Präsident an seinem Vorhaben fest, ab Mitte des Jahres für alle Bürger der AU die Einreise nach Ghana zu vereinfachen und ihnen beim Betreten des Landes 30-Tage-Visa zu erteilen. Die Regierung versprach sich von diesem Schritt einen deutlichen Handelszuwachs und eine Steigerung der Touristenzahlen aus den wohlhabenderen Ländern des Kontinents. Ein wesentlicher Grund für diese Maßnahme dürfte das Ausbleiben afrikastämmiger US-Touristen wegen des Ebolaausbruchs gewesen sein, obwohl es keine Krankheitsfälle gegeben hatte. Sie waren die zahlungskräftigsten Besucher gewesen, die maßgeblich zum Boom im Touristikbereich beigetragen hatten. Gleichwohl hatte das US-Außenministerium eine Reisewarnung ausgesprochen und sie erst im Laufe des Jahres 2016 gelöscht. Die zahlreichen Resorts an der Küste aber blieben noch länger verwaist.

Je näher der Wahltermin rückte, desto deutlicher schien sich angesichts der schwächelnden Wirtschaft ein Machtwechsel abzuzeichnen. Präsident Mahama hielt an seiner regen Reisetätigkeit fest, nahm im März 2016 einen Ehrendoktortitel der Universität Aberdeen entgegen und hielt im Mai eine Rede am *Ghana Investment Forum* in der japanischen Hauptstadt Tokio. Sein letzter Auftritt vor der UN-Generalversammlung als Präsident führte ihn im September erneut nach New York. Anschließend machte Mahama der UNESCO in Paris seine Aufwartung, wo er auf einer Konferenz im Rahmen der Entwicklung der Kommunikations- und Informationstechnologie eines der Hauptreferate hielt.[158] Am Rande dieses Besuches traf er auch mit Frankreichs Präsident Hollande zusammen.

Wenngleich aus dem Amt gewählt, musste sich Mahama als Amtsinhaber der Staatskrise in Gambia stellen, die nach der Wahlniederlage des gambischen Präsidenten Yahya Jammeh Anfang Dezember ausgebrochen war. An der Seite von Nigerias und Liberias Präsidenten versuchte er den Wahlverlierer davon zu überzeugen, das Wahlergebnis anzuerkennen. Aber erst nach Ende der Amtszeit Mahamas beugte sich

---

158 Sein Vortrag lautete: »Universal Access to Information«.

Jammeh dem internationalen Druck, an dem auch Mahama, nun als Sondergesandter des neuen Präsidenten Akufo-Addo, mitwirkte.

Die Außenpolitik zu Beginn der Ära Akufo-Addo (2017–2018)

Der Machtwechsel Anfang 2017 veränderte auch die ghanaische Außenpolitik, und der neue Präsident Nana Addo Dankwa Akufo-Addo propagierte offensiv und selbstbewusst einen Paradigmenwechsel hin zu mehr Eigenständigkeit und Eigenverantwortung in der Innen- und Außenpolitik. Dazu gehörte auch die Neubesetzung Dutzender Botschafterposten. Unter dem Schlagwort »*Ghana beyond trade*« propagierte die neue Regierung von Beginn an ihren emanzipatorischen Kurs und rückte den Aspekt der *self-reliance* in den Vordergrund. Dies bezog sich explizit auch auf ein stärkeres regionales Engagement, eine deutliche Emanzipation von externer Hilfe und die Schaffung von Jobs für die noch immer vergleichsweise schnell wachsende junge Bevölkerung.

So wünschenswert dieser Paradigmenwechsel auch sein mochte, die harten Fakten konnte auch die neue Regierung nicht außer Kraft setzen. Die Forderung nach größerer Eigenständigkeit als längerfristige Strategie musste zurückgestellt werden, bis sich die dafür notwendigen Rahmenbedingungen änderten. Dementsprechend blieben die wichtigsten Parameter bestehen, und Ghana erhielt vom IWF eine einjährige Fristverlängerung für den *Extended Facility Credit* von mehr als 900 Millionen Dollar, einigte sich mit der *International Development Association* der Weltbank auf einen Dreijahreskredit über 1,3 Milliarden Dollar und sicherte sich weiterhin jährliche britische Zuwendungen in Höhe von 130 Millionen Pfund. Diese finanzielle Unterstützung Großbritanniens stand aufgrund der ghanaischen Politik gegen Homosexuelle kurzzeitig zur Disposition. Doch letztlich schreckte die britische Regierung davor zurück, drastische Maßnahmen zu ergreifen und die Unterstützung einzustellen.

Vielmehr erhielt Präsident Akufo-Addo am Rande des *Commonwealth*-Gipfels in London im April 2018 ausgiebig Gelegenheit, vor einem hochrangigen Forum an der renommierten *London School of Economics* zu sprechen. Er hielt dort einen Vortrag mit dem Titel »Africa at Work: Educated, Employed and Empowered« als Teil einer Vortragsreihe, die er im November 2017 an der *Cambridge University* eröffnet hatte. Dort hatte er zum Thema »Democracy and Development« referiert. Im Mai 2018 schloss er seine Vortragsreihe in Oxford mit einem Referat mit dem Titel »The Icing on the Cake« ab. Doch schon wenige Monate später, im Oktober, nutzte er den prestigeträchtigen *5th Financial Times Summit* in London, um Ghanas ambitionierte Wirtschaftspolitik mit dem Schwerpunkt *Ghana first* nochmals zu untermauern. Zu diesem Zeitpunkt begannen sich in der ghanaischen Vertretung in Großbritannien ghanastämmige Bürger für die Wahlen 2020 in Ghana zu registrieren.

Auf seiner Afrikareise Anfang November 2018 stattete Prinz Charles in Begleitung seiner Frau Camilla Ghana einen mehrtägigen Besuch ab. Im Rahmen des Besuches verlieh ihm Präsident Akufo-Addo den höchsten Orden des Landes, den *Companion of the Order of the Star of Ghana.* Diese Auszeichnung unterstrich die engen Beziehungen zu Großbritannien, die sich im Laufe der Jahre insbesondere im Bereich Rechtsangelegenheiten zeigten. So konnten unter anderem seit dem Jahre 2016 in Großbritannien straffällig gewordene Ghanaer – sie stellen dort mit rund 100.000 Personen einen großen Teil der weltweiten Diaspora – auch gegen ihren Willen in eine ghanaische Haftanstalt überstellt oder nach Verbüßung ihrer Strafe ausgewiesen werden. Das gilt reziprok auch für britische Bürger. Der bislang spektakulärste Fall endete nach einem mehrjährigen juristischen Tauziehen im November 2018, als der ghanastämmige Brite Kweku Adoboli nach Ghana ausgewiesen wurde. Er war als Angestellter einer Großbank wegen schweren Betrugs zu einer langen Haftstrafe verurteilt und nach vier Jahren vorzeitig aus der Haft entlassen worden. Die hohe Haftstrafe berechtigte die Justiz, ihn des Landes zu verweisen, was auch in letzter Instanz bestätigt wurde.

Die EU und die übrigen Gebernationen hielten sich bei der Bewertung der ghanaischen *Self-reliance*-Initiative auffallend zurück. Akufo-Addos Auftritt beim *G20 Partnership for Africa Summit* in Berlin im Juni 2017, auf dem er die Eigenverantwortung der Afrikaner für Entwicklung und Wohlstand hervorhob, geriet zu einer konstruktiven Grundsatzkritik an den afrikanischen Eliten. Das Echo auf diese Kritik, der Kurzbesuch des französischen Präsidenten Emmanuel Macron auf seiner ersten Afrika-Tour Ende November 2017 sowie die Staatsbesuche des deutschen Bundespräsidenten Frank-Walter Steinmeier[159] im Dezember und Bundeskanzlerin Angela Merkel im August 2018 bestätigten das ausgeprägte Wohlwollen der EU-Staaten und der übrigen westlichen Gebergemeinschaft gegenüber Ghana. Ende Februar 2018 sprach er vor dem 5. Deutsch-Afrikanischen Wirtschaftsforum in Dortmund.

In diesem Kontext stieß Ghana zu einer kleinen Gruppe von Ländern, die mit Deutschland eine Reformpartnerschaft eingegangen waren, was

---

159 Zum Besuchsprogramm des Bundespräsidenten gehörte die Eröffnung eines Arbeitsamtes. Siehe dazu: Ein Arbeitsamt für Afrika, in: *Der Spiegel* 7/2018, S. 86–90.

auf dem Investitionsgipfel im Oktober 2018 in Berlin besiegelt wurde. Auf diesem Gipfel, an dem auch Akufo-Addo teilnahm, kündigte Bundeskanzlerin Merkel die Einrichtung eines Investitionsfonds über eine Milliarde Euro für kleinere und mittlere europäische und afrikanische Unternehmen an, um deren Chancen beim Markteintritt zu verbessern.

Schon zu Beginn seiner Amtszeit initiierte Präsident Akufo-Addo eine rege auf die ECOWAS gerichtete diplomatische Initiative. Nach wenigen Monaten im Amt begann er Anfang Mai 2017 ein ausgedehntes Besuchsprogramm, das ihn zunächst in die drei Anrainerstaaten Togo, Burkina Faso und die Côte d'Ivoire und dann zeitnah und in mehreren Zwischenetappen in die übrigen ECOWAS-Staaten führte. Im Vorgriff auf die Entscheidung des Internationalen Seegerichtshof, der schließlich im September 2017 sein Urteil zur maritimen Grenze zwischen Ghana und der Côte d'Ivoire zugunsten Ghanas fällte, einigten sich beide Staatsführungen im Mai 2017 auf eine strategische Partnerschaft und legten damit alle zurückliegenden Streitigkeiten zu den Akten. Mit dem Gegenbesuch des ivorischen Präsidenten Ouattara im Oktober 2017 wurde ein Schlussstrich unter eine lange Phase indifferenter und schwieriger Beziehungen gezogen.

Die nigerianische Staatsführung empfing das ghanaische Staatsoberhaupt innerhalb kürzester Zeit gleich zweimal: Anfang August kam Akufo-Addo als Ehrengast, um an Nigerias Militärakademie *National Defence College* anlässlich ihres 25-jährigen Bestehens einen Vortrag zum Thema Wirtschaftsintegration in Afrika und regionale Sicherheit zu halten. Im September dann führte er bilaterale Gespräche mit Präsident Buhari.

Wenngleich sich die Beziehungen zum östlichen Nachbarn Togo in den zurückliegenden Jahren auf gehobenem Niveau stabilisiert hatten, wirkte sich jede innenpolitische Krise in Togo auch auf Ghana aus. Im Oktober 2017 protestierten mehrere Hundert in Ghana lebende Exiltogoer gegen die Regierung ihres Heimatlandes. In der zweiten Jahreshälfte 2017 erschütterten Massenproteste das kleine Land, es gab Tote und Verletzte. Togos Präsident Gnassingbé sah sich genötigt, im Norden Ghanas ein anfangs als geheim eingestuftes Krisentreffen mit Akufo-Addo abzuhalten, um sich der politischen Unterstützung der ghanaischen Führung zu versichern.[160] Gnassingbés Beileidsbesuch anlässlich des Todes der *Queen Mother Asantehemaa* im Palast des *Asantehene* in Kumasi im Dezember diente hauptsächlich dazu, diese Unterstützung

---

160 Das Treffen fand um den 20. Oktober 2017 statt, wie Akufo-Addo am 30. Oktober gegenüber *Chiefs* in Aflao verlauten ließ.

dauerhaft abzusichern. Ghanas Regierung ihrerseits hatte größtes Interesse an stabilen politischen Verhältnissen beim östlichen Nachbarn. Im Februar 2018 versuchte Ghanas Präsident erstmals, in Togos innenpolitischem Konflikt zwischen Regierung und oppositionellen Gruppen zu vermitteln, wenn auch wenig erfolgreich.

Auch unter der neuen Regierung waren die Beziehungen zu China nicht spannungsfrei. Erneut hatten ghanaische Sicherheitsbehörden mehrere Dutzend Chinesen wegen illegaler Goldförderung festgenommen. Dies bewog den Präsidenten, das Thema *galamsey* erneut aufzugreifen. Er machte den chinesischen Investoren gegenüber deutlich, dass illegale Goldförderung eine Straftat war, für die sowohl ghanaische als auch ausländische Bürger zur Rechenschaft gezogen wurden.

Mitte 2017 suchte die ghanaische Regierung diese Problematik etwas herunterzuspielen und schickte Vizepräsident Mahamadu Bawumia zu Gesprächen nach China. Ein zentrales Gesprächsthema war der der Vorgängerregierung zugesagte, aber nicht vollständig ausgezahlte Kredit über drei Milliarden Dollar. Schließlich einigten sich beide Seiten auf eine Summe von einer Milliarde Dollar und bekräftigen den positiven Beitrag Chinas zur Entwicklung in Ghana. Dazu zählte das auf die *galamsey*-Problematik gerichtete *Multilateral Mining Integrated Project*, das den illegalen *galamsey* alternative Arbeitsmöglichkeiten bieten sollte. Ein im Mai 2018 aufgelegter Kredit von 400 Millionen Dollar für ausgewählte Projekte des ambitionierten Wirtschafts- und Sozialprogramms *One District*, *One Factory* glättete die Wogen, die unter der Mahama-Administration entstanden waren. In diesem Kontext gab die chinesische Regierung Anfang 2018 auch bekannt, dass 6.500 Ghanaer an chinesischen Hochschulen studierten, womit ghanaische Studenten zahlenmäßig zur größten Gruppe afrikanischer Studenten in China zählten. Das Konfuzius-Institut bot zusätzlich dazu an mehreren ghanaischen Hochschulen Seminare zur chinesische Sprache und Kultur an und die *University of Ghana* den Studiengang Sinologie.

Anfang September 2018 hielt sich Akufo-Addo in Begleitung einer Wirtschaftsdelegation zu einem mehrtägigen Staatsbesuch in China auf. Dabei sagte die chinesische Seite zu günstigen Konditionen den Bau einer Gasverflüssigungsanlage in Tema und die Errichtung eines Lkw-Montagewerkes zu. Kurz vor Jahresende 2018 segnete das Parlament ein umfassendes Infrastrukturprogramm über ein Finanzvolumen von zwei Milliarden Dollar ab, das die Regierung mit dem chinesischen Unternehmen *Sinohydro Corporation* abgeschlossen hatte.

Mitte 2017 konnte die Debatte um die Aufnahme zweier *Guantanamo*-Insassen beendet werden, denen die Mahama-Administration im Januar

2016 das Aufenthaltsrecht in Ghana verliehen hatte. Nachdem der *Supreme Court* im Juni 2017 die humane Geste der ghanaischen Regierung ohne Zustimmung des Parlaments für verfassungswidrig erklärt, der neuen Regierung aber ein Zeitfenster zur Korrektur ihrer Entscheidung eingeräumt hatte, ratifizierte das Parlament zwei Monate später das Abkommen mit den USA, das die Verlegung der beiden Inhaftierten nach Ghana regelte.

Erst im zweiten Amtsjahr wandte sich die Regierung Akufo-Addo wieder vermehrt den amerikanisch-ghanaischen Beziehungen zu. Den Auftakt markierte der Auftritt des Präsidenten vor der *National Governors Association* in Washington im Februar 2018, wo er die Gouverneure aufforderte, Afrika nicht zu ignorieren. Er drückte seine tiefe Überzeugung darüber aus, dass dieses Jahrhundert das Jahrhundert Afrikas werden könnte. Zuvor, im Dezember 2017, hatte sich die ghanaische Regierung einer gegen die US-Administration gerichteten Resolution der UN-Generalversammlung angeschlossen. Darin werden die USA aufgefordert, die Anerkennung Jerusalems als Hauptstadt Israels zurückzunehmen.

Wenige Wochen später schlug ein kurz vor der Verabschiedung stehendes Militärabkommen zwischen Ghana und den USA hohe Wellen und erzeugte eine heftige öffentliche Debatte. Im Zentrum stand die Frage nach einem amerikanischen Militärstützpunkt, der Steuerbefreiung der stationierten Soldaten, dem ungehinderten Zugang des US-Personals zu festgelegten Einrichtungen und die alleinige Gestaltungs- und Verfügungsgewalt über diese Einrichtungen. Während dieser Debatte stellte sich heraus, dass schon 1998 und 2000 unter Rawlings und 2015 unter Mahama Militärabkommen geschlossen worden waren, die aber bislang nur dem innersten Regierungszirkel bekannt waren. Nach offiziellen Angaben war das letzte Abkommen ausgelaufen, sodass ein entsprechendes neues Militärabkommen mit Bezug auf die beiden vorherigen benötigt wurde.

Wenngleich beide Regierungen die Errichtung eines Militärstützpunktes verneinten und darauf verwiesen, dass das Abkommen die temporäre Stationierung US-amerikanischer Militärs regelte, reichten ghanaische Aktivisten Ende März Verfassungsklage beim Obersten Gericht gegen das wenige Tage zuvor vom Parlament gebilligte Militärabkommen ein. Das Abkommen beinhaltete die einmalige Zahlung von 20 Millionen Dollar, was die US-Administration als fairen Beitrag an Ghana erachtete. Dennoch kam es in Accra zu ersten Protesten, und mehrere Tausend Menschen, unterstützt von bekannten Politikern, Akademikern und Bürgerrechtlern, demonstrierten gegen das Abkommen, das ihrer Überzeugung nach die Souveränität Ghanas untergraben könnte.

Die Protestwelle veranlasste sogar die *New York Times*, ausführlich über die Demonstrationen und die Hintergründe zu berichten. Kurz darauf sah sich der Präsident genötigt, eine ausführliche öffentliche Stellungnahme zum Militärabkommen abzugeben.[161]

In dieser emotional aufgeladenen Stimmung kamen erneut die ghanaische Diaspora und die illegalen Ghanaer in den USA zur Sprache. Die US-Administration ließ im Juni 2018 durch ihre diplomatische Vertretung in Accra verlauten, dass im Laufe des Jahres 2016 annähernd 2.000 Ghanaer ausgewiesen worden waren und weitere 7.000 ihrer Ausweisung harrten. Im Kontext des kaum wahrgenommenen Besuchs von Melania Trump Anfang Oktober erfuhr die ghanaische Öffentlichkeit, dass sich die ghanaische Regierung schwertat, die US-Administration bei der Ausweisung zu unterstützen und die notwendigen Dokumente auszustellen.

Akufo-Addo nutzte seinen Auftritt vor der UNO-Generalversammlung Ende September 2018, um den kurz zuvor verstorbenen und in Ghana beerdigten früheren Generalsekretär der Weltorganisation, Kofi Annan, zu ehren. Er hatte als erster Afrikaner südlich der Sahara dieses Amt bekleidet. Darüber hinaus würdigte er Ghanas Beitrag zur Weltorganisation, der insbesondere mit den Blauhelmeinsätzen verbunden war. Doch hatte sich im Februar 2018 ein Schatten über Ghanas Friedenseinsätze gelegt, als die Regierung gezwungen gewesen war, eine Polizeieinheit wegen schwerer Missbrauchsanschuldigungen aus dem Südsudan zurückzubeordern.

---

161 https://starrfmonline.com/2018/04/05/full-speech-akufo-addo-speaks-on-ghana-us-military-deal/ (gesehen am 12. August 2018).

Anhang

Chronik 1992–2018

1992

04.01.	Frankreichs Außenminister Roland Dumas in Ghana
05.03.	Zeitplan für Übergang zur gewählten Zivilregierung
27.03.	Verabschiedung des Verfassungsentwurfs
28.04.	Verfassungsreferendum
18.05.	Aufhebung des Parteienverbots
03.11.	Präsidentschaftswahl
29.12.	Parlamentswahlen

1993

05.01.	Großbritanniens Außenminister Douglas Hurd in Ghana
07.01.	Jerry John Rawlings als Präsident vereidigt
31.01.	Ghanaisches Militär wegen Unruhen in Togo in Alarmbereitschaft versetzt
Ende März	Togo schließt Grenze zu Ghana
07.04.	NPP legt Dokument »The Stolen Verdict« vor
17.–21.05.	Deutscher Außenminister Hans-Dietrich Genscher lädt zur Tagung der deutschen Botschafter der subsaharischen Staaten nach Accra
22.07.	*Supreme Court* erklärt Medien- und Demonstrationsgesetz für verfassungswidrig
01.11.	Schwere fremdenfeindliche Ausschreitungen in Abidjan treffen auch Ghanaer

1994

05./06.01.	Gewalttätigkeiten gegen Ghanaer im Großraum Lomé
Jan.–März	Schwere Gewaltkonflikte in Nordghana, Ausnahmezustand in mehreren Bezirken
10.05.	Jerry Rawlings hält in Pretoria Laudatio auf Nelson Mandela
06.08.	Rawlings zum Vorsitzenden der ECOWAS gewählt
09.08.	Ghana und Israel einigen sich auf die Wiederherstellung voller diplomatischer Beziehungen
08.–18.09.	Rawlings auf Staatsbesuch im südlichen Afrika
16.11.	Ghana besetzt verwaisten Botschafterposten in Lomé
08.–18.12.	PANAFEST in Accra und Cape Coast

1995

10.01.	Rawlings empfängt togoischen Außenminister Alassounouma in Ghana
01.03.	Einführung der Mehrwertsteuer von 17,5 Prozent
08./09.03.	Rawlings auf Staatsbesuch in den USA
März/April	Erneute Gewaltexzesse zwischen Nanumba und Konkomba und Konkomba und Dagomba
Mai	Ghanaisch-US-amerikanische Manöver in Nordghana
11.05.	Demonstration in Accra mündet in Gewalt und fordert mehrere Todesopfer
07.06.	Regierung nimmt Einführung der Mehrwertsteuer zurück
04.07.	IWF-Generaldirektor Michel Camdessus in Ghana
11.07.	Rawlings auf Staatsbesuch in Großbritannien
26.07.	Rawlings und Togos Präsident Eyadéma treffen sich im togoischen Kara
31.07.	Togo besetzt verwaisten Botschafterposten in Accra
13.08.	Der *Asantehene* feiert silbernes Thronjubiläum
31.08.	Gründung der *Ghana Free Zone Authority*
09./10.11.	Indiens Ministerpräsident Narasimha Rao in Ghana
Dez.	Rawlings besucht China, Malaysia und Singapur

1996

05.01.	Studentendemonstrationen in Kumasi
Februar	Blutiger Konflikt zwischen Brong und Ashanti in Techiman
02.04.	*Supreme Court* schließt Kwame Pianim von der Präsidentschafts-kandidatur aus
20.04.	John Agyekum Kufuor zum NPP-Parteivorsitzenden gewählt
02.07.	Nigerias Diktator Sani Abacha in Accra
10.07.	Pianims Revision zurückgewiesen
16.08.	John Agyekum Kufuor zum Präsidentschaftskandidaten gekürt
September	*Ghana Free Zone Authority* nimmt Arbeit auf
06.09.	NDC wählt Rawlings erneut zum Präsidentschaftskandidaten
07.12.	Rawlings gewinnt überlegen die Präsidentschaftswahl und der NDC verfügt über die absolute Parlamentsmehrheit
18.12.	Rawlings besucht Nigeria

1997

07.01.	Amtseinführung von Rawlings und seinem Stellvertreter Atta Mills
07.02.	NPP besteht auf Anhörung wiederberufener Minister und verklagt den NDC
14.02.	Resolution des NDC macht Anhörungen wiederberufener Minister obsolet

06.03.	Spektakuläre Feierlichkeiten zum 40. Jahrestag der Unabhängigkeit
28.05.	*Supreme Court* erklärt mit 4:1 Stimmen Resolution für unwirksam
10.06.	NPP gewinnt Nachwahl und verhindert eine Zweidrittelmehrheit des NDC
21.–23.08.	Rawlings trifft ivorischen Präsidenten Konan Bédié in der Côte d'Ivoire
26.08.	Rawlings als erstes ausländisches Staatsoberhaupt in Liberia. Dort trifft er den gewählten Präsidenten Charles Taylor
29.08.–07.09.	3. PANAFEST
19.–21.09.	Afrika-Kuba-Solidaritätskonferenz in Cape Coast
27.10.–01.11.	Rawlings auf Staatsbesuch in Deutschland
24.11.	Rawlings besucht Burkina Faso

1998

Februar	Einführung der Mehrwertsteuer von zehn Prozent
23.03.	US-Präsident Bill Clinton in Accra
12./13.05.	Togos Präsident Eyadéma in Ghana
12.06.	Rawlings trifft Nigerias neuen Juntachef Abdulsalami Abubakar
23.07.	Journalisten zu Haftstrafen verurteilt
27.07.	Journalisten, Verleger, Dozenten und Parlamentarier protestieren gegen Bedrohung der Presse- und Meinungsfreiheit
02.09.	Rawlings bei der Konferenz der Blockfreien Bewegung

1999

24.02.	Rawlings trifft US-Präsident Clinton in Washington
14.05.	Streik in der Mine Obuasi bringt Goldförderung zum Stillstand
11.06.	Neuer Tarifvertrag bringt Verbesserungen für die Bergarbeiter
Oktober	Sanierung der Mine in Obuasi beginnt mit Entlassungen von mehr als 2.100 Mitarbeitern
07.–09.11.	Königin Elizabeth II auf Staatsbesuch in Ghana
11.11.	*BBC* sendet auf eigener FM-Frequenz in Accra
25.11.	Großdemonstration des *Joint Action Committee* gegen Wirtschaftspolitik der Regierung

2000

29.04.	John Evans Atta Mills zum Präsidentschaftskandidaten gewählt
23.05.	Regierung nimmt nach IWF-Intervention Devisenbewirtschaftung zurück
01.06.	Mehrwertsteuererhöhung auf 12,5 Prozent
30.07.–03.08.	UNO-Generalsekretär Kofi Annan besucht sein Heimatland
25.09.	COCOBOD sichert sich 260 Millionen Dollar Kredit zur Kakaovermarktung
07.12.	Präsidentschafts- und Parlamentswahlen – NPP stärkste Partei
28.12.	Kufuor gewinnt gegen Atta Mills Stichwahl um die Präsidentschaft

2001

05.01.	Rawlings begnadigt Kwame Pianim und gibt ihm die bürgerlichen Ehrenrechte zurück
07.01.	John Kufuor und Aliu Mahama legen Amtseid ab
15.02.	Kufuor kritisiert im Parlament die Vorgängerregierung auf das Schärfste
01.05.	Erhöhung des Mindestlohns auf 5.500 Cedi
09.05.	Massenpanik im Fußballstadion in Accra mit mindestens 126 Toten
01.06.	4. Juni wird als Feiertag abgeschafft
23.–27.06.	Kufuor in den USA, trifft dort u. a. US-Präsident George W. Bush
27.07.	Novellierung des Mediengesetzes
18.09.	Kufuor in London, trifft dort Premierminister Tony Blair
28.11.	Kufuor in Paris, trifft dort Präsident Jacques Chirac
03.–05.12.	Gewaltsame ethnisch gefärbte Unruhen in Bawku

2002

09.01.	Gesetz für die Versöhnungskommission *National Reconciliation Commission* verabschiedet
07.02.	Britischer Premierminister Tony Blair in Ghana
27.03.	Ermordung des Königs von Dagbon, *Ya Naa* Andani II, und seines Hofstaats
08.05.	Kufuor ernennt die neun Mitglieder der Versöhnungskommission
26.06.	*Supreme Court* revidiert seine Entscheidung vom März und erklärt die *Fast Track Courts* für rechtens

2003

04.–06.01.	NPP-Parteitag wählt Kufuor per Akklamation zum Präsidentschaftskandidaten
14.01.	*National Reconciliation Commission* beginnt mit öffentlichen Anhörungen
28.04.	Ex-Finanzminister Peprah und Ex-Landwirtschaftsminister Adam wegen Korruption zu Gefängnisstrafen verurteilt
06.05.	Großdemonstration »*March for Survival*« des NDC gegen die Regierung
16.09.	CHRAJ begeht zehnjähriges Jubiläum und legt Rechenschaftsbericht vor
28.09.	Erzbischof Peter Kodwo Appiah Turkson zum ersten Kardinal Ghanas berufen
30.10.	Parlament ratifiziert Abkommen zur Nichtauslieferung von US-Bürgern an den *International Criminal Court*

2004

24.01.	Bundeskanzler Gerhard Schröder wohnt Eröffnung des KAIPTC bei
05.03.	*Supreme Court* erklärt Wahlkreisreform für rechtens
Juni	*West African Gas Pipeline* fertiggestellt
Juni	Schuldenerlass im Rahmen des HIPC-Programms
07.12.	Amtsinhaber Kufuor siegt im ersten Wahlgang, NPP gewinnt absolute Mehrheit der Parlamentssitze

2005

07.01.	Amtseinführung von Kufuor
06.03.	Vorzeitige Entlassung von 1.400 Strafgefangenen und zwei inhaftierten NDC-Ministern
22.04.	*National Reconciliation Commission* veröffentlicht Bericht

2006

23.02.	Verabschiedung des *Representation of the People (Amendment) Act*
10.04.	Ermordeter Dagbon-König wird zu Grabe getragen
19.06.	Chinas Premierminister Wen Jiabao in Ghana
29.09.	Ghana wird assoziiertes Mitglied der Frankophonie
21.12.	Atta Mills erneut Präsidentschaftskandidat des NDC

2007

08.01.	*Flagstaff House* wird eingeweiht
27.01.	Kufuor zum AU-Vorsitzenden gewählt
21.02.	Gesetz gegen häusliche Gewalt verabschiedet (*Domestic Violence Act 2007, Act 732*)
06.–08.06.	Kufuor beim G8-Gipfel in Heiligendamm
15.06.	Georgina Theodora Wood wird als erste Frau *Chief Justice*
01.07.	Währungsreform tritt in Kraft, dem neuen Cedi entsprechen 10.000 alte Cedi
23.12.	Nana Addo Dankwa Akufo-Addo setzt sich als Spitzenkandidat der NPP durch

2008

19.02.	US-Präsident George W. Bush in Ghana
April	Kufuor beim ersten Afrika-Indien-Gipfel in Delhi
18.06.	Tsatsu Tsikata zu fünf Jahren Haft verurteilt
11.09.	Kufuor zum Abschiedsbesuch und Gala-Dinner im Weißen Haus
02.10.	Nana Opoku-Agyeman als erste Frau *Vice Chancellor* an der Universität von Cape Coast
07.12.	Präsidentschafts- und Parlamentswahlen – NDC stärkste Partei
28.12.	Atta Mills gewinnt mit hauchdünner Mehrheit die Stichwahl

2009

06.01.	Kufuor begnadigt Tsatsu Tsikata, der die Begnadigung zurückweist
07.01.	Amtseinführung von Atta Mills
16.01.	Andani *gate* fordert Wiederaufnahme des Mordfalls *Ya Naa* Yakubu Andani II
30.05.	Atta Mills erneuert Gebot der Nichteinmischung der Regierung in die inneren Angelegenheiten der Könige und *Chiefs*
25.06.	Mehrere Minister wegen Korruptionsvorwürfen zurückgetreten
10.07.	US-Präsident Barack Obama in Ghana

2010

11.01.	Inauguration des *Constitutional Review Committee*
07.08.	Nana Addo Dankwa Akufo-Addo zum Präsidentschaftskandidaten der NPP gekürt
26.09.	Beginn der Volkszählung
15.12.	Erdölförderung beginnt vor der Küste – *Golden Jubilee Fields*

2011

02.03.	*Petroleum Management Act* tritt in Kraft
01.06.	Gesetz zur Errichtung der *Petroleum Commission* tritt in Kraft
09./10.07.	Präsident Atta Mills setzt sich auf dem Delegiertenkongress als Spitzenkandidat für die nächste Präsidentschaftswahl gegen Nana Konadu Agyeman-Rawlings durch

2012

11.06.	Nana Konadu Agyeman-Rawlings gründet die *National Democratic Party* (NDP)
24.07.	Präsident Atta Mills verstirbt im Amt. Vizepräsident John Dramani Mahama wird neues Staatsoberhaupt
30.08.	John Mahama wird mit überwältigender Mehrheit der Delegierten zum NDC-Kandidaten für die Präsidentschaftswahl nominiert
12.10.	Nana Konadu Agyeman-Rawlings verlässt den NDC
27.11.	*National Peace Council* moderiert ein Treffen zu Konfliktvermeidung bei den bevorstehenden Wahlen
07.12.	NDC erzielt bei der Parlamentswahl die absolute Mehrheit
08.12.	NPP erklärt Akufo-Addo zum Wahlsieger
09.12.	Wahlkommission erklärt John Mahama zum Sieger der Präsidentschaftswahl
28.12.	NPP ficht Wahlergebnis vor dem *Supreme Court* an

2013

16.04.	Verfahrensbeginn zum Wahlausgang vor dem *Supreme Court*
14.07.	700 Blauhelmsoldaten erhalten für ihre Einsätze UN-Ehrenmedaillen
29.08.	*Supreme Court* bestätigt das Wahlergebnis zugunsten von Mahama
25.–27.11.	Südafrikas Präsident Jacob Zuma in Ghana
06.–07.12.	Mahama auf dem Pariser Gipfel zu Frieden und Sicherheit in Afrika
09.12.	Mahama hält in New York die Eröffnungsrede für das *Chinua Achebe Leadership Forum* am *Bard College*

2014

19.06.	*Bimbilla Naa* Andani Dasana Abdulai wird ermordet
11.07.	Gründung der Protestbewegung »*Red Friday*«
11.10.	Chief Justice Georgina Wood ermittel gegen CHRAJ-Vorsitzende Lamptey wegen Untreue und Unterschlagungen
18.10.	Akufo-Addo erneut zum Präsidentschaftskandidaten der NPP gekürt

2015

18.02.	Protestmarch der NPP unter dem Slogan »*Won gbo*« (»*We are dying*«)
25.02.	IWF bewilligt dreijährige Kreditfazilität über 940 Millionen Dollar
26.02.	Mahama hält Rede an die Nation und verspricht, das Energieproblem zu lösen
04.03.	Geschäftswelt stellt aus Protest kurzzeitig ihre Tätigkeit ein
25.04.	Internationaler Seegerichtshof untersagt Ghana bis zur Urteilsverkündung weitere Explorationen durchzuführen
25.06.	Kwadwo Afari-Gyan übergibt aus Altersgründen den Vorsitz der Wahlkommission an Charlotte Kesson Smith Osei
24.07.	Mordkomplott gegen den Präsidenten aufgedeckt
22.09.	Videofilm über korrupte Richter und Justizangestellte
06.10.	Denkwürdiges Interview von Tim Sebastian mit Präsident Mahama
21.11.	Mahama erneut zum Präsidentschaftskandidaten des NDC gewählt

2016

04.05.	*Supreme Court* urteilt zugunsten einer partiellen Überarbeitung des Wählerverzeichnisses
21.07.	Verfassungsänderung zugunsten eines neuen Wahldatums scheitert

11.10.	Wahlkommission schließt 13 Präsidentschaftskandidaten von der Wahl aus
07.11.	*Supreme Court* hebt das Urteil auf
14.11.	*Supreme Court* entscheidet, dass die vorzeitig abgegebenen Stimmen der für den Wahltag eingesetzten Personen zusammen mit den übrigen Stimmen erst am Ende des eigentlichen Wahltages ausgezählt werden.
29.11.	*Appeal Court* hebt Urteil gegen Tsatsu Tsikata auf
07./08.12.	Nana Addo Dankwa Akufo-Addo gewinnt die Präsidentschaftswahl. Seine Partei NPP gewinnt die absolute Parlamentsmehrheit
20.12.	*Local Governance Act 2016*

2017

07.01.	Nana Addo Dankwa Akufo-Addo und Mahamudu Bawumia legen Amtseid ab
17.01.	Nächtliche Ausgangssperre in Bunkpurugu verlängert
09.02.	Tödliche Auseinandersetzungen im Bezirk Nanumba North (Bimbilla)
24.03.	*Delta Force* stürmt das Büro des Sicherheitskoordinators in der Ashanti Region.
30.03.	Zentralbankchef Issahaku tritt vorzeitig zurück und übergibt an Ernest Addison
22.06.	*Supreme Court* erklärt Aufnahme zweier *Guantanamo*-Häftlinge durch die Mahama-Administration ohne Beteiligung des Parlaments für verfassungswidrig
01.08.	Parlament ratifiziert Abkommen mit den USA zur Aufnahme der beiden *Guantanamo*-Häftlinge
23.09.	Internationaler Seegerichtshof entscheidet über den maritimen ivorisch-ghanaischen Grenzverlauf und die Souveränität maritimer Öl- und Gasfelder zugunsten Ghanas
30.11.	Frankreichs Präsident Emmanuel Macron in Ghana
11.–13.12.	Bundespräsident Frank-Walter Steinmeier in Ghana
18.12.	Ein *High Court* ordnet die Umsetzung des Gesetzes ROPAA an
21.12.	Ghana votiert in der UN-Generalversammlung gegen die Anerkennung Jerusalems als Hauptstadt Israels durch die US-Administration

2018

25.02.	Akufo-Addo spricht vor der *National Governors Association* in den USA
27.02.	Akufo-Addo beim 5. Deutsch-Afrikanischen Wirtschaftsforum in Dortmund
23.03.	Parlament ratifiziert Militärabkommen mit den USA
28.03.	Protestmarsch in Accra gegen Militärabkommen mit den USA

23.05.	*Surpreme Court* entscheidet in der Causa *Bimbilla Naa* zugunsten der Familie Andani Dasana Abdulai
09.04.	*National House of Chiefs* erkennt Boni Nii Tackie Adama Latse II als *Ga Mantse* an
25.06.	Vorsitzende der Wahlkommission, Charlotte Osei, und ihre beiden Vertreter vom Präsidenten ihrer Ämter enthoben
01.08.	Jean Adukwei Mensa[162] wird neue Vorsitzende der Wahl-kommission
18.08.	Kofi Annan in der Schweiz verstorben
13.09.	Kofi Annan in Ghana beerdigt
30.08.	Bundeskanzlerin Angela Merkel in Ghana
31.08.	Akufo-Addo auf Staatsbesuch in China – China-Afrika-Forum
12.10.	Ghana wird Vollmitglied in der Frankophonie
30.10.	Akufo-Addo auf dem *G20 Investment Summit* in Berlin
02.11.	Prinz Charles zu mehrtägigem Besuch in Ghana
15.11.	Straffällig gewordener ghanastämmiger Brite Kweku Adoboli nach Ghana ausgewiesen
21.11.	*Supreme Court* bestätigt mit 5:2 Richterstimmen auch im Fall Montie FM das Begnadigungsrecht der Präsidenten
21.11.	Regierung gibt Gründung fünf weiterer Bezirke bekannt
29.11.	*Supreme Court* weist einstimmig Klage gegen Aufstockung der Regionen ab
14.-15.12	Digitalisierungsmesse *re:publica* in Accra fand erstmals auf afrikanischem Boden statt
14.-28.12	Finales Beerdigungsritual für Abdulai Mahamadu IV (Finales Beerdigungsritual für *Ya Naa* Yakubu Andani II für das Zeitfenster 04.–18. Januar 2019 terminiert)
27.12.	Referenden zur Verwaltungsreform
31.12.	Rawlings und führende NDC-Kader zelebrieren in Ashaiman in der Greater Accra Region den Jahrestag des Putsches von 1981

---

162 Die Schreibweise »Mensah« wird auch oft benutzt. Die offizielle Website ihres vor-herigen Arbeitgebers *Institute for Economic Affairs* gibt den Namen mit »Mensa« an.

Index ausgewählter Paramount Chiefs (Stand Ende 2018)

Ashanti Region

Dasebre Osei Bonsu II
Nana (Dr.) Susubribi Krobea Asante
Nana Adu Gyamfi
Nana Awuah-Darko Amprem II
Nana Otuo Siriboe II
Otumfuo Osei Tutu II (*Asantehene*)

Brong Ahafo Region

Nana Kwadwo Nyarko III
Nana Pimampim Yaw Kabresi V
Osahene Kwaku Aterkyi II
Sampson Adre

Central Region

Daasebre Kwebu Ewudzi VII
    (*Vice President* des *House of Chiefs*)
Ehunabobrim Prah Agyinsem VI
Nana Kwame Nkyi XII
Okatakyie Dr. Amenfi VII
Okofo Okatakyi Nyarko Eku X

Eastern Region

Dasebre (Prof.) Oti Boateng II
Nana Otoubour Djan Kwasi II
Nana Sakyi Amoako
Nana Yaw Boadu
Odeefour Oteng Korankye II
Odeneho Kwafo Akoto III
Okatakyie Kusi Oboadum Amoyaw V
Osabarima Ansah Sasraku II
Osabarima Asiedu Okoo Ababio III
Osabarima Opese Konadu II
Osagyefo Amoatia Ofori Panin II

Greater Accra Region

Boni Nii Tackie Adama Latse II
Nene Aadegbor Ngmongmowuyaa
    Kwesi Animle VI
Nene Abram Kabu Akuoko III

Nene Tetteh Djan III
Nii Adote Obuor II
Nii Kpobi Tettey Tsuru III
Nii Tetteh Otu II

Northern Region

Abubakari Awufor
Banbange Ndafoso IV
Buipewura Jinapor II
Dalung-Lana Mahama
Kasul-Lana Yakubu
Na Alhaji Abu Iddrisu II
Naba Alhaji Iddrisu Abu
Nayiri Naa Bohagu Mahami Abdulai Sheriga
Nyalinbolgu Naa Yakubu Andani Dasana
Wulugu Naba Pugansua Naa
    Professor John S. Nabila
Tutumba Boresa Sulemana Jakpa I

Upper East Region

Asigri Azoka Abugragoe II
Naba Asigri Abugragoe Azoka II
Naba Olando A. Awini III
Naba Sigri Bewong

Upper West Region

Kuoro Kuri-Buktre Liman IV
Laara Puowele Karbo
Naa Puo-Uore Chiir VII
Naa Tuowele Karbo III
Nana Egya Kwamina XI

Western Region

Awulae Agyevi Kwame III
Awulae Amihere Kpanyinli
Awulae Angama Tuagyan II
Awulae Attibrukusu III
Awulae Kaku Ackah III
Nana Kobina Nketsiah
Tetrete Okuamoah Sekyim II

Volta Region

Nana Kofi Adu II
Nana Obondo Sewura Lepuwura II
Togbe Adanu Sakrafo X
Togbe Adza Lokko VII
Togbe Afede XIV (*President* des *House of Chiefs*)
Togbe Afendza III
Togbe Asumadu III
Togbe Dzogbede V
Togbe Fia Korku III
Togbe Gbogbolulu V
Togbe Kwaku Agbi III
Togbe Kwaku Anyim IV
Togbega Gabusu
Torbui Sri III

Auflistung der Districts, Municipals und Metropolitan Assemblies (Stand Oktober 2018)[163]

	Region	District	District Capital
1	ASHANTI	Adansi Asokwa District	Adansi Asokwa
2	ASHANTI	Adansi North District	Fomena
3	ASHANTI	Adansi South District	New Edubiase
4	ASHANTI	Afigya Kwabre District	Kodie
5	ASHANTI	Afigya Kwabre North District	Boamang
6	ASHANTI	Ahafo Ano North Municipality	Tepa
7	ASHANTI	Ahafo Ano South District	Mankranso
8	ASHANTI	Ahafo Ano South West District	Dwinyame/Adugyama
9	ASHANTI	Akrofuom District	Akrofuom
10	ASHANTI	Amansie Central District	Jacobu
11	ASHANTI	Amansie South District	Manso Adubia
12	ASHANTI	Amansie West District	Manso Nkwanta
13	ASHANTI	Asante Akim Central Municipality	Konongo
14	ASHANTI	Asante akim North District	Agogo
15	ASHANTI	Asante Akim South Municipality	Juaso
16	ASHANTI	Asokore Mampong Municipality	Asokore Mampong
17	ASHANTI	Asokwa Municipality	Asokwa
18	ASHANTI	Atwima Kwanwoma District	Foase
19	ASHANTI	Atwima Mponua District	Nyinahin
20	ASHANTI	Atwima Nwabiagya District	Nkawie
21	ASHANTI	Atwima Nwabiagya North District	Barekese
22	ASHANTI	Bekwai Municipality	Bekwai
23	ASHANTI	Bosome Freho District	Asiwa
24	ASHANTI	Bosomtwe District	Kuntanase
25	ASHANTI	Ejisu Municipality	Ejisu
26	ASHANTI	Ejura Sekyedumasi Municipality	Ejura
27	ASHANTI	Juaben Municipality	Juaben
28	ASHANTI	Kumasi Metropolis	Kumasi
29	ASHANTI	Kwabre East Municipality	Mamponteng
30	ASHANTI	Kwadaso Municipality	Kwadaso
31	ASHANTI	Mampong Municipality	Mampong
32	ASHANTI	Obuasi East District	Tutuka
33	ASHANTI	Obuasi Municipality	Obuasi

---

163 Die Liste wurde mir freundlicherweise von Raphael Frerking von der GIZ in Accra zur Verfügung gestellt.

34	ASHANTI	Offinso Municipality	Offinso
35	ASHANTI	Offinso North District	Akumadan
36	ASHANTI	Oforikrom Municipality	Oforikrom
37	ASHANTI	Old Tafo Municipality	Old Tafo
38	ASHANTI	Sekyere Afram Plains District	Drobonso
39	ASHANTI	Sekyere Central District	Nsuta
40	ASHANTI	Sekyere East District	Effiduase
41	ASHANTI	Sekyere Kumawu District	Kumawu
42	ASHANTI	Sekyere South District	Agona
43	ASHANTI	Suame Municipality	Suame
44	BRONG AHAFO	Asunafo North Municipality	Goaso
45	BRONG AHAFO	Asunafo South District	Kukuom
46	BRONG AHAFO	Asutifi North District	Kenyasi
47	BRONG AHAFO	Asutifi South District	Hwidiem
48	BRONG AHAFO	Atebubu Amantin Municipality	Atebubu
49	BRONG AHAFO	Banda District	Banda Ahenkro
50	BRONG AHAFO	Berekum Municipality	Berekum
51	BRONG AHAFO	Berekum West District	Jinijini
52	BRONG AHAFO	Dormaa Central Municipality	Dormaa
53	BRONG AHAFO	Dormaa East District	Wemfie
54	BRONG AHAFO	Dormaa west District	Nkrankwanta
55	BRONG AHAFO	Jaman North District	Sampa
56	BRONG AHAFO	Jaman South Municipality	Drobo
57	BRONG AHAFO	Kintampo North Municipality	Kintampo
58	BRONG AHAFO	Kintampo South District	Jema
59	BRONG AHAFO	Nkoranza North District	Busunya
60	BRONG AHAFO	Nkoranza South Municipality	Nkoranza
61	BRONG AHAFO	Pru District	Yeji
62	BRONG AHAFO	Pru West District	Prang
63	BRONG AHAFO	Sene East District	Kajaji
64	BRONG AHAFO	Sene West District	Kwame Danso
65	BRONG AHAFO	Sunyani Municipality	Sunyani
66	BRONG AHAFO	Sunyani West District	Odomasi
67	BRONG AHAFO	Tain District	Nsawkaw
68	BRONG AHAFO	Tano North Municipality	Duayaw Nkwanta
69	BRONG AHAFO	Tano South Municipality	Bechem
70	BRONG AHAFO	Techiman Municipality	Techiman
71	BRONG AHAFO	Techiman North District	Tuoabodom
72	BRONG AHAFO	Wenchi Municipality	Wenchi

73	CENTRAL	Abura Asebu Kwamankese District	Dunkwa
74	CENTRAL	Agona East District	Nsaba
75	CENTRAL	Agona West Municipality	Swedru
76	CENTRAL	Ajumko Enyan Essiam District	Ajumako
77	CENTRAL	Asikuma Odoben Brankwa District	Breman Asikuma
78	CENTRAL	Assin Central Municipality	Assin Fosu
79	CENTRAL	Assin North District	Assin Bereku
80	CENTRAL	Assin South District	Nsuaem-Kyekyewere
81	CENTRAL	Awutu Senya East Municipality	Kasoa
82	CENTRAL	Awutu Senya West District	Awutu Breku
83	CENTRAL	Cape Coast Metropolis	Cape Coast
84	CENTRAL	Effutu Municipality	Winneba
85	CENTRAL	Ekumfi District	Apam
86	CENTRAL	Gomoa Central District	Potsin
87	CENTRAL	Gomoa East District	Afransi
88	CENTRAL	Gomoa West District	Essarkyir
89	CENTRAL	Komenda-Edina-Eguafo-Abirem District	Elmina
90	CENTRAL	Mfantseman Municipality	Saltpond
91	CENTRAL	Twifo Atti Morkwa District	Twifo Praso
92	CENTRAL	Twifo Heman Lower Denkyira District	Hemang
93	CENTRAL	Upper Denkyira East Municipality	Dunkwa-On-Offin
94	CENTRAL	Upper Denkyira West District	Diaso
95	EASTERN	Abuakwa North Municipality	Kukurantumi
96	EASTERN	Akuapem North Municipality	Akropong
97	EASTERN	Akuapim South District	Aburi
98	EASTERN	Akyemansa District	Ofoase
99	EASTERN	Asene Manso Akroso District	Manso
100	EASTERN	Asuogyaman District	Atimpoku
101	EASTERN	Atiwa District	Kwabeng
102	EASTERN	Atiwa East District	Anyinam
103	EASTERN	Ayensuano District	Coaltar
104	EASTERN	Birim Central Municipality	Akim Oda
105	EASTERN	Birim North District	New Abirim
106	EASTERN	Birim South District	Akim Swedru
107	EASTERN	Denkyembour District	Akwatia
108	EASTERN	East Akim Municipality	Kibi
109	EASTERN	Fanteakwa District	Begoro
110	EASTERN	Fanteakwa South District	Osino
111	EASTERN	Kwaebibirem Municipality	Kade

112	EASTERN	Kwahu Afram Plains North District	Donkorkrom
113	EASTERN	Kwahu Afram Plains South District	Tease
114	EASTERN	Kwahu East District	Abetifi
115	EASTERN	Kwahu South District	Mpreaso
116	EASTERN	Kwahu West Municipality	Nkawkaw
117	EASTERN	Lower Manya Krobo District	Odumase
118	EASTERN	New Juaben Municipality	Koforidua
119	EASTERN	New Juaben North Municipality	Effiduase
120	EASTERN	Nsawam Adoagyire Municipality	Nsawam
121	EASTERN	Okere District	Adukrom
122	EASTERN	Suhum Municipality	Suhum
123	EASTERN	Upper Manya Krobo District	Asesewa
124	EASTERN	Upper West Akim District	Adeiso
125	EASTERN	West Akim Municipality	Asamankese
126	EASTERN	Yillo Krobo Municipality	Somanya
127	GREATER ACCRA	Ablekuma North Municipality	Ablekuma North
128	GREATER ACCRA	Ablekuma West Municipality	Dansoman
129	GREATER ACCRA	Accra Metropolis	Accra
130	GREATER ACCRA	Ada East District	Ada Foah
131	GREATER ACCRA	Ada West District	Sege
132	GREATER ACCRA	Adentan Municipality	Adenta
133	GREATER ACCRA	Ashaiman Municipality	Ashaima
134	GREATER ACCRA	Ayawaso East Municipality	Nima
135	GREATER ACCRA	Ayawaso North Municipality	Accra New Town
136	GREATER ACCRA	Ayawaso West Municipality	Dzorwulu
137	GREATER ACCRA	Ga Central Municipality	Sowutuom
138	GREATER ACCRA	Ga East Municipality	Abokobi
139	GREATER ACCRA	Ga North Municipality	Ofankor
140	GREATER ACCRA	Ga South Municipality	Ngleshie Amanfro
141	GREATER ACCRA	Ga West Municipality	Amasaman
142	GREATER ACCRA	Kpone Katamanso Municipality	Kpone
143	GREATER ACCRA	Krowor Municipality	Nungua
144	GREATER ACCRA	La Dade-Kotopong Municipality	La
145	GREATER ACCRA	La-Nkwantanang-Madina Municipality	Madina
146	GREATER ACCRA	Ledzekuku Municipality	Teshie
147	GREATER ACCRA	Ningo Prampram District	Prampram
148	GREATER ACCRA	Okaikwei North Municipality	Abeka
149	GREATER ACCRA	Shai Osudoku District	Dodowa
150	GREATER ACCRA	Tema Metropolis	Tema

151	GREATER ACCRA	Tema West Municipality	Tema Community 2
152	GREATER ACCRA	Weija Gbawe Municipality	Weija
153	NORTHERN	Bole District	Bole
154	NORTHERN	Bunkpurugu Nyankpanduri District	Bunkpurugu
155	NORTHERN	Central Gonja District	Buipe
156	NORTHERN	Chereponi District	Chereponi
157	NORTHERN	East Gonja Municipality	Salaga
158	NORTHERN	East Mamprusi Municipality	Gambaga
159	NORTHERN	Gushegu Municipality	Gushegu
160	NORTHERN	Karaga District	Karaga
161	NORTHERN	Kpandai District	Kpandai
162	NORTHERN	Kumbungu District	Kumbungu
163	NORTHERN	Mamprugu Moaduri District	Yagaba
164	NORTHERN	Mion District	Sang
165	NORTHERN	Nanton District	Nanton
166	NORTHERN	Nanumba North Municipality	Bimbilla
167	NORTHERN	Nanumba South District	Wulensi
168	NORTHERN	North Gonja District	Daboya
169	NORTHERN	Saboba District	Saboba
170	NORTHERN	Sagnarigu Municipality	Sagnarigu
171	NORTHERN	Savelugu Municipality	Savelugu
172	NORTHERN	Sawla-Tuna-Kalba District	Sawla
173	NORTHERN	Tamale Metropolis	Tamale
174	NORTHERN	Tatale/Sangul District	Tatale
175	NORTHERN	Tolon District	Tolon
176	NORTHERN	West Gonja District	Damango
177	NORTHERN	West Mamprusi Municipality	Walewale
178	NORTHERN	Yendi Municipality	Yendi
179	NORTHERN	Yunyoo-Nasuan District	Yunyoo
180	NORTHERN	Zabzugu District	Zabzugu
181	UPPER EAST	Bawku Municipality	Bawku
182	UPPER EAST	Bawku West District	Zebilla
183	UPPER EAST	Binduri District	Binduri
184	UPPER EAST	Bolgatanga East District	Zuarugu
185	UPPER EAST	Bolgatanga Municipality	Bolgatanga
186	UPPER EAST	Bongo District	Bongo
187	UPPER EAST	Builsa North District	Sandema
188	UPPER EAST	Builsa South District	Fumbisi
189	UPPER EAST	Garu District	Garu

190	UPPER EAST	Kassena Nankana Municipality	Navrongo
191	UPPER EAST	Kassena Nankana West District	Paga
192	UPPER EAST	Nabdam District	Nangodi
193	UPPER EAST	Pusiga District	Pusiga
194	UPPER EAST	Talensi District	Tongo
195	UPPER EAST	Tempane District	Tempane
196	UPPER WEST	Daffiama Bussie Issa District	Issa
197	UPPER WEST	Jirapa Municipality	Jirapa
198	UPPER WEST	Lambussie District	Lambussie
199	UPPER WEST	Lawra Municipality	Lawra
200	UPPER WEST	Nadowli Kaleo District	Nadowli
201	UPPER WEST	Nandom District	Nandom
202	UPPER WEST	Sissala East Municipality	Tumu
203	UPPER WEST	Sissala West District	Gwollu
204	UPPER WEST	Wa East District	Funsi
205	UPPER WEST	Wa Municipality	Wa
206	UPPER WEST	Wa West District	Weichiau
207	VOLTA	Adaklu District	Adaklu Waya
208	VOLTA	Afadjato South District	Ve-Golokwati
209	VOLTA	Agotime Ziope District	Kpetoe
210	VOLTA	Akatsi North District	Ave Dakpa
211	VOLTA	Akatsi South District	Akatsi
212	VOLTA	Biakoye District	Nkonya
213	VOLTA	Central Tongu District	Adidome
214	VOLTA	Ho Municipality	Ho
215	VOLTA	Ho West District	Dzolokpuita
216	VOLTA	Hohoe Municipality	Hohoe
217	VOLTA	Jasikan District	Jasikan
218	VOLTA	Kadjebi District	Kadjebi
219	VOLTA	Keta Municipality	Keta
220	VOLTA	Ketu North Municipality	Dzodze
221	VOLTA	Ketu South Municipality	Denu
222	VOLTA	Kpando Municipality	Kpando
223	VOLTA	Krachi East Municipality	Dambai
224	VOLTA	Krachi Nchumuru District	Chinderi
225	VOLTA	Krachi West District	Kete Krachi
226	VOLTA	Nkwanta North District	Kpassa
227	VOLTA	Nkwanta South Municipality	Nkwanta
228	VOLTA	North Dayi District	Anfeoga

229	VOLTA	North Tongu District	Battor Dugame
230	VOLTA	South Dayi District	Kpeve
231	VOLTA	South Tongu District	Sogakope
232	WESTERN	Ahanta West Municipality	Agona Ahanta
233	WESTERN	Amenfi Central District	Manso Amenfi
234	WESTERN	Amenfi East Municipality	Wassa-Akropong
235	WESTERN	Amenfi West Municipality	Asankrangwa
236	WESTERN	Aowin Municipality	Enchi
237	WESTERN	Bia East District	Adabokrom
238	WESTERN	Bia West District	Essam
239	WESTERN	Bibiani-Anhwiaso Bekwai Municipality	Bibiani
240	WESTERN	Bodi District	Bodi
241	WESTERN	Effia Kwesimintsim Municipality	Kwesimintsim
242	WESTERN	Ellembelle District	Nkroful
243	WESTERN	Jomoro Municipality	Half Assini
244	WESTERN	Juabuso District	Juaboso
245	WESTERN	Mpohor District	Mpohor
246	WESTERN	Nzema East Municipality	Axim
247	WESTERN	Prestea-Huni Valley Municipality	Prestea
248	WESTERN	Sefwi Akontombra District	Akontombra
249	WESTERN	Sefwi Wiawso Municipality	Wiawso
250	WESTERN	Sekondi-Takoradi Metropolis	Sekondi
251	WESTERN	Shama District	Shama
252	WESTERN	Suaman District	Dadieso
253	WESTERN	Tarkwa Nsuaem Municipality	Tarkwa
254	WESTERN	Wassa East District	Daboase

Ende November 2018 gab die Regierung die Gründung fünf weiterer Assemblies bekannt: Korle-Klottey und Ayawaso Central Municipal Assemblies in der Greater Accra Region; North-East Gonja District Assembly in der Northern Region; Achiase District Assembly in der Easter Region; Anloga District Assembly in der Volta Region.[164]

164 https://www.graphic.com.gh/news/polit cs/govt-to-create-5-new-assemblies-korle-klottey-and-ayawaso-out-of-ama.html (gesehen am 04. Dez. 2018)

Abkürzungsverzeichnis

ABA	African Bar Association
AFC	Alliance for Change
AFC	Africa Finance Corporation
AFRC	Armed Forces Revolutionary Council
AGC	Ashanti Goldfields Corporation
AI	Amnesty International
AQMI	Al-Qaida au Maghreb Islamique
ASWAJ	Ahlus Sunna waa-Jama'a
AU	African Union
BBC	British Broadcasting Corporation
BNI	Bureau of National Investigation
CCDF	Coordination Committee of Democratic Forces
CCG	Christian Council of Ghana
CDRs	Committees for the Defence of the Revolution
CHRAJ	Commission on Human Rights and Administrative Justice
CNR	Conseil National de la Révolution
COCOBOD	Ghana Cocoa Board
CPP	Convention People's Party
DFID	Department for International Development
DPP	Democratic People's Party
EC	Electoral Commission
ECOMOG	ECOWAS Ceasefire Monitoring Group
ECOWAS	Economic Community of West African States
EGLE	Every Ghanaian Living Everywhere Party
ERERA	ECOWAS Regional Electricity Regulatory Authority
ESAF	Enhanced Structural Adjustment Facility
FUDD	Front for Unity, Democracy and Development
GACC	Ghana Anti Corruption Coalition
GBA	Ghana Bar Association
GBC	Ghana Broadcasting Corporation
GCPP	Great Consolidated Popular Party
GFRB	Ghana Frequency Registration and Control Board
GNA	Ghana News Agency
GPC	Ghana Pentecostal Council
GTC	Ga Traditional Council
GYEEDA	Ghana Youth Employment and Entrepreneurial Agency
HIPC	Heavily Indebted Poor Countries
HLF3	Third High Level Forum on Aid Effectiveness
IEA	Institute of Economic Affairs
INCC	Interim National Coordinating Committee
INEC	Interim National Electoral Commission
IPAC	Inter-Party Advisory Committee
IWF	Internationaler Währungsfonds

JFM	June Fourth Movement
KACC	Kaiser Aluminium & Chemical Corporation
KAIPTC	Kofi Annan International Peacekeeping Training Centre
KfW	Kreditanstalt für Wiederaufbau
KLM	Koninklijke Luchtvaart Maatschappij (niederländische Fluggesellschaft)
MAP	Muslim Association Party
MFJ	Movement for Freedom and Justice
NAFAC	National Festival of Arts and Culture
NCA	National Communication Authority
NCP	National Convention Party
NDC	National Democratic Congress
NDCs	National Defence Committees
NDM	New Democratic Movement
NDP	National Democratic Party
NHRI	National Human Rights Institutions
NLM	National Liberation Movement
NMC	National Media Commission
NPP	New Patriotic Party
NRC	National Reconciliation Commission
NRP	National Reform Party
OAU	Organisation of African Unity
ODA	Official Development Assistance
PANAFEST	Pan African Arts Festival
PCP	People's Convention Party
PDCs	People's Defence Committees
PMFJ	People's Movement for Freedom and Justice
PNC	People's National Convention
PNDC	Provisional National Defence Council
PNP	People's National Party
PP	Progressive Party
PPDD	Popular Party for Democracy and Development
PPP	Progressive People's Party
PPP	Public Private Partnership
RFI	Radio France International
ROPAA	Representation of the People (Amendment) Act
SPG	Society of the Propagation of the Gospel
TUC	Trade Union Congress
UGCC	United Gold Coast Convention
UGS	National Union of Ghanaian Students
USAID	United States Agency for International Development
VALCO	Volta Aluminium Company
VAT	Value Added Tax
WDCs	Workers Defence Committees
WESTEL	Western Telesystems Company

Literatur/Referenzen

Adrover, Lauren: The Currency of Chieftaincy: Corporate Branding and the Commodification of Political Authority in Ghana, in: Comaroff, John L./Comaroff, Jean: The Politics of Custom. Chiefship, Capital, and the State in Contemporary Africa, 2018.

Africa Yearbook 2004–2017. Politics, Economy and Society South of the Sahara.

Afrika Jahrbuch 1987–2003. Politik, Wirtschaft und Gesellschaft in Afrika südlich der Sahara.

Aning, Kwesi/Abdallah, Mustapha: Islamic radicalisation and violence in Ghana, in: Conflict, Security & Development, 13/2 (2013): 149–167.

Anyim, Kofi: The Akan of Ghana. Aspects of Past and Present Practices, 2015.

Asamoah-Gyadu, Kwabena J.: Sighs and Signs of the Spirit. Ghanaian Perspectives on Pentecostalism and Renewal in Africa, 2015.

Awedoba, Albert K./Odotei, Irene (Ed.): Chieftaincy in Ghana. Culture, Governance and Development, Institute of African Studies, 2006.

Berry, Sara: Chieftaincy, Land, and the State in Ghana and South Africa, in: Comaroff, John L./Comaroff, Jean: The Politics of Custom. Chiefship, Capital, and the State in Contemporary Africa, 2018.

Bogner, Artur: Der Bürgerkrieg in Nordghana 1994. Die Genese und Eskalation eines »tribalistischen« Konflikts, in: Afrika Spectrum Bd. 31(1996) 2: S. 161–183.

Brobbey, Freda: Understanding the Religious Conflict Between the Ethnic Ga Traditionalists and Charismatic Churches in Accra, in: Tonah, Steve (Ed.): Ethnicity, conflicts and consensus in Ghana, 2007.

Constitution of the Republic of Ghana, 1992.

Ghana Center for Democratic Development (CDD-Ghana): NEVER AGAIN. Summary and synthesis of the Reconciliation Commission's final report, 2005.

Gifford, Paul: Ghana's New Christianity: Pentecostalism on a globalising African continent, 2004.

Gyampo, Ransford Edward Van: The State of Electoral Reforms in Ghana, in: Africa Spectrum Vol. 52 No. 3/2017: 95–109.

Hock, Klaus: Das Christentum in Afrika und dem Nahen Osten, 2005.

Kahl, Werner: Demokratie zwischen Tradition und Moderne. Zur politischen Dimension biblischer Interpretation im westafrikanischen Pfingstchristentum, in: Schreijäck, Thomas (Hg.): Glaubenskommunikation in Afrika. Kontextuelle Herausforderungen und Perspektiven, 2012, S. 105–122.

Knierzinger, Johannes: Chieftaincy and Development in Ghana: From Political Intermediaries to Neotraditional Development Brokers, in: Arbeitspapiere des Instituts für Ethnologie und Afrikastudien, Johannes Gutenberg Universität Mainz 124/2011; https://www.ifeas.uni-mainz.de/Dateien/AP124.pdf (gesehen am 28. August 2018).

Kopsieker, Fritz: Ghana – Musterschüler der Demokratie in Afrika?, 2018.

Lampert, Ben/Mohan, Giles: Sino-African Encounters in Ghana and Nigeria: From Conflict to Conviviality and Mutual Benefit, in: Journal of Current Chinese Affairs 43/1 (2014): 9–39; http://journals.sub.uni-hamburg.de/giga/jcca/article/viewFile/722/720.

Larvie, John/Afriyie Badu, Kwasi: Elections in Ghana 1996, Part I and II, 1996.

Lentz, Carola/Nugent, Paul: Ethnicity in Ghana. The Limits of Invention, 2000.

Lentz, Carola/Schmitz, Afra (Ed.): Mobilising for Ghana's Future: The 2017 Independence Day Celebrations in the Upper West Region, in: Arbeitspapiere des Instituts für Ethnologie und Afrikastudien, Johannes Gutenberg Universität Mainz 176/2018.

Lentz, Carola/Wiggins, Trevor: »Kakube has come to stay«: the making of a cultural festival in Northern Ghana, 1989–2015, in: Africa 87/1 (2017): 180–210.

Lentz, Carola: Ghanaian »Monument Wars«, The Contested History of the Nkrumah Statues, in: Cahiers d'Etudes africaines, LVII (3) 277: 551–582.

Lentz, Carola: Land, Mobility, and Belonging in West Africa, 2013.

Lentz, Carola: Youth Associations and Ethnicity in Northern Ghana, in: Tonah, Steve (Ed.): Ethnicity, conflicts and consensus in Ghana, 2007.

McCauley, John F.: Africa's new Big Man Rule? Pentecostalism and Patronage in Ghana, in: African Affairs, 112/446 (2012): 1–21.

Okeke, Barbara E.: 4 June: A Revolution Betrayed, 1982.

Owusu-Mensah, Isaac: Politik, Chieftaincy und Gewohnheitsrecht in Ghana, in: KAS Auslandsinformation 9/2013.

Samwini, Nathan Iddrisu: The Muslim Resurgence in Ghana since 1950 and its Effects upon Muslims and Muslim-Christian Relations, 2006.

Shaw, David/Yeboah, Eric: Customary land tenure practices in Ghana: examining the relationship with land-use planning delivery, in: International Planning Development Review, 35/1 (2013): 21–39.

Siebold, Thomas: Ghana 1957–1987, Entwicklung und Rückentwicklung, Verschuldung und IMF-Intervention, 1988.

Tonah, Steve/Anamzoya Sulemana, Alhassan (Ed.): Managing Chieftaincy and Ethnic Conflicts in Ghana, 2016.

Ausgewählte Links zu Ghana

UN-Daten zu Ghana
http://data.un.org/CountryProfile.aspx?crName=ghana

Demografische Angaben zu Ghana
http://worldpopulationreview.com/countries/ghana-population/

Bevölkerungsprojektion bis 2016
http://www.statsghana.gov.gh/docfiles/2010phc/Projected%20population%20by%20sex%202010%20-%202016.pdf

Darstellung zu Altersgruppen
https://www.ghanaweb.com/GhanaHomePage/geography/population.php

Multimediales Nachrichtenportal des ghanaischen Medienkonglomerats *myjoyonline*
https://www.myjoyonline.com/ghana-news/index.php?mj_hp_tkov=_token

Regierungsnahe Tageszeitung
https://www.graphic.com.gh/

Ghanaische Wahlkommission
http://www.ec.gov.gh/

Ghana Statistical Service
http://www.statsghana.gov.gh/pop_stats.html

Demografische Entwicklung
http://www.populstat.info/Africa/ghanac.htm

Gute Einführung in das kommunale Verwaltungssystem
http://library.fes.de/pdf-files/bueros/ghana/10487.pdf

Überblick über die Wahlergebnisse seit 1951
http://africanelections.tripod.com/gh.html#1996_Presidential_Election

Bericht der *National Reconciliation Commission* (Wahrheitskommission)
https://www.usip.org/publications/2003/01/truth-commission-ghana

Umfangreiche Beiträge zur *National Reconciliation Commission* (Wahrheitskommission)
https://www.ghanaweb.com/GhanaHomePage/NewsArchive/dossier.php?ID=23

Website der *Ghana Police*
http://police.gov.gh/en/

Website des ghanaischen Militärs
https://gafonline.mil.gh/

Website der ghanaischen Regierung
http://www.ghana.gov.gh/

Liste der Parlamentarier
https://www.parliament.gh/mps?az

Liste der 254 Bezirke (Stand Oktober 2018)
http://www.ghanadistricts.com/Home/AllDistrictr

Zensus 2010
http://www.statsghana.gov.gh/docfiles/2010phc/2010_POPULATION_AND_HOUSING_CENSUS_FINAL_RESULTS.pdf

Neue *District, Municipal* und *Metropolitan Assemblies*

https://www.ghanaweb.com/GhanaHomePage/NewsArchive/List-of-new-districts-and-municipalities-created-by-Government-601562

Islamic Peace and Security Council

http://www.ipasecgh.org/about

National Peace Council

https://www.mint.gov.gh/national-peace-council/

Wahlen zu den *District Assemblies* 1988/89

http://journals.co.za/docserver/fulltext/afr_ns/20/3/1405.pdf?expires=1520333594&id=id&accname=guest&checksum=815CB7F11BAA051D16EC0D37E261695F

Hochschuleinrichtungen in den Bereichen Landwirtschaft und Technologie

https://asti.cgiar.org/ghana/agencies

Justizsystem

https://www.judicial.gov.gh/

Ghana National Petroleum Corporation

http://www.gnpcghana.com/

Wahlen 2012

http://www.fesghana.org/uploads/PDF/ELECTIONS%202012.pdf

Website der NPP

http://www.newpatrioticparty.org/index.php#

Website des NDC

https://officialndc.com/

Verfassungsentwurf etc.

http://pdf.usaid.gov/pdf_docs/PNABP131.pdf

Vorschriften für die *District Assemblies*

http://www.clgf.org.uk/default/assets/File/Country_profiles/Ghana.pdf

Local Governance Act 2016, Act 936

https://ama.gov.gh/welcome/wp-content/uploads/2017/10/LOCAL-GOVER-NANCE-ACT-2016.pdf

Selektionsprozesse für die Wahlkreiskandidaten der Parteien NDC und NPP

https://pdfs.semanticscholar.org/308e/6225?da5f71abc57d90d8b31189b990aec0a.pdf

National Communication Authority – zuständig für Lizensierung von Radio- und TV-Stationen

https://www.nca.org.gh/

Umfangreicher Bericht zur Erweiterung der Regionen mit vielen interessanten Informationen zu den betroffenen Gebieten

http://myjoyonline.com/docs/30404commission_final_report_new_regions.pdf

LI-Portal: Das Länder-Informations-Portal mit aktuellen Informationen und Hintergründen zu Politik, Wirtschaft, Kultur und Alltag

https://www.liportal.de/ghana/

Brandes
&Apsel